# 气冲霄汉

# 章祥荪传

张帆 单跃进 唐燕能 * 主编

唐燕能◎著

上海人民出版社

菊坛名家丛书·海上京剧名家系列

1960年，上海京剧院赴京演出时全家合影。前排左起陈倩颖、童汉侠，中排左起张南云、童芷苓、李多芬、童葆苓，后排左起童祥苓、童遐苓、马彦祥、童寿苓

童家兄妹合影。前排左起童祥苓、童芷苓、童葆苓，后排左起童遐苓、童寿苓

1954年童祥苓饰演《淮河营》蒯彻

1957年童祥苓饰演《盗宗卷》张苍

1961年童祥苓饰演《华容道》关羽

1961年童祥苓饰演《四进士》宋士杰

童祥苓在电影《智取威虎山》中的剧照

《智取威虎山》电影剧照，
童祥苓饰演杨子荣

《智取威虎山》剧照，童祥苓（中）饰演杨子荣

《龙凤呈祥》中，童祥苓饰演乔玄

赴香港演出《桑园会》，童祥苓饰秋胡，张南云饰罗敷女

《霸王别姬》中，张南云饰演虞姬

《大闹宁国府》剧照，左童芷苓，中童祥苓，右张南云

《玉梅闹婚》剧照，右童祥苓，中张南云，左高鸣凤

童祥苓在《向大师致敬》节目中

宝刀不老的童祥苓的演出风采

童祥苓八十三寿辰夫妇合影

东方卫视《唱响中国》童祥苓、张南云夫妇同台

2019年元旦童祥苓、张南云夫妇在上海川沙演出

童祥苓在上海市文史研究馆与沪上文艺同行欢聚

童祥苓（右一）、张南云（左一）夫妇和刘长瑜（左二）在侄辈童强（左三）的收徒仪式上

# 总序

近年来，人们开始关注和研究海派文化。

海派文化，既有内化和融入上海市民的行为做派和思想观念层面的，也有浸润和映射在文化艺术创作领域的，海派京剧便是一例。海派京剧，植根于京剧文化传统，又深受上海城市文化精神的滋养，形成了独特的文化格局和艺术品性，进而有了更强的发散作用。从某种意义上看，海派京剧是海派文化丰富发展的结晶和象征之一。关注海派京剧，对于认识和光大海派文化精神，对于正在建设中的上海现代城市文化具有启示作用。

有鉴于此，上海人民出版社与上海京剧院携手编辑出版“海上京剧名家系列”，作为“菊坛名家丛书”的一个组成部分。

上海是一座拥有丰富京剧文化传统的城市。近代以来，随着城市工商业的兴旺，演艺市场也随之繁荣，上海城厢戏园林立，班社聚集，观者如云。从皮黄戏被命名为京剧，到中国第一座新式戏院的诞生；从戏剧改良运动，到早期京剧时装戏的出现；从潘月樵、夏月珊发起成立伶界联合会，到以周信芳为代表的海派京剧艺术家群体的崛起等一系列影响中国近现代戏曲进程的标志性事件均发生在上海。20世纪初以来，上海确实地成为京剧繁盛的高地和重镇，并辐射影响全国。京津各地的京剧名伶无不以南来上海演出为荣，并大量驻留上海。南北京剧名家云集上海，相互交织交融，既催生了海派京剧风貌和风格，也形成了京剧在上海有海派与京派竞相生辉的宏大气象。新中国成立之后，上海的京剧与时代同行，与城市同步，几乎在每一个历史时期，都有其代表性的剧目和艺术家群体，乃至事件。同时，剧目、人才和观念诸多方面都在发生深刻变化。上海京剧始终延续着对中国京剧文化艺术事业的贡献。

本丛书的编辑出版，由海派京剧而起，却以“海上京剧名家”命名。这是考虑到海派京剧概念内涵的丰富性，以及“海派”与“京派”艺术门派在上海滩比肩而立，互有影响，甚至彼此浸染的实际状况，期望有较为宽阔和兼容的编辑视野。

丛书以人物传记或人物评传作为载体，以近现代以来在上海具有影响力的京剧艺术名家为对象，试图通过一个个艺术家的人生经历与艺术创作和创造的过程，通过具体生动的个案体验乃至生命历程，反映京剧在上海的交融衍变和发展的状况。根据上海京剧院的意见，第一批立传的四位艺术家为童祥苓、孙正阳、夏慧华、陈少云。

我们深知编辑这套丛书的艰难，之所以执念于此，是觉得了解我们这座城市的过往和传统，对于今天和未来的重要。

上海人民出版社

上海京剧院

# 序

单跃进

去年深秋，唐燕能老师将他新近的书稿《气冲霄汉——童祥苓传》发我电子信箱，邀我写序。我与唐老师相交相知是近几年的事，源于他主编了一套“菊坛名家丛书”，并倾力笔耕，身体力行地为一批上海戏曲艺术家著书立传。在我看来，这是一项艰难但有意义的工作。倘若没有一份对中华传统艺术的热衷和熟悉，没有一份记录近现代戏曲人生命轨迹的使命感，是难以担当的。而这两点，在我所认识的唐老师身上都具备。

唐老师是我敬重的出版家、作家，是前辈，拜读他的书稿正遂我意，只是受邀写序，实在惶恐不安。然而当我读完全书，则有了勇敢向读者朋友们推荐此书的想法。《气冲霄汉——童祥苓传》对一位彪炳史册的京剧艺术家的描述有其独特之处，抑或是开启了一个新的观察视角。

全书共十一章，大体分为前后两个阶段。前四章看似按部就班，叙述了童祥苓从幼年到30岁青壮年时期的成长经历，但作者独运匠心，将童芷苓为首的童家班之兴起和运营作为童祥苓成长的背景，紧紧地缠绕在一起，须臾不分。这样的叙述方式，对读者理解童祥苓，乃至研究童祥苓的艺术成因和演剧观念是很有帮助的。从第五章“风乍起，吹皱一池春水”起，童祥苓开始接触杨子荣，进入了一种貌似众人皆知，实则不然的人生经历。其叙述是多维度的，人物和事件扑面而来，甚为密集详尽，读来引人入胜。

关于童祥苓老师，很多观众对他的知晓缘于他在京剧《智取威虎山》中的杨子荣形象，有的则止于杨子荣。其实，这是一个误会。尽管这个误会的本身是美好的，主要是杨子荣的形象实在太炫目了。但据我所知，杨子荣并不是童祥苓艺术的全部。恰恰相反，童老师在京剧传统戏方面的造诣是极为深厚的，且戏路很是宽广，在表演上更有过人之处。较之在科班里因循成长起来的艺人，童老师年幼时的学艺经历可谓复杂和特殊。所谓的复杂和特殊，在唐燕能老师的书稿里作了很多具体生动的描绘和印证。简言之，童祥苓是在漂泊无定的舞台演出生活中学习传统的，是在被童家班寄予的厚望和期待中如饥似渴学习传统的，是在演出颠沛与拜师求艺的艰难交织中成长的。他受教于众多名家，痴迷于余（叔岩）派和马（连良）派，却从来不曾浇灭属于自己的艺术梦想。如果说童祥苓老师塑造的杨子荣形象确有“气冲霄汉”的伟岸，那么这伟岸也是得之于他经年累月积攒的传统戏功底和对京剧表演真谛的认识，是他本身的才情使然，而绝非什么“圣手”的缔造。

我读此书，依稀产生了这样的印象，在童家班迫于生计而“学以致用”的学戏方式可能让童祥苓的艺术积攒有宽泛和多元的倾向，但严格的演出和观众的检验，又历练着他舞台艺术的规范和严谨。童祥苓老师的这些经历和特点，与其胞姐童芷苓何其相似。他们学戏的源头非常之广泛，有心仪的艺术追随与规矩，但又少有囿于门派的拘谨与蹒跚。他俩都不以“从一而终”为乐，他们膜拜传统与前辈，却不拘一格。他们的演剧观念是开放的，表演是规矩的。在严格的规范与灵动的表演之间，他们姐弟俩是天然的平衡大师。走笔至此，我想起前两年与尚长荣老师聊起过童祥苓老师的艺术。我从尚老师的眼眸间感受到对童祥苓艺术的真切崇敬，他提议上海京剧院安排几位青年才俊跟童老师学习老戏，跟他学怎么在老戏里塑造人物，学对传统程式技艺规范的灵活运用。其时，我是有些诧异的。在我熟悉的京剧圈里，敬重童祥苓艺术的大有人在，但如此欣赏他传统戏方面的造诣，尚长荣真的是慧眼识金。尚老师与童老师的人生轨迹各不相同，但在对京剧艺术真谛的理解和追求上，这两位艺术大家则有着惺惺相惜的相互遥望……

纵览全书，《气冲霄汉——童祥苓传》叙述的重点是在童祥苓30岁以后的岁月，也必然地涉及所谓的“样板戏”的特定年代。但凡遇到触及对20世纪六七十年代这段历史的认识，唐老师显然是秉持了当今社会主流的共识，合乎我们党对这段历史的总体评价。至于面对艺术创作过程中的具体人和事，作者多少有些笔酣墨浓写春秋的风发意气。

人物传记，是基于写作者对描述对象的认识和理解，乃至同感同情，以及对历史景象的通透与理解。想必，这是支撑和激发作者进入在局外人看来十分迷乱的细节藩篱，梳理出人物心绪和灵魂走向的基石。这种探究的过程，从本质上讲是求真的，而非一味求美。我以为，唐燕能老师通过对大量事件细节的把握，真实地揭示出时代的荒谬与艺术家创造欲望之间的关系。具体到被奉为“样板”的现代京剧《智取威虎山》，焦点人物自然是童祥苓。

是的，童祥苓的命运在他30岁的时候，出现了一个拐点——他被纳为塑造杨子荣的人选。在20世纪60年代，京剧现代戏的创作在冥冥之中被赋予了诸多与京剧无关的东西。京剧何以承载如此沉重的非艺术载荷，一出戏怎么就能够与某种意识形态捆绑在一起？这是童祥苓等艺术家们一辈子也弄不清楚的。但能够在新戏中塑造有魅力的角色，创造鲜明的人物形象，确是他们生命中最为本能的欲望和追求。任何一位执着于京剧的艺术家，怎会不渴望这方舞台和机遇？这就注定了一种尴尬和扭曲，当艺术家们专注于创作和创造的时候，总有一只手在远处操弄着舞台上的一切，你必须听而从之。而童祥苓，他的尴尬和扭曲则比其他人多了一层诡异。他是被推到了《智取威虎山》舞台的中央，而同胞亲姐童芷苓则从《海港》的舞台中央被塞进了阴暗的“牛棚”。在荒谬的政治高压下，他还必须与他挚爱的姐姐划清界限。表面上的被重用，背后的被怀疑，地上地下两重人的生活状态，无疑是戴上了沉重的精神桎梏。童祥苓恰恰又生性执拗，不懂腾挪转圜，不识时务，日子过得恐惧压抑，左右不是，几乎是挣扎苟活。谁能料想，几亿中国人民瞩目热望的舞台艺术偶像，却有着难以名状的人生窘境，以致很多年后，落在他心里的阴影都难以挥去。《气冲霄汉——童祥苓传》的叙述，唤起了很多人曾经的悲恸记忆，但愿这样的记忆不会被忘却。

然而，艺术终究是艺术。时光流动，沧桑变迁。拂去附加的政治尘埃,《智取威虎山》依然还在舞台上,童祥苓塑造的杨子荣形象依然在发生着艺术影响力,至今还延续在人们的生活中。说童祥苓为京剧现代戏创作立下了不世功绩,绝非虚妄。

本书作为人物传记,在精心完成人物叙述的同时,也溢出人物本身来表现那段历史的复杂和畸形,或者是互为依托的解读,这对读者是有益的。此外,作者苦心竭力地铺排陈述了一系列创作细节的来龙去脉,甚至一段唱腔的演变,一段唱词的变迁,娓娓道来,按说有偏离本书主旨之嫌,我倒以为这是个意外收获。样板戏一直强调创作集体,然而它终究是人创作出来的,创作中的个人贡献是不能被无视的。本书在这方面做了一些探究,大批当年参与创作,并卓有贡献的个人浮出了水面,比如章力挥、黄钧、李慕良等等。书中对有些人物的描叙,还颇见性格,比如章力挥。年代久远了,创作过程本来就有“你中有我,我中有你”的复杂交融和相互影响。多少年之后的回眸,由于视角不同,观察和记忆也难免不一。笔者曾听过一些前辈的口述,也是各有说辞。这不打紧,重要的是唐老师的写作,以亲历者的叙述为基础,撩动了那层层历史迷雾。在一定程度上,让一些人们不经意间打造的、人云亦云的神话受到了质疑。于会泳,作为神话般的艺术天才,在本书中似乎也在走下神坛。

读罢全书,唏嘘感怀之际,竟心有酸楚和不堪。只是,我们都应该相信这么一句话,“历史不能选择,现实可以把握,未来可以开创”。晚年的童祥苓,心头疑云渐释,缕缕阳光和煦在身。笔者有幸,这几年与童祥苓老师、张南云老师多有接触。他们毕生致力于京剧,始终眷恋着京剧。他们身上的热情开朗和率直性情,令我歆慕和赞赏不已。耄耋之年的他俩,兼容了生命的美好与顽强。这些,在《气冲霄汉——童祥苓传》的写作中也有形象的描述。

最后,要郑重感谢唐燕能老师,为广大读者奉献了这本书。这是一部求真务实,有历史内涵,洞见人物性格和命运,并予人以启迪的传记作品。

2019年1月10日

# 目录

# 引　言

著名京剧表演艺术家童祥苓，可以说是现代京剧史上一个传奇人物。由于他耿介执拗的个性，曾三进三出《智取威虎山》剧组；却又凭着惊人的毅力，克服了精神与生理上的双重压力，把现代版的京剧文武老生表演艺术推向极致，塑造了杨子荣这个家喻户晓的艺术形象。

在那样一个特殊年代，童祥苓就像一个在政治任务驱使下高速旋转的陀螺，更像一个心理上背着沉重负担而强作精神在舞台上竭尽所能、使出浑身解数、展现其全部艺术才华的高超演员！

粉碎“四人帮”后，他又因演样板戏受到审查，一度被冷落，命运多舛。童祥苓作为一代名伶，其人生之路的坎坷起伏，给世人留下了思索与警策！

综观童祥苓的艺术人生，辉煌与落寞并存，政治上的另类和边缘化同艺术上的至高追求相纠结，铸就他独特的个体生命；他曾被政治化的气浪推入云端，无意中铸就了一生的名誉；事过境迁，又被世俗误解而遭受冷遇，他的悲凉、困惑、失意、迷惘，谁人可以消解？

所幸的是，随着社会主义新时期春天的来临，童祥苓的晚年恰逢太平盛世，国运昌盛，到处姹紫嫣红，祖国的面貌日新月异，曾经有过的困惑都已烟消云散，这位老艺术家受到了党和人民应有的尊重与关怀，开始了崭新的艺术人生。

如果说，童祥苓传奇的一生折射了中国京剧晚近岁月的一个投影，这个评价恐怕不会有人持异议的。

# 第一章
# 何处高楼雁一声

仰望长空，雁群在蓝天中自由翱翔，或排成人字形，或变换一字斜阵，这是它们飞行最迅捷的方式。然而，领头的大雁须辨明方向，张开羽翼，面对气流的阻挡，奋力冲刺，为跟随的雁群减少阻力，缓解疲劳，开启南行的云路。毋庸置疑，童芷苓就是“童家班”领头的大雁，而童遐苓、童寿苓、童葆苓就像排列有序的群雁，紧随其后；唯有童祥苓则像一只活泼任性的雏雁，随着气流的强弱，高低起伏地滑行，但始终不离开大雁的引领方向。这就是被称为“童家五虎”的“雁阵效应”。

# 一 初涉梨园的艰辛

含泪播种的人一定能含笑收获。

——［俄］屠格涅夫

开宗明义地说，童祥苓是与“童家班”，尤其是与他的四姐——“童家五虎”的先锋——童芷苓的大名紧密地连在一起的。如果没有童芷苓先期的奋斗与功成名就，便没有日后童祥苓的成就与辉煌；如果没有童芷苓蒙受的“不白之冤”，也便没有童祥苓此后所受的委屈、坎坷与磨难。所以，为童祥苓立传，必须对他的家庭，以及童芷苓及苓社的情况，用一定的文字穿插在本传中稍作必要的介绍与叙述。

为了写好本传，笔者采访过著名京剧表演艺术家孙正阳老师。他曾与童祥苓先生长期在上海京剧院共事，且同在现代京剧《智取威虎山》剧组中，童老师扮演正面人物杨子荣，孙老师扮演反派人物栾平，他俩的对手戏演得精彩绝伦，给广大观众留下了难忘的印象。

孙老师太会演戏，他的脸部表情及身段动作，把栾平这个反面角色演绝了。拍电影时，为了防止反面人物的表演压过正面人物，导演谢铁骊不得不在好几个镜头中让他转过身去，只给观众留下一个背影；即便如此，演栾平的孙正阳老师，结合栾平的阴险、诡谲心理，用肩背肌肉的抖动，照样把栾平演得惟妙惟肖。

就是这样一位“浑身是戏”的艺术家，谈及童祥苓老师的艺术时，竟赞不绝口，钦佩不已：“祥苓的艺术可了不得，一身的本领！他小时候家里请了多少名师教他！”

根据笔者了解，童祥苓生于1935年，出生时家道中落，家境贫困，他父母哪有经济条件为儿子延请名师授课传艺？童家有五个孩子，最大的童遐苓生于1919年，次子童寿苓生于1920年，三子生于1921年幼小夭亡，四女童芷苓生于1922年，小女童葆苓生于1929年，童祥苓是最小的一个儿子。大哥、二哥、四姐都大他十几岁，小姐姐也大他6岁。童家五个孩子迫于生计，先后都入了梨园行，其时，北平称为“童家班”，沪上则称之为“童家五虎”。童祥苓幼功扎实，是否与以童芷苓作为核心的童家班的成功有关？抑或与望子成龙、很有远见的父母的鼎力栽培有关？或许前者为培养小弟提供了足够的经济条件，后者则给小儿子指明方向，为他日后艺术上的成长、腾飞夯实了扎实的基础？

笔者带着这些疑问，与读者一起穿越时光隧道，从一个世纪前童家祖父辈的历史说起吧。

童祥苓并非出身梨园世家，然而，从他祖父、外祖父到他的哥哥姐姐，都和京剧结下了不解之缘。

清末民初，祖父曾当过吉林官产处长，退休后定居天津，几乎每天拄着一根拐杖，走进劝业场五楼天华景戏院看戏。外祖父是个大商人，也常携着家眷去戏院看戏陶冶性情。

父亲童汉侠，祖籍江西南昌，自少年起便随父定居津门，毕业于天津法政学院。他是最早的同盟会会员，和孙中山先生交谊匪浅，后来为了养家糊口，又回到教育界教书。他虽与梨园没什么渊源，但长期供职于报社，结交了不少伶票两界人士。母亲陈倩颖也出身富裕人家，祖籍广东南海，毕业于天津女子师范学院。因几个姨妈常喜欢聚在院子里拉拉唱唱，陈氏便带着孩子们去凑热闹，去的次数多了，几个孩子耳濡目染，不知不觉中受到了京剧的熏陶。

汉侠与陈氏联姻后，生有四男二女：童祥苓原名童祥龄，大哥童遐龄、二哥童寿龄、三哥幼小夭亡、四姐童芷龄、小姐姐童葆龄，童祥龄是最小的一个，大哥大他16岁，二哥大他15岁，四姐芷龄大他13岁，小姐姐葆龄比他大6岁。父母因子女过多，在童祥龄出生之前的三胎都打掉了。祥龄懂事后曾问母亲，为什么怀上我时没把我也打掉呢？陈氏摸着他的头说：“我连打了三胎隔了好几年都未怀上，没想到四十多岁才怀上你，和你爸商量半天，想到这是最后一胎了，就留下个小的吧！”儿子听了淘气地做了一个鬼脸："好险哪，要是妈在之前怀上我，我就来不到这世上了！"

早在四姐童芷龄出生前几年，即辛亥革命之后的七八年中，童家已家道中落，每每靠典当度日。外祖父在世时，对童家多少还有些接济，但外祖父去世得早，全家迁回南海（2002年改为南海区，为广东省佛山市辖区），从此渺无音讯，唯一的靠山倒了。父亲离职报社，先后在军界、政界做些临时的工作，抄抄写写，没有一份固定的工作。母亲便在慈惠圣功小学兼教多门功课，为的是多领几份薪水。童祥龄的三哥就是因为无钱治病，死在母亲怀中。

1929年，父亲经人介绍在威海卫找到了工作，担任一家报社的主编，全家便迁往山东。借着父亲的人缘，一家人出入当地的戏院十分方便。令人惊奇的是，只有七岁的"小四"芷龄，平时生性好动，看戏时却全神贯注，一动不动。看着看着，嘴里就会念念有词，听上两三遍，还能咿咿呀呀地模仿着唱起来。放学归来，她便一头扎进后台，把戏衣、头盔、凤冠穿戴起来，还拿着刀枪把子、扇帕、马鞭在手中比划，过过瘾。汉侠先生似乎看出了女儿有学戏的苗头，就请当地的京剧名角新黛玉来家中做客，并有意让女儿在客人面前叫起嗓子。新黛玉看出主人的用意，就将芷龄拉过一边，一句句教开了《女起解》。芷龄毫不怯生，敢于张口，教了几遍，就大致学会了。新黛玉直夸她："是一块学戏的料！"

可是，好景不长，未及两年，父亲再次失业，全家不得已搬回天津。不久，大哥得了猩红热，二哥患上白喉，芷龄病得最厉害，先患淋巴炎，后由猩红热转白喉，父母借债将女儿送去医院，但总不见好，到了奄奄一息的地步。还是一位中医救了芷龄一命，让她喝了用犀牛角煎成的汤，病恹恹的芷龄终于奇迹般地起死回生，一天天好转起来。

1932年，童祥龄尚未出世，童芷龄还只有10岁。一天父亲交给芷龄一封便信，让她当面交给与芷龄有童稚之谊的一个小女孩的父亲，他是汉侠的老上司。谁知，这位平时尚有往来的老上司拆信看了便半晌不吭一声，脸色难看，且用蔑视的目光朝芷龄一瞥。虽然一小笔钱算是借到了，告别时，主人脸上阴云密布，连平日亲密无间的小女孩也悄然走开。芷龄小小年纪便尝到了人间的世态炎凉，这一刺激深深地戳伤了她的心，平时开朗、活泼的她，难受多时，忧愁挥之不去。从这一刻起，祥龄的四姐——一个个性倔强的女孩，下定决心，学戏唱戏，要挣大钱，不仅要养家糊口，还要让全家过上体面的生活。

童汉侠（1916年摄）

10岁的芷龄灵气逼人，头脑活络，她一心想学戏，但苦于没有进科班学艺的机会。谁知这一年，芷龄的一个表姐也想学戏，他的父亲是芷龄的表叔，时任《天津快报》社长，经不住女儿的再三纠缠便应允了。为了让女儿去北平中华戏曲专科学校有个伴，便想到了一心想唱戏的芷龄，他托人把这两个女孩一起介绍进去。芷龄得知这一消息喜出望外。父母虽然心里很不放心，担心女儿进科班受苦，但囿于家境的窘迫，还是同意放行。

那时，由程砚秋自任校长的中华戏曲专科学校创办才两三年，教师中有王瑶卿、曹心泉、高庆奎、郭际湘（水仙花）等京剧名家。学制6年，学生以“德、和、金、玉、永”排名。几乎同时进校、后来一举成名的有侯玉兰、李玉茹、白玉薇、李玉芝，并称为“四块玉”。与芷龄同辈的不少学生后来成了“科里红”，如宋德珠、王金璐、王和霖等。比芷龄大7岁的赵金蓉其时已小有名声，被誉为戏校的骄傲。芷龄进了这样的学校，心中好生快活。

学校除了学艺，还开设文化课，学生一律穿校服，男女同学一起练功学戏，同台演出，制度很严，有专门的训育老师看管学生生活。每天排着队到城墙根喊嗓子，喊完才回校练毯子功，然后吃早饭。吃的多半是小米粥、窝窝头加咸菜。8点学戏，过11点吃午饭，8人一桌，4菜1汤。饭菜管吃，但常吃鸡血汤、豆芽菜，油水虽少，芷龄却很满足，比起在家中成天吃黑面疙瘩汤强多了。但表姐却受不了，不到半月，便主动退学回家了。

自从芷龄去了北平戏曲专科学校，二哥寿龄天天在家中哭闹，吵着也要去北平学戏。闹了两个月，父母无奈，只好把寿龄也送到戏校当插班生。寿龄来校后天天耗膀子、撕腿、劈叉，加上没完没了的毯子功，耗尽了精力。有一天，他吐血了，芷龄见了害怕，问道："你怎么变瘦了？"寿龄说："累坏了，再这么下去我非趴下不可。"

父母接到儿子的信，得知情况，心疼不已，不久父亲就从天津赶来，要接一双儿女回家。芷龄却毫无心理准备，此前一天，训导主任还让她喊了几声嗓子，再试唱一段，问她是否愿意留在学校继续学戏，她不假思索地回答"愿意"。然而，父亲突然到校，要把她也接走，让她猝不及防。她用乞求的眼光望着训导主任，指望他能为自己在严父面前说上几句好话把她留下。训导主任便对汉侠先生说："这孩子嗓子好，扮相、个头都好，又喜欢学戏，人也聪明，还是留下她吧。"但汉侠先生态度坚决，竟毫无商量余地，板着脸对两个孩子说："快收拾行李，向老师告别，跟我回去！"面对父亲的固执，芷龄知道留校无望，只得噙着泪水，收拾好行李，委屈地跟着二哥和父亲一起走了。她心里直埋怨：要不是二哥连累，她肯定会在戏校留下学戏。鼻子一酸，大声痛哭起来……

这一时期，家里的生活稍有转机，家人通过江西同乡会领到一些津贴，就在自己居住的三合院里办起了一所家庭式的私塾小学，从此生活略为安定。大哥遐龄文绉绉的，脾气好，人也随和，便继续供他上中学念书。为了实现芷龄的意愿，父母决定让孩子停学，聘请教师上门给一对儿女教戏。

芷龄学戏，为什么也要让二哥寿龄陪着呢？父母自有他们的考虑：一是担心一个女孩学戏，将来独闯江湖，很不放心；二是寿龄学了戏，可以为芷龄配戏，也好对她起个保护作用。

但因经济原因，请不起名师，前来教戏的都是无名之辈，他们只会教孩子抱着肚子傻唱，长进不大。父亲为了支付学费，没日没夜给报社写稿，十分辛苦。芷龄深知家境的艰难，便拼上了！不管数九严寒，还是三伏酷暑，她在院子里练功不止，翻跟斗，打把子，背台词，练身段，一遍又一遍，没完没了，汗水湿透衣衫，看得邻居咋舌，母亲偷偷落泪。但父亲主意已定，想方设法要把这个小女儿扶上舞台。

汉侠先生一头钻进票房，在一场票友组织的大义务戏里，终于为女儿争取到了一折开锣戏《女起解》，还特意请了津门名丑金鹤年陪演戏中的刘公道。11 岁的芷龄首次登台的是春和戏院。这个戏院场子不小，尚小云、筱翠花也常在此演出。所谓“初生牛犊不畏虎”，台下人越多，芷龄胆越大，旁若无人地演开了。台下坐的都是票友，大家毫不吝啬地把掌声献给了这个尚不谙世事、只知竭力模仿剧中人物的小“票童”。金鹤年先生也赞不绝口，夸她是一块唱戏的好料子。

第二场义务戏在北洋戏院，由寿龄、芷龄唱开场戏《武家坡》。演出同样很成功。票友们对这对小兄妹赞赏有加，兄妹俩心里自然喜不自胜，可是他们父母的脸上却愁云密布，不见一丝笑容。芷龄追问之下，才知道父母为这两次演出花了不少钱：请来帮忙的需要“脑门钱”，还有行头租赁费，一部分戏票还得作义务销售，卖不掉，还须自个儿掏腰包。

然而，眼前的困境并没有难倒汉侠夫妇，父亲开始寻思如何借用票界中的能人课程育德，让儿女成才。由于寿龄、芷龄这对小票友已博得了津门票界的好感，一些名票、名师，一经汉侠先生的延请，便纷纷上门免费教戏。此时寿龄已改行小生，为芷龄配戏。先后登门授教的有王云卿、石少山、杜富隆、包丹庭，连北昆泰斗韩世昌也主动前来指导了。他们常常带着芷龄兄妹借台练功。寿龄小生戏的功底便是杜富隆先生奠定的。兄妹俩第一出花旦小生对儿戏是“唱、念、做、打”四功俱全又颇具难度的《霓虹关》。王云卿教了《马上缘》、《穆柯寨》。此后，找上门来教戏的日趋增多，于是《女起解》、《樊江关》、《醉酒》、《六月雪》也逐一推出。有时大轴戏中寿龄还能应上一个配角。

汉侠先生紧皱的眉头舒展了，他开始为儿女张罗搭班事宜。先是搭上一个下海票友的班，搭了几次班，唱出些小名堂，开锣戏也有人请了。不久，由刘汉臣、张艳芳组成的红班子，居然也让他们唱“垫场戏”，每场演出还能拿到几元钱的报酬。

然而，芷龄兄妹要想在天津经常搭班并非易事。津门乃梨园重镇，各路班社云集，难容初出茅庐的小票友插足。于是，汉侠夫妇就商量让芷龄去山东烟台演出。烟台是山东的一个重要港口，南来北往的商家不少，广东人在烟台很有势力。于是祖籍广东的陈氏便亲自出马，去烟台拜会广东同乡会。大家都是同乡人，陈氏道明来意，广东籍同乡凭乡情之谊，都应允前去戏院捧场。待童芷龄一出场，就获得一个碰头彩，随着演出的进展，喝彩声此起彼伏，同乡人把满腔热情给予了这样一位素昧平生的小姑娘，童芷龄此时以“玉芙蓉”的艺名开始走红烟台。

首次在烟台演出的成功，让返回津门的汉侠父女想入非非，竟然想自己挑班了。此时，恰好芷龄的一个表叔从青岛来天津，介绍她去离青岛不远的东镇唱主演。汉侠全家闻之大喜，遂急忙请来蒋鑫平先生赶排几出新戏，以便唱大轴之用。虽然《全本十三妹》、《全本贩马记》、《全本得意缘》排成了，但因为蒋先生答应跟去把场，索价甚高，全家便拿出所有钱款孤注一掷，希冀搏一把，从此咸鱼翻身，谋一个好前程。

在东镇演出的头几日，“玉芙蓉”果然先声夺人，一炮打响，东镇人对这个极具表演天赋的小演员大加褒奖；可是不多几日，观众渐少，上座平平。究其原因，东镇毕竟是小地方，人口不多，虽然芷龄挂头牌，过足戏瘾，但还是扫兴而归。蒋先生又把场方给予的包银占去大半，为节省开支，全家只得坐统舱返回天津。

## 二　烽火路上“生死劫”

白璧不可为，容容多后福。

——（南朝宋）范晔《后汉书·左雄传》

1935年3月15日，童祥龄出生。

童家因为又多了一个儿子，汉侠夫妇的经济负担加重了。母亲为了多赚些薪水，就去几家教馆补课。为了节省车钱，她总是来回徒步，于是脚底走出许多鸡眼来。小时候的祥龄看到母亲用热水泡过脚后，就用薄薄的刀片修理两只长满鸡眼的双脚，不修就疼得走不了路。每当他见此情景，心头便一阵揪心，生怕母亲把脚割伤了。母亲的终日劳累辛苦，深深地烙印在他幼小的心灵，一直认为她是天底下最好的母亲。

汉侠先生因为无固定职业经常失业。大哥遐龄、二哥寿龄便常常出门为父亲找工作，夜深人静时，兄弟俩就出门到各处去张贴求职小广告。有一次他俩在法租界电线杆上张贴小广告时，被巡捕发现，怀疑兄弟俩张贴“排外”标语，就将两人抓到巡捕房。后经父亲前去认领并解释清楚，才被放回。

这一年，芷龄也只有15岁，她知道重返戏校已不可能，唯有靠自己练功、学戏、唱戏，来提高自己的演技。她认梅派名票近云馆主做干妈，学会了梅派的《别姬》。但此时的芷龄已难解心头之渴，想学会更多的戏去登台谋生，于是索性上大戏院偷戏。

天津中国大戏院是一些名角演出的主要场所。如新艳秋、章遏云、胡碧兰三位老名坤，李世芳、宋珠德、筱翠花等名伶常来此献艺。芷龄每每全神贯注地留意、默记他们的唱词、唱腔及身段动作，连一个细微的手势、眼神都不放过。有一次邻座喝茶洒在她身上竟全然不知，回家路上嘴里还哼着，念念有词，几乎到了走火入魔的程度。她对程砚秋的《荒山泪》、荀慧生的《金玉奴》、尚小云的《汉明妃》特有兴趣，悉数“偷”来。芷龄偷戏似有特异功能，因为注意力高度集中，过目而不忘，总能模仿得八九不离十。一次，荀慧生在中国大戏院演出，芷龄因囊中羞涩，无票进不了剧场，就干脆从窗口爬进去看，被人发现，赶了出来。所以，后来这些名伶看芷龄的演出，总能在她身上发现一些自己的“玩意儿”。

也就在那一年初夏，名净董俊峰邀芷龄与其子董少英合作，去南京夫子庙剧场演出，由芷龄挂头牌。汉侠父女指望南京之行能闯出一条路来，便欣然答应。童家八口除老祖母看家、遐龄继续上学外，连8岁的葆龄、不足2岁的祥龄也一起踏上了江南路。

到了秦淮河畔的夫子庙，演出前，头牌、二牌的名字都要上海报和水牌，母亲陈氏觉得以前使用的“玉芙蓉”、“玉楼仙”的名字太俗，便将“龄”改为“苓”字，取中药芷茯苓之意，这样就“雅”得多，童芷龄便正式改成童芷苓了。此后所有孩子的名字都用“苓”字改了过来。

打炮戏是《四郎探母》，次日全本《大英杰烈》。童芷苓扮演花旦、小生、武生集于一身的陈秀英，她扮相俊美、又唱做卖力，剧场火爆，势头大好。谁知刚开了一个好头，第三天，大批日机飞临南京上空投掷炸弹，南京成了一片火海。此时，震惊中外的“七七事变”已经爆发了。

汉侠全家坐困南京数日，囊空如洗，只得随着夺路逃难的人群走向下关车站。车站早就挤得水泄不通，童家六口，几经冲散，好不容易汇在一起，不顾一切，也毫无目的地挤上车厢；就这样，汉侠全家怀着惊恐的心情，糊里糊涂地被火车带到无锡。待到8月13日，淞沪之战爆发，东行不能，西行乏资，汉侠在走投无路之际，决定南下奔江西老家了。

这一年的12月13日南京沦陷，日军在华中派遣军司令松井石根和第6师团长谷寿夫的指挥下，进行了为期6周的惨绝人寰的大屠杀，南京大屠杀遇难人数超过30万。汉侠全家总算逃过一劫。

一家人先在九江暂住，汉侠只身奔老家南昌。回来时，带来江西大戏院的一个管家，他听说芷苓、寿苓是京角，便来接人。真是遇上了救命恩人。

童家故居在南昌万花洲南家桥，其时老宅已破旧不堪，住着三祖父一家，余房均已出租，汉侠全家只得在一间门房小屋里挤着住下。

为了全家糊口，芷苓、寿苓很快就登台演戏，每天戏份6元，生活总算是安定下来。可是好景不长，从前线退下来的国军伤兵大批涌入南昌，每天都有兵痞子白看戏闹场子的事发生。一天，一个伤兵指着台上唱戏的芷苓，硬说是他失散多年的妹妹；次日便纠集十几个手提机枪、斧子的兵痞子上门要人。幸好老宅有个边门，芷苓被藏在后院一片放柴禾的菜田里，吓得瑟瑟发抖。多亏一位房客打通了求助电话，宪兵队带走了这些伤兵。为了避祸，汉侠携家人仓皇中急走，到了宜春附近的雷村，不久又随一位琴票去了穷乡僻壤的赣州。那里离前线较远，全家得以暂歇。

关于这一次的遇险经历我们可以在遐苓写于1938年1月23日的日记中得到印证：

（一九三八年一月）二十三日

前天因为到中国戏院去听义务戏，有李菡秋、张君秋《起解》、《玉堂春》，李多奎、金少山的《断太后》、《打龙袍》，程砚秋、马连良、马富禄、刘连荣的《宝莲灯》，……，在后台见着王云卿，李菡秋下装后我到后台，此时可以看见金少山、马连良、程砚秋在后台，砚秋年岁已经不年轻了，近来身体发胖，在后台看见他穿着大衣，身量很魁梧，起先猛的一见不知是谁，到后来才醒悟过来，绝不像个唱旦角的，张君秋的扮相倒不错。金少山上场时，又到前台去看戏，座位都已经卖出去了，不但没有空座位，而且连旁道都立满了人，非常拥挤，戏曲学校的学生们也都在前后台看戏，晚十一点多钟还未散戏……

十七日接到母亲由江西宜春来信，言他们抵宜春，父亲同小二因无车可搭在车站候车，尚未到宜春，二十一日又接到母亲来信，历言艰苦，一时心如冰沁，如火焚，悲伤难禁：“遐龄儿知悉，顷接汝十二月六日之信，知悉一切，我们这次遭此大难，都是来南京一步之错，钱财赚不着都是其次，最危险的是我们的性命，不知能平安到底否……在九号白日江西舞台上，老生夏荫培正同小四对词，刚刚对完，小四刚搽上粉，即来警报，我们遂躲到一家小学校的地洞里，夏荫培夫妇因贪吸烟不躲，遂因震毁房子，其数岁的女儿炸毙，他夫妇由土堆里爬出来，我们用的小厮家中亦震毁，其父母亦由土堆内爬出。在夏荫培同小四对词时，他哪能想到不到半点钟即遭此大祸，可知现在性命如儿戏，朝不保夕的……我来宜春时在火车未开之时来了防空，我抱着小弟同小四、小宝跑到田野处去躲避，飞机由头顶越过，后来大家以为解除，刚刚跑到车口，又来第二次了，又抱着小弟跑，真是跑得我累极了，连鞋都掉了，后来开车至半夜闻说又来了，我是预备不躲的了，好在是假的，总之今年内恐尚要迁移，真是逃都要逃死人，欲北返而不得，只有听天由命而已……"

留京的遐苓亦是戏迷，显然1月17日他在接到母亲来信之前，尚不知全家险遭大难的处境，还在中国戏院悠闲地观赏京朝派名家的演出呢。直至接到母亲的信函，方知实情，心急如焚，悲伤难禁。

赣州地面大多是戏技不分的外江派一路，唱戏带踩球、耍盘、舞绸，老戏不为所重。童芷苓偏偏用京朝派的传统老戏征服了赣州人！她那俊美的扮相、甜亮的嗓音、修长窈窕的身材、清朗的台风，让赣州人看得如痴如醉，还给了她一个"赣州美人"的雅号。

然而，离家日久，汉侠全家归心如箭，陈氏通过一位广东籍的同乡，好不容易弄来去广州的火车票。但赣州剧场的老板岂肯轻易放过这一棵摇钱树！汉侠夫妇商定后，采取金蝉脱壳之计，趁芷苓、寿苓白天演出期间，先将置于旅馆中的行李悄然运走，晚上散戏后，全家人便分批在车站汇拢，乘车前往广州。

他们由广州再去香港，打算乘轮船返回天津。此时的香港已是一片混乱，似乎战事即将波及。一家人挤在走水路的逃难人群中，寿苓一手拉着8岁的葆苓，一手抱着不足3岁的祥苓，由父亲在前头开路，芷苓携着母亲随后，一起朝前挤。行李箱则由雇着的两个脚夫举着，从头顶上传递过去。他们终于挤上了肮脏不堪的船舱，在海上经过十几天的颠簸，回到了日思夜想的故地天津。

## 三　芷苓初露头角

泉眼无声惜细流，树荫照水爱晴柔。
小荷才露尖尖角，早有蜻蜓立上头。

——（宋）杨万里《小池》

回到天津之后，汉侠夫妇又开始筹划生计。四姐继续在家里练戏、学戏和唱戏。每每去戏院子里“偷戏”回来，便独自在镜子前比划个没完，一会儿哭，一会儿笑，一会儿唱，一会儿跳。祥苓在一旁看到四姐那种“走火入魔”的样子，也习以为常了，有时也在一旁比划几下，惹得四姐噗哧一下笑出声来。

常言道“皇天不负苦心人”，机会终于来了。一天北洋戏院经理刘四爷找上门来，要介绍她加入“奎德社”。“奎德社”建于1914年，历时23载，以演时装戏（亦即文明戏）著称。社址虽在北平，但演出大多在天津。它是清一色的坤角，演戏以念白为主，加些梆子皮黄的唱，类似话剧加唱。班子杨韵谱与名伶刘喜奎一编一演，在天津红极一时，还一手造就了秦凤云、李桂云、碧玉花、雪艳琴等名伶。“七七事变”之后，去戏院看戏的市民日趋减少，杨韵谱回天乏术，便解散了“奎德社”。童芷苓加入的是由李桂云新建的“奎德社”。

奎德社挂头牌的李桂云用京音唱梆子，于高亢激越、粗犷奔放中具有沉稳、细腻的特色。她的身段表演很少受传统的束缚，力求以情动人，贴近生活，让芷苓学了不少东西。

事又凑巧，红得发紫的李桂云突然下嫁银行少掌柜，群龙无首，班社里一片慌乱。此时早就铆上芷苓的刘四爷突出“奇招”，决定扶芷苓上马，让她挂头牌。在刘四爷的眼中，童芷苓演戏虽有几分野，却野得灵动，有生气，聪明绝顶，新戏练几遍就能很快登台献艺。

这不啻让芷苓又多了一次挂头牌的机会。她先后上《日出》、《雷雨》，最吃重的还是一至四本《啼笑因缘》，她临时抱佛脚，硬是把四本戏的台词背了下来。

正当芷苓在“奎德社”崭露头角之时，刘经理又突然把老台柱秦凤云和碧玉花请来分挂二牌。但毕竟秦凤云老去，风华不在，加之碧玉花又辞去，奎德社风雨飘摇。虽然又让芷苓挂头牌，但芷苓已无激情，同年2月期满，芷苓退班。

1938年春，天津仅次于中国大戏院、上演京剧最红火的“新中央”向芷苓伸出了“橄榄枝”。这家戏院位于天津黄金地段，当地几位戏院管事组成了一个共和班子，内无班主，纯属集体所有制性质，上座好就多拿钱，各人按各自的戏份领钱。由于班子成员坚强，盈利丰厚，不少演员想进去搭班。汉侠先生也多方托人，却不得其门而入。事有凑巧，二旦金又琴嫁人了，芷苓这才如愿顶了二旦。三天分一次戏份，童家笑逐颜开。未几，头牌新艳琴又出嫁了，17岁的童芷苓便机缘巧合，被众星拱月般地推上了头牌花旦的交椅。这一喜剧性的变化，奠定了童芷苓天津名角的地位。

对于这枝绽露新芽的小荷，天津人备加呵护。前辈艺人倾囊相授，芷苓则像海绵吸水，全盘接收。就这样，在“新中央”她施展浑身解数，上演了全本《玉堂春》、全本《十三妹》、全本《双娇奇缘》、全本《得意缘》、全本《大英杰烈》……对《人面桃花》等南方戏也照演不误。她积累展演的剧目与日俱增，迅速上升，名声在津门也不胫而走。一大批观众自发组成“捧童团”，她唱到哪里便捧到哪里。从“奎德社”到“新中央”，占尽了地利、人和，童芷苓成名了。

荀慧生先生常来天津，对这里的梨园名伶十分熟悉，他听说“新中央”有个童芷苓，不是他教过的学生，却大演荀派戏，顿觉好奇，便不声不响地去“新中央”看了童芷苓的戏；从随者动问，荀先生笑而不答，欣赏之意胜于言表。

荀慧生先生是芷苓崇敬的偶像，她欲程门立雪，却苦于难寻门径。此时，芷苓干爹——天津《大风报》主编沙大风，知悉此情，便从中牵线，荀先生爽快应诺。5月3日，童家借明湖春饭庄举办了拜师仪式，芷苓在红毡上恭恭敬敬地向坐在太师椅上的荀先生行了跪拜礼，并亲切地叫了一声“干爹”。自此，童荀之间除了师徒关系又加了一层“父女”关系。

荀慧生回北平后，陆续向童芷苓寄来了他珍藏多年的演出本《飘零泪》、《埋香幻》、《狮吼记》、《红楼二尤》、《香罗带》、《鱼藻宫》、《绣襦记》、《钗头凤》。芷苓有了剧本就排。“新中央”照旧一周上演一出新戏。芷苓搜集了大量荀师的唱片模仿着学，没有的唱段全凭自己的印象琢磨编腔。此时，寿苓也已加入“新中央”，以小生行当与芷苓配戏，他好用脑，尽量帮助大妹把荀派的东西用上。加之班内众人合力执排，童芷苓摇身一变，由“杂家”华丽转身，成为荀派名伶。

但尽管如此，17岁的芷苓技艺尚未成熟，还只能算二流名角，要打入由一流大牌担纲主演的“中国大戏院”，尚有一定距离。“中国大戏院”孟经理建议汉侠先生，有机会让芷苓去北平“深造”一番。

是年7月的一天，芷苓正在“新中央”演出时令戏《天河配》，忽听台下一片嘈杂声，紧接着噼啪作响，人们纷纷逃离。“发大水了！”有人高叫，芷苓与寿苓急忙走出戏院，已是水过足膝了。回到家中，底楼已被水淹没一半，全家困居二楼。

随后几日，水势渐涨，芷苓兄妹只得拆下大门板当竹筏，操起《打渔杀家》的道具当船桨，划进划出去商场购买柴米油盐等生活用品。

一天，4岁的祥苓见姐姐划着门板出去买东西好玩，就把书桌中间的大抽屉抽下来，跑到楼下，将它放在水中当船划。才划了两三下，便翻了个儿，掉入水中，幸好芷苓看见弟弟一只小手在水里挣扎，立即跳入水中，将弟弟救起，不然，小小的祥苓就淹死了。这条小命还是四姐给捡回来的。

洪水方退，瘟疫肆虐，医院里人满为患，市场一片萧条。汉侠夫妇商定后，决计举家迁居北平。寿苓、芷苓先行，与北平在大学攻读土木建筑专业的大哥遐龄会合，在宣武门外校场二条租下三间房，此地离荀慧生先生的寓所不远。汉侠夫妇此时已不工作了，专门扶持芷苓成为梨园名伶。时为1940年初，芷苓正芳华十八，祥苓5岁。

寿苓、芷苓兄妹，经荀师的管事——相当于现时的经纪人王松龄先生的介绍，加入了北平梨园公会。在旧时，梨园公会是京剧人的行会组织，有较大权威性，非梨园公会成员，要在北平演出几乎不可能。

因离荀师寓所很近，已登堂入室成为荀门弟子的童芷苓常去拜谒师父师母。荀师忙于演出，接待芷苓的多数是师母——著名昆曲名家吴巧福之女。朴实无华的师母与世无争，嗜好阿芙蓉，芷苓每次上门就一面陪同聊天，一面站在烟榻旁，为师母烧烟膏。师母喜欢这个乖巧的姑娘，便毫不吝啬地把荀师轻易不肯示人的手抄本拿出来送给芷苓，这都成了童芷苓日后荀派新戏的源泉。

荀师授徒，尤其对于像童芷苓这样一个悟性极高的学生，并非手把手教戏，全是启发式教学，点到为止。他先教了一出《霍小玉》，这是一出花旦与青衣结合的花衫戏，前喜后悲，唱、做、念、舞兼重，又集荀氏唱腔之大成，学会了可以举一反三。他对芷苓说："只要我上台，你就来看戏，戏要多看，多琢磨，才会心里有。"荀师教戏警句不断，台上又以身示范，使芷苓有迹可循，逐渐找到感觉。荀师演戏一个人物一个样，一切从人物在特定情景中产生的内心活动与情感出发，风貌身段全然不同。先生在伶界以"活口"出名，每演一场必有变化，随时会有即兴创作，衍生出新的变化来。这就是"熟戏三分生"的道理。芷苓从中领悟到不少荀派艺术的精髓与特点，为她此后步入艺术新天地夯实了基础。

不久，童芷苓在荀师的支持下挑班建社，打起了"苓社"的旗号，在长安戏院首演，荀师的"留香社"鼎力相助。还亲自为芷苓把场。演出结束不久，荀先生还把芷苓带到"通天教主"王瑶卿先生家中就教。王老先生不仅完成了青衣与花旦结合演变为"花衫"的重大改革，还调教出"四大名旦"等一大批杰出人才，在中国京剧史上有着崇高地位。看在荀师的金面，王老先生向童芷苓传授了不少王派艺术的精华，使芷苓在艺术上又上了一个台阶。

## 四 《纺棉花》走红申江

环境不会改变，解决之道在于改变自己。

——人生格言

自打童家迁居北平宣武门外教场之后，生活总算安顿下来。除寿苓、芷苓以"苓社"的名义参加各处演出之外，大哥遐苓继续在大学深造，次年，12岁的葆苓便去宣武门外的春明中学读初一，6岁的祥苓也在那儿读小学一年级。据童祥苓回忆：

当时能在北平站住脚跟不容易。靠关系开后门没用，成败只有一个证明——票房的上座率。所以四姐很用功，每天凌晨天没亮就去郊外喊嗓子，因为是女孩子，怕遇上麻烦，四姐就穿戴着父亲的大衣帽子扮成男人。那时四姐个儿高，扮起来很像男人。四姐学戏很聪明，一出戏几天就能学会。由于四姐的刻苦和天赋，不久就在北平站住了脚。

祥苓打小就喜欢看四姐的戏，几乎每次演出，都要跟随父母一起去。他最喜欢看四姐演出的《大英杰烈》。《大英杰烈》又名《铁弓缘》，是一出传统老戏，也是荀慧生先生的成名作。它讲述了明朝时期侠女陈秀英的传奇故事：太原总镇石须龙之子石文到处胡作非为，一日去豪杰居茶馆饮茶，见陈秀英貌美，顿起歹意。当陈氏母女不允婚事时，石文命奴仆抢亲，被家传武艺的陈氏母女打得狼狈而逃。有匡忠者，对陈母深表同情，而又精于武艺，陈秀英与之比武订婚。石文返家哭诉于父，石须龙设计发配匡家父子充边，夫妻无奈哭别。陈氏母女改扮男装意欲出走，适逢石文又来抢亲，则杀之。至二龙山遇女寨主关秋兰，误认陈秀英为其未婚夫王富刚，将陈氏母女留住山寨。王富刚探望匡忠时，被当作凶手，石须龙命其下山大战山寇。陈秀英亲自出马与王富刚大战。正在难分难解之时，匡忠巧过山下，陈母以弓认婿。陈秀英刺死石须龙。匡忠、陈秀英及王富刚、关秋兰两对夫妻终于团聚。

这出戏内容丰富，情节曲折，具有很强的观赏性。芷苓扮演的陈秀英，前半出戏以文为主，扮相清秀，端庄大方，表演自然，展现出陈秀英的天真活泼、爱憎分明；后半出戏反串武生行当，她动作优美，干净利落，节奏感好，爆发力强，充分表现人物侠肝义胆、疾恶如仇的性格，芷苓的精彩表现获得了观众如雷般的掌声与喝彩声。

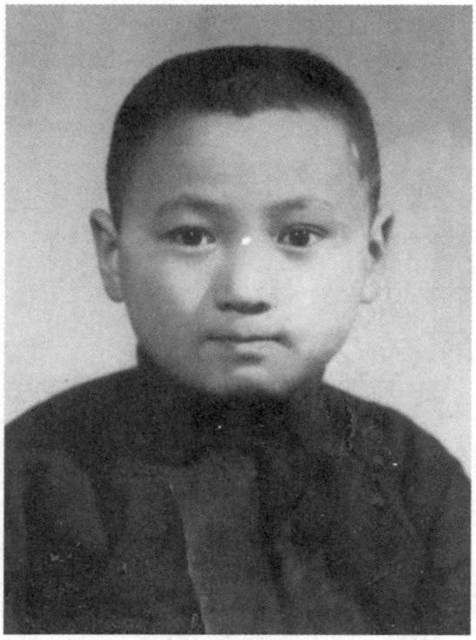
5岁的童祥苓

小小的祥苓感情丰富，同情弱者。他看戏全神贯注，十分投入，看四姐演《红楼二尤》，前面尤三姐为清白自刎，后面尤二姐被王熙凤陷害致死。他每次边看边落泪，见王熙凤出场就心头愤恨，会用小拳头捶击自己的大腿。一次陈氏坐在他旁边，他竟一下敲在母亲腿上，母亲拍了他一下头，他才清醒过来。感情丰富、爱憎分明既是祥苓秉性的一个方面，也是他以后作为京剧人必备的素质。也许他还小，把台上的角色与四姐融为一体了，一时竟难以从悲剧的氛围中跳出来。

祥苓在上小学的前一年，即他5岁的时候，曾听父亲对家人说："上海是个风水宝地，站住了，名利双收。"

汉侠先生的话并非虚言。"七七"事变后，古都梨园一度消沉，不少名伶纷纷南下，去上海淘金。通常天津的包银两倍于北平，而上海的包银还要翻一番，这对艺人不啻是巨大诱惑。古都梨园名伶，倘在上海一炮打响，不仅赚得大把包银，返回北平时身价也将倍增。芷苓何尝不想一闯大上海？

此时大哥遐龄已从大学土木工程专业毕业，父母为了一心扶助"苓社"，让他留在"童家班"里经理业务。

是年8月初的一天，上海黄金大戏院老板到北平邀角，特来童家邀芷苓挂二牌，随前辈名老生高庆奎率领的戏班"高家军"南下。其时芷苓只有18岁，但"苓社"在北平已小有名气，他们是来挖角儿的。对于童家来说，这是一次难得的机会：童家要翻身，契机在上海。

黄金大戏院是海上大闻人黄金荣所建，位于闹市中心八仙桥附近，场内三层楼面设有两千个座位。剧场为孙兰亭为首的"五虎将"所把持，他们个个神通广大，专邀京朝派名角前来献艺。上海人虽然热衷于海派，却奉京朝派为上品。老板摸准了上海人的观赏趣味，于是黄金大戏院成了京朝派名伶献艺的平台。

父母和大哥为照应寿苓、芷苓兄妹，也把5岁的祥苓一起带到上海，全家住在八仙桥附近名叫老公馆的二楼，母亲还特地雇了一名保姆照看祥苓。每天演出，小祥苓都跟着去。他一到剧场就往后台跑，见了那些挂着的戏服、盔头、刀枪，东看看，西摸摸，处处觉着新鲜。开场前，他还要在舞台上跑一圈。晚年的童祥苓在自传《“杨子荣”与童祥苓》中写道：“这是一种在人生最向往的地方过把瘾的满足，后来这也成为我舞台生涯的习惯了。”

那时最令他兴奋的是芷苓演《锁麟囊》，每天上演都要他扮演一个小孩，这让他高兴得心花怒放！虽然，台上只有两三句台词，他却不敢丝毫马虎，认真地从早背到晚。由于小祥苓在台上从未出过错，还常受表扬，有时也会拿拿“架子”。有一次汉侠先生送他去戏院，路过一个花鸟店，他要买一只兔子，父亲不肯。儿子就对父亲说：“你不买，我今儿个就不去演出。”汉侠先生被弄得哭笑不得，只好答应儿子的要求，而且儿子上场时还得替他抱着兔子呢。

然而，“高家军”声势仅维持短短几天，营业开始滑落，老板的笑脸不见了。老板就怂恿童芷苓：“你唱《纺棉花》，准红！”《纺棉花》不入正册戏，演的是张三夫妻二人在台上逗趣取乐，没有故事情节，演、唱、说的内容全凭个人自由发挥，任何小节目都可以往里凑，是一种供消遣的玩笑戏，也是展示京剧演员个人全方位戏曲、歌舞才能的文艺专场。

“唱些什么呢？我都不会呀！”芷苓不无担忧地说，但她心里何尝不想在大上海一显自己的才艺。

老板便亲自出马，让孙兰亭教筱派戏《打面缸》，让汪其俊教麒派戏《追韩信》，请来程派名票教上一段《锁麟囊》（小祥苓就是在这当儿扮演戏中那个小孩的），再由寿苓教会一段姜派名段《宗保巡营》，芷苓自己则加上了一段先前就会唱的京韵大鼓《华容道》，以及王臣佩的乐亭大鼓

《玉堂春》，老板还让她在《四五花洞》中学四大名旦，唱《二进宫》一赶三，既唱青衣，又唱老生和花脸。芷苓临时又学上几支上海流行歌曲，加之她本人又擅长跳伦巴舞，终于凑成了一桌什锦大拼盘。

演出前，老板又让芷苓去最大的红玫瑰理发厅烫上了当时上海最时尚的好莱坞明星的发型，又叫她穿上定制的紧身开叉风流款式旗袍，脚上再配上一双精美的高跟鞋，经过一番精心打扮，蓦然间先前那个朴素带着北方姑娘土气的童芷苓不见了，变成了一个身材高挑、楚楚动人的“上海小姐”。

当她以这样的装束出现在舞台时，看惯娇小妩媚江南女子的上海观众，立即被童芷苓那北国美女的迷人风采惊艳了，台下瞬间爆发出一阵雷鸣般的“碰头彩”！随着一段段打趣说唱的展开，芷苓在台上兴之所至，自由发挥，凡所唱曲调、段子，无论是《宗保巡营》的娃娃调，还是《四五花洞》的四句慢板，一句一个“肥彩”。当她跳起伦巴和踢踏舞时，随着裙裾的摆动，婀娜的舞姿与身影，令台下的观众痴迷得近乎疯狂，掌声、喝彩声震耳欲聋！芷苓从艺至今，从未经受过如此强烈叫好声浪的冲击，她越演越兴奋，越唱越嘹亮，此时在台下的观众眼里，芷苓的一招一式，一走一站，都显得娉婷袅娜、冰清玉立，而那双充满绵绵柔情的盈盈秋波，更让观众怡神摄魄！与芷苓搭档的韩金奎也有一口好嗓子，他扮演的张三学卓别林的行走姿态，插科打诨，滑

童芷苓初“下海”演《纺棉花》时，与葆苓（右）、遐龄（中立者）、祥苓（前立者）、寿苓（左）合影

稽突梯，令人捧腹不止。

童芷苓初演《纺棉花》竟产生如此轰动效应，令场方始料不及！此前唯吴素秋演《纺棉花》在沪上曾受到热捧。于是连演多日，竟一票难求。

遐苓、寿苓与芷苓喜欢跳舞。兄妹俩演完戏后常去百乐门和仙乐斯舞厅，有时也把祥苓带去。仙乐斯舞厅在南京路上，离黄金大戏院较近，也就去得多些。他们在那里会偶遇周璇、白光等电影明星唱歌。

关于周璇，读者知之甚多，不再赘言。白光知者不多，稍作介绍。20世纪40年代以歌唱成名的女影星当中，白光可与周璇比肩。她曾以低迷宛转、略带沙哑的女中音唱出了乱世中的世道苍凉，力压周璇，获得第一名。她身材高大窈窕，隆胸细腰，粗眉斜挑，一双注满厌世和无所谓的眼睛勾魂摄魄，注定了她擅演妖冶女人的银幕形象。白光出自本色的率真与肆意张狂，从体态、表情到声音，都显露着风骚的挑逗意味，在一定程度上，她是美国好莱坞影星玛琳·黛德丽（Marlene Dietrich）在旧上海电影界的"翻版"。其成名作是改编自美国影片《情谎记》的《桃李争春》，白光饰演了一位反叛妓女。在那个年代，白光与周璇一样不可能决定自己的银幕角色，于是"妖媚"、"风骚"，哼着低哑的歌，成了她的"定性"。有鉴于此，在现实生活中，白光只有更加地任性胡为来表达自己内心的反抗。1949年，白光移居香港，与岳枫、朱石麟等导演合作，在《荡妇心》、《血染海棠红》、《一代妖姬》影片中担任主演，以女性的悲惨身世与际遇，批判了封建门第观念与社会的不公。台湾资深影评人焦雄屏曾经感喟："中国电影及歌坛百年，再也没有出现过像她如此特立独行的尤物，那种沧桑世故和纸醉金迷中的孤独，只出现在20世纪40年代的上海。"

小舞台上有洋乐队伴奏。小祥苓一边听一边哼。四姐芷苓就问小弟："你敢不敢上去唱啊？"弟弟回答："敢！"遐苓便真的带他走上小舞台，摆了凳子让他站上去。祥苓就对着麦克风唱了一曲《蔷薇处处开》。唱罢，台下掌声热烈，小祥苓心中美滋滋的。四姐夸他好有胆子！

此间二哥寿苓常带小弟弟去看戏。童祥苓后来回忆，在中国大戏院看了一场马连良的《苏武牧羊》，一场金少山、裘盛戎两位先生合演的《白良关》。因为场子客满，他们登上放映间，从小窗口子看的。观众掌声不断，这三位艺术家在祥苓心中都成了神一般的人物。

那时皇后大戏院常有上海戏校师生的演出。祥苓在《"杨子荣"与童祥苓》（以下称《自传》）一书中写道：

> 一次我趁保姆睡觉时偷偷跑去看《汉明妃》。让我感到有意思的是兵在身上绑个马头马尾，跳起马舞。回家的路上我直羡慕他们，不知哪一天自己也能像他们一样成为京剧演员。一路上尽沉醉在美梦之中，未曾想一进门就被娘劈头一掌打醒过来。娘怒气冲冲骂我胆大，声明我如再敢私自看戏，就永远不许我去看戏。我怕失去看戏的机会，就不敢吭声。

与黄金大戏院演出的合约到期，童芷苓满载而归，返回北平。但她心中也抱有不小的遗憾，尽管名扬申江，毕竟是技艺杂唱，她准备充分的荀派大戏却无缘向上海观众展示。这一愿望一年之后，当芷苓成了"纺劈大王"时，有了名角的底气与唱戏的主动权和选择权，才如愿以偿，得以充分展现她荀派艺术的真实才华。

## 五　光耀津门父老

> 昔日龌龊不足夸，今朝放荡思无涯。
> 春风得意马蹄疾，一日看尽长安花。
>
> ——（唐）孟郊《登科后》

童芷苓的《纺棉花》走红大上海，也有其社会原因。二战期间，上海成为"孤岛"，战争年代，生活在大都会的人们，多数对于前景茫茫无措，心里苦闷，便去娱乐场所一乐解百愁。而剧场的老板也搭准了市民的心理脉搏，以娱乐戏取悦观众，从中谋利。

芷苓初到上海，一炮走红，于是“苓社”的名声大振。沪上除黄金大戏院之外，皇后大戏院、天蟾舞台、更新舞台、中国大戏院，外省的青岛、沈阳等戏院的老板们都纷至沓来，先后赶到北平相邀献艺。芷苓演出的档期被安排得满满当当。

芷苓返平后，先应马连良先生之邀，合演了《审头刺汤》，马扮陆炳，名丑马富禄扮汤勤，童芷苓则出演雪艳娘。能与马先生同台合作，自然提高了芷苓“京角”的地位。

李宝櫆、童遐苓受《纺棉花》的启发，写了新本《戏迷家庭》，所有“家庭成员”在戏中大卖什锦杂唱，娱乐性更强！芷苓反串马派老生《借东风》、杨派武生《天霸拜山》，唱梆子《大登殿》，活现昆曲《安天会》的猴王身段，寿苓串演一段话剧也十分别致。此种消遣性的玩笑戏在北平演出照样引起轰动。

上海另一家京派剧场——皇后大戏院又来邀角，但此时成了名角的芷苓有了戏码的挑选权，她向皇后大戏院提出了必须上演荀派戏的条件，且无可商量。在这种情况下，老板让步了。到了上海，恰逢此时与童芷苓打小要好的言二小姐——言慧珠也应黄金大戏院之邀来沪献艺，于是两个小姐妹打起了“对台戏”。

首场炮戏仍是与迟世恭合作的《四郎探母》，接着，荀派戏《钗头凤》、《鱼藻宫》、《绣襦记》、《元宵谜》陆续出台，其中《红娘》、《玉堂春》连演连满。此时赚足银圆的老板开口了：“您还是演《大劈棺》吧。”芷苓一时愣住，上座率节节上升，势头正旺，为什么要换戏码？况且她连什么叫“劈”都不知道。老板又说了：“童小姐，可别忘了，‘黄金’那边言慧珠、李盛藻对您可是二比一啊！你不出新招，营业何以保证？”旁边的助手帮腔了：“您不唱《大劈棺》，我们就对不住您了！”芷苓在压力之下，只能让步了。

《大劈棺》又名《蝴蝶梦》，叙说庄子参道能作分身化形之术。一日，外遇一上坟寡妇，自言待坟土干时便改嫁。归后即与妻田氏谈及，试探她对己是否忠贞。田氏愤极，与之吵闹，庄子看破世情，知夫妇之爱已尽，幻病而死。弥留时，觉田氏无限悲伤，伉俪之情犹在，便幻化成风流倜傥的楚国王孙，往吊其门，再试田氏。不意田氏见王孙车服丽饰，容貌俊秀，顿生爱意，拟嫁之。王孙故意以三事相难，田氏无不一一应允。合卺之夕，王孙忽得暴疾，心痛欲绝，云须猝死之人脑髓可治。田氏为救王孙，以结秦晋之好，遂勒臂揎袖，持刀入柩所，将棺木劈破。不料庄子忽从棺中跃起，痛斥田氏。田氏羞惭不能自容乃自尽。此剧“田氏思春”一折，旦角有细腻的内心戏，“庄周戏妻”一折有精彩的对手戏，“劈棺取脑”一折更有绝技表演。全剧具有一定的观赏价值，故成了常演不衰的传统老戏。

然而，芷苓从未学过这出戏，只能现学现卖了。好在师兄何佩华“雪中送炭”，按筱翠花的路子教她。《大劈棺》开演时，芷苓极尽俊俏妍丽之态，充分运用了荀师的眼神和表演，带戏上场，把田氏盼夫的思春之情，见楚王孙时的爱慕之情，劈棺取脑的恐惧心理，贯穿一气，令这出百年老戏新意盎然，获得了空前的成功，场场客满，营业额一路飙升。老板更是笑逐颜开。芷苓在这出老戏中，无论唱功、眼神、表情，按自己的理解，用活了筱派的套路、荀师的范式，另辟蹊径，她以花衫之身把大花旦与刺杀旦的表演融为一体，形成了自己独特的风格，从而赢得了“纺劈大王”的美誉。

此时的童芷苓芳龄十九，已是日进斗金了。一年之后，即1942年初，她在北平大栅栏为童家购置了一处新居。童祥苓在《自传》中回忆道：

随着四姐的成名，家里从贫困走向了富裕，从租房到买房。记得第一次看到自己家里买的房时，我激动得心怦怦直跳。走进紫红色两扇油漆大门，首先映入眼帘的便是一片青草地中挺立着的两个像大伞一样的柳树与三间八米多高带走廊的西式大厅，大厅中装饰着五彩玻璃，穿过中间大厅，又是一个四合庭院，共13间房屋。院内海棠树、芙蓉树、丁香树、桃树把这个占地六七百平方米的宅院装饰得极为雅致。我跑进中央大厅，抬头望着漂亮的大吊灯，张开双臂一边快速地旋转一边喊：我们家有自己的大房子喽！直到头晕目眩，我似乎进入了一个新境界。

也就在这一年，当年芷苓未成名角之前，曾被视为畏途的天津中国大戏院后台管事李华亭，踏进北平大栅栏的童家大门来邀角了。能登台“中国”，与家乡父老见面，实现往日的夙愿，芷苓真是求之不得！

苓社赴津之前，芷苓拜见荀师，聆听教诲。荀师语重心长地对自己的爱徒说：“我从不夸你，你有悟性和韧劲十分难得，你要法古而不泥古，学师父，还得走自己的路。你要是有骨气，有能耐，就想法站在我肩上，只要你能站上去，我一定能把你顶起来！”说得芷苓激动不已，两眼泪汪汪。荀师又叮嘱芷苓此去津门，大意不得，把戏再打磨打磨。自此，芷苓每天去荀家，把带去天津的戏全都走上一遍。荀师一改昔日只点拨不实授的态度，几乎倾囊相授，将戏中不到位的地方一一作了调整，对芷苓自身变通之处肯定中有商榷，兼容了芷苓的个性，又强化了荀派的风格。

芷苓到了中国大戏院，在老板的陪同下走台，竟然感慨万千！昔日她在台下偷戏，今日却要在台上演戏，真是十年河东十年河西啊！

第一天开场戏仍以《四郎探母》打炮，她与素有“铁嗓”之称的纪玉良唱对儿戏，芷苓洪亮的嗓音并不落下风，引得台下一片叫好声！接着，陆续上演了《红娘》、《霍小玉》、《香罗带》、《元宵谜》、《荀灌娘》、《得意缘》、《大英杰烈》、《花田错》，临别应观众要求，上演了《纺棉花》。台下竟有人跳上椅子叫好，笑声、掌声、喝彩声，把中国剧场闹翻了天！12天演期结束，童芷苓圆了挑班挂头牌的梦，也圆了登上中国大戏院的梦。

童父随苓社在津门也与中国大戏院的后台管事李华亭结为至交，并请他从中襄助“公事”，也学得不少管理社班的经营之道。

从此，天津卫成了苓社的大后方，那里的各大戏院总是把一年中最好的黄金档期留给他们。如北洋戏院，只要芷苓登台，便改包银制为拆账制，且按四六分成，场方得四成，苓社得六成。如此一来，汉侠先生当上了名副其实的班主，他积八九年学得的经营经验，把“北洋”演期定成每次一个月，春节期间日夜两场连轴转，初一至三十日夜共四十多场，汉侠先生每晚提着大袋子去经理室装钱，童家在经济上大翻身，成了富户。芷苓兄妹对家里的收入一向不加过问，照例只要一些零花钱。

汉侠夫妇积攒这些钱，自有打算，此事后面再提。

“苓社”在古都数十个班社中属于一支新军。要想在北平群雄角逐之地生存，还须进一步提高知名度，光演荀派戏，年仅二十的芷苓艺术上还欠火候。于是，汉侠先生就把脑筋动在反串戏上。童芷苓反串《连环套》中的黄天霸，自有她的优势：有个头有扮相，虽没有武生泰斗杨小楼那种坚挺响堂的逆锋之音，但女性逢高必起的嗓音也有其独特的韵味，另外，这出戏“武戏文唱”，只看架子和气势，不带武功，很能发挥芷苓的长处。

然而，这出戏必须与有威望的花脸名净扮演窦尔墩来配戏，才能达到预期效果。汉侠先生马上想起了当年与杨小楼搭档的大名鼎鼎的名净侯喜瑞，他是与金少山、郝寿臣齐名的三大名净之一。但他老人家是否愿意放下身架为女儿配戏呢？父女俩抱着试一试的心情，登门拜见。谁知老人家一点没有名角的架子，知道了父女俩的来意便一口答应，他十分愿意扶持梨园新秀在艺术上更上一个台阶。不久，侯老便与芷苓一老一小台上见了。也真奇，侯老台上一站，他那精气神把台下观众压得服服帖帖。两人在台上展开对手戏，有老人家托着，戏就演得格外紧凑、提神，让芷苓觉得处处顺手。散场后，芷苓向侯老请教演戏的诀窍。侯老谦虚地说：“我在台上很平常，不偷懒，不洒狗血，神不散，气不竭，劲不泄。上台演谁，我就像谁。”此后侯老又应苓社之邀，助演了《双沙河》、《翠屏山》。由于芷苓与名净先辈同台演出，她在北平的知名度得到了内外行的一致认可。

芷苓在天津演出独受父老乡亲们的追捧，但一心唱戏养家的她，还是把自己唱戏的重点放在北平与上海两地，这是利益驱动的必然选择。

在芷苓看来，她真正的福地在上海。于是，在日伪时期南北交通不便的情况下，她依旧带着班社南下，每年在沪上至少演三个月，最多高达八个月，“皇后”、“黄金”几乎成了娘家。

芷苓走南闯北，每到一处，说戏、排戏全由寿苓操持，大哥遐苓则代父担当经纪人，且负有保护弟妹之责，并不轻松。其时，父亲在北平又添置了两处房产，他认为儿女们都到了立业成家的时候，买房是为了他们安家。但芷苓他们没想到汉侠先生为使小弟祥苓成才，竟挥金如土，这样就产生了家庭纠纷，此乃后话，随后细说。

# 第二章

# 莺已迁，惊看鹤冲天

白璧无瑕是少见的。只要不是金玉其外、败絮其中，有瑕疵的璞玉，精雕细琢之后，完全可以成为一件光彩夺目的艺术品。孩提时的童祥苓活泼、好动，出名地顽皮：他曾爬上屋顶，用石块砸鸟，砸坏了邻家的屋顶；仿效戏中的武松，用水果刀刺破四条自行车胎；上学时，为泄心中愤怒，与日本孩子斗殴，打得皮破血流。然而，受姐姐影响，对京戏却情有独钟，痴迷得不能自拔。无奈下，只得弃学从艺，父亲出资延聘名师。打造经年，竟成小灵童，如祥鹤一飞冲天！

# 六　痴迷京剧的小顽童

性痴则其志凝。故书痴者必工，艺痴者技必良。

——（清）蒲松龄

1942年初，童家迁入大栅栏西四兵马司山门胡同的新居之后，7岁的童祥苓重新报考学校。其时离童家较近的有两所学校：一所是觉生小学，在西四二龙路；一所是弘达小学，也在就近。母亲让小儿子祥苓都去考一下，哪个学校考得成绩好就进哪个学校。张榜后，祥苓在觉生小学考了第一名，弘达小学是第二名。而母亲陈氏却要儿子去弘达小学念书。母亲告诉祥苓，觉生小学是日本人把持的学校，绝大多数是日本孩子。骨子里，陈氏与沦陷区大部分民众一样，对日本军国主义侵略中国怀着刻骨仇恨！在北平，日本人吃大米和白面，给中国人只供应豆饼和混合面，那都是用豆皮、花生皮做的，蒸出来的馒头又黑又苦，很难吃。没办法，童家只得花高价偷偷去买些玉米，自己磨点玉米面就算细粮了。

祥苓进了弘达小学念二年级。他在《自传》中写道：

那儿也有日本学生，觉生学校的日本学生经常欺侮我们，寻碴儿打中国学生。我恨他们，最不喜欢上日语课，特别是那个日本教员一副凶面孔，对他布置的日语作业我从不认真完成，考试多数不及格。他每次问我作业为什么做不好，我也不回答，有时他就一拳打得我撞在墙上，很痛，但我从不愿在他面前掉泪，他更生气，叫我脸朝墙罚站一堂课。我憋了一肚子气，放学回家经过辟才胡同，那胡同僻静，遇上日本小孩就跟他们打架，虽受了伤，衣服也撕破了，回家还被娘教训一顿，不过终究出了气，还是感到痛快。

祥苓小小年纪就饱尝了做亡国奴的痛苦，在他幼小的心中已种下了仇恨日本军国主义的种子！从以上的自述中，我们从一个侧面可窥见祥苓自幼遇强暴决不低头、顽强抗争的坚强性格。

祥苓的母亲是一个教子有方的妈妈。在子女中，祥苓最小，哥哥姐姐就对他宠爱有加，但母亲反而对他更加严厉。家境富裕了，也雇了佣人，母亲还是经常叫他干粗活。北方冬天很冷，炉子里烧的是硬煤，煤块很大，必须砸碎，陈氏就让小儿子干砸煤的活。还常常叫祥苓去推磨，把玉米磨成玉米面。每次祥苓都很不情愿，他不明白家里雇了佣人，为什么还让他去干体力活。陈氏看出小儿子的心思，便对他说："家里目前好了不等于永远好，人没本事，再手不能提篮，肩不能挑担还怎么活？干粗活将来也可自食其力，不丢人。"

小祥苓放学回家，陈氏总要求儿子先把作业做完再玩。儿子贪玩，有时马虎做完作业就出门去玩。陈氏发觉后，待儿子回家，就叫他先把作业检查一遍，小祥苓仔细看了果然发现不少差错，母亲就让他一一改正后才允许上桌吃饭。祥苓每次吃饭，都不许他剩菜剩饭，还要把饭碗里碎面屑都吃干净。吃完饭，陈氏教育儿子道："你念书，做作业，是为自己长知识，做学问，将来可以自谋生路，而不是做给别人看。做作业马马虎虎，长此下去，长大了做事就会不认真，还会养成不诚实的坏习惯！"

经过母亲的这番教育，此后，祥苓每次做完作业都会认真检查一遍，这个好习惯对祥苓一生影响很大。后来，祥苓当了演员，一次与葆苓姐唱《坐宫》，对唱时，他唱错了词，葆苓姐下来很生气。从此他就用母亲教他的办法，每次演出前都会将戏词默念一遍。后来祥苓与妻子张南云同台几十年，开演前两人总要对一遍戏词，这个习惯一直保持到离开舞台。

童家的生活宽裕了，但陈氏治家仍然很节俭。孩子们的衣服只做两套轮流换，破了补，实在不像样才换新的。四姐童芷苓每次去外地演出都会给小弟带来新衣服，但母亲总是收起来，逢年过节才允许穿上。母亲教导儿子：要从小节俭，不能一味追求物质，爱慕虚荣，人要从里到外真实地活着。

对于童祥苓来说，随着年岁的增长，越发感到慈母对他的严格教育，实为人生的无价之宝。

祥苓小时候十分顽皮。那时位于山门胡同的童家，寓所大厅房顶的一半是晒台，他常常爬上去，把晒台当作军舰，用小石子打树上的鸟，自比与敌方作战。有时把石子扔到邻家的院里，听到叫骂声，便赶快逃下来。

一天晚上，他拿一碗肝炒饭爬到房上，捉住几只猫，便将它们关进放戏装箱的屋里，自己却去睡了。半夜猫打架东跳西蹿，弄得屋里砰砰乱响，一家人都以为闹贼，都跑出来看，并循声找到那间屋子，一开屋门跳出几只猫来。

小祥苓还喜欢恶作剧。他的一个表姐在北平念书住在童家，她很活泼，像个男孩，就是害怕虫子。祥苓就弄了几只油葫芦，晚上偷偷地放进她的被窝里，当表姐掀开被子，油葫芦就蹦了出来，吓得她一边尖叫一边满屋子跑。

在胡同里祥苓也是个孩子王，净跟人家打架。别的孩子被他打破了脸，当家长上门告状时，父亲除了向人道歉，还得赔上医药费。汉侠先生气得不让他出去，叫佣人看守大门，他就上房越墙而出。

父母实在拿他没有办法，就让大儿子遐苓把弟弟送到香山慈幼院住读。这是一所日本人管理的学校。日本人当着家长的面很好，家长一走，就凶相毕露。家长送去的食品、用具，他们都没收私吞，每天不给孩子们吃饱，还要干活受训，小祥苓无法将这一切告诉亲人，晚上就从沿墙的铁梯子爬上屋顶，遥望住家，伤心落泪。后来陈氏来看儿子，见他消瘦的模样，心疼不已！小祥苓紧紧抱着母亲，死活要跟着母亲回家。母亲便立即办了退学手续，把儿子带回家来。

不久，小姐姐葆苓也学戏了。教她文戏的是李凌峰先生，教昆曲的是韩世昌先生。韩先生每天下午来，祥苓放学回家做完作业，赶上韩先生教唱，他就在一边旁听，偶尔听得入神，也跟着大声哼唱起来。葆姐说他捣乱，便将他赶走。祥苓心里不高兴，但也只得出来。

不让他旁听，祥苓干脆自己扮起戏来。他把水彩颜色往脸上乱画，用手工做的纸糊帽子往头上一戴便唱开了。母亲陈氏见状加以训斥。

祥苓顶嘴说:"为什么哥哥姐姐可以唱戏,我却不能!"陈氏回说:"先前家里穷,哥哥姐姐念不起书才学戏;如今,家里条件好了,你就安心念书吧!长大考上大学,毕了业,就去造飞机,造汽车,这比唱戏强!"母亲毕竟出身书香门第,她知道唱戏的那时没有社会地位,尤其是坤角过了青春年龄,或年老色衰,若找不到一个好夫家,前程堪忧。祥苓是她最小的儿子,嘴上不说,心里特别疼爱,总指望儿子长大后能考上大学,攻读动力专科,以后当个工程师或技术设计师什么的,吃上技术饭,不愁没个好前程。

然而母亲越不同意,儿子就越想学戏。若从接受美学的角度去解释,每每对艺术感知的第一印象,会在幼小的心灵中烙下深深的印记,它像一颗种子随着年龄的增长生根发芽,并开花结果。

小祥苓初衷不改,为此闹出不少乱子。有一回他看了李万春《武松》这出戏,武松在狮子楼杀掉西门庆的开打场面给他留下难忘印象。次日,为了体会武松怒杀西门庆的感受,他在院子里手拿水果刀自个儿挥舞起来,见院内停着两辆自行车,一时兴起,便上前对着轮胎唰唰两刀,两辆自行车的前后胎都刺破了,他这才觉得心头舒畅,扬长而去。当晚汉侠先生便大发脾气,骂他淘气没边。父亲赔了人家内外四条车胎,就不准他吃饭。小祥苓虽然受到惩罚,但他尝到了做武松的英雄气概,心里还觉得很值呢。此后,家里就不带他上戏院看戏了。

其时,遐苓尚在北平土木建筑学院上大学。汉侠夫妇随芷苓到外地演出,就把小儿子交给遐苓照管。大哥也是戏迷,每周日都要约同学刘锡九来家里操琴,其他几个同学就一块儿唱戏。西单商场茶楼演唱京韵大鼓,遐苓常去光顾,小弟祥苓死磨着要跟去,大哥只得带着他。凑巧那里还有一个小剧场,日夜都演京戏。于是,祥苓每天上学,把书包放在房里,就跑去看戏。看完日场赶紧上房取书包,在大哥面前假装放学回家。

一个月过去了,学校寄来询问单,遐苓才知道弟弟没去上学,而是看戏去了,忙写信给母亲。陈氏急忙赶回家,将儿子狠狠揍了一顿。祥苓一边哭一边对娘说:"你打死我也不上学,我要唱戏!"

汉侠夫妇没招了，经过商量决定让小儿子跟哥哥姐姐一样去学戏。小儿子知道父母同意了，抱着娘说，她是天底下最好的娘。

## 七　育苗不吝巨资

选择的代价就是放弃相对应的收益。

——作者

1943年，8岁的祥苓，开始正式学戏。因为两个姐姐唱旦角，二哥寿苓唱小生，便决定让他唱老生——这一行当对于“童家班”至关重要。祥苓本名叫童福苓，家里人都认为这个名字不好，“福苓”二字听上去就像“不灵”，既当演员，名字一定要叫得响亮。于是便坐在一起讨论，最后采纳了大哥遐苓的意见，就叫童祥苓，取吉祥如意的意思。

起初，汉侠先生为小儿子请了两位启蒙老师：一位是雷喜福先生，教文戏；一位是钱富川先生，教武戏。8岁的祥苓对于如何学戏一无所知，当父亲带他去客厅见二位老师时，他既兴奋又紧张：兴奋的是从此他要走上舞台和兄姐一起唱戏了；紧张的是不知道老师怎样待他。

进得客厅，见两位老师分坐在大厅正中。左首坐着神情严肃、不苟言笑的雷先生，他戴着一副深度的近视眼镜，蓄着一绺很有特点的胡子。右首是坐相显得十分威严板正的钱先生，尽管他脸上含着一丝微笑。小祥苓平时调皮得管不住，此时见了二位陌生而严厉的老师，也显露出几分怯意。父亲先让他上前恭恭敬敬地向老师鞠躬，尔后祥苓就伫立一旁，心中发毛，不敢吱声。

雷先生开口问祥苓：“你跟我学什么？”

祥苓不假思索地回答：“学戏呗。”

雷先生用同样的话再次问站在面前稚嫩而有点淘气的孩子。

祥苓以为先生没有听清他说的话，就提高了嗓门说：“学戏。”

雷先生板着脸，捋着胡子，多时不吭气。

祥苓蒙了，“不是学戏学什么？难道我答错了吗？”他有些害怕，不知所措。

突然，雷先生语气沉重地说出两字：“学德！”让小祥苓丈二和尚摸不着头脑。

看着孩子一脸迷茫的神情，雷先生便一字一顿地说道：“学戏先学德行，没有德行的人就是有能耐也成不了大器。好角里有大角小角，做大角台上不能阴、损、坏，台下不能同行是冤家。人不争没出息，但不是去踩人、挤人、占别人的坑，要靠本事台上见。今后你要不是这样，就别对人说是跟我学的戏！”雷先生说完又问祥苓：“你记住了没有？”

祥苓虽然对雷先生这一番话似懂非懂，但还是点点头说：“记住了！”

雷先生的这番教诲，在日后漫长的梨园生涯中，童祥苓才真正领悟到这些朴素的警语所蕴含的全部真谛，这对于他一生从艺做人起了很大作用，受益终身。

钱先生话不多，只是告诉祥苓：练功不能怕苦怕累怕疼，学戏时不能嘻嘻哈哈。

雷先生教了一阵，便对汉侠先生说：“我可以教念白做功，教唱，教开蒙戏的老师要算我师弟刘顺通最好。”汉侠先生接受了他的提议，立即请来了刘顺通。

其实学戏比读书要苦。童祥苓回忆道：

> 每天天不亮我就和葆姐一起步行到北海公园去喊嗓子。特别是北京的冬天一出门就寒风刺骨，站在山头就冻得眼泪鼻涕直流，嘴都冻僵了，练念白要从嘴冻僵到出汗，再到嘴都念木了才停止，要两个小时才出功。回到家里吃过早点，钱先生就上武功课。其中三项我最害怕，一是倒立顶功，每日三次，每次要从一数到三百下方可下来，立不住倒下来都要挨棍子。二是拉山膀功，双手向两边分开，伸直抻着，每日两次，每次也是数三百个，双手稍往下就得挨一棍。三是腿功，坐在地上，两腿伸直分开后用重沙袋顶住，这叫撕腿，每

次四十分钟。这之后还要跑步，跑后还要踢三百腿，稍不用力踢，腿上就会挨一棍，每天总要挨几十棍。雷先生上课除了打之外还有一手“撞羊头”，在没尝过这滋味前我还以为是说笑话，有一次他教我眼神表演示范——转眼珠时，我忍不住笑出来，雷先生不动声色以手示意我到他跟前，我刚走过去，雷先生双手抱住我的头，紧接着用他的头朝我头上猛撞两下，我晕乎了半天才清醒过来，方领教先生“羊头”果真厉害。

从上述记述中，可以大致了解昔日学戏的艰苦！严厉的惩罚也许是那个时代艺人教课授徒的唯一手段。不管这一方法与手段是否科学，但学生受了皮肉之苦，学习上不敢稍作懈怠，努力上进，按老师的要求去做，对于提高技艺还是起了十分重要的作用。这种古老的授艺方式，从18、19世纪一直延续下来，不唯中国独有，西方国家，如英国，对于学习不良或违反校规的学生处以鞭笞也是常有的事。

老实的刘顺通先生比较温和，不打人，但教戏严格。每次教唱三四句，不多教，他不允许用笔记戏词，必须口传心记，只有把那几句唱词的抑扬顿挫，以及每个字的发音部位——喉舌齿牙唇的基本功学会了，并且唱得滚瓜烂熟才往下教。刘先生教祥苓多唱一遍，就会让他多长一点功。这种从想着唱到心里唱的习惯，让祥苓受益匪浅，以后他无论演传统戏还是排练现代戏，他都保持了这一默唱习惯，并领会其所带来的好处。

为祥苓吊嗓练唱的琴师是姜伯先生，学了一年基本功，次年汉侠先生就让儿子登台演出了。第一出戏是《黄金台》，父亲按儿子的个儿，专门请人量体裁衣，定做了戏服、盔头和道具。过去演传统戏有固定的套路和程式，大同小异，老演员对戏熟悉，不用排戏就台上见了。但初次登台的祥苓才9岁，从未排过《黄金台》，就先由雷、刘二位先生与他对戏。与祥苓配戏的花脸是苏维明先生，他扮伊立，演出前两天，父亲就请他到家里来与儿子对戏。苏维明先生个头高，人也和气。刘先生生怕祥苓上台怯场，就请苏先生台上多加关照。苏先生便对祥苓说：“你上了台，不要怕，如入无人之境，即便出错了也要往下演，我会兜着你！”祥苓听了苏先生的话，仿佛吃了定心丸，胆子大了起来。

演出当天下午，管戏服的包师傅来取服装，他管祥苓叫小老板，这让只有9岁的孩子很不习惯。包师傅问他还要带什么东西去。祥苓想起演出间歇有检场师傅递茶壶给演员饮茶的情景，便说：“把桌上那把小茶壶带上吧。”这把小茶壶是母亲陈氏送给小儿子的，做工很精细，花纹也好看。陈氏亲自给儿子穿上蓝色缎子大褂，还替他戴上一顶小礼帽。这一身穿着引得一旁的寿苓、芷苓大笑。陈氏叮嘱儿子到了后台不能调皮，一切听先生的，要打小养成角儿的气派。汉侠先生还专门从汽车行定了出租车。上车前，四姐芷苓叫弟弟上了台不要怕，也不可粗心大意。到了戏院，钱、雷、刘三位先生早在那里等候了，他们把祥苓领到后台，向那里的工作人员逐一道声辛苦；再到供奉祖师爷的地方降香跪拜。然后，又带他走上舞台，告诉他出场的地方叫上场门，下场的地方叫下场门，出场走三步的地方叫九龙口。接着，由刘顺通先生替他化了妆，就让他在化妆间静坐想戏。但第一次登台演戏的祥苓哪里静得下来，心里七上八下的。

对每一位演员来说，首次开演都是终生难忘的事儿。那次演出可以说十分成功，却也闹了笑话。童祥苓《自传》中作了如下有趣的记述：

> 那一天我一出场，观众就鼓掌，因为我完全是个小孩。掌声带给我的满足与兴奋简直无法用语言来形容，观众越热情我唱得越起劲。唱完大段，检场师傅上来拿小茶壶现饮场，喝完水我仍沉浸在喜悦之中，而观众却在台下大笑，我莫名其妙，可是当我再念词的时候，才发现自己的胡子在喝水时放在下巴上。因为初次上台，出了错没有经验，其实往上一推就可以放在嘴唇上，而我却把胡子拿下来重新戴上，引得观众哄堂大笑，顿时我得意之情全消，方想起在台上既要大胆又要小心的告诫。接着在演出中我一个用肩膀撞伊立肩膀的动作，可苏维明先生本来就高，再加上他穿上厚底靴我更够

不着，只好抬起手去拍他的肩膀，又引起哄堂大笑。我刚得到登台的满足，却立即得到砸锅的滋味，经哥姐的鼓励与劝慰我才轻松些。虽然沮丧，但演出的疲劳使我很快进入了梦乡。

初上氍毹的小演员，因为主客观原因，都会出现这样或那样的差池，然而，一些艺术大家在回忆那些难堪往事时，总不掩丑，反而带着幽默自嘲的口吻加以叙述和调侃，使人忍俊不禁，余意弥久。童祥苓亦复如此。这便是名家的风范！

1943年，也就在祥苓8岁的时候，汉侠先生就作出了一个让人匪夷所思的决定：卖掉了山门胡同的宅院，买下了西长安街大栅栏的宅院，其建筑面积比山门胡同大了两倍，12间房间的大四合院外面还有4个院子、5间房子以及门房、佣人间和大厨房。汉侠先生又在外院盖了七八间房子。老夫妻俩住在大院正东三间房，儿女们各有三间住房。

汉侠夫妇为什么要如此大置房产、挥金如土呢？原来，夫妇俩偏爱小儿子，一心望子成龙，竟不惜巨资，延请各路名师，意欲培养他日后成为大名角。汉侠先生把刘盛通、高连甲先生全家请到府上养着，随时可为儿子授课。常来家传艺的还有雷喜福、安舒元、杨宝忠、钱宝森、陈大濩等名家。陈氏还为儿子请了文化老师。此外，老人家还办起了科班，收了十来个学生陪儿子练功学戏，并雇用了鸣春社科班做刀枪把子、盔头的陈师傅，添置了不少孩子的行头、道具。汉侠先生坐镇北平督教促学，俨然做了班主，已不像往年陪同遐苓、寿苓、芷苓、葆苓兄妹去外地演出了。

几位师傅把祥苓的学戏时间安排得满满的，白天学不了，晚上再教，祥苓聪明，一如乃姐芷苓，当他学会三四出戏，父亲就给他定制了全堂小戏装，这些都让哥哥姐姐吃惊！他们以为，父亲为小弟学戏已花掉了大半家产，这不单容易宠坏弟弟，也似乎冒着风险！须知小弟到了变声期，一旦倒嗓，岂不前功尽弃！为此，家里便有了矛盾，有时发生龃龉，祥苓听到争吵声，便委屈地跑进高连甲先生房间哭泣。高师娘便一边拿毛巾为他擦泪，一边安慰他说："做父母的都疼爱小儿子，尤其是男孩，父母想望子成龙啊。哥哥姐姐怕你不成龙，都是为你好！”祥苓明白了家人的苦心，暗自下决心：将来一定要成名，为童家挑大梁！

在北平，每逢芷苓登台，小弟常以二牌老生压轴。小姐姐葆苓长他7岁，长得小巧玲珑，汉侠先生请来李凌枫、律佩芳教青衣，何佩华教花旦。葆苓擅长刀马旦，每遇芷苓外出，苓社就由葆苓挑大梁。

## 八　金山银山也不拿

见不义之财勿取，遇合理之事则从。

——《朱熹家训》

祥苓9岁那年，有人请吃饭，汉侠夫妇与大哥遐苓带他同去。做东的是北平华北影片公司的老牌导演，叫王元龙。他头发略有斑白，留着八字小胡子，皮肤透着暗红色，看去身体很健壮。母亲陈氏让小儿子坐在他旁边。王导演十分健谈，他不时地问祥苓怎么学戏怎么唱戏，没完没了，让人感到心烦。小祥苓肚子饿得咕咕叫，大人不动筷子，他又不能夹菜吃。突然，王导对他说：“听说你很顽皮，究竟怎么个皮法？”小祥苓颇失自尊，又气又不好意思，就站上椅子在他耳边说：“我想在你脖子上撒尿。”王导听了没有生气，反而哈哈大笑。陈氏立即厉声叫儿子下来，训斥他没规矩。王导却说：“好小子，就该这样！”一边给他夹菜。

次日，大哥回来对弟弟说：“人家要你拍电影了！”祥苓平时就爱看电影，听了以为大哥与他闹着玩。遐苓正色告诉他，合同都签了。这下让祥苓乐不可支，有些飘飘然了，他也要尝尝拍电影的感觉。

母亲带他去了电影厂。摄影棚里搭的景，灯光，一切都令他兴奋，觉着新鲜。王元龙说话了，他介绍说要拍的片子叫《天桥》，他就是这部片子的导演。祥苓问母亲：“什么叫导演？”陈氏说：“就是戏班子里的头儿，什么都得听他的。”小祥苓听了呆如木鸡，心想：“以后全听他的多倒霉！”

接着，王导就介绍了这部电影的内容，说的是北京天桥一个戏班主的儿子与师妹青梅竹马的爱情故事。因为是反映戏班的生活，所以请京剧演员来演。杜丽珠、言小朋演师妹和班主的儿子，祥苓与比他大3岁的张英秋就演少年时代的他们。

拍电影与演戏完全不同，拍一个镜头就要几小时，一会儿拍前面，一会儿拍后面。一个镜头拍完再拍下一个镜头，相隔时间很长，两个孩子等得不耐烦，就在一起跳绳、跳房子、捉迷藏。在天坛拍外景时，祥苓和张英秋就跑到树林中去玩了。待王导要拍他俩的镜头时，等了许久不见踪影。两个小孩想起要拍片急忙奔回原地时，王导生气极了，说："大家对好光却找不到你们，跑哪儿去啦？"祥苓与张英秋害怕地相视无语。祥苓本来就被王导的斥责声骂晕了，等对戏完正式拍片时，竟忘了台词，不知所措。导演只得喊"停"。

"为什么不说话？"王导板着脸问。

"忘了。"小祥苓坦白回答。

王元龙摇摇头，无可奈何地说："再来一次吧。"

爱玩是小孩的天性，小祥苓却特别好动，调皮。然而，不少好动、爱玩的小孩反而比那些守规矩的孩子显得更为聪明，因而也招人喜欢。

1945年，10岁的祥苓正式在台上唱戏，当了演员。一次在北平珠市口的民主戏院演出，唱《坐宫》，因为他是童声调门高，四姐芷苓就请了赵蕴秋女士合演，她其时20多岁，扮相甚好，嗓音甜润，在当时已有知名度。她和祥苓一个调门唱《坐宫》已属不易，到后半场时她嗓子过累有些哑了，小祥苓却越唱越有劲，表示自己强于她。演出结束，赵蕴秋在后台哭了。当时祥苓却浑然不知有什么失德的地方。回到家中，四姐芷苓就批评他：

"今儿个你起的调门不应该这么高！"

祥苓顶嘴道："不是这个调门叫我怎么唱？"

四姐很生气："你光考虑自己，台上你一个人唱得好有什么用？别人唱不好，这戏有啥看头？"

二哥寿苓也严厉地批评弟弟："你这叫自私！"

芷苓告诫道："你知道'一台无二戏'吗？总有一天你碰了钉子之后才会知道什么是唱戏，怎么当角儿！"

其时祥苓尚小，心里还不服气，以为别人唱不好与他没有关系，后来演出中他自己碰了壁，才逐渐明白唱戏必须照顾全局，心中要有"一棵菜"的道理。

过了一年，祥苓11岁，家里常有许多朋友来做客。有个曹先生做钢笔生意，一天他带来一个小箱子，一打开里面全是美国新型的派克金笔。他喜欢小祥苓，便指着这个小箱子说："你叫我一声'爹'，箱子里的金笔你随便拿。"虽然曹先生为人不错，但祥苓心里却想："我有爹，凭什么叫你爹？"他不愿做这样的交易，转身就离开了。

在天津北洋戏院演出时，老板刘四爷非常胖，像个弥勒佛，说话幽默，很喜欢祥苓。每次祥苓自己演完，就跑到楼上后排去看姐姐演戏，刘四爷就买冰淇淋，送上楼给他吃。一天，他带祥苓去他开的银号库房，只见好多银砖金条放在一排排架子上。他问祥苓多不多？说只要给他当儿子，这些银砖金条都是他的。

因平时祥苓与他闹着玩，便说："我有爸爸了，怎么办？"

刘四爷说："现在做儿子，将来当女婿。"

祥苓摇头不肯。

刘四爷接着问："难道这么些金子银子你都不要？"

祥苓答道："娘教我不是自己的东西，金山银山摆在面前都不能拿。"

刘四爷拍拍他的头称赞说：

童家兄妹合影，前排左起童祥苓、童芷苓、童葆苓，后排左起童遐苓、童寿苓

"长大了是块硬骨头！"

1949年，祥苓14岁，有一次，他与四姐芷苓在天津中国大戏院演出《穆桂英》，祥苓演"辕门斩子"时，一个高腔没有唱上去。次日报上就登了一篇剧评，说童家小弟铁嗓钢喉，可惜被钢锯所挫。那时的他正处于"变声期"。到沈阳演出时，葆苓在前面演《红娘》，他在后面演《空城计》，每逢高处都唱不上去。老板就不让他演出，否则便中止合同。家里只得接受，找了一位票友代替。祥苓心潮翻涌，既羞愧又愤恨，他跑到戏院阳台上对天发誓，将来长大成不了好角永远不进沈阳市。此时的羞辱，使他想起了几年前与他合唱《坐宫》的赵蕴秋女士，顿觉十分内疚。直到晚年，他写《自传》时还深觉遗憾。

## 九　苓社大放异彩

宝剑锋从磨砺出，梅花香自苦寒来。

——《警世贤文·勤奋篇》

1945年8月15日，日本投降，山河重拾。童家班此前一月南下上海，皇后大戏院为芷苓配全了八梁八柱：纪玉良、姜妙香、魏莲芳、傅德威、贺玉钦、郭元汾、郭金光、曹四庚，加之童寿苓，名伶汇集。芷苓凡上老戏卖座10到11成，上"纺劈"可高达12成，创下"皇后"卖座新纪录。

童芷苓风靡申城，使得"皇后"杨经理产生了更大的赚钱欲望，他撺掇芷苓去南京"国府"演出，并亲自赴宁洽谈，谈妥酬金后，芷苓一班人马便在南京中华戏院登台亮相，演出效果比上海更加轰动。戏院门口"黄牛"如蝇，票价超出好几倍。剧场过道上站满看客，戏院外人涌如潮，几乎挤塌了大铁门，酿成人命。

国民党还都南京，大批新贵旧族以及内地阔人东迁沪宁一带，他们在国统区看不到好戏名角，童芷苓一班人马抵宁，让他们一饱饥饿多年的耳福与眼福。

芷苓"旋风"在宁大刮月余，汉侠先生赚足大钱，全班人马笑逐颜开，芷苓却笑不起来，她与父亲发生了严重的家庭纠纷。

芷苓成名后拼命演戏，赚了大钱，在北平、上海为家里购置了多处房产。但父亲依然将这个娉婷玉立、尚未出阁的女儿当作孩提时的"四小姐"，一手掌控了全部经济大权。当她从宁返沪后，发觉父亲不向她打一声招呼，竟把她的一幢位于爱文义路（今北京西路）的公寓房自作主张地卖掉了，那是她最喜欢的一套住房，冬暖夏凉。父亲不与她商量，花了十多根金条买了一幢假四楼的大房子，并先搬走了她的衣箱财物，要她跟家人住在一起。芷苓伤心得大哭一场，汉侠先生这才认识到女儿大了，有自己的主张，与其合着过心里不舒坦，不如分家。于是他带了葆苓、祥苓回到北平，芷苓只身留沪定居，寿苓陪她唱戏。

芷苓虽然在上海唱戏几年，但均在"皇后"、"黄金"两家，有着3 600多个座位、号称上海最大剧场的天蟾舞台却从未出现过她的身影。昔日，被业内人称为"最没良心"的天蟾舞台，所邀角儿皆是"梅、程、荀、尚"的社班，以及李少春、叶氏昆仲、李世芳、李玉茹、袁世海等的多班联合。寿苓鼓励妹妹："如今你红成这样，用不了多久，天蟾肯定会上门找你！"

童芷苓天蟾舞台海报

1947年童芷苓以四大名旦戏打炮，演尚派戏《汉明妃》中的王昭君

童芷苓演尚派时装戏《摩登伽女》

其实，精明的天蟾老板吴性裁早就看好了童芷苓，梅、程“世纪大战”之后，在他看来，只有请童芷苓出场，才能保持天蟾的持续“高温”。很快吴老板的请帖就送上了门。同样精明的童芷苓一改过去的戏码，她不以荀派戏开路，而改为四天炮戏一周期，即逐日推出“梅、程、荀、尚”的代表作，四天戏码为梅的《凤还巢》、程的《锁麟囊》、荀的《红娘》、尚的《汉明妃》。芷苓一人演四派，聪明绝顶，虽然唱来七分像，却充分展示了这位名伶多才多艺的惊人模仿力，照样爆红上海滩。芙蓉草曾称赞芷苓，“她的可爱在于大胆，不怕在太岁头上动土”。

最令人叫绝的是她演尚小云创编于1927年的《摩登伽女》，该剧讲述古印度佛教传说中的一个故事。这出戏由尚小云班子宋遇春所授。芷苓颀长高挑的身材，白纱披身，白色皮鞋，一袭西方女子的摩登时装，出台亮相，便引来台下一片惊喜的欢叫声。抹上几许现代时尚色彩的皮黄之后，随着现代音乐伴奏声起，她舞姿翩翩，跳起了印度舞，接着又跳了别具风格的苏格兰舞，跳得整个剧场热浪滚滚，沸腾起来。当时演这样的旦角戏是一种大胆的尝试，也是芷苓的表演艺术从杂多而趋统一的开端。

炮戏一过，她的荀派本家戏《全本玉堂春》、《红娘》、《荀灌娘》、《埋香幻》等相继上马，无一出不成功，无一出不卖座。

1946年、1947年成了童芷苓大放异彩之年。

童芷苓此间因为大紫大红，早就成了当红明星，社交活动频繁，应酬不暇，有时演戏会误场。但她个性开朗，戏又演得好，即便误场了，观众也会原谅她。

据老戏迷回忆，20世纪40年代，童芷苓大红大紫的时候，经常因应酬误场，忘词也是家常便饭，唱《铁弓缘》，一开口却是“青春整二八，生长在贫家”。不过她台缘极好，捂着嘴一乐，台上台下笑成一片，一场舞台事故就这样过去了。顾正秋回忆录里说，当年戏院约《八五花洞》，一边是童芷苓等四个名角，一边是她们几个戏校刚毕业的学生，顾正秋自知名气不如，就认真排练，演出时，童芷苓又误场了，台下观众起哄，童一点儿也不在乎。台上，戏校学生的四个潘金莲的手势、眼神、台步完全一样，台下立刻掌声如雷，把名角们压下去了，童芷苓回到后头，把扇子一扔，“姑奶奶不唱了”。顾正秋很羡慕她这种大腕派头。

曾将张爱玲的名著《不了情》、《太太万岁》搬上银幕的著名导演、剧评家桑弧先生，在1947年由梅兰芳题写的《童芷苓专辑》中撰文写道：

> ……凡是才气横溢的人，不必拿格律来限制他。童芷苓小姐数年来走红大江南北，某一些人说她艺事不守法度，但我想她的好处正在于有一股子忽略传统的豪气……艺术的色相是多面的，恣意也好，谨严也好，只要有创造，都不难成为一家。童小姐的艺事属于恣肆的一路，眼前她正走向“绚烂”的顶点，我们不必希望她马上归于“平淡”，但以她的聪明才智，慢慢地就会敛才自危，没有经过绚烂而侈谈平淡，是不值得去羡慕的。

人们夸芷苓，四大名旦的戏全会；然而，她心里明白，自己最少实授的是梅派。梅派最难的是带戏出场。梅先生出场时从步履，到水袖、眼神，都可以让人看出角色的身份与心情。所以芷苓凡看梅先生的戏，都全神贯注，连一丝细微之处的变化都不放过，尽可能去感悟梅先生所言："心有心谱，目有目标，心中不空，处处见美"的道理。

其时，芷苓已会戏两三百出，上座戏不下五六十出。她学梅却没拜梅之想，在她看来，既拜师荀门，便以荀为本，旁及各家，学梅之长是为了进一步丰富自己的演技，一如她学程、学尚一样。

就在这时，梅先生的一位高参——人称"李三爷"的李释戡先生来访，他是芷苓的好友，常登门叙谈。他向芷苓提出了拜梅师一事，芷苓虽欲投梅门，但她心中尚有顾虑，怕有背叛荀师之嫌。李先生看出芷苓心中疑虑，便建议不妨先与梅先生一晤，见了再议。芷苓便答应择日前往拜谒。

芷苓在马斯南路的梅家见了她心仪的京剧大师，梅先生那谦谦的君子风度，老前辈对于京剧新秀的关爱之情，让芷苓满怀融融的感恩之情；芷苓的大方、大气、聪慧也给梅先生留下深刻印象。辞别时，梅先生赠她一幅亲笔画，上面有一大一小两朵红牡丹。芷苓心中甚喜，莫非梅先生暗喻"牡丹师生"之意？

回家后，芷苓致函荀师，说了再拜梅师的意愿，荀师未对此复函，芷苓以为荀师未表态意味着认可，于是与李三爷商定了拜师之日。

芷苓设家宴一席，与梅先生一起出席家宴的有许姬传、许源来昆仲，还有李春林、姚玉芙和李释戡等。就餐前，芷苓向梅先生恭恭敬敬地行了鞠躬礼，叫了一声"老师"，就此定了师生的名分。

芷苓聪颖，她知道学梅难精，因为梅先生各方面的天赋条件实在太好，梅派讲究一个"圆"字，要全方位地去把握难以做到。于是，她精选梅派中适合自己的养分，为己所用，来了一个梅戏荀唱或荀戏梅唱，初成"梅荀合璧"的新风格，受到观众与专家的认可。有专家在剧评中写道：

晚近坤伶去上海，全以一拜“梅王”为镀金，唯有童芷苓她心折于梅兰芳的艺术，注意采取梅兰芳的优点，终于不走“拜梅增光”这条路，这也是她的作为。

童芷苓以她自己选择的艺术道路更加走红，各家戏院逢“童”必满，连李多奎、赵蕴秋、贯满吉、苏连汉、曹连孝都搭班苓社。芷苓去北平演出，仍用苓社名义约寿苓、葆苓、祥苓同台演出，她“肥水不落他人田”，按行规计报酬。有时也约兄妹弟仨南下奏艺。

此时的葆苓、祥苓艺事大进。尤其是葆苓成了北平“四大伶后”之一，与自行挑班的赵燕侠不分伯仲。芷苓不在时，苓社便由葆苓挑班。13岁的祥苓，虽极顽皮，上得台去却是一派名角的气势，其台风非一般伶童能及，他眼睛炯炯有神，做工也规正讲究，北平那些老观众都称赞他是一块大角儿料子。大哥遐苓代父主持苓社，办事条理分明，是个干才，社中少他不得。至此，汉侠一家由昔日的“书香门第”完成了“梨园之家”的转型。

## 十　双喜临门与四姐晚婚

白雪楼前清画，新来喜事连绵。
朱明绿暗麦秋天。
绣衣何日去，丹荔已香传。
前夜团圆明月好，清光流照华筵。
——（元）张伯淳

“童家班”五兄妹中结婚最早的是二哥童寿苓。早在1941年，童芷苓南下上海，在“黄金”、“皇后”戏院走红时，一些官僚、地痞、流氓对她不怀好意，寿苓一直在芷苓身边“保驾”。于是，有人就卑鄙地造谣，说童芷苓是童养媳。为了戳穿坏人的谎言，童寿苓便与劳月英结婚了，其时他才21岁。

1947年，祥苓的大哥遐苓也收获了爱情。事情的发生有些偶然性。

大哥童遐苓原是北平土木建筑学院工程系毕业的大学生，但为了支持弟妹们的事业，他也担当了邀角、组班、借剧场安排节目的工作。他上门拜访过天津中国大戏院后台管事——后来又成为马连良剧团管事的李华亭先生，他是京剧的管理能手；前文曾提到，当年芷苓在该剧院演出之期，汉侠先生也曾向他讨教过。李华亭先生有个女儿叫李文瑛，生得清纯、高雅、美丽、脱俗，遐苓回家便求父亲央人去提亲。

"这位童家大少爷是大学毕业生，人也长得不错，年龄长你四五岁很相应，你也二十四岁老大不小，没话说了吧！"文瑛的父亲劝说女儿。

一见钟情也许是一种缘分，这是人类爱情史上无法用理性、理智解释得了的现象，那是男女双方自己平时对理想对象审美形象与情感上的希冀，久积于心，一旦遇见，与心中思慕相契合，产生一种"蓦然回首，那人却在灯火阑珊处"的意外惊喜，便顷刻间擦出爱的火花，进而进入相互爱慕的幸福境界。然而，这种爱就像一朵刚发芽、即将绽放的花蕾，若要开出鲜艳的花朵，就须彼此培土浇水，即需要伴侣双方进一步接触了解，才能深入发现对方的优点与魅力，进而相互倾慕关心，最后产生难分难解的爱恋，直至相伴终身。

李文瑛同意了这门亲事。1947年李文瑛成了童家大嫂，她就是后来唱红剧坛的著名老旦李多芬。由于她的加盟，童家班的天平秤上又加重了砝码，笔者在此多言几句。

李文瑛善良能干，但个性较强。嫁到童家后，遵循父训，每天早晨起来便去公婆房里向二老请安。遐苓舍不得妻子每天起早问安，便对她说："咱家时尚新派，不必那么多礼节！"

童家兄妹与其时12岁的祥苓，每晚都会在院子或屋里练唱排戏，她也到场凑热闹。有一次，她受弟妹的怂恿，唱了一段《钓金龟》，"叫张义，我的儿啊……"在场的人听了都被镇住了：想不到大嫂的嗓音那么甜美、高亢、响亮。童遐苓更是欣喜若狂："咱童家班就缺老旦演员，正设法寻找，这不，老旦演员就在这儿！这叫‘踏破铁鞋无觅处，得来全不费工夫’啊！”他积极支持妻子参加排练。

文瑛从未唱过戏，可她从小随父在剧场里长大，看得多，听得多，也记得多。任你点哪出，她都能唱出来。可她最愿唱的还是老旦，而现在童家班又正缺老旦演员。就这样，李文瑛跟着京剧老旦名家李多奎等的唱片认真学了一段时间，边学、边练、边排，成了“童家班”里的重要一员。

1950年李文瑛使用艺名李多芬，随“童家班”在天津中国剧院演出《太后辞朝》，一炮打响，从此随团在京津沪演出。

一个机遇来了，李多芬在上海演出《打龙袍》时，被正在负责筹建中国人民解放军总政京剧团的陈沂同志发现了：多芬善于以字带声，以声传情，嗓音甜美动听，口齿清晰，行腔又韵味醇厚，表情丰富，正是剧团所需要的老旦演员。这时，已经参加总政的京剧名家言菊朋的儿子言小朋、媳妇王晓棠，来上海向同行们介绍总政京剧团的性质、待遇等情况，还说到京剧团就像一个和美的大家庭，人际关系很融洽……他们的现身说法，深深打动了多芬，她毅然决定参加总政京剧团，穿上了军装，成为一名没有军籍的“军人”，过上了向往的新生活。1957年，那场席卷全国的“反右”运动中，总政京剧团也被波及，一部分演员与地方剧团合并，一部分转业。为了照顾李多芬与丈夫子女团聚，领导特地将她调到上海京剧院当演员。

祥苓的小姐姐——19岁的葆苓，则于1948年被“话剧皇帝”石挥在执导电影《母亲》寻找角色时“相中”，并缔结丝萝。这与四姐童芷苓成为影剧双栖红名伶有关，其中不乏有趣的故事。

早在北平时，芷苓因华北电影公司名导演王元龙之邀，曾拍过《红娘》之类的舞台片。1947年，我国著名大导演黄佐临拟将石挥主演的话剧《夜店》搬上银幕。《夜店》的本子是柯灵先生根据苏联大作家高尔基的名作《底层》改编的。黄佐临邀请石挥、周璇、张伐出演。但《夜店》中戏份很重的金不换的老婆赛观音，却给了童芷苓。原来，黄佐临看过童芷苓演的话剧，发现了她兼有演话剧的才能。

然而，在剧组里，尽管芷苓收敛了平日里演荀派戏的娇媚与爽朗，但舞台上那些夸张的表演痕迹竟一时难以去尽，很想得到高人的指点。此时石挥出现在她面前。

这位“皇帝”其貌不扬，瘦长脸，小眼睛，衣着随便，不修边幅；但他身上没有一点矫揉造作，说话诙谐深沉，语多机趣，性格中透着北方人的直率。石挥对她说，佐临导演的太太金韵之（丹尼）就是当年演话剧《夜店》中的赛金花，她也是天津人，你找她，准没错！果然，丹尼把人物的个性特点、心境分析得条理清晰，细致入微，帮助芷苓演好了这个人物。

出演赛金花的成功，让芷苓的拍片任务接二连三，1948年她与魏鹤龄主演《粉墨筝琶》，1949年她与乔奇合拍《女大亨》，1950年初拍摄了《十二小时奇迹》、《太太问题》、《婚姻大事》、《姐妹冤家》，以及前两年拍摄了《歌衫情丝》等。童芷苓成为艺坛上名副其实的京戏、话剧与电影的三栖红名伶。此间，她与石挥常有往来，遇到拍片中的困难便向他请教，俩人建立了有名无实的“师兄妹”关系和友情。

不久石挥改行当导演，正在执导一部电影《母亲》，其他角色均齐，独缺护士小莲一角。小莲是电影中一位爱好戏曲而又文静秀雅的姑娘。于是，石挥的好友京剧武生泰斗兼擅余、马老生的李万春，便不假思索地向他推荐了童葆苓，并让他去剧场看她演出，石挥看了连连叫好，便上门对芷苓说了这桩“公事”。芷苓知道妹妹也想尝试拍电影的心意，便一口应诺，次日就约小妹与石挥见面。葆苓时年十九，白净的圆脸，楚楚动人，笑起来甜得可爱，透着姑娘的纯真。石挥给迷住了。大葆苓十几岁的“话剧皇帝”此后便暗中向心爱的姑娘频送“玫瑰枝”，终于收获了葆苓的芳心，喜结良缘。这一喜剧性的结果是芷苓万万没有料到的。

可是，童家班领军人物童芷苓，在申江红透半边天，却仍待字闺中。她是个性格开朗的女性，频繁活跃于歌榭舞厅与交际场所，有地位和家财的追慕者不乏其人，她却迟迟未接四面八方抛来的“彩球”。究其原因有二：一是她见不少坤伶成名后成了婚姻的牺牲品，当年坤旦领袖雪艳琴，嫁了人，早在30年代末便息影舞台，中辍艺事。蜚声申江的女老生露兰春被上海大亨黄金荣逼娶，落了个“金屋藏娇，始乱终弃”的命运。这些事怎不令她心悸？二是有一件事对她刺激不小。一次她在后台化妆，发现一个蓬头垢面、衣衫不整、面容憔悴的女子站在她身后，不敢吱声，一副求乞的样子。芷苓转身定睛细看，啊，这不是当年在天津与孟小冬齐名的大坤伶金少梅么？她在艺术上曾对自己有过很大帮助，怎么落魄到如此下场！芷苓二话不说，马上摘下耳环首饰，打开手提包，把随身财物悉数放到金少梅手中。事后，她与言慧珠相遇，谈及此事，并互诉苦经，她俩想到了一块：青春苦短，趁自己尚在花季绚烂之时，拼着命赚钱，以确保日后生活平安无忧。于是，她有邀必演，演戏赚钱成了她的追求目标。

但有一位好心人郑小姐有心牵线搭桥。她是一位“童迷”，一次把芷苓带到一家轮船公司，与时任副经理的陈力先生晤面。陈先生说话得体，很有涵养，平凡中显出高雅。他生活宽裕，却从不挥霍，不嗜烟酒，唯好打球、游泳、骑马、溜冰等体育活动。经过几次接触，芷苓得知他自幼父母双亡，由伯父养大，却极尽孝道，关爱兄弟，是一个心细如发、办事有条不紊的理财治家的能手。久而久之两人坠入爱河。他们相爱五六年，直至1952年才结为伉俪。此时童芷苓30岁，陈力先生39岁。以后曲折坎坷的生活证明，芷苓选择的夫君是不错的，是上天给这位勤于艺事的名伶的恩赐。

# 第三章
# 小楫轻舟，梦入芙蓉浦

时世推移，质文代变。艺术从来既有独立的个性，又与时代的变迁、社会的发展、政治的动荡密切相连，息息相关。艺术之梦与革新唯有在政通人和的前提下，才能逐步得以实现。尤其在政局发生骤变的情况下，艺术家必须审时度势，作出明智的抉择，与代表人民意志的新政权站在一起，并彻底改变由来已久的思想观念与生活习惯，成为一个名副其实的新文艺工作者。

# 十一　去留两难的抉择

不辞迢递过关山，只恐怕别郎容易，见郎难。

——（北宋）苏轼

1947年，国共内战，时局动荡，汉侠先生就把山门胡同、西四兵马司两处房子匆匆卖掉了，只留下大栅栏一处房子，让大儿子遐苓与大儿媳李多芬留在北平看守，全家迁居上海。其时，童芷苓住在淮海西路登云公寓，汉侠先生携家人在英士路（今淡水路）买了一幢两层楼房子。由于局势较乱，童家班不敢多跑码头，只在上海做些零星演出。

根据父亲与四姐的安排，祥苓主要是练功学戏，每天去天蟾舞台跟李盛佐先生练功，跟张少甫和陈秀华两位先生学戏。练功学戏自然须付老师的酬金，但那时物价飞涨，法币和金圆券都不值钱，要按大米计算。童祥苓回忆：

有一次我去买衬衫，一件衬衫当时也要几十万，到了店里一看已涨了几千块，钱不够，回去向娘要了钱，等到了那儿又涨了，再回去要钱，娘便认为我说谎，我委屈得要命，非要娘立刻随我一同到店里，等到了那儿又涨了，这可证明了我的清白，我很高兴，娘却骂我买了一件衣服涨这么多钱我还得意。

我那时最恨的事就是让我去买米，米价不断上涨，卖米的老板把米都囤积起来，每天只供应数量有限的米，所以每次都是拥挤不堪。维持秩序的警察一来，反倒更糟，他们用粉笔在买米人身上画编号，我们就像囚犯一般，身心受到极大污辱。店门一开秩序就乱了，警察就拿着棍朝人群乱打，开头我也挨过棍子，还真够疼，以后就聪明了，凭借人小，弯着腰在人群下面钻。

上海解放前夕，汉侠先生卖掉了淡水路的房子，携全家与童芷苓住在一起，这样彼此有个照应，孰料反而陷于意想不到的危险之中。淮海西路登云公寓西边的窗子正对着三岔路口，再过去一点，徐家汇新华路一带便是郊区了，这里位置重要，是扼守市区的作战要冲。不久，就得到当局告示，国民党军队要征用登云公寓建筑工事，住家必须搬走。这一突然情况的出现，让汉侠先生全家惊慌不已，于是把家里值钱的所有细软，每天都绑在只有14岁的童祥苓身上，让他带去常德路，藏在十姨家中。国民党军队进驻时，果然不准居民往外带东西，幸好只留下一些衣服和家具。当全家离开时，军队已在屋里放沙袋、架机枪。汉侠全家就这样临时避居于十姨家中。

此时，处于迷茫、慌乱中的芷苓，才从上海去港不久。此前，她听人说，“共产党来了是解放穷人清算大户的，不走的都是穷光蛋。”心想，她出道以来，演戏、拍片，赚了一些大钱，算不上最有钱，但也算阔户了，所以忧心忡忡，怕共产党来了一是家财“共产”，二是没戏可唱。若去台湾，那里地方狭小，怎有京津沪这样的大市场？

芷苓的一位好友夏济安教授去台前，特来童家向芷苓辞行，并劝她一起走。她的一位军界戏迷也突然来电，要芷苓立即去台湾，还说军舰停在黄浦江上，答应她连家具都可以一起运走。可是，芷苓按兵不动，她获悉京剧大师梅兰芳、周信芳等都留在上海，哪里都不去，她不愿二十七八岁就息影舞台，便婉拒了。这时皇后大戏院的前台经理李小毛告诉她，香港方面邀请电影“皇后”胡蝶和她去那里拍电影。于是，芷苓的男友陈力先生便劝她先去香港拍片，看看形势再作决定。就这样，芷苓匆匆离沪去港。

到了香港，胡蝶未露面，拍片一事纯属子虚乌有，芷苓只得暂住好友白光家中，有时陪粤剧名家马师曾打打“麻将”，消磨时光。此间她也拜访了逗留在港的马连良先生。马连良、张君秋、俞振飞三位先生初到香港时很受欢迎，时间一长，观众渐趋冷落。看来香港非久留之地，芷苓思之再三，决定返沪。就在上海全市解放的前三天，即1949年5月24日，她由海路回到上海。

上海解放的头天晚上，14岁的祥苓还听到激烈的枪炮声响了一夜，第二天，他与四姐早起遛弯，走出家门，街上静悄悄的，姐弟俩都被眼前的景象惊呆了：沿马路两旁解放军战士背靠背，荷枪背包席地而坐，有居民邀请战士进屋里休息，有的提水壶给战士们倒茶，都被谢绝了。电线杆上还贴着安民告示和三大纪律八项注意的醒目标语，姐弟俩被感动了。童祥苓说："打那时起，中国人民解放军的形象便深深地印在我的脑海里。我对他们的敬爱，是在二十年后，在舞台上通过杨子荣的形象表达出来的。"

不久，中国大戏院向童芷苓发来邀请函，她心中消除了疑虑，重新奋发起来。

是年夏秋之交，上海京剧界举行慰问党政军的盛大晚会，陈毅市长也来观看。剧目经过精选：有张二鹏的《武松打虎》，黄桂秋的《春秋配》，大轴是童芷苓和言慧珠的《樊江关》。演出不久，潘汉年副市长约见芷苓，对她说："你名气很响，大红大紫，希望你能把艺术献给新中国、工农兵，我相信你一定会成功。"潘副市长的一番话，给了芷苓与童家班以鼓舞。

然而，此后一年芷苓被电影公司邀去拍《太太问题》、《十二小时奇迹》，舞台上不见了她的身影。不过，她在电影界没有扎根，因为像"国泰"、"文华"一些私人电影公司即将失去生存的基础，政府正在开始筹建国营和公私合营的电影制片厂，芷苓便重返她心爱的京剧舞台了。尽管她的班子难现昔日的强势——一些实力派演员有的已重新组合，但葆苓、祥苓、寿苓，加上老伙伴纪玉良、高参芙蓉草赵桐珊先生，还能像绿叶似地扶着她，因此她还是信心满满地在沪宁线一带跑码头。

1951年4月，童芷苓回到了阔别4年的北京，民主剧场得知消息，很快就送来了戏约，连演三天炮戏狂满，芷苓全家劝她留在北京。不几日，戏曲改进委员会的一位主管袁姓女同志来到童家，约她参加茶话会，又请她出席一场京剧晚会并担纲大轴。前场由杜近芳演《武家坡》中的王宝钏；后场《大登殿》就由童芷苓出演代战公主。一些名家，如王玉蓉、李桂云、小白玉霜都跑宫女，为她壮色。

又过了几日，童芷苓被邀请到中南海，为毛泽东主席和一些中央首长演出尚派戏《汉明妃》，这出戏是毛主席亲点，所以她唱大轴，谭富英、裘盛戎两位的《将相和》反而安排在前。演出结束，主席上台与演员握手，他来到芷苓面前笑着对她说："我很早就知道你的大名了，戏演得不错呀，辛苦了！"这让芷苓感到阵阵暖意，激动得竟一句话都说不出来。

尔后，她又应聂荣臻之请，去总政礼堂演了《贵妃醉酒》。

这一短暂阶段，由田汉领导的戏曲改进运动已经开始，童芷苓看到一些剧目，如《九更天》、《翠屏山》、《一捧雪》、《探阴山》、《大劈棺》一类所谓含有"封建主义毒素"的戏已被禁演了。汉侠先生头脑清醒，对女儿说："现在讲究戏的内容第一，不健康的戏不能演，你还是小心一些为好。"但童芷苓心中并不畏惧，她仗着肚子里戏多，脑袋好使，可学新戏，这出不能演，可换戏码，演另一出，难不倒她。

戏改组派人上门与她洽谈留京事宜，被芷苓婉拒。此时，私营社班纷纷解散，公家剧团大批涌现。1951年5月，解放军总政治部在北京筹建文工团，下设京剧团，大嫂李多芬、小妹童葆苓、李鸣盛和他的姐姐，均被邀入团内。

但总政最看重的还是童芷苓，特许她团长之职与多项优惠待遇，但也被她置之不理。此后，芷苓无论去武汉还是在南京演出，当地都应允每月以几千元的高薪与团长职务相挽留，但她依然婉拒，这就让她一而再，再而三地错失了进入国家剧团的最佳时机。也许在她看来，私营剧团，自己当老板，毕竟挣钱多，也较为自由，不受约束。

可是，事与愿违，此时，被她视为依托的芙蓉草赵桐珊先生，一招一式教会她王瑶卿的名剧《十三妹》中最重要的两折《悦来店》、《能仁寺》之后，因年龄渐大去了沈阳夏声剧校任教。芷苓带着一支"七零八落"的小分队，在各地演出，疲于奔命，最后得了肺病，不得已回北京老家养病了。

其时，李少春、杜近芳、叶盛章、叶少兰、袁世海、李和曾、张云溪、李宗义、张春华、云燕铭都先后参加了中国戏曲研究院实验京剧团。

中国戏曲研究院，是文化部所属戏曲研究机构。1951年4月3日成立于北京。其前身是抗日战争时期创建的延安平剧研究院，1949年迁入北京改组为中央文化部戏曲改进局京剧研究院，1951年扩建为中国戏曲研究院。建院之初，院部设研究、编辑、资料等部门，下辖戏曲实验学校，京剧实验工作一、二、三团，曲艺实验工作团和评剧团等，是一个兼有理论研究、创作演出和艺术教育三重任务的综合性戏曲机构。梅兰芳任院长，程砚秋、周信芳、张庚、罗合如、马少波、晏甬先后任副院长。建院时，毛泽东题词："百花齐放，推陈出新"；周恩来题词："重视与改造，团结与教育，二者不可缺一"，成为研究院和全国戏曲工作的指导方针。1955年，所属剧团、学校独立，分别成立中国京剧院、中国评剧院、中国戏曲学校。研究院遂成为理论研究性质的专门学术单位。

就在中国戏曲研究院成立之初，戏曲界权威人物马少波，专设家宴来约芷苓，他应允芷苓留下来，自领一军挂团长衔，授一级演员——待遇与梅先生、周先生同，付保留工资，另有汽车、住房。言外之意，若她加盟，即是当家青衣，地位与李少春比肩。

可是，陈力闻悉，大加反对，因为陈氏两代奋斗至今，已习惯于上海的生活，岂肯去北京安家？芷苓忧及与心爱的人分居两地，也就未下决心。于是，命运不再眷顾于她，出现在她面前的将是一条坎坷曲折的艰难之路。

# 十二　新旧社会两重天

浅深三尺水，上下两重天。

——释从瑾《颂古三首》其一

新中国成立初期，私人剧团已改成自由结合的共和班，相投合的演员自由组合，可大可小，遇事一起商量，共同作主，按劳分红。苓社虽有不少演员另谋出路，但以童芷苓为核心的演出小组仍有30多人。遐苓、寿苓、葆苓、祥苓开头也跟着芷苓跑码头演戏。有两件事的发生让年纪轻轻、只有15岁的童祥苓，对新社会有了崭新的认识。

一件是1950年，他随哥哥姐姐去江西演出，铁路局要他们白演一场戏不给钱，遭到拒绝。托运戏箱行李时，演出班子照价付钱，但等他们演完戏返京时，却受到铁路局的百般刁难，当地铁路局竟派出女警对童葆苓进行搜身检查。返回北京后，大家越想越生气，就由童遐苓执笔写了一封信给了中央人民政府的薄一波同志，未料一个月之后就收到了薄一波办公室的复信，告之情况属实，有关人员均被撤职查办。这件事对童祥苓触动很大，亲身感受到了人民政府为人民的严正作风。与此同时，他脑海中出现了两年前，也即1948年，童家班也是去江西演出的一幕：

那一天，童葆苓一行在南昌演完戏，因上座率不错，中介人廖某就要汉侠先生增加中介费，汉侠先生没同意，廖某就一拳打在他脸上，汉侠先生的脸被打出血来，牙齿也打掉一颗。童家便去当地国民党公安局报案，因为廖某背后有国民党警备司令部撑腰，此事也就不了了之。两相对照，新旧社会好比截然不同的两重天。

第二件事是新中国成立初期，新政府开始组织艺人开展时政学习，常在民主剧场举办学习讲座，多数是由从延安或从解放区派来的阿甲、方华、王撷竹等文化干部组织，童祥苓也去听了。讲座的内容大抵是社会发展史、劳动创造世界、革命人生观等革命理论，这些知识对于旧社会过来的艺人们，尤其对一个只有15岁的孩子祥苓来说，前所未闻，觉得异常新鲜。组织学习的文化干部衣着朴素，一式的灰布制服，头戴八角帽，腰扎皮带，说话和蔼可亲，与趾高气扬的国民党官员有着天壤之别。有一次，祥苓遇见王撷竹，不知如何称呼，就叫了一声“王领导”。王撷竹摇摇头不让祥苓这样叫他，微笑着说：“我们都是新文艺工作者了，以后就叫我撷竹同志吧。”他还向祥苓与其他艺人学习戏曲知识，这种完全平等的同志关系，在祥苓心中留下了不可磨灭的印象。

新政权成立之初，共产党为了摆脱“历史周期律”，组织干部学习郭沫若写于1944年的《甲申三百年祭》，教育干部吸取李自成起义失败的教训，进城后务必保持谦虚谨慎、戒骄戒躁的作风，严明组织纪律，牢记为人民服务的宗旨，确实获得了广大人民群众与知识分子的信任，社会风气焕然一新。

为了配合新政权对人民群众进行新道德、新风尚的教育，小白玉霜女士赶排、演出了揭露妓女痛苦生活的《九尾狐》。祥苓看了十分激动。童家班也试着把解放区的《兄妹开荒》改编成农民丰收后的现代小戏。结尾时有个集体秧歌舞，班里男多女少，祥苓就自告奋勇扮个女的。小姐姐葆苓不信，姐弟俩就打起赌来：祥苓男扮女装后，从家里出发去演出，戏演完再回家，路上有人认出他来就输，认不出来就算葆苓输，赌注是一只烤鸭。那天在前门大栅栏三庆戏院演出，下午祥苓便去化妆。他先用火剪把头发烫个前刘海和两个鬓角，戴上旦角的长发头套，梳了两条大辫；再穿上一件花布衫、一条花裤子，头上戴上花头巾，白袜黑布鞋。照照镜子还挺像个大姑娘，便蹬上自行车直奔剧场。直到演出结束回到家中，谁也没发觉他是个男孩，于是他像小姑娘似地忸怩着走到姐姐面前说："葆苓同志，什么时候请吃烤鸭呀？"

那一年，祥苓与往常一样，每天凌晨5点从西长安街大栅栏的家里走到天安门，在劳动公园遛弯喊嗓。其时正值牡丹花盛开的季节，艳丽的牡丹经过清晨露水的浸润，无比娇美。祥苓喊完嗓子，总要沿着花坛走上一圈。一天早晨，祥苓正漫步在花坛前，见一位老人家背着手也过来仔细地赏花。他中等个儿，身材魁梧，浓眉下一双笑眯眯的眼睛，这张脸让祥苓感到似曾相识，但一时又想不起来。老人家见一个十几岁的小孩目不转睛地朝他看，他厚厚的嘴角便对祥苓绽开一丝微笑。祥苓也笑着向他点头致意。老人家离开花坛时向祥苓摆摆手便走远了，后面两个穿中山装的年轻人紧随其后。后来祥苓在《人民日报》上见到朱总司令的照片，才恍然大悟，那天见到的那位慈祥的长者就是全国人民爱戴的朱德总司令啊！大首长便装简从、亲民举止，怎不令人感动！

北京宣武门城墙根有个地摊旧货市场，里面五花八门什么都有。1951年，16岁的祥苓闲来无事常去光顾。一天，他走到一处卖旧唱片的地摊边上，一架老式的手摇唱机正在放一段京剧的老生唱段，是二黄三眼板式，好听极了，他拿起唱片一看，是余叔岩的《沙桥饯别》，喜出望外，因为此前“余叔岩”的大名如雷贯耳，常听前辈名家提起。因为喜欢，他把唱片连同唱机一块买了下来，到家后便每日不断地听两小时。那时余先生身体欠佳，嗓音已不太好，但行腔圆润流畅，唱腔中柔里藏刚，吐字间连接恰到好处，祥苓完全被迷住了。自此之后，他每天去旧货市场寻找余叔岩的唱片，几乎找全了余先生灌录的十几张唱片。于是，他每日花三小时，关上房门，一句一字地跟着学，反复唱，一年下来，他方始领略了余先生唱腔的高妙之处。余先生的行腔，前后鼻音，胸腔头腔，真假声的转换运用，力量的均衡运用，是别人很难企及的，尤其那一段《摘缨会》把戏中的意境与人物的气派都唱出来了，让童祥苓钦佩不已，简直到了顶礼膜拜的程度！从中他明白三分嗓子七分功，只要掌握嘴里吐字行腔的基本功，唱腔才能长久不衰。

一天，大哥遐苓带小弟去姜妙香寓所拜访，他让祥苓在姜先生面前唱了一段《摘缨会》，一段《沙桥饯别》，由姜先生的大公子姜少香操琴。唱完后，从后院走出一位老先生，个子不高，头很大，秃顶，戴一副圆眼镜，留着八字小胡子。当他问明了刚才唱戏的是年仅16岁的祥苓时，便走到祥苓面前说：“小子，你将来是一个角，一定要好好练。”他走后，姜妙香先生告诉祥苓，他就是大名鼎鼎，曾先为谭鑫培操琴、后与梅兰芳先生长期合作的名琴师徐兰阮先生。前辈的肯定，无疑让童祥苓学余派的信心大增。不久，他向钱宝森先生请益，学了《战太平》的身段，直到1957年他调到上海后，由陈大濩先生教会了这出戏的全部唱腔与身段。童祥苓虽未直接受到余叔岩的教诲与指导，但他在各位宗余的老师身上懂得了一个道理：学余并非都是一个模子，各人应该在撷取余派精粹的基础上，根据个人的生理条件，发挥自己的特长。

就在这一年，马少波、李和曾虽然动员童芷苓参加中国实验京剧团，因陈力先生不愿携全家北上安家，未果；童葆苓、李多芬不久又进了总政文工团下属京剧团；然而，鉴于童祥苓年龄尚小，经全家商量后，接受了马少波先生的意见，决定报考中国戏曲研究院下属中国戏曲实验学校继续深造。

童祥苓人虽小，但自幼受名师指点，又随童家班去各处演出，有一定的实践经验，因此比较顺利地通过了声乐和基本功的考试。最后大考在戏曲实验学校进行。出了两出戏：一出是《定军山》，一出是《问樵闹府》。由王瑶卿先生主考。

王瑶卿时任中国戏曲实验学校校长，是我国京剧史上重要的改革家与教育家。他集前辈旦行艺术之大成，进行大胆革新，创造了融青衣、花旦、刀马旦的唱、念、做、打于一体的旦行的新行当——花衫，大大提高了旦角与生角并驾齐驱的地位，是王派旦角艺术的创始人。王瑶卿倡导“有教无类，因材施教”，培养出“梅程荀尚”四大名旦。

而此时这位被业内人士尊称为“通天教主”的王校长，竟坐在童祥苓面前当了主考官。此外，中国戏曲研究院院长梅兰芳、副院长程砚秋，京剧名家郝寿臣、萧长华、谭小培、姜妙香、袁世海、李少春、茹富兰等先生也在座监考。

1954年，童祥苓饰演《十老安刘》张苍

16岁的童祥苓在众多名家面前并不怯场。过去他与大人们一起演出，好歹是个角，有单独一间屋；如今他与其他年龄相仿的考生都在一起化妆，除了环境陌生感到有些孤单之外，并没有其他的不适应。

考完后，马少波来到童家，告诉汉侠夫妇，根据这些老艺术家们的意见，将童祥苓作为插班生，定在五年级。戏校当时没有这个班，要为祥苓单独开班。意思很明确，小祥苓与其他录取的学生不同，他已经有了七八年练就的基本功与四五年的演出实践，戏校拟重点加以培养。

入学后，祥苓住在戏校，每周六放假回去。祥苓从前在家自由惯了，又很调皮，对戏校的那些规矩很不习惯，爱与同学逗乐，上课时讲话。教务长史若虚先生[①]就找他谈话说："你是全校最高班级的学生，应该带头遵守纪律，做出榜样。"因为史先生说话平心静气，祥苓只得低头称是。

祥苓第一堂课被分配到雷喜福先生的课堂。他正在教《群英会》。祥苓一进教室，雷先生见了就说："兔崽子，你到这儿来干吗？你是我教出来的，又上我这里来做什么？这个戏你早学了，上外头去！"祥苓被雷先生骂了一顿只好出来，不知道上哪儿去，只得在院子里闲逛。正好遇上茹富兰先生，他对祥苓说："你下身动作不错，是学武生的料。"后来，戏校就请一位王先生，每天让他练打把子。过了几个月学校体检时，查出祥苓肺门扩大，就让他在家养病。史若虚教务长还替他保留了学籍。身体养好了，他怕学武生，死也不去，就这样退学了。

## 十三　拜师与择偶

明师之恩，诚为过于天地，重于父母多矣。

——（晋）葛洪《勤求》

祥苓打小就看过马连良先生的戏，对他的艺术崇拜至极！他是马先生十足的"粉丝"与"追星族"。当祥苓从芷苓口中得知马先生已被周恩来总理派人从香港接回北京的消息之后，他非常兴奋。马先生首次在长

① 史若虚自1978年出任中国戏曲学院首任院长，他提倡班级教学制、全面课程制和教学民主制，将一座历史悠久的戏曲中等学校转变为中国戏曲高等院校，使传统的科班教育转化为新型戏曲教育。他广聘京剧名家，如谭小培、荀慧生、程砚秋，甚至请来"听戏多、懂得多"的"末代皇叔"载涛来校讲课，培养了如李维康、刘长瑜、刘秀荣、宋小川等众多京剧高峰人才。史校长是名副其实的中国戏曲教育事业的探索者与见证人。

1955年8月25日，童祥苓拜马连良先生为师时合影

安大戏院演出《四进士》，祥苓随即去排队买票。马先生从化妆、服装到演出都十分时尚、讲究，给人耳目一新的感觉。祥苓看完回到家中，就凭着自己的记忆，对着镜子模仿起来，他越学就越觉得马先生动作潇洒，唱腔甜润，特别是流水非常耐听，念白有韵律且口语化。祥苓连晚上做梦都想跟马先生学戏，与他一样成名。

有道是"知子莫如父"，汉侠先生知道儿子的心意，便通过一个姓周的朋友带祥苓去西长安街马先生府第拜见了马先生与马夫人。说明拜师的来意之后，马先生当场应允，也许他熟悉"童家五虎"的传闻，与芷苓也有交情，眼前这个生龙活虎、此时略显拘谨的孩子令他喜欢。

汉侠夫妇选择丰泽园饭庄举行拜师仪式，出席者有荀慧生、郝寿臣、徐兰阮、裘盛戎诸先生，梅兰芳夫人和姜妙香夫人，以及李慕良、马崇仁、黄元庆、谭元寿、马长礼各位师兄。对于童祥苓来说，这是他终生难忘的最愉快的一晚！

童祥苓居住的西长安街大栅栏，离马连良的寓所较近，他就每天都上老师的家。马先生演出前或午睡后有遛弯的习惯，都由他陪着；有时马先生午睡时，他就给先生捶腿；连马先生理发洗头，他也不离先生。祥苓特别喜欢马先生和美国喜剧电影大师卓别林握手的那张合影照，但他不敢提出要一张。

拜师不久，马先生让祥苓在他演出戏目之前加一折《南阳关》，排练时让他在自家后院走一遍，并给祥苓改了一个下场的身段，让祥苓觉得非常流畅，举一反三，后来就在不少戏里用上了。

1955年，北京京剧团成立，马连良先生就让童祥苓加入该团。此时

20岁的他从看戏中已学会了几出马派戏，但让他觉着蹊跷的是，每当去先生家里遇见师兄李慕良操琴时，马先生总让祥苓唱余派戏，而从不让他唱马派戏。一年后，祥苓奉母之命去鞍山相亲，不久便与鞍山京剧团当家青衣张兰云结婚。当他与先生告别时，马先生对他说："你离开北京京剧团可以挂马连良弟子的牌子，因为你给我磕过头，但最好不挂。"马连良的一番话让童祥苓如堕五里雾中，心里十分难过！他百思不解，自问："难道我笨或者不用功，马派戏没学好，挂了牌子，有损先生的面子？"童祥苓这个心结直到5年后才得以解开。

1954年，童祥苓饰演《淮河营》蒯彻

1960年，童祥苓已调入上海京剧院，他随周信芳院长去北京演出。马连良看完戏对祥苓说："如你晚上有空，可到我家里来，我给你说戏。"于是祥苓每天晚上都去。马先生给他说的第一出戏是《问樵闹府》，第二出戏是《盗宗卷》。祥苓有点忍不住了，就对先生说："您能否教我一出大戏？"马先生看出童祥苓的心思，便对他说："其他的戏你可以看，什么地方不明白可问我。但这两出戏余先生每演一场，我是必看的。"

关于拜师马连良学艺的情况，童祥苓在接受北京马连良艺术研究会罗兰女士采访时作过如下陈述：

我小时候第一次看马先生的戏在上海中国大戏院，那是解放前，我5岁，哥哥带我去看马先生的《苏武牧羊》。那时候买他的票，没票，后来我哥哥认识一个剧场的，我们在放映间看的，那时候看马先生就跟看神一样，就想：哎呀，要长大了也像他一样多好啊。后来解放了，就没机会再看马先生了，听说马先生奔香港了，后来马先生回来第一次在北京长安大戏院演出《四进士》，看马先生帅，漂亮，就喜欢看，马先生每演我就买票去看。看看看，就觉得他怎么跟别人不一样啊，那时候我小，18岁，正处于自个儿听余先生唱片的时候，后来觉得我一定要了解了解马先生。

我拜老师不是光跟你学几出戏，我就拜你，我就想了解了解马先生他什么想法，他为什么这样，所以我说我非拜他不可，我非到他身边不可，因为不到身边不明白他，光看戏不行。后来吴幻荪（马先生的编剧），大名鼎鼎，他老在马先生身边，我父亲就找到他，由他转给马先生这个信息，这么着，拜马先生。马先生不了解我，要看我一出戏，就在圆恩寺剧场看了我一出《探母》。后来吴幻荪先生说带我到马先生家去，我高兴得不得了。先生家住西单，去了在马先生那后院，吃饭的屋子里，有他有师娘，马先生问我学戏情况什么的，完了吴幻荪先生说，今儿带你来，马先生收你了，你还不跪下。我一听赶紧跪下磕了三个头，那时候高兴得不得了，我入了马门了。我拜马先生有不少业内名人参加，那时候除了梅先生（梅先生演出跟姜先生没到），大家几乎都到了。

从此我就每天到马先生家去，那时候当徒弟，都规里规矩啊，马先生叫我天天儿吃完饭就去，他睡觉，我给他捶腿，有时候他醒了，再给我说戏。他演出，我就跟着看跟着学。他遛弯儿，我也跟着，什么都学。他爱干净，我也学。后来就从化妆、服装等方面学。

北京京剧团成立，那时候三个青年老生，裘盛戎先生带着长礼，谭先生带着元寿，马先生带着我。马先生说你跟我一块进北京京剧团，那时候他演出我在后台在化妆室，我就坐在那看着他，我就很奇怪，那时候我们演戏都是抹粉，胭脂就那个锅胭脂、红胭脂，但那种扮戏他用油彩，用进口的密丝佛陀。那时候我也不知道怎么用油彩，等我到台底下一看戏明白了，别人又白又红真难看，可马先生的皮肤很柔、很透，原来他已经研究光学了，因为那时候在台底下没有彩色的灯，都是白光什么的，他就感觉到台上要真皮肤，真实的舒服的感觉，不是硬的，所以马先生你看他的服装，没有大红，他都是洋红、墨绿、缃色这些中间色，很柔，所以他研究的是光学舞台。那时候有机会天天看戏，比方说《十老安刘》看完一场，第二场不看了，回去了想谁谁出场，什么词什么词，写总讲，有大穿衣镜，我就对着穿衣镜模仿他怎么出场，怎么怎么的。

那时候北京有卖估衣的，就是卖旧衣裳什么的，我到马先生家，有一天去一个卖估衣的，拿了很多清朝的纱箭衣，先生在那儿挑，挑了两件，我说："先生您买这个有什么用啊？""哎，过些日子你就知道了。"等过些日子他做了一件改良官衣，说"你看怎么样"，我一看，哟，淡咖啡色的衣裳，他把那个纱箭衣团龙剪下来贴上了，他说："怎么样，有立体感吧。"我就觉得他脑子不一样，所以我就说中西结合，在京剧界里边马连良是第一个，所以他很现代。马先生为什么最上座，他是严谨的，他就讲究人员齐整，你看他的团多棒。

另外马先生最了不起的地方，你说"南麒北马"，南边我拜周信芳，北边我拜马连良，拜马先生是我自个儿去追求的，但是拜周院长，是院长提出来要沈金波和我做徒弟。我记得纪念周先生舞台生活60年在北京演出，院长演《海瑞上疏》，要我给他配，演个何以尚。演完了，哎哟，我一看坏了，马先生上台了。这怎么办？回头先生说，你是我马连良的学生，你又拜周信芳，对不对啊，坏了，我站在那儿不知怎么办，也不能躲开啊，我还站在院长旁边。我万没想到，马先生走到我跟前儿跟我说："你哪天不演出有空到家来，我给你说两出戏。"当时我很感动，先生没责怪我，后来我就去跟先生学了《盗宗卷》跟《问樵闹府》。那时候我也不领会，先生您给我说这个戏我哪儿唱去啊，《问樵闹府》你说谁看啊，您那个《十老安刘》给我说说。后来马先生懂我的意思了，他说《十老安刘》这种戏啊，你台底下看，你看会了哪儿不明白你找我，我给你说，《问樵闹府》

是余叔岩每演我必看的。

那时候我还不懂，我后来懂了，马先生不责怪我没有标榜马派，他说你是哪块料我推你哪块料。要是慕良师兄活着时候你问他，我一到马先生那儿，“唱一段”，“唱什么”，“十八张半”。马先生老让我唱余，他从来不让我唱马，但是学一出《问樵》很多东西我都懂了。他很帅，《盗宗卷》“大仓才仓”圆场俩人一推磨“仓啷台仓”，真帅。

我到上海之前，离开马先生的时候，跟他一块遛弯，马先生说：“你啊离开了我，你演出写上马连良弟子，我不能说什么，因为你是磕头了嘛，有那么些老艺术家给你作证，但是你最好不这样。”哎呦，当时我心里难受，坏了，我得罪了先生，不讨先生喜欢，哪儿有先生不承认学生的，不理解，真不理解。我理解先生是后来，到我真正创造杨子荣的时候我理解他了，因为先生没有拘束我，没有说你非得唱马派，他知道那时候我应该是唱余，所以我觉得这个事，我一辈子感谢先生他。

就在“四人帮”打倒那年，在上海，我给张学津排《东进序曲》，我帮助导演做一些工作，马盛龙师兄来看我，那时候正在徐家汇教堂二楼，盛龙师兄说：“哎呀，我一辈子没有开什么会，大会小会，因为你走，马先生叫了我去开了几次会，有我、有慕良，我们三个人。说‘祥苓为什么要走，是不是嫌工资少？’后来慕良说：‘你呀让他自个儿飞吧，别老好像在你的翅膀底下。’当时马先生就说：‘还早，早点儿。’”到这时候我才知道马先生真的喜欢我，他就想让我在他身边多待几年，多学点东西，这点我也是有点后悔。我离开马先生后很长时间一直误解我的先生，觉得先生好像不喜欢我，实际上先生很喜欢我。

我在塑造杨子荣的时候，整个的表演应该说是周院长的，而里头很多的唱，像流水唱腔什么的那都是马先生的，一到流水我就根据他的流畅，要流畅要帅，当然是余先生这个杠杆，因为他符合这个人物，所以我说我一辈子，我最感到幸福的就是我遇见两位大师，一个马先生，一个周先生。

至此，童祥苓终于明白了马先生的真意。在马先生眼中，祥苓的才情与条件，更适合唱余派；若挂上马派牌子再唱余派就不合适。这便是作为一个京剧艺术大师马连良的阔大胸襟与气派！马先生并不以为像童祥苓这样极具天赋条件的学生投其门下就必须按自己的路子学戏，他完全从学生的原有基础与自身条件考虑，因材施教，呵护成才，从中可见马先生高尚的艺品与艺德。而祥苓也就此认识到，是否挂头牌，全凭自己的主观努力，他虽然拜马连良为师，但将遵循先生的教诲，沿着学马宗余的艺术道路走下去。

前面提到1956年，童祥苓曾去鞍山相亲，结识鞍山京剧团的当家青衣张兰云，不久两人成亲。其实三年前，祥苓自己有个叫小方的女朋友。他俩也称得上“青梅竹马”了。当年，汉侠先生为了培养小儿子唱戏，大把花钱，不仅改造住房，还招来了十多个与祥苓年龄相仿的小孩子，陪他一起唱戏练功，俨然办起了“小戏班”，小方便是“小戏班”中的一个徒弟。据童祥苓说，他俩从小一起练功长大，小方是个“稳重端庄、做事果断、很有个性的女孩儿”。1953年，童祥苓18岁，情窦初开，俩人正当热恋之时，他曾托大哥遐苓的好友吴二哥婉转地向父母提出要与小方订婚。其时，汉侠夫妇也许心中已有考虑，便说祥苓年纪很轻，订婚为时尚早。儿子听父母这么说，想想也有道理，因为大哥、四姐几乎都在三十岁左右才结婚，所以暂且不提了。

过了几个月，陈氏拿了几张照片给儿子看。照片上是一个十分漂亮的姑娘。“她是谁啊？”儿子不解地问道。“你忘啦！几年前（1949年）你随你葆姐的演出小组在大连跑码头的事吗？她就是与你同台演戏的张兰云啊。那时你才14岁。”经母亲提醒，祥苓才猛然想起，这

15岁的张兰云

位姑娘梳了两条出奇长的辫子，有时他还故意揪着她的辫子逗着玩呢。真是女大十八变，黄毛丫头出落成俊俏的大姑娘了！母亲接着说："她是你爹的好友张静轩的小姨子。说来也巧，上次你葆姐随总政京剧团去鞍山演出时，遇见她，看她漂亮，人又老实，还是鞍山京剧团的主演，就向她要来了这几张照片，替你相亲呢！我和你爹一合计，觉着你们俩很般配，便与姑娘的父母商议后，定了这门亲。"

这突如其来的订婚让祥苓不知所措。他与小方交往多年，彼此产生了非同一般的感情，已到了谈婚论嫁的地步，此时让他突然关上爱情的大门，迎娶新人，无论如何做不到啊！于是，一向听话的儿子反抗了："你们这不是包办婚姻吗！'父母之命，媒妁之言'，那是封建主义的一套！"母亲被儿子当头浇了一盆冷水，生气地说："你葆姐给你找的这个姑娘有哪点不好？论相貌，论才艺，哪点配不上你？"然而，儿子不为所动，因为他不可能想象，自己与相爱已久且个性相投的小方分手，与一个毫不了解又无感情基础的姑娘生活一辈子。

第一次与自己所挚爱的母亲发生激烈的冲撞与对峙，使祥苓痛苦万分，思绪纷乱，彻夜未眠。他曾打算与小方一起私奔，一走了之。但想到父母与兄长、姐姐为了让他成才，几乎掏尽心血，他若弃家远去，不啻对童家一个毁灭性的打击，年迈的双亲能承受得住吗？若听从父母安排，心爱的小方又怎能忍受？祥苓夹在爱情与亲情之间，心如刀绞，辗转反侧，痛苦得难以作出抉择。

其实，汉侠夫妇也一夜没合眼，为了这个宝贝的小儿子，二老无论为他拜师学艺，搭班唱戏，还是进戏校深造，都想方设法搭建平台，心血用尽，甚至不惜与心爱的女儿芷苓发生龃龉，竟至分居两地，暌隔千里。想不到在婚姻大事上，一向孝顺的儿子竟然不从父母之命，起而抗争了！难道为儿子找个既漂亮、艺术上又不输他的姑娘做媳妇错了吗？做父母的自然了解儿子执拗的脾气，万一他一时解不开心结，说不定横下一条心……想到这里，母亲再也睡不着了，她一骨碌披衣起床，轻轻地推开儿子的房门。

此时天色微明，一缕淡淡的晨曦温柔地照进儿子的房间。陈氏见祥苓并未睡着，便坐在床边，平心静气地对他说："儿子啊，你对小方好，妈知道。但咱们这个家还得靠男孩子来挑！不管你姐姐名气多大，终究是女孩子，总要出嫁。你年纪最小，是咱童家的希望，也是全家不惜一切培养你的缘故。对于婚姻，既要考虑爱情，也要考虑到事业前程，必要时就得牺牲一方，这虽是痛苦的选择，但娘一生对你只有这个要求……"

儿子听出了母亲这最后一句话的沉重分量！父母为培养他所付出的一切历历在目，若用"恩重如山"四字，尚不能表达儿子的一片感恩之心，他用什么去回报父母呢？祥苓不再言语，颔首答应，两行泪水却不知不觉地流了下来。

平心而论，倘若用当今男女自由恋爱的角度去评析，汉侠夫妇对儿子婚姻的干涉无疑欠妥，带有私心与家长式的专制味儿，人为地造成了这对爱侣的心灵创伤。毕竟小方也是京剧演员，且与祥苓在一个演出组演戏，汉侠夫妇为什么偏爱张兰云呢？两者区别何在？相貌？性格？艺术上的高下？这里笔者无从揣测与探究，也许只有当事者明白其中原委。

当然，我们也不能完全用现代的婚姻观去苛求那个时代的汉侠夫妇。他们毕竟在旧社会生活了大半辈子，其时解放不久，思想上难免带有"重男轻女"、"男尊女卑"、"望子成龙"等旧传统、旧观念的烙印。这些都是几千年来农耕社会产生的思维方式，必须随着社会的不断进步与经济基础向着工业文明转型之后才能彻底改变。

## 十四　童芷苓剧团的终结

一件事情既然以不平凡的形式开始了，

那么它也必定以同样的形式结束。

——［俄］莱蒙托夫

童祥苓于1955年加入北京京剧团之前的几年中，还是随二哥与四姐一起演戏。

童芷苓在北京病愈复出后便于1953年自组“童芷苓剧团”。所谓“团”，充其量不过是一支小分队，除依靠寿苓、祥苓之外，若在外地演出，班底还得当地补充。此时“戏改”已全面开始，文化部门公布了一批禁演的戏目，不少老戏不能演了，北京、上海的国营剧团凭着体制的优势与集体的力量，推出不少新的剧目，尽管上座率并不太高。童芷苓要想排演角色众多、花团锦簇的大戏已无实际可能。此时她仍然苦撑着这个处于风雨飘摇中的私人班子，不愿加入国营团。这与言慧珠多少有点关系。

在她看来，言慧珠处事精明，曾多次听她说：“现在还不至于走投无路，再看看吧。”言慧珠担心的是入了国营剧团，辛苦挣下的钱归公，还得听人摆布，没有自主权。言的想法与童芷苓不谋而合。其实是双双失算，聪明反被聪明误。

问题出在她们把钱财看得太重，而忽略了文艺界面临的大趋势。过于看重钱财是多数旧艺人的通病。他们出身贫寒，尝尽学艺的苦楚，好不容易把戏唱红，成名之后挣钱难道不是他们追求的目的？在加入国营剧团之前，他们的认知只能停留在这个水平上，尚未认识到新中国成立后，作为新文艺工作者的一员，应该为党的事业服务，要成为革命机器中的螺丝钉。

此时上演什么戏，既要角色少，又能卖座，这是摆在童芷苓面前必须考虑的事情。她把目光瞄准了川剧的三出大戏《柳荫记》、《彩楼记》、《玉簪记》。这三出戏人物不多，情节紧凑连贯，人物性格鲜明，且新意盎然。她与寿苓商量后决定将这三出戏移植过来，加以变通，并设计出新的表演手法，以京剧面目与观众见面。

在《柳荫记》中，芷苓唱法上宗“王腔”（王瑶卿为该剧所谱新腔），兼融荀、梅，其中一些唱段、唱句还是她自己铺设，唱来别有新意。在戏中芷苓演祝英台，“送行”一场，她对梁山伯的暗喻采用川剧旁敲侧击、含而不露的手法，她嗔中有喜，逗中见情，忽张忽弛。此剧角色不过十人，却满台是戏，连首演此剧的杜近芳、改编者马彦祥都前来观摩，连连叫好。

《彩楼记》写北宋吕蒙正与刘翠屏的故事。在《评雪辨踪》一折中，寿苓把内含才气、外露迂腐的吕蒙正演活了，令人捧腹。扮演刘翠屏的芷苓与二哥台上配合默契，北京首演大获成功。后来，刘雪涛、张君秋的《彩楼记》即由芷苓兄妹的路子演化而来。

《玉簪记》即是《秋江》，最精彩的当属《追舟》一折。在戏中芷苓演妙常，祥苓演艄公。以前，他们演过《打渔杀家》，戏中那套划桨的表演动作已完全不适用于表演《秋江》中妙常催促艄公在飞流急湍中驾舟追赶情郎潘必正的剧情了。为了寻找飞舟追赶的感觉，童芷苓拉着小弟去北海公园，租了一条小船，姐弟俩荡起双桨在湖面上快速划行，速度越划越快，湖面上激起的波浪使得小船上下、左右激烈摇晃，湖岸上的游客都看得惊呆了，不知他们在干什么。而姐弟俩则对戏中妙常与艄公不同的心情有了一些体会。在演出中，芷苓并不停留在妙常对艄公催舟的纠葛和无尽的调笑中，她心中装着情郎的身影，充满惆怅与牵挂，把妙常心急火燎的迫切之情演得淋漓尽致！

如此“三记”一路走红演到上海，3月15日首演人民大舞台。上海演出，只能请上海人民京剧团为之配戏。不料，演出前几天，童祥苓突然病倒，嗓子全无，只能请李桐森代演艄公，在台上就不太默契了，而且追舟时芷苓摔了一跤，此时她已身怀六甲。她坐在地上慢慢起身后继续把戏演完，赢来一片掌声。

12天演期结束，未几，华东戏曲观摩演出大会在上海举行。童芷苓以一出《秋江》荣获演员一等奖。但她却高兴不起来，因为此后不久文武场面先后离她而去，加入国营团，她与寿苓、祥苓在常州演出时，还得四处借人。上海人民京剧团此时派来代表“招安”，当她得知吴素秋、李玉茹已经捷足先登，加入了演员阵营强大的“华东团”，就只得“偏安”“人民团”，以后为她配戏的都是二三流角色。

几个月之后，芷苓生子，取名陈吉，其意为母子平安，吉祥如意。陈力四十得子，不胜欢喜。

产假结束，芷苓去上海京剧院上班。一月之后院里评级定薪。童芷苓被定为二级，月薪1 200元，位居李玉茹之后，这是她万万没有料到的。上面给出的理由是：“参加国营就是革命，革命有先后嘛！”这个理由荒诞得可笑。倘以进团时间为标准，先入山门为大，那么不少中央级的领导干部早就参加革命了，为什么工资反而不及这些艺术家呢？看来在文艺圈内定级的标准，自然应该以艺术水平的高低为准绳。然而，其时在定级问题上，也许文艺部门对文艺界的收入状况仍处于调查摸索之中，尚未形成一套完整的工资分配体系与具体的规范化政策，加之执行单位的一些干部多少做得有些偏“左”，在他们的头脑中，把政治第一与演员是否要求进步联系在一起，造成了执行过程中的偏颇与人为的矛盾。

童芷苓想想此前马少波、李和曾曾动员她参加中国实验京剧团，并开出优厚条件的往事，不免后悔。不少“童迷”也为她鸣不平。头脑冷静的丈夫陈力看出妻子的心绪，便安慰道：“既来之则安之，随遇而安吧。”

芷苓把演戏视为生命，她一再请缨，排练由苏雪庵执笔的《柳毅传书》，剧中芷苓扮龙女三娘，她与同在一个剧团的寿苓对剧本、人物作了仔细的研究，把梅、程、荀各家技法熔于一炉。1955年5月1日正式在大众剧场首演，连演12场，30天演期中，她还贴演了《玉堂春》、《貂蝉》、《拾玉镯》、《铁弓缘》、《樊江关》等戏。尤其她演的《穆桂英》最受观众好评！《射雁》那一场，她扬鞭勒马，急驰缓行中顾盼自喜、乐观豪迈的气概，光艳四射，赢来一片赞叹声。

即便如此，她在“大众”演出的最高票价只有一元，比李玉茹、赵燕侠、厉慧良低二角。那时并未搞市场经济，票价由场方根据院方领导的意见协商决定，笔者无力深究其中缘由。总之，似乎后进院团落后一步的童芷苓锋芒不再。

芷苓又怀孕了，顺产后得一女儿，取名陈工。这个奇怪的名字是大伯给起的，究竟是“成功”的谐音，还是希望女孩长大学工科，离开文艺圈子，抑或让她专注于工作，为自己谋一好前程，不得而知。

女儿出生不久，随着“戏改”的深入，电影制片厂决定将周信芳院长的《四进士》改编并拍成戏曲片《宋士杰》。院方竟让一贯演花旦的童芷苓饰演万氏，万氏的戏份并不多，在戏中属于二三流角色，担纲主演的自然是院长周信芳与李玉茹。芷苓考虑再三同意合作。她学芙蓉草先生彩旦俊扮，又与院长商定，将万氏改成与宋士杰一样爱打抱不平的人物。上镜时，童芷苓将彩旦、泼辣旦、老旦的行当融合在一起，表演老辣，突显了万氏的江湖义气与正义感。芷苓这一改动，无心插柳柳成荫，后来不少人演万氏便套用了她的路子。

20世纪50年代，童芷苓与周信芳在电影《宋士杰》中合作，童芷苓饰万氏

当童芷苓和童寿苓于1955年正式加入上海京剧院后，童家班自然不复存在，小弟童祥苓此前随着童家演出小分队的解散，已返回父母身边，同年，他根据马连良先生的意见，加入了北京京剧团。

童家班与厉家班等极具特色的私营社班的湮灭，是社会转型期的必然结果，时代带走的不仅是一个艺术群体，还有正在形成或处于艺术成熟期的一种群体戏曲风格。对于这个问题，戏曲与艺术部门的有关领导后来逐步有所认识，也采取了一定的组织措施，但终因体制及主流意识的掌控，未能奏效。一种群体艺术风格的形成，并非朝夕之事，非经过长期的磨合与打造是不能成就的。当下京昆已列入世界“非遗”名录，亡羊补牢，为时未晚。

1956年入夏，童芷苓接上级部门通知，参加中国艺术代表团第一次出访欧洲。中国艺术团曾在法国、比利时、荷兰、捷克斯洛伐克、瑞士、意大利、英国、南斯拉夫和匈牙利的31个城市演出了京剧和中国音乐舞蹈，观众达23万多人次，还有两三千万观众在电视节目里观看表演，他们所到之处受到当地民众的热烈欢迎。每到一个城市，演出的消息刚传出，几天的票就在几个小时内被抢购一空。演员们常常在一次演出中谢幕三四十次，有时甚至谢幕50次。观众那种鼓掌、踏地板和欢呼声，达到了让人震惊的程度。散场后，总有无数观众站在剧场门外，等着向演员欢呼致意。有一次，巴黎的许多观众竟在雨里等了一个小时。中国艺术团不但打开了中国人民和欧洲人民之间文化往来的大门，也增加了欧洲人民对新中国的了解。

这半年时间对于天性好玩的童芷苓，不啻度过了一生中最愉快的长假。她成了整个中国艺术团中风头最健、最为靓丽的明星之一。这真是墙内开花墙外香啊！

## 十五　恋别与新婚

爱是倾诉与理解，是依赖与被依赖，

是彼此身心的交流与融合。

——［英］毛姆

迫于父母之命，与“青梅竹马”的小方分手，对于感情诚挚的童祥苓来说，显然十分痛苦。那一天，他经过内心激烈的挣扎，最终接受了母亲一生中这唯一的要求，于是他就必须面对小方，坦率地告诉她所发生的一切，并作出双方分手的决定。

虽然祥苓与小方在一个团里，常在一起，他却迟迟难以启齿。小方也是个直率、聪明的姑娘，凭她的直觉，似乎觉察到祥苓心中装着难以言说的痛苦，与她相处不像以前那么自然了，虽然说不上疏远，但总有几分别扭。原本调皮、活跃的祥苓，这几日变得沉默寡言，热情洋溢的说笑不见了，显得心事重重。

祥苓知道事情必须讲明，小方年龄尚轻，不能耽误姑娘的青春；但他不知道如何选择恰当的时机，用适当的方式把事情说清楚，他担心伤了小方的心，怕她受刺激，感情上接受不了。他在等待适宜的最佳时机……

分手的一天终于到了。

祥苓与小方在徐州演完最后一场戏，送她回家，突然停住脚步，咬咬牙，嗫嚅着："小方，我有话对你说……"

小方是个爽直的姑娘，有事肚里不拐弯："有啥事你说呀？"

祥苓道："咱俩的事，我父母不同意……"

"那你的态度呢？"小方的明眸对着祥苓。

"我是家里最小的，父母为我付出许多，我不忍心违逆二老的心意……"

聪明的小方看出日渐消瘦的祥苓已经作出了抉择。祥苓低着头，愧疚地说："今后咱俩可以做朋友……"

一向心直口快的小方不再言语了，两行热泪溢出眼眶，流了下来。她松开了祥苓的手……此刻，他强烈地感受到小方内心的剧痛！也许离别愁绪中有爱更有恨吧。

汽笛声鸣响了，小方上了火车。不久，火车开始启动，它从祥苓的视线中逐渐消失，它带走了小方，也带走了祥苓的初恋。

"人生苦短啊，今后你会逐渐体会到的。"大哥遐苓从后面走来，拍着小弟的肩头说。

几十年过后，祥苓回顾自己的人生，才体会到大哥这句话所含的全部分量。

是年深秋，童祥苓即将随马连良先生领衔的北京京剧团去外地演出，汉侠先生告诉小儿子："静轩先生给我来了信，说他的小

1955年，童祥苓饰演《战太平》花云

姨子兰云在鞍山演出，要你去见见面，顺便去拜访一下你未来的岳母。”不待儿子接话，父亲接着说：“我已代你向团里马先生请了假，你去准备一下出发吧！”事情来得那么突然，祥苓没有丝毫准备，他的衣服已随行李被剧团先运走了，他只好找来葆姐穿过的一件解放装棉大衣，就这样不伦不类地去见未婚妻了。

到了鞍山，即去张兰云的家，出乎祥苓意料的是，兰云全家对他非常热情，并没有因他穿着随便显出轻视的态度。尤其是张兰云的母亲，性格开朗，十分健谈，与祥苓谈得很投缘。

其时，19岁的张兰云刚参加三省一市的汇演，并荣获优秀表演一等奖，回来不久便登台演出，那天祥苓前去剧场观看。兰云个儿高，扮相俊美，台风大气，表演十分细腻，祥苓不由一阵悸动。也许有熟人透露消息，台下观看的就是台上主角张兰云的未婚夫，于是引来了观众关注的目光与一片好奇的私语声。

“他也是唱戏的？”有人问。

1954年，张兰云饰演《天河配》织女

“是北京京剧团的。”略知情况者回答。

“小伙子长得挺帅啊！……”

听到这些议论，性格开朗的祥苓变得拘束起来。未待演出结束，祥苓急忙跑上后台，一俟兰云卸装完毕，便送她步行回家。

兰云性格较内向，话儿不多；祥苓竟也一时找不到话头，显得有些尴尬。他俩从铁东走向铁西，走上虹桥，从这座大桥上可以远望那烟囱林立的鞍钢。于是兰云打开了话匣子，说她曾随剧团参加过鞍钢高炉等三大工程的建设，谈了鞍山市的变化，祥苓感觉到眼前这个说话含蓄且外表文静的姑娘，内心却充满激情。于是两人又从剧团谈到演戏，从演戏谈到艺术，话儿就渐渐多了起来。兰云的一言一行循规蹈矩，就像舞台上的大家闺秀。

祥苓与兰云完全属于两种不同类型的性格：祥苓好动、调皮、开朗；兰云则是一个典型的东方女性，温柔、内敛、善良。

祥苓在《自传》中深情地记述了当时发生的两桩趣事：

> 有一天晚上大家聊天时，忽然电灯灭了，当灯再次亮起时，她却因为害怕依在她母亲的怀里。我觉得她很有趣，总想与她开玩笑。兰云在结婚前从不好意思喊我的名字，我就跟他说，当着人不好意思叫我的名字，可以用英语，别人就听不懂了。她问我怎么说，我说可以叫“达龄”（Darling）。后来我母亲到鞍山，听见她这样叫，我乐不可支。她问我娘是不是她说错了，当我娘告诉她没说错，不是坏话时，她追问我娘是什么意思，我娘告诉她是“亲爱的”，她急忙转身逃去。

夫妻间性格差异并非坏事，有时反而可以弥补双方的不足，进一步促进感情的融洽。

1956年，汉侠夫妇决定让小儿子早日成亲。祥苓有些不解，以为自己才21岁，还年轻，经济上尚未独立。哥哥姐姐结婚都晚，自己早婚会被人笑话。陈氏解释道，这是兰云妈妈的意思，她老人家年近70岁了，身体又不好，想早些了却这桩心事。

“结婚后我在哪里工作呢？”祥苓问道。

母亲说：“鞍山市领导希望你加入鞍山京剧团。”

祥苓沉思良久，对母亲说：“我同意结婚，但是否加入鞍山京剧团还要让我慎重考虑。”因为祥苓跟随马连良先生有年，他对北京京剧团有着难以割舍的情结。

就这样，大哥遐苓与祥苓带了一个管服装的老白师傅，一位琴师和弹月琴的王家森，以小组名义先与鞍山京剧团作短期合作。其时唱花脸的赵宏亮是鞍山京剧团团长，为人朴实厚道，不久与祥苓成了好朋友。

祥苓抵达鞍山时，适逢该市召开人代会，兰云年纪轻轻，已是人民代表了。大会得知兰云的未婚夫来了，且是北京京剧团的老生演员，便邀请他到会与代表们见面，作为特殊代表参加了一天会议。午饭后，在代表们的热情要求下，这对未婚夫妻为大家演唱了几段戏。午休时祥苓在走廊的椅子上睡着了，醒来时发现身上盖了一件棉大衣，给他盖衣的恰是鞍山市文化局长沈乃然，这让祥苓有几分感动。

是年5月4日青年节，祥苓与他的心上人兰云喜结良缘。他俩一早就去民政部门登记并领取结婚证，回到家，兰云就把那条漂亮的长辫剪掉了。祥苓在一旁看了心疼，但他知道这是东北人的风俗，姑娘出了嫁，必须剪掉辫子。

根据剧团领导的安排，结婚仪式在剧场举办。下午，当一对新人步入剧场时，双方父母、领导和剧团同事都已坐在台下，赵宏亮团长用他洪亮的嗓子高声喊道："有请新郎新娘上台！"一对新人就在京剧团乐队吹吹打打的欢庆气氛中牵手走上舞台。这种用京剧"大开门"曲调伴奏下举办的婚礼，别开生面，大有《凤还巢》"假戏真做"的热闹！

1954年，童祥苓、张兰云订婚照

接着，主婚人就要求这对新人谈恋爱经过。这或许是从延安带来并在解放后形成的一种新的婚庆方式。祥苓与兰云觉得实在无话可讲，因为他俩压根儿未曾有过几年的恋爱史。还是祥苓头脑机灵，他顺口说："我们是父母之命、领导赞同、手续齐备、合法婚姻，规规矩矩至今。"说得台下一片笑声。兰云害羞，说得更加简单：“感谢领导和大家参加婚礼。”然而，“闹婚”决不会在这样简单的“表态”情况下收场，大伙儿嚷着要他俩当着众人的面亲一下，吓得兰云忙不迭地转过身去。祥苓知道，不当众示爱，肯定过不了关，

1956年，童祥苓、张兰云补拍结婚照

便轻轻地对兰云耳语：“大家都编好了这台戏，咱们不唱完也就结束不了。”说完，没等兰云反应过来就亲吻了她一下。台下一片掌声。末了，由这对新人和双方父母向大家发了喜糖，婚礼便告结束。

仪式过后，家里人在铁西尹家饭馆吃了一顿饭，饭后祥苓与兰云便回到自己的新房。祥苓回忆道：

> 我们的新房只新添一张床和一个书桌、两个木箱，两把凳子是大家送的，此外还有一个原来的旧穿衣镜，我俩都不在意这些简陋的家居。累了一天了，我刚坐下，便被什么硌了一下，原来床上尽是核桃、花生、瓜子、红枣。我问兰云为什么放许多吃的？兰云告诉我是她母亲放的吉祥物。我问她表示什么？她不回答我，我说是早生贵子，娘是这样希望的，不知她有没有这个意思呢？灯光下她涨红了脸，她那少女的娇羞和纯真的爱表露无遗。我拉过她的手说，我俩是天命的缘分，让我们从今日起携手共同走向新的生活。

1956年，也即“反右”之前的一年，新中国自朝鲜战争结束之后，正致力于国家经济建设，政治氛围比较宽松，其时物资尽管匮乏，但人们的精神状态积极向上，心情是愉悦的。童祥苓与张兰云的简朴婚礼从一个侧面生动地反映了当时人们物质与精神两方面的真实状况。

1956年，张兰云、张延林、朴玉兰（前排左起）与童祥苓、姜凤山（梅兰芳先生琴师）（后排）合影

就从这一年的5月4日开始，他俩双宿双飞、相濡以沫的爱情生活，经受住了荣辱与共、休戚相关、生死相依、长达60余年的时光考验，且终身不渝地保持至今，实在令人钦羡！

## 十六　萌生的艺术之梦

艺术的魔杖所触之处，当变为不朽的现实。

——［印度］泰戈尔

婚后不久，张兰云就怀孕了。小儿媳有孕，汉侠夫妇自然高兴，尤其是陈氏，心中牵挂，常给儿子去信。祥苓遵照母亲的旨意，每天陪妻子去外面慢慢走动半小时，尽量让她多吃，增加营养。一次，这对小夫妻走进一家较为干净的朝鲜饭馆去吃面，菜里有狗肉，祥苓怕妻子不吃，就骗她那是牛肉。吃完，出了店门，祥苓才说了实话；兰云知道了，随即扶着墙呕吐起来，弄得祥苓十分后悔。

那时，全国不少剧团上演从昆剧移植过来的《十五贯》，鞍山京剧团亦不例外，尤其是司法部门组织干部、员工前来观看，把场子都包了下来，剧团日夜演出两场，忙得不可开交。张兰云是女主角，有几场审案的戏，她一跪就很久，每场下来都揉肚子，祥苓看了实在心疼。做婆婆的陈氏得知情况，来信坚决要儿媳回北京生孩子，于是祥苓夫妇向领导提出了调回北京的要求。

鞍山市李维民市长在家中接待了他们，并认真听取了这对小夫妻的诉求。祥苓说了三条原因：一是父母住在北京，要让他这个最小的儿子和媳妇留在身边；二是父母要看着儿媳在北京生孩子才放心；三是他俩在鞍山看名家的戏少，学戏的机会更少，对艺术上的发展不利。只有提高自己的艺术水平才能发挥更大作用。李市长很有人情味，听了表示理解，同意放行。如此，祥苓与兰云回到北京。

张兰云在鞍山时曾拜梅兰芳为师，由于忙于演出，未正式举办拜师仪式。回到北京，兰云便向梅先生提出要补上这一程序。梅先生和梅夫人说，你与祥苓刚回北京尚无工作，不必铺张，办一桌就行。梅先生如此体贴弟子，让祥苓夫妇深受感动。未几，便在丰泽园办了一桌，请了萧长华、姜妙香、许姬传，以及文化局长张梦庚等先生。姜妙香很喜欢张兰云，就收她做了干女儿，在她的执扇上画了一朵牡丹，并题字以作纪念。此后，祥苓夫妇又拜谒了荀慧生先生。荀先生建议兰云除了专攻青衣，也应学些花旦戏，以开拓戏路，提高技艺。由此可见，这些德高望重的艺术家对年轻的晚辈多所提携与关爱。

1956年，童祥苓之妻张兰云拜梅兰芳先生为师之照

张兰云晚年接受口述历史组采访，忆及恩师梅兰芳先生时，有一段现场视频，现将她讲话的大意整理成文字如下：

梅兰芳先生收弟子张兰云合影

因为时间短（指梅先生亲莅鞍山），梅先生先让玖哥（梅先生之子梅葆玖）教我《霸王别姬》的“剑套子”（剑舞的系列动作），晚上梅先生问我学得怎么样？我就走了一遍。梅先生说，学梅派不要死学。我举个例子：唱“南梆子”那一句“我这里出帐外且散愁情”的“散”字，声音上扬，这个“散”字是张口音；因为我是男旦，嘴型大，不好看，就有一个用衣袖遮脸的动作。你们小姑娘，嘴唇小，很漂亮，干嘛用衣袖遮住嘴，把声音挡住？可以转过身来，正面对着观众，声音就出去了，不像男旦声音厚实，所以就没必要那样学了。他的话虽没高深理论，大白话，但让你知道这些老艺术家懂得藏拙，又会发挥。后来梅先生又对我说，哪一天你红了，千万别忘了“好花还须绿叶扶”这句话。牡丹虽红，没有绿叶能好看吗？不成了光杆牡丹？要明白大家好你才好的道理。那晚，梅先生演《霸王别姬》，我向剧团领导提出让我扮演宫女，想在台上仔细察看梅先生醉步，找找感觉。梅先生知道了没同意，他说兰云想学，我可教她，但她是你们鞍山京剧团的领队，不能影响她的前程。这些都是艺德，我一辈子都学不完。

那年童芷苓随中国艺术团访问欧洲回国，在北京作了汇报演出。芷苓回家探望父母，与兄嫂、弟妹谈了自己的心意，她说："二哥和我已进了上海京剧院，葆妹与石挥各自忙于事业，结婚三年，仍分居南北，如果大哥、大嫂、葆妹、小弟与兰云都能调去上海，咱们一起研究，努力编创新戏，既能提高技艺，又能形成咱童家的艺术风格，就像内地的'厉家班'一样，那该多好！"童芷苓的一席话说得全家都兴奋起来。

"你们兄嫂弟妹要一起调入上海，兴许没那么容易吧？"汉侠先生不无疑虑地说。

"我回上海可以问问领导，试试吧。"芷苓显得颇有几分自信。

童芷苓回沪不久，便找周信芳院长与新任文化局长徐平羽汇报了自己的想法，两位领导很支持。不久经京剧院与文化局领导研究批准，决定原先"苓社"的童家班成员全都南下。当然，在艺术上还要进行必要的考核，以便给各人评级定薪。

1957年，童祥苓饰演《十老安刘》中的蒯彻

芷苓、寿苓听了欣喜不已，这下全家可在上海团圆了。兄妹俩立即将这一喜讯告知北京。汉侠夫妇也为儿女们高兴，虽然身边的子女媳妇都将离开他们远走，心中不免陡生几许孤独与悲凉，但为儿女的前途计，做父母的当然全力支持，不应阻拦。

1957年，第一位进上海京

1957年，童祥苓饰演《盗宗卷》中的张苍

剧院（简称“上京”）的是大哥遐苓，因为他学历高，懂戏，又有那么多年管理“苓社”的经验，“上京”正需要这样的人才。不久，多芬与葆姐也相继调入“上京”。祥苓接到四姐的信也南下，住在四姐家中。但兰云即将临产，只得暂留北京，未能同行。“上京”方面原本要求他俩演几场戏，让周院长看看，现在只能由祥苓单独演出了。他演了三天戏，头天演《四郎探母》，第二天演《龙凤呈祥》，第三天在芷苓的节目前面演了《击鼓骂曹》。上海京剧院十分配合，由王蹬元司鼓，马锦良操琴，舞美队队长蔡金涛亲自管理服装。这让祥苓倍感亲切。

此前，为了迎接这场“考试”，祥苓夫妇在北京圆恩寺剧场预演了一场《四郎探母》，恩师在他俩演出前作了指导。马连良先生说：

> 出场的引子不要靠死去活来的喊去讨观众叫好，杨四郎此时思母体现在唱词与唱腔中的心情是沉重的，上来就表现嗓子好反倒破坏了戏中人物的形象，与人物的心境不符。前半场不要演得快，后半场不要演得慢，演员要根据人物的感情转换节奏快慢，在台上能控制全局的节奏，京戏台上是靠主角来指挥的。

听了恩师的话，童祥苓如沐春风，心中有了底气，上海的头场戏，就是遵照马连良先生的授意去演的，周信芳院长及院里的同志看了都很满意。

演完三场戏，祥苓接到家里电报，知悉兰云生子，便立即返京了。北方天气冷，屋里生炉子，既不能太热，又不能太凉，以免产妇受风寒落下病根。孩子爱哭，祥苓怕妻子睡不好少了奶水，晚上就整夜抱着，有一次竟昏倒在地上，手里还紧紧抱着孩子。母亲陈氏与从鞍山赶来的岳母都忙着前来照顾。

给孩子起名字报户口时，汉侠与小儿子起了争执。老父亲坚持按"强"字排名，大哥遐苓与二哥寿苓的孩子都按"强"字排下来的。可是到了祥苓，他却不依老规矩，给儿子起名童预鸣。父亲十分生气，说："别的孩子都听话，就你逆道而行！"还是母亲思想开通，又偏爱小儿子，对老伴说："有其父必有其子。当初你父亲不让剪辫子，你为了在学校里排演新戏，还不是把辫子剪了？"汉侠先生无话可说，也只得妥协。

给孩子起名的纷争反映了汉侠先生与儿子观念上的差异。父亲按旧传统行事，家族观念很强，岂知随着新时代的开启，大家族必然解体，且为小家庭所取代，老人家与祥苓产生思想上的代沟也是难免的。

过了一些日子，家里接到通知，遐苓与祥苓两对夫妇，带着孩子双双抵达上海，加入上海京剧院。遐苓、寿苓夫妇住在芷苓买下的公寓楼里，它位于淮海西路可的牛奶棚对面的弄堂内。遐苓夫妻住6楼，寿苓夫妇住4楼；祥苓、兰云带着孩子也暂住四姐家。兄弟姐妹、嫂子弟媳经过几年的分离，又聚在一起了，且能同台演出，那是多么令人向往而又幸福的日子！童芷苓在这个大家庭中所起的核心作用不言而喻。

大嫂李多芬是一个为人真诚、勤勉自励、十分敬业的人，因为童芷苓的关系，刚调入上海京剧院时受到一些议论，让她感到委屈。当她尚不为大家了解时，周信芳院长提名让李多芬在《乌龙院》一剧中配演马二娘。多芬从未演过彩旦戏，有点怕把戏演砸了。但周院长对她说："不要紧，我带着你演。"李多芬只好强拉霸王弓了。在周院长表演艺术的带动下，她把一个老来俏皮的风骚彩旦马二娘演得活灵活现，非常成功。这次演出，让她跳出了只演正旦的单一戏路，也让剧院不了解她的人信服了。

童芷苓的刻意进取赢得了新任文化局长徐平羽的支持，上海京剧院让童芷苓自领一军执掌二团，童家班成员加盟二团，阵容整齐，芷苓如虎添翼，意欲大干一场，以报效领导与观众。周院长给祥苓定的月薪350元，给兰云是300元，这与当时平均月薪只有五六十元的上海一般工薪阶层相比，算是高工资了。须知，1951年底，评弹大师蒋月泉与十八艺人参加上海人民评弹工作团时，他每月工资只有180元，直到1957年，也就是童祥苓进入上海京剧院的那一年，蒋月泉的月薪才加到286元，那时他已经40岁了，尽管红遍江浙沪一带，已是一个尽人皆知的大艺术家。

经上海京剧院领导研究：由李玉茹执掌的一团专演传统老戏，由童芷苓执掌的二团，以新编历史剧为主，两人各得其所，也正合芷苓心意。因为“新编”意味着“开创”，她就是爱演别人不演或不敢试演的新戏，开创出一条适宜于形成“童家班”风格的路子来。

于是，童家兄嫂弟媳、姐姐妹妹日夜聚在一起讨论研究，如何改造旧戏或编演新戏。他们决定第一步老戏新演，把很久没人演出的老戏加以整理，以新的风格演出。李宝魁先生正好改编整理了《雁门关》，即杨八郎探母。此戏原来是《四郎探母》的前身，因《四郎探母》的人物塑造

《樊江关》剧照。左童芷苓，右童葆苓

已经定型，且在艺术上不断得到加强，《雁门关》就多年不在舞台上出现了。李先生把戏精练了，加强了人物情节和唱段，童芷苓与大哥、二哥等商量后，便请他来导演这出戏，让小弟主演杨八郎。这让童祥苓为难了。因为杨八郎是小生行当，此前他从未唱过小生。芷苓就对他说："周信芳院长年轻时就演过小生，演员要有本事什么都能演。"这番话确是童芷苓自己的切身体会。她虽是荀门弟子，宗荀派戏，但她也演过"梅、程、尚、王、萧"等各种流派的代表剧目和不同风格的青衣、花衫戏，她在《纺棉花》中演唱南腔北调走红大江南北，还演过话剧，拍过电影，塑造了许多性格迥异的女性形象，可以说多才多艺，什么都尝试了，积累了丰富的表演艺术经验。童祥苓被姐姐说服了，同意主演杨八郎。

童芷苓的想法得到了二团新任团长许俊同志的大力支持。许俊是管行政的团长，为人老实和善，对演职人员非常关心爱护。童祥苓记得：

在无锡、苏州演出时，奶妈感冒没告诉我们，把孩子也传染了。白天我们带孩子上医院，还要给孩子烧米汤，晚上演出回来后，整夜都要照看孩子。由于我和兰云演出任务重，所以每日极度疲劳。许团长为此特意安排同志给我烧米汤，演出时派人帮我们照料孩子，这使我们减去很多家庭负担，保证了工作。

《雁门关》在上海和外地演出十分成功，很上座，观众反应也很好，这让"童家班"上演改编传统戏的信心增强了。

笔者曾采访《京剧文化词典》常务编委、《京剧小辞典》主编、《张美娟传》作者、京剧学者忻鼎亮先生，他说：

1959年至1963年期间，童祥苓所在的上海京剧院二团全部由青年演员组成，如：老生有童祥苓、汪正华，武生有梁斌、蒋英鹤，花脸有许顺彬，旦角有张南云、华华，还有一个专门演猴戏兼演丑角的陈正柱，也很有名。童祥苓在团里挑梁，处于主演的地位。他

1961年，童祥苓饰演《华容道》中的关羽

1961年，童祥苓饰演《四进士》中的宋士杰

在这一时期表现出三方面的能力。第一，他传统功底深厚，因为是双头牌老生，他和汪正华一起演过很多精彩的传统戏：比如《杨家将》，汪正华演前面的杨继业《碰碑》，他演《清官册》中的寇准《审潘洪》。《红鬃烈马》中他和张南云演《武家坡》，汪正华演《大登殿》。在《群英会》、《借东风》、《华容道》里，童祥苓更是发挥他的马派、余派、麒派三派的特长：前鲁肃，中孔明，后关羽。他还演过《将相和》、《奇冤报》等新编历史剧和很多传统戏。在他演样板戏之前，他演的余派与马派戏更多，是他演传统戏最好的时期。第二，这一时期已显现出他的创新能力。有两出戏给观众印象深刻：一出是陈大潍编剧的《东郭先生》，也叫《中山狼》，童祥苓演东郭先生，有很多自创的余派唱腔，味道很浓。还有一出是上海京剧院比较出名的现代戏《红色风暴》。这出戏与其他现代戏不同，全场念韵白。主演霍鑫涛饰林祥谦。童祥苓在戏中演律师施洋，他说的那一段施洋与军阀辩论的念白，精彩至极，赢得满场喝彩！童祥苓在塑造现代

人物方面已开始积累了比较丰富的经验。第三,他有很好的艺德。在团里他虽是主演,但常给人配戏。比如,给汪正华主演的《文昭关》配演东皋公。这个录音,现在中央电视台名段欣赏里面还有。他用余派唱的东皋公,是我听过的所有东皋公中没有比他唱得更好的了。他为陈正柱配演《三打白骨精》中的猪八戒,陈正柱主演孙悟空,汪正华演杨派唐僧,童祥苓演谭派的猪八戒,一时成为梨园佳话。他还为汪正华主演的《满江红》配演一个不太重要的角色胡铨。汪正华演岳飞。张南云演岳夫人,梁斌演岳雷,他们都是主角身份。童祥苓演配角胡铨,当宋高宗要罢免胡铨官职的时候,他既有余派的唱,又有麒派的表演,相当出色。他在这方面显示出多才多艺的高超艺德。

20世纪70年代末,上海京剧院还根据《十老安刘》传统戏创排了《汉官春秋》,童祥苓主演陈平,李丽芳演吕后。到了90年代,还根据传统京剧《伍子胥》、《哭秦庭》,创排了《伍子胥复仇记》,童祥苓主演。应该说他是上海京剧院当之无愧的实力派演员。

童祥苓的个性很适合演现代戏。自1958年大演现代戏之后,他在一年内创演的现代戏之多,在上海京剧院应名列前茅。在《红色风暴》中,他演施洋。在其姐现代戏《赵一曼》中饰看守董宪勋,不仅有新创的余派唱腔,在三人出逃一场中载歌载舞,还有飞脚过桌的高难度武技动作(张南云饰护士小韩),显示了他扎实的武功底子。他主演的《踏破东海千顷浪》中的老船长,在上海青年汇报演出中获奖。此外,还创演了《晴空迅雷》、《十根金条》等剧,这些都为他日后塑造杨子荣这个英雄人物作了充分的艺术储备。

时至今日,京剧表演艺术家尚长荣先生谈及童祥苓的艺术时,曾语重心长地对时任上海京剧院院长的单跃进说:“祥苓的传统戏真好!您要让青年演员不单向他学现代戏,更要学传统戏!”言语间,大有惺惺相惜的意味。

在此期间，童芷苓盯上了汉剧名家陈伯华的拿手戏《二度梅》。陈来沪公演《二度梅》时，芷苓连看三遍。寿苓便问芷苓："你想把它移植过来当新戏演吗？"芷苓说："谁不想演新戏？可剧本哪里来？移植走的是捷径，谁说移植改编的就不是新戏？"《二度梅》有一折《落花园》，主角的表演犹如出塞的昭君，因为童芷苓演过尚派《汉明妃》的累工戏，所以移植后演来绰绰有余，尤其那一大段西皮慢板转二六的唱，博得好几个肥彩。接着又把南京越剧团竺水招的《柳毅传书》改编成《龙女牧羊》，成了她的保留剧目。戏中葆苓一人兼演锦麟、媒婆两角，救龙女的一场开打，双刀快如疾风，赢得阵阵掌声。整出戏由原来的双主角成了三主角，改变了原剧头重脚轻的毛病，成了"童家班"又一出精品剧目。

# 第四章
# 长风破浪会有时

新政权的建立之初，各项制度与政策尚有一个逐步完善的过程，自然会产生不尽如人意的地方。人们需要包容且有一个宽容的心态。童祥苓、童遐苓、李多芬、童寿苓、童葆苓与张南云等，作为“童家班”的主要成员，从北京、鞍山等地调至上海，为构筑具有“童家班”特色的艺术之梦，创造了先决条件。是金子总会发光，《尤三姐》、《赵一曼》、《战海浪》、《送肥记》等优秀新编历史剧与现代戏的相继问世，标志着童芷苓、童祥苓的表演艺术已提升到了一个新的高度。

# 十七 万幸中的不幸

天若无霜雪，青松不如草。地若无山川，何人重平道。

——（南宋）魏庆之《诗人玉屑》

“童家班”在二团顺风顺水，童芷苓在兄嫂弟妹的映衬下重现昔日风采，用童葆苓的话说：“童家风水尽给我四姐一人占了！”

然而，好景不长，仅仅不到一年，1957年“反右”斗争开始前的那些天，上面鼓励大家向党提意见，帮助党组织开展整风运动。于是上海京剧院内便有人贴出大字报，其中有人指责院内某些党的领导干部怂恿童家班在院内搞封建帮派，说童芷苓把公家剧团搞成私人班社，有的还说“童家班”老虎屁股摸不得等，弄得童家人憋着一肚子火。

童祥苓看了大字报，心想：“我们童家班南下上海，经过周院长批准，徐局长审批，一切符合组织手续，堂堂正正。‘童家班’隶属二团，挂的是上海京剧院的牌子，难道不是为京剧院增添光彩？”他咽不下这口气，每天吃过晚饭，便拿着毛笔，骑着自行车去院里写反击大字报。每次去，妻子兰云都劝他不要写，她胆小，显得特别紧张。祥苓年轻气盛，哪里听得进去。有一次，大哥对他说：“你不懂‘木秀于林，风必摧之’的道理吗？”

令祥苓不解的是，平日上班时大家说说笑笑的亲热感不见了，变得陌生起来。最好的朋友遇见，用手捂一下嘴，示意不要说话，大家敬而远之。

其时“反右”斗争的序幕已经拉开，童芷苓以为国营剧团的人事关系复杂，便去向徐平羽局长倾诉自己的委屈。徐局长听后对她说：“是你错，你承认；不是你错，你不用承认。”芷苓难消心头的愤懑，一气之下贴出一份大字报，公开予以反击，把心里的话说完才解气。

还是大哥的嗅觉灵敏，他告诉弟妹们这是运动，要接受改造。芷苓也就非常严肃地对祥苓说：“不要写大字报了，不能任性，引火烧身，这会烧掉全家！”自此之后，任凭有人怎么批评，童家人再也不予理会了，即便京剧院组织大鸣大放座谈会，童家人也不吭一声。这种因郁闷而导致的沉默，反而使“童家班”躲过一劫，总算没人戴上右派帽子，这是不幸中的万幸。

可是谁也没有料到葆苓的丈夫——曾被称为“话剧皇帝”的石挥，在上影厂却难逃厄运，遭到猛烈批判，戴上了右派分子的帽子。

石挥原名石毓涛，1915年生于天津。他幼年随父母迁居北京，出身贫苦，小时候，父亲弃家不顾，母亲独自支撑。为生活所迫，他15岁就出外打工，在下层摸爬滚打，吃了不少苦，当过车童，铲过煤，当过牙医学徒，养过蜂，在电影院门口卖过票，就连演戏，也是因为“能管一餐饭”。1940年，石挥来到上海，相继参加了中国旅行剧团、上海剧艺社、苦干剧团、中国演剧社等艺术团体。1941年到1948年间，在“苦干”剧团里演戏，尊黄佐临为师，很快成了剧团的台柱子，由于过度疲劳，两次昏倒在舞台上。他参加演出了话剧《正气歌》、《大马戏团》、《秋海棠》等近30个剧目，塑造了多个身份不同、性格迥异的人物形象，成为上海话剧界具有重要影响的演员之一，被誉为“话剧皇帝”。

1941年起，石挥涉足影坛，共参与《世界儿女》、《假凤虚凰》、《夜店》、《艳阳天》、《母亲》、《哀乐中年》、《腐蚀》、《姐姐妹妹站起来》、《关连长》等22部影片的创作，主演了12部影片。在敌伪时期，他大胆地把高尔基的话剧《夜店》改编为电影，为人称颂。1950年他自导、自演的影片《我这一辈子》成为他的代表作，曾获文化部1949—1955年私营厂优秀影片二等奖。这是一部新中国建立之初最为典型地表现旧社会时代悲剧的经典杰作。一个人的一辈子就是整整一个旧时代的苦难缩影，既有《一江春水向东流》式的叙事结构和对比手法，又有《马路天使》的隐喻表现手法。1954年石挥导演的影片《鸡毛信》，荣获1955年第九届爱丁堡国际电影节优胜奖。1955年导演的戏曲艺术片《天仙配》，深受广大观众的欢迎和喜爱，并引起香港、台湾地区及东南亚的黄梅戏热潮。

这个出身草根的巨星，没什么“明星相”，一双小眼睛，模样一般。可他演什么像什么。有人问他：“您师从哪派？”他回答：“天桥加京剧。”

的确，小流氓、穷警察、老园丁……这些市井人物，被石挥演绎得光芒四射。就连曹禺都心悦诚服地说，《雷雨》中的鲁贵，“石挥演的，比我写的都好”。

石挥表面上待人热情随和，平日里爱开玩笑，说相声、找噱头；然而，由于少年打工，混迹下层，尝遍人间冷暖，阅尽人性丑恶，内心深处却孤独冷寂。黄宗江在回忆录里说，40年代，他和石挥同居上海的亭子间。石挥说过一句让他一辈子也忘不了的话：“天下人都是王八蛋！”在这极端恶毒的咒骂之中，深藏着对冰冷的利己主义的憎恶和轻蔑。

大凡艺术家都有自己的艺术观，石挥对艺术有独特见解。在表演上，他把中国民间的戏曲与英国哥格兰的“表现派”熔于一炉，形成了成熟的个人风格。他对斯坦尼斯拉夫斯基的“体验派”理论不全赞同。在导演方面，他走的是贴近生活，贴近现实的路子，疏离了当时的主流手法。因此，他在影片《关连长》中塑造的解放军英雄人物，使观众倍觉自然亲切。他痛恨概念化、公式化的创作方法，于是，他的艺术观便与当时的文艺方针相悖，尽管他努力地去改造自己的思想，向新政权靠拢，然而《关连长》招致严厉批判，让他感到沉重的压力。1956年，“双百”方针的提出，令他极为振奋，便撰文、发言，批评外行，提倡传统，一吐为快。于是，次年便自然成了“右派”分子。

1957年11月中旬，石挥的批斗会在上影厂的一间大会议室举行，100多人挤得满满当当。会上，同事“揭发”他骄傲自大，有点成就就跟党讨价还价；演戏迎合观众的低级趣味……一夜间，石挥从人杰变成了鬼蜮。

铺天盖地的大字报，将石挥的“王者之气”压得粉碎！他的精神世界一步步走向崩溃。一天，他下意识地来到童芷苓家，芷苓见妹夫神情冷漠，眼光散乱，清瘦的脸上显露出无言的痛苦与迷惘。芷苓的心一下揪紧了：“你病啦？”“我除非不生病，要得病就是要命的！”石挥苦笑着作答，让内姐如堕五里雾中。芷苓一再追问，石挥才挤出一句话来：“祸从口出，也许会在我身上得到应验。”说完，转身就离开童家。

两天后，这个狂傲一生的“话剧皇帝”，穿上了一件漂亮的棕色呢子大衣，戴着他那块全上海只有6块的名表，吻别新婚三年的妻子，去银行给母亲汇了最后一次款，然后告诉路上的熟人，“以后我不能再演戏了”。

当天夜里，石挥站在“民主三号”的甲板上，眼前翻腾着漆黑的海水，他带着对人性的失望，对世道的怨恨，纵身跳进大海。

石挥的失踪，令爱妻童葆苓痛不欲生，她四处寻找，不知下落，整天以泪洗面！当时，兄嫂弟媳都各自有了自己的居处，童祥苓担心葆姐再生意外，就和妻子搬到葆苓家陪她。

17个月后，当电影界还在盛传石挥投敌的时候，宁波海边漂来了一具男尸，当地渔民就地埋了。第二年，当地公安查访此事，渔民们忘了埋尸的准确地点。经验丰富的公安在芦苇茂盛处挖出了这具男尸，西装中的派克笔和腿骨折断的旧伤痕告诉人们，他就是石挥。那一年，他才42岁。

童葆苓接到丈夫自杀的通知，如同晴天霹雳，顿时倒下，每天痛哭不已。那时她身体已非常虚弱，睹物伤情，经常突然昏厥。汉侠夫妇生怕女儿出事，赶紧前来把她从上海接走。

时光过去30年，石挥被“平反”，摘掉了右派帽子。话剧与电影界重新评价石挥，相继召开研讨会，有人为他写传记、写评论，一篇篇论文不时刊出。石挥痛恨旧社会厌恶国民党，由衷地热爱共产党和新中国，努力向新的意识形态靠拢。在那个特殊年代，已死的石挥受到诬陷，又被蒙上了“不白之冤”，后来事实总算被查清，还了他一个清白。1982年意大利举行“中国电影回顾展”，《我这一辈子》让老外们赞叹不已。法国电影史家米特里说：“我参加了这次回顾展，发现了中国电影，也发现了石挥。”日本影评家佐藤忠男说：“过去我只知道中国有个赵丹，现在我发现还有石挥。”

童葆苓去了北京，上海便成了她的伤心之地，从此她不愿留在上海，加入了北京京剧院，这场风雨使“童家班”中少了一名得力的重要成员，在每个童家人的心中留下了挥之不去的凄楚阴影。

# 十八　搏命的岁月

我们要感谢上帝，
他让我们所有人在我们历史值得纪念的光辉岁月里，有所作为。
——［美］乔治·沃克·布什《校庆演讲》

1958年5月，中共八大二次会议，正式通过了“鼓足干劲，力争上游，多快好省地建设社会主义”的总路线，提出我国在主要工业产品产量方面10年内超过英国、15年内赶上美国（所谓“超英赶美”）。毛泽东号召大家要破除迷信，解放思想，发扬敢想敢说敢干的精神。8月，中共中央政治局北戴河会议，确定了一批工农业生产的高指标，提出了“以钢为纲”，力争使当年钢产量翻番，达到1 070万吨。尽管总路线的出发点是要尽快改变我国经济文化落后的状况，但由于忽视了客观的经济规律，“大跃进”运动在生产发展上追求高速度、高指标，要求工农业主要产品的产量成倍、几倍，甚至几十倍地增长。

在“大跃进”年代，文艺团体也掀起了鼓足干劲、力争上游的热潮。上海京剧院要求所属的京剧一团、二团每年的演出指标从200多场一下变为500场，这是超出极限的指标。为了跟上形势，剧团除了在上海演出，全年中起码有半年时间在外省市作巡回演出。周信芳院长就率领新民京剧团到西北各地演出8个月，因与他长期搭档的李玉茹另有演出任务，就让张兰云接替。

《大闹宁国府》剧照。左童芷苓，中童祥苓，右张南云

这一阶段是童祥苓生活上十分艰难的时期。他也正在排练节目，准备去东北演出8个月，妻子兰云刚走，奶妈又要回乡，下了班就去各处找奶妈，找不到奶妈就自己带孩子并给他断奶。他早上5点就起床，烧米汤、冲奶糕、调水果汁。喂完孩子，换好尿布，忙完了才去上班。中午赶回家忙完再上班，下午回家弄好孩子才能吃饭。经过八九天总算断奶成功。幸亏岳母及时赶来，又找到了新保姆，他才喘了口气。这时，祥苓却瘦得像猴了。

演员不同于机器，要加演全靠拼体力、拼嗓子。为了完成演出场次，剧团就一分为二，分成两个小分队演出，这样每个演员在一台戏中要担任好几个角色。童祥苓回忆：

> 有一台戏，第一个《盗御马》，我扮更夫；第二个《罢宴》，我扮寇准；第三个《柜中缘》，我扮差人；第四个《乌盆记》，我扮刘世昌；最后《闹天宫》，我扮守天门的神将（每扮演一个角色，要重新化妆、卸装、换装，时间须抓紧，对演员来说那是极为紧张的——笔者注），每天老是这样赶场，脸都洗疼了。后来有了窍门，开演前我把香烟盒里的银纸剪成两个大圆钱，等演完《乌盆记》，我就用墨油彩往脸上一抹，留个白嘴，画上红油彩，再把银纸钱往两旁一沾。当我一上场，扮演孙悟空的刘云龙同志，笑得蹲在台上站不起来，那时候这样的笑话确实不少。

有时晚上演完戏，还得砸矿石、大炼钢铁。在8个月的演出中，作为主要演员的童祥苓，由于过度劳累，以致声带受损，嗓子嘶哑，虽经治疗，却半年不能恢复。于是他只能扮演龙套小兵，抬抬戏箱。此时，祥苓情绪低落，以为从此自己的艺术生涯完蛋了，前程黯淡，看不见光明。回沪后，妻子陪他四处求医，给他安慰，但他始终快乐不起来，终日陷于沉默寡语之中。

对于一个演员来说，嗓子是他赖以生存、得以成名的基本条件；原本被称为“铁嗓钢喉”的童祥苓成了开不得口的“哑巴”演员，他的黯然神情与内心痛苦，是常人不能体会，也难以感受到的。须知在八大二次会议召开之前，也就是这一年的2月，他在天蟾舞台与姐姐童芷苓一起出演《雁门关》，还大出风头呢！他俊扮无髯的以老生应工的杨八郎，在《哭城》一折中，出色跌扑的文武功底与精彩繁重的唱念，发挥得淋漓尽致，连周院长看了都赞不绝口：“小弟的八郎真不错！”

二团在东北地区巡回演出了歌颂抗日女英雄的现代京剧《赵一曼》。童芷苓喜欢求变、革新，早就想在现代戏领域闯出一条路子来。适逢1958年京剧界大演现代戏。童芷苓有演京剧时装戏和演话剧的底子，她便愉快地接受了上级部门要求她带上新编的《赵一曼》去当地演出的任务。

为了演好这出戏，童芷苓虚心地去努力沪剧团向顾月珍请教，因为顾月珍演过赵一曼，她见童芷苓没有一点大牌演员的架子，便倾囊相授。

沪剧是上海地方戏，它擅长用沪上通俗易懂的口语、唱词表现人物，所以其演出的剧目多数反映近现代的农村与都市生活，如反映民国时代大学生爱情悲剧的《碧落黄泉》，反映农村生活的《小二黑结婚》、《阿必大回娘家》，根据柔石小说改编的《为奴隶的母亲》，根据曹禺话剧改编的《日出》、《雷雨》等。鉴于它的地方性与通俗化的特点，这一剧种编创贴近生活的现代剧目速度快，能力强。众所周知，后来京剧现代戏《红灯记》、《沙家浜》便是从沪剧《革命自有后来人》、《芦荡火种》移植过来的。

《赵一曼》京剧本出自巡回团团长丁国岑和林鹏程之手，选择了这位女英雄从她带领小分队掩护抗日联军主力突围至慷慨就义，集中展现了在哈尔滨日本警察厅和市立医院对敌斗争的情节。芷苓阅读了赵一曼传记、剧本之后认为，京剧的曲调的字音和旋律与现代生活的距离太大，特别是旦角的唱腔不能直接套用，必须加以革新、改造，但又不能失去京剧的特性。在戏中，她以北京字音为基础发声引腔，为使角色的唱腔增强慷慨激昂的成分，适当地融入了老生与小生腔，并放大力度与音量。为此，名琴师马锦良与鼓师张森林与她一起设计唱腔，全剧由二黄、西皮、南梆子、四平调等多种板式组合，新意迭出，十分丰富。在表演方面创造出一套与京剧打击乐相协的动作。芷苓把家里一件干粗活的破旧上衣作为戏里的囚服，在台上穿着这件囚服摔出了一个又高又远的抢背。

由于缺乏排练现代戏的经验，困难很多，加之时间仓促，背词练唱都在演出空余时间，童芷苓又是领衔的主角，担子重，体力消耗大，每次在排练中稍有空儿就抓紧休息恢复，弟弟童祥苓在一旁看着，心疼不已。

1958年，童祥苓、张兰云分别饰演《赵一曼》中的董宪勋、小韩

是年7月1日，《赵一曼》首演于齐齐哈尔。张兰云扮演护士小韩，配合芷苓也有上佳表现。演出前，剧团演职人员一起参观了日本宪兵队审讯赵一曼的审讯室，以及对抗日英雄们施行酷刑的各种刑具，受到极大的爱国主义教育。

赵一曼是东北父老的女儿，也是关外乡亲的骄傲，老乡们带着对先烈的缅怀之情走进剧场。这一场演出，童芷苓使出浑身解数，把赵一曼演活了！观众们时而流泪，时而掌声雷动，他们把台上的童芷苓当成了复活的赵一曼。演出结束，台下依然热浪滚滚，久久不愿离去。许多热情的观众涌向台口，争相与芷苓和演员握手，并往他们手里塞水果。芷苓与全体演员再三谢幕，并走下舞台，把观众送走。

当芷苓回到后台时，只见一个老爷爷，75岁了，由家人陪着。他一见芷苓就上来握手。老人家泪流满面，激动不已。芷苓经人介绍，方知这位老人就是当年与赵一曼共同战斗、一起被捕、出生入死的战友——东北烈士馆馆长、被尊称为“抗联之父”的李真。芷苓得悉后，紧紧握着老爷爷的手，动情地叫了一声“老爸爸！”老人拍拍芷苓的肩头说：“孩

1958年，童芷苓在现代戏《赵一曼》中饰演抗日女英雄赵一曼

子啊，你演得太好了！让我今天在舞台上看到了活生生的赵一曼，她是咱们心里的亲人，是中国人民的骄傲啊！”现代京剧《赵一曼》竟然产生如此之大的艺术震撼力，童芷苓自己也没有料到。这次巡演，使她进一步增强了编演现代戏的信心。这也深深地感染了童祥苓，坚定了他的信念：改革戏曲艺术，去表现革命历史和人民的英雄。

“大跃进”的年代也是演员们拼命的年代。除了在剧场演出，还得利用休息时间搞创作，排新戏。芷苓、祥苓、寿苓、多芬等二团演员为配合形势，还上街头演出了《妇女合作社》、《大炼钢铁》等小型节目，过的是革命化的集体生活。

10个月的巡回演出结束，童芷苓、童祥苓返回上海。上海京剧院筹建京剧三团，童祥苓、张兰云被调去，作为唱“大轴”的主力，至此“童家班”散班已成定局。童芷苓回天乏术，眼睁睁地看着小弟与弟媳离她而去，只能发出无声的叹息！

## 十九　难忘的幸福时光

真正的快乐是内在的，它只有在人类心灵里才能发现。

——布雷默

上海京剧院三团成立后，祥苓夫妇如鱼得水，经常担纲演大轴戏。中央领导人到上海视察工作时，他俩也曾去首长下榻处进行内部演出。

1959年，童祥苓与张兰云分别见到了他们仰望已久的伟人周恩来和毛泽东，令他俩终身难忘。

一次，童祥苓参加了上海党政领导为周恩来总理安排的舞会，地点在上海文化俱乐部。祥苓唱《淮河营》中的一段流水快板，那天他嗓子欠佳，便示意琴师郝德泉把调门降低一些，不料郝德泉误解了他的手势，反而提高了调门，祥苓一张口，起唱头一句“此时间不可闹笑话”，知道糟了，嗓子发毛，心里一阵紧张，唱得声嘶力竭，满头大汗，虽然唱了下来，他自己觉得不好听，懊丧不已。周总理也许观察到了童祥苓的紧张情绪，反而鼓起掌来，并说：“唱得不错嘛，再来一段！”周总理的鼓励，缓解了童祥苓的紧张情绪，他望着总理，无比感激，走到琴师跟前，让他降低调门，又唱了一段《草船借箭》的西皮原板。他唱完后回到观众席上对妻子说：“今天我唱砸了。”兰云安慰他：“总理和善，善解人意，对演员的苦衷非常理解。”祥苓也由此亲身感受到了总理的伟人品格。

同年的一天，兰云接到通知，去锦江宾馆对面的文化俱乐部大礼堂参加晚会，周恩来总理认出了她；因为张兰云在鞍山时，总理看过她的戏。当时鞍山市的一位领导也在场，总理便对他说：“你老讲你们鞍山缺人才，张兰云不是人才吗？”会上，总理向大家了解在工作生活中有什么问题和困难，大伙儿便向总理反映铁路部门运输费高，剧团承担不起，影响去外省市的巡回演出。总理当即让随身秘书记

1959年，上海京剧院创排《踏破东海千层浪》，童祥苓饰演曹连品船长，张兰云饰演知识青年

1959年全家福

下，事后，在总理的关切下，剧团巡回演出的运输费都给予了优惠。其时实行计划经济，不少事由领导同志出面过问，也确实解决了一些实际问题。

也在那一年，张兰云外出为首长演出《霸王别姬》，却迟迟没有回家，祥苓不由得担心起来。此前，兰云曾应外事部门的安排，参加了一次招待外国客人的舞会，一位外国专家拉着她跳舞，一直到舞会结束，还送了她一瓶香水。末了，经团里的王岑森“保驾”才脱身回来。

兰云回到家后，祥苓问她，是否又遇上了哪国的专家？兰云说：“你没猜对。”从她兴奋的表情看，他知道自己猜错了。兰云便告诉祥苓：“毛主席来看戏了，看完戏还开了舞会。”毛主席是童祥苓最尊敬的领袖，于是兴致勃勃地向妻子了解有关情况。兰云说，当时许多人争着要和毛主席跳舞，毛主席说：“我先要和霸王夫人跳。”跳舞时，毛主席问她叫什么？兰云回答：“张兰云。”毛主席用他浓重的湖南话说：“叫这个名字就没什么讲头儿，如果叫南云就有讲头儿了。”跳舞间歇时，毛主席给兰云讲了“彩云之南”的典故：古代在云南地方天旱多灾，后来从南方飘去一片云，下了雨，南云反过来就叫云南了。

事后院领导得知毛主席讲了这个典故后，建议兰云改名。童祥苓也认为毛主席讲得有意思，对兰云的人生也有重大纪念意义。于是，张兰云从此改名为“张南云”了。

初次与领袖毛主席近距离接触的那种既兴奋又激动的幸福时刻，童祥苓于次年也经历了。1960年，也是在上海文化俱乐部的大礼堂内，他与妻子一起去为中央首长演唱。他在《自传》中写道：



> 那次毛泽东、刘少奇等许多中央领导都去了，在掌声中毛主席就座后，我们开始表演。那天我唱的是《文昭关》，我刚唱完，毛主席就站起来了，我赶快跑过去与毛主席握手问好。毛主席让我坐在他身边，拿起茶杯问我喝不喝茶，我说不喝。主席放下茶杯后在香烟缸上拿起按灭了的半截香烟，用火柴点上后对我说我唱的是杨派。当时我很惊奇，我在这段里的确部分用了杨宝森先生的腔，竟被主席听出来了。我告诉主席我不是杨派，因为这个戏是杨先生的拿手戏，非常好听，所以我采用了一些。我很佩服主席非常懂戏。毛主席说他每天看戏考。我十分敬仰主席，终日为国为民操劳，仍每天看戏考，足见他对京剧和文艺的研究和关心。交谈中我无意看见毛主席穿着补过领头的衬衫，若非亲眼看见我是不可能相信的。谈话后我站起来和毛主席再次握手鞠躬后回到自己位子上，南云说我怎么没和刘少奇主席握手。我问刘主席在哪儿，她指给我看，就在毛主席后面一点儿的沙发上。我由于激动而失礼了，那时我年轻莽撞，从舞池又跑过去和刘主席握手问好。刘主席也极和善地站起来问我好，说我唱得不错，并谢谢我。二位主席的平易近人给我留下了深刻印象，使我感到他们像我们亲切的长辈一般，是能够与人民共甘苦、休戚与共的人民领袖。

1959年至1960年，对于童祥苓的姐姐童芷苓，头上也祥云一片，她从“童家班”解体的阴郁心情中挣脱出来，再度奋起拼搏，不计名利，埋头耕耘，取得了不菲的成绩。

为了提高上座率，上海京剧院让李玉茹、童芷苓合作演出，1959年初，“双峰插云”的好戏首度在共舞台拉开帷幕。3月，周信芳院长调李玉茹、童芷苓一起为“市人大”作短期公演；4月中旬，李、童再度合作，为“市人大”演出。也许双头牌李先童后会引起观众的议论，故在戏报上出现了“以笔画为序”的字眼。演出阵容集李、童两个团的精华。先贴10场《樊梨花》，由两位双演。芷苓驾轻就熟，演来得心应手。再演10天《雁门关》，由李玉茹、童芷苓、李多芬、张美娟、沈金波、张南云、黄正勤联袂登台，算得上解放之后沪上京剧界的一次盛会。5月27日，京剧院举行上海解放十周年纪念演出，李玉茹的《汾河湾》、《打金枝》、《百花赠剑》，童芷苓的《红娘》、《翠香记》、《起解·会审》，都演得有声有色。

童、李合璧，艺术之精彩可以想见。芷苓在《樊梨花》、《棋盘山》两戏都演薛金莲，皆为姑嫂对仗，她那种伶俐、娇憨而又任性的情态表演得淋漓尽致，与玉茹的刀马功也互为伯仲。

然而，一味翻演老戏，演久了也难保长盛。就在“红十月”十年大庆期间，上海京剧院上演了由周信芳担纲的《海瑞罢官》，以及由周、童、李强强合作的《劈山救母》。前者是新编历史剧；后者由吕仲执笔，由传统戏改编过来。在《劈山救母》中，童芷苓扮演华山圣母杨真仙，她创造了不少新颖唱腔，表现了杨真仙愁闷、伤感、喜悦、悲愤的感情，在繁重的唱念做打的表演中，芷苓发挥出色，新意不断，这个向国庆献礼的剧目，赢来一致好评。

芷苓演戏总想在变革中演出新意来，二哥寿苓了解大妹的心愿，常为她出谋划策。寿苓长于思考，精于钻研，他们兄妹商定，若有机会上演新戏，就要大刀阔斧变革求新，若演老戏就来个小改小革，老戏新演。芷苓在荀派名剧《香罗带》中作了大胆而有益的探索。

在这出戏中，小弟童祥苓小试文墨，为其姐改写了《梳妆》、《叫门》二折。芷苓则舍去了《法场》、《活祭》，就是为了把祥苓改写的戏精彩地演绎出来。戏中，她扮演林慧娘，那柔至如水的眼神，解意传情，把观众带入戏中。眼神传戏是荀师的绝活，芷苓尤擅此道，银灯下那对水灵灵的大眼睛，善于“充电放光”勾人心魄。该戏又糅入了芷苓独有的童氏色彩，果真有几分继承中创新的味道。

由于童芷苓不辞辛劳，埋头耕耘于京剧天地，1960年初，被院里和市里评为先进工作者，7月22日至8月13日参加了在北京召开的第三届文

1960年，上海京剧院赴京演出时全家合影。前排左起陈倩颖、童汉侠，中排左起张南云、董芷苓、李多芬、童葆苓，后排左起童祥苓、童遐苓、马彦祥、童寿苓

代会，并成为一名中国共产党员。这让一向不甘落后、砥砺前行的童芷苓感到无比的幸福与光荣。她对党满怀希望，为了把自己彻底改造成一名红色艺人，入党后毅然把一生积蓄，包括股票、银行存款无偿地交予组织。

也在这一年，童祥苓的大嫂李多芬去北京拜师老旦名家李多奎先生，这又成了童家一件喜事！

其时李多奎年事已高，双目染疾，正在家中养病，久不登台。但李多芬的父亲李华亭与李多奎是知交，他希望女儿有更好的发展，建议女儿到北京正式拜师李多奎，以得到名师的点拨，在艺术上进一步提高。李多奎破例收多芬为徒，亲自教授。1960年，正是三年经济困难时期，副食品凭票限量供应，李华亭还是邀请了北京京剧界的名家，在北京大饭店置办了一席拜师宴，李多芬正式成了李多奎的关门弟子。李先生先听李多芬的唱，知道她是跟着自己灌录的唱片学出来的，很受感动："多芬，你还真是下了功夫的啊!”李先生在病中，教了一出拿手的老旦戏《断太后》。李多芬好学，在学习李派老旦唱功的基础上，还重视人物内心的刻画，艺术造诣更高了。

大哥遐苓此前经“上京”同意，考取了中国戏曲研究学院，正在勤奋苦读。4年后以优异成绩毕业，回到京剧院，担任编导，写剧本、导新戏，也干得风生水起。

## 二十 姐弟献艺《尤三姐》

人生最大的快乐是致力于一个自己认为的伟大目标。

——[英]萧伯纳

童芷苓加入国家剧团后，在艺术上已逐渐形成自己独特的风格。在唱腔上，她既有“荀派”的爽朗俏丽，又糅入“梅派”的典雅大方与“程派”的细腻委婉;在表演上，她不被成规束缚，善于把传统技法灵活运用于刻画人物性格上，从而塑造了各不相同的个性化角色。有人评价她已经形成了“荀戏梅唱”、“梅戏荀化”的“童芷苓现象”。

童芷苓的独特风格，集中体现在两出新编的传统戏《尤三姐》与新编历史剧《武则天》中。让我们把镜头转到1984年一次广场联欢活动中先去感受一下吧。

是年，上海电视台联合多地京剧院组织举办了京剧中年演员会演，之后正临上海解放35周年之际，参与会演的演员们再次一同登台献技。那次演出是在晚上，水银灯把广场照得透亮。由青年演员——因扮演《红灯记》中李铁梅走红的刘长瑜报幕:“下面呢就请童芷苓老师为我们示范演唱。”然后便问童芷苓:“您唱什么呀?”童芷苓谦虚地说:“那我今天献丑了，就唱一段尤三姐吧。”随着京胡拉响，到会嘉宾与观众们掌声四起。

人们知道，1963年上映的戏曲片《尤三姐》凸显了尤三姐的叛逆与反抗精神，招致江青严厉批评，被束之高阁，不再上映。经过“文革”血与火的洗礼，童芷苓复出，重新登台演唱久违的天籁之音，怎不叫人激动！

童芷苓起唱（小导板转南梆子）：

多年梦幻今成真，
喜在心头睡不成。
宝剑儿你伴我一宵呻吟，
料归人心也是啊情如箭急上行程。
看今刻已到了黎明时分，
也许是顷刻之间便叩门；
倘若是一声传报通名姓，
我只待呀趋前执手问寒暖，
连叫湘莲一百声！
重上梳妆台开宝镜，
又只见镜里的红颜瘦几分；
愁只愁他乍见难凭信？
似这般的幻想好羞人！

1982年赴香港演出《王熙凤大闹宁国府》，童祥苓饰贾琏，童芷苓饰王熙凤，张南云饰尤二姐

年过六十的芷苓穿一件中式对襟上衣，披了一条深紫色的绉纱围巾，聪明至极！因为这条长围巾的两角舒展开来可替代舞台上的水袖，边唱边演，比空着双手比划要灵动飘逸得多，能很自然地将观众的目光吸引到她演唱的意境中去。

《尤三姐》是著名剧作家陈西汀于1960年创作的剧本。他参照《红楼梦》，对荀本《红楼二尤》重新结构，进行再创造，着重塑造了尤三姐这个舞台形象，后经上海京剧院童芷苓的演出，轰动剧坛！1962年我国经济开始复苏，将此剧搬上银幕，先请老舍和吴祖光在语言上作了润色，唱词经田汉先生改写。而西汀先生在戏中增添了一场“梦境”，写尤三姐思念情郎柳湘莲，入梦见人，唱词写得妙曼、华丽、通俗、自然、流畅，似有神助，一气呵成。而芷苓“荀梅结合”的唱腔别具韵致，恰如其分地细腻、准确地传递出尤三姐充满情爱渴望的眷恋、急迫、羞涩之情，把一个外表直率、爱憎分明，内心却柔肠百转、情窦初开的青春少女的形象栩栩如生地呈现在观众面前。

一曲唱罢，掌声雷鸣！

《尤三姐》在未拍成戏曲片之前，已在舞台上演出有年，好评如潮。周信芳对芷苓说：“《尤三姐》好戏一出，你演活了。”1961年，中国文联在北京举办梅周舞台生活60周年纪念活动，周院长邀芷苓同往，带去《尤三姐》与观众见面，北京口碑之佳不输申城。毛主席亲临观看，频频鼓掌，演至剧终，还站起来拍掌不止。那天，荀慧生和周院长一起陪同主席看戏，脸上挂着笑容，当落幕之后，荀师还走到后台，对正在卸装的芷苓连说：“改得好！改得好！”荀师昔日教导芷苓：“艺术上不仅学我，要走自己的路！”如今在芷苓身上看到了成果，怎不喜上眉梢呢！荀师又说：“你演的是剧中人，不是演荀某人，更不在演自己，这样改是对的。”芷苓知道先生演《红楼二尤》成名，弟子们都以此为准绳，不敢越雷池一步；而她却在《尤三姐》的演出中，从剧本到唱腔设计、形体动作都作了大胆革新，多少对先生有些愧疚。此后芷苓应荀师之邀，在先生家小住数日，荀师又细致地把戏捋了一遍，对《尤三姐》作了精细的加工，几可用“精雕细琢”四字来形容，于是这出戏在艺术上又提高了一步，为后来搬上银幕打下了更加扎实的基础。

1962年，童祥苓为电影《尤三姐》作宣传用的留影

1962年，彩色戏剧艺术片《尤三姐》正式开拍。导演吴永刚，编剧陈西汀，摄影顾问罗从周，摄影彭恩礼，录音陈

锦荣、任心良，美工张曦白，司鼓王燮元，操琴查长生，制片主任周伯勋，演出和伴奏的是上海京剧院乐队。童芷苓饰尤三姐，王熙春饰尤二姐，黄正勤饰柳湘莲，童祥苓饰贾琏，李多芬饰尤母，刘斌昆饰贾珍，伊鸣铎饰薛蟠。

《尤三姐》的剧情如下：尤家姊妹，家贫，与母亲寄居于宁国府。尤二姐性情柔弱，被贾琏所骗，为其偏房。性格刚烈的尤三姐则不为花言巧语所动，并借陪贾珍、贾琏二人喝酒之际，大揭贾府肮脏丑事，使二人狼狈不堪。无奈之下，只得按尤三姐所愿，将其许配柳湘莲。后柳湘莲闻知尤三姐住宁国府，疑其清白，欲退婚。尤三姐为表自己贞洁，拔剑自刎，柳郎得知此事，削发出走。

此片由海燕电影制片厂、香港金声影业公司联合摄制。

童祥苓在《自传》中记述道：

制片人是周伯勋先生，他是我家老朋友。我与导演吴永刚先生初次相识时，只见他个高有点驼背，衬衫外面套件小背心，苍白的头发上戴顶法兰西小帽，高鼻梁上架副深度的眼镜，嘴里总是叼着一个烟斗。我一见他就跟四姐说，咱们导演多像阿木林。四姐说我都做爸爸的人了还这么调皮，别在电影厂给人家起外号。

“阿木林”是上海人用来形容某人不谙世道，做事不灵活，为人迟钝，易轻信人的意思。因为“木”和上海话里的“漠”是谐音，所以人们逐渐叫上了口。“阿木林”在上海人的嘴里，虽是句贬人的话，但其程度不算厉害，反倒带有调侃的意思。

祥苓继续写道：

吴导演人很好，没架子，不发脾气，颇有幽默感。我俩平时开点玩笑，但在拍摄中他很认真，他启发我，在戏中我扮演的是个坏蛋，但不能演成小丑，要骨子里坏，而外表却要清秀漂亮，这是贾府公子哥儿的特点。拍电影动作招式可含蓄点，这和舞台有点不同，在镜头里什么都是放大的，眼睛的表演至关重要。

童祥苓经吴导点拨，懂得必须先抓住贾琏沉迷女色的内心世界，方有形式动作的外现，果然拍片时有了上佳的表演。他运用外在的眼神变化去表演贾琏勾引尤二姐的坏心思，与芷苓扮演刚烈的尤三姐形成强烈对比，起了绿叶扶疏的反衬作用。

有人评论童祥苓是“眼睛演员”，即他善于用眼神的各种变化，去表现他所扮演角色的内心世界。这得益于他的先生周信芳院长的悉心传授与点拨。周院长作为海派京剧的代表人物，除了他独创的字重腔轻、口劲十足、纯朴浑厚的“麒派”唱腔之外，其艺术上最具感染力的便是将唱、念、舞有机结合，别具匠心的做工。特别是他的一双眼睛，很有戏，能够随心所欲地表现出喜怒哀乐等各种复杂情绪，是一对可以窥视角色内心的窗口。师从周院长的童祥苓，在学戏的过程中深知个中三昧，得益匪浅。

贾琏一上镜，便从过道走来唱：

适才间与蓉儿定下巧计，
宁国府来看望尤家二姨。
到门前且停步偷观仔细，
走一个留一个正是良机。

这四句散板唱得很溜，但藏不住满腹坏水的得意。

（白）啊，二姨妹！伯母往哪里去了？
尤二姐：她有事到后面去了。
贾　琏：啊，有事往后面去了（见有机可乘，朝前挪一肩身步坐下，用挑逗的语气）——啊，二姨妹，你看这块玉佩可好呀？（眼睛色眯眯地勾引）

1958年12月，周信芳与新收弟子沈金波、萧润增、霍鑫涛、童祥苓

1958年12月，在上海周信芳与童祥苓交换师徒合约

周信芳为弟子童祥苓说《乌龙院》

尤二姐：好的。

贾　琏：（先用目四下一扫，见无人前来，进而调戏）啊呀，二姨妹呀，自从你到了宁国府，我是朝朝暮暮想着与你，走着想坐着想，于今我连茶都不思，饭也不想了，二姨妹，你要救我一救啊！（用手肘有意触碰一下尤二姐的肩头）二姨妹，你要救我一救，救我一救啊！（尤二姐羞怯地躲避，贾跟着转圈，听到尤母的咳嗽声）有人来了，快快收起！（随手把玉佩速置于几上，欲走还回，用眼睛观察，见尤二姐在母亲未到的瞬间将玉佩藏于袖内，便得意地一笑，欲走，见尤母已至，便上前拱手致礼）伯母！

尤　母：琏二爷来了！

尤三姐：（抱怨地，用“风搅雪”念白）你怎么还没走啊？

贾　琏：（虚情假意地）我这就要走了！

尤　母：（客气地）你坐坐再走吧。

尤三姐：妈呀，你别留他了，人家还有事，（催促贾走）让他早点儿走吧！

贾　琏：告辞了！

（唱）见二姐收玉佩我心（打开扇面，得意）中安稳，

（始得意，与尤三姐的目光对视，忙收敛）

尤三姐：（接唱）

我姐姐因何故神色不宁？

（白）姐姐，哎你手里拿着什么给我瞧瞧！

尤二姐：无有什么。

尤三姐：（警惕地）哎呀，我看见了，你拿出来呀，快拿出来给我瞧瞧！妈呀，她不拿出来给我瞧！

尤　母：什么？

（尤二姐起身躲避，尤三姐不罢休，追要）

尤三姐：你拿出来，你拿过来吧！（一把夺过玉佩）一块玉佩？姐姐！咱们家可没有这东西，这是打哪儿来的？你趁早说实话，你说呀！（尤二姐沉默不语）嗯！你不说我也明白，是不是贾琏给你的？（生活化的旦角语言，话剧语言，泼辣而爽快）姐姐，你这个人怎么啦？我告诉你他们不是好人，你怎么糊里糊涂把这个东西给收下了？你呀！干脆我把它给摔了！（被尤母拦住）

尤　母：慢来！此乃珍贵之物，摔坏了，我们赔偿不起！

上面仅就影片中童祥苓与童芷苓一小段精彩的表演作些描述，可见姐弟俩配合默契之一斑。

《尤三姐》拍完后，童家人都很兴奋，用童祥苓自己的话说："这是我们兄弟姐妹在上海合作以来第一个较好的童家艺术品。"

1963年电影戏剧艺术片《尤三姐》拍摄完毕，田汉、夏衍都说拍得不错，准备在全国各地陆续上映。然而装上去的广告牌却莫名其妙地被卸下来。这让童家人的心头蒙上了一层阴影！影片何时公开放映？制片厂与发行公司都茫然不知，谁都答不上来。

## 二十一　遮不住的光芒

天才与美女，都注定要放出灿烂的光芒引人注目，
惹人妒羡，招人毁谤的。

——［法］巴尔扎克

上海京剧院二团为了完成全年的考核指标，带着《尤三姐》去各地巡回演出。他们在南昌演出后召开座谈会听取各方面的意见，孰料一位文化局领导一开口便说，如果《尤三姐》是好戏，他得用显微镜去找。言外之意，《尤三姐》不是好戏，是坏戏了？那么到底坏在什么地方呢？那

位局长没讲。童祥苓及二团演职人员，大家都一头雾水，对这句话难以理解。

谜底倒是江青揭开的。

1969年拍摄《智取威虎山》时，在人民大会堂召开的讨论会上，江青对童祥苓说："你们拍那个《尤三姐》是宣传叛逆精神，新社会宣传叛逆精神干什么？"童祥苓听了毛骨悚然，背脊发冷，按江青的逻辑推理，新社会宣传叛逆，岂非宣传反骨，反党和反人民？罪莫大焉！于是，童祥苓吓得不知所措，赶快站起来低头认罪。江青见了，便冷冷地说："戴罪立功吧！"童祥苓觉得委屈，深感做演员难，什么时候都会遭受莫须有的罪名。此刻方才明白那位南昌文化局领导所言的分量！

难道这位市级文化局领导竟有如此之高的"阶级觉悟"与"政治意识"？那时有一句话十分流行："文艺是政治的风向标。"政治上稍有风吹草动，搞文艺的一批官员、作家便随时迎合、适应，以便紧跟形势，所谓"识时务者为俊杰"啊！也许这位文化局领导就是这样的俊才！与其说他有着高度的"政治自觉"，不如说他有着敏锐的政治"嗅觉"，是观察风向标的高手呀。

确实，1962年9月24日在中共八届十中全会上，毛泽东提出了"千万不要忘记阶级斗争"的口号，强调阶级斗争必须"年年讲、月月讲、天天讲"，还批判了小说《刘志丹》。

这位南昌的文化局领导，在座谈会上对《尤三姐》一言否定，也许出于"自保"的本能，因为在那样一个人人神经紧绷的年代，右了，会丢掉乌纱帽，甚至戴上右派帽子；左了，不啻进了"保险箱"，升官晋级便有进步的空间。

可惜，多少优秀剧目就是在这类嗅觉灵敏的"官员"手中被扼杀或封死了！

其实，在中国戏曲传统戏中，反映叛逆与反抗精神的剧目不在少数，如：《闹天宫》、《窦娥冤》、《西厢记》、《孔雀东南飞》、《击鼓骂曹》、《三家店》、《李慧娘》、《宋江题诗》、《打渔杀家》、《宝莲灯》、《劈山救母》、《六月雪》、《目连救母》、《牛郎织女》、《柳荫记》等。它们是中国传统文化的组成部分，一如《红楼梦》、《水浒》等古典名著。这类具有叛逆与反抗意识的剧目所以流传并具有一定的观赏价值，其原因就在于几千年“人吃人”的封建制度造成社会的极端不公与腐朽，戏曲家们通过戏剧形式对不公正、不人道的黑暗现象作了无情的揭露与鞭挞，道出了广大民众的心声。

然而《尤三姐》的好坏并不是这类官员说了算，它必然要经过历史的检验与人民的评判方能作出最终结论，“优胜劣汰”是文艺作品能否流传于世的铁定法则！

这里暂且不论《尤三姐》所显示的思想锋芒，童芷苓“荀梅结合”的表演艺术在该剧中的炉火纯青，已有目可睹，被世人公认，并为梨园行所肯定。

下面引用她的弟子明原于2003年3月10日发表在《中国京剧论坛》上纪念老师的文章《尤三姐情缘》，以为佐证：

……当时买了一些京剧唱片，其中就有《尤三姐》，这也是我第一次看到童芷苓的大名，而《尤三姐》那行云流水、声情并茂的唱腔一下子就吸引住我了，当时连《红楼二尤》是何剧情还没弄明白，就禁不住反复听学《尤三姐》中“那一日呀……”的四平调，还有二六“果然是……”，没几天的工夫整张唱片的腔都能朗朗上口了。当时童芷苓三个字对我而言如同天上的星星，想不到几年后在纽约我有幸见到了这位巨星偶像；不久我就大胆地提出要跟她学戏，想不到童师给我说的第一出戏就是《尤三姐》，这是我做梦也想不到的。

童师先把《尤三姐》的唱腔给我理了一遍，说戏前先要我做“面部肌肉的训练”，这在一般京剧老师教戏中似乎很少有的。童师说：“跟我学戏主要学表演，学内心的东西，尤三姐表情很丰富，要会‘变脸’。”童师的“变脸”是有名的，《王熙凤大闹宁国府》中的“变脸”，令多少人拍案叫绝啊！童师要我练习脸上的“笑肌”，嘴角上扬后再迅速松下来，由慢到快反复练习。还有眼睛周边的肌肉训练，反复一紧一松，使眼睛能张能虚，运用自如。后来我在演出中才真正体会到面部肌肉训练的重要，台上一化妆一吊眉，似乎哪儿都发僵，如果平时没有好好练，使面部肌肉有效"放松"，那么喜、怒、哀、乐的表情就不那么听大脑控制了。

童师说戏总会不厌其烦地讲解并分析人物，说那时在排戏时，田汉先生就跟她说"尤三姐出淤泥而不染"，要掌握这个线条去发挥。贾珍、贾琏是尤三姐的姐夫，她要应付他们，又不好当面得罪，心中十分厌恶，所以只有面儿上对他们假笑，背过身来马上要表现出痛恨与厌恶的表情，这就是"变脸"的要求。

**文章回忆了芷苓教戏的过程：**

"那一日呀，日字要使劲，赖（哎）家（婀）盛（恩）宴开，开字要用力但要有弹性，一般人以为唱荀派不要用劲，其实我唱还是很用力的，尾音落音时上提一些，像梅派一样尾音有些往上扬的感觉，梅派好听就是劲头用得好！"才唱一句四平调就体现童师"荀腔梅唱"的特色了。"柳——湘莲，柳字别唱成柳——哦哦哦，像数着板唱那就傻了，只是拉长它的字头、字腹和字尾"；"落音要干净，该甩的就甩，不要拖泥带水。"这些以往光听录音是听不出来的，自己唱荀派腔以为嗲、媚就对了，其实唱的都是"没骨头"。童师指出的这几点就是通常所说的提高演唱修养了。

《尤三姐》中的"闹酒"是一场重头戏，也可当折子戏演。当尤三姐保护二姐，出门看见贾珍时，两人有段对话，尤三姐脸上的表情是比较丰富的。先是冷冷地问贾珍，为何深夜至此，"不怕感冒伤风吗？"语气、表情平静些，其实心里压着火，眼睛盯住贾珍，再冷嘲热讽地假笑道："你这个人可真是太好了"，到最后把贾珍用力往外一推："你给我出去吧！"这时的她真是气急了。如果掌握不好，太过、太凶或太逗、太油，都有失这个人物性格。

童师说，演戏要有准确、丰富的“潜台词”，心里有了，脸上才会有戏。“闹酒”中的表演尤为重要，几秒钟的内心独白就是画龙点睛的效果。当贾琏要求三姐留下喝酒时，童师的表情先是一愣，火气上升再压下来，唱几句摇板，心中有盘算后再虚情假意笑着说：“好极了，我正想喝酒了——”，这中间二秒钟的停顿必须交代清楚，层次分明。“闹酒”中的表演许多地方如同电影手法中的“分镜头”，因为尤三姐的内心世界与应付贾珍、贾琏的虚假表情要同时交代给观众，京剧中常用“打背工”与观众交流内心的想法，但在“闹酒”中常常没有时间“打背工”，因此如何掌握表情迅即变化的分寸至关重要。童师说喝酒的感觉要真实，如同真的喝烈酒一般，这种真实感体现在一饮而尽后的表情上，既有烈酒的辛辣，还有“我豁出去了”的意思。当听贾琏说：“与大哥饮个双杯吧”，尤三姐先要一惊，然后说：“好哇啊！”这时她心里想“果然得寸进尺了”，但在贾珍、贾琏听来似是三姐同意了，而他们俩在“打背工”，意思是成功了。而在三姐对贾珍说“喝双杯”的时候，先是假装妩媚，等到泼酒的同时又一“变脸”。脱帔、转帔、扔下，这个动作童师说是化自《天霸拜山》武生的动作，而跳桌子、扯甩发、跷腿亮相，都要求干净利落，配合锣鼓节奏。骂贾珍、贾琏的大段念白，语气、强弱、节奏得处处注意，安排妥当，既要紧凑又不能像背书，荀派念白特色的气音、破音都得用上……

尤三姐面对母亲、姐姐唱摇板，唱到“他名唤那湘——，喂呀儿的娘啊——”这时才露出害羞的表情，之前唱的都是赞颂柳湘莲的，表情也有随之向往的意思。而流水那段，最后唱到“他若是天涯长流浪——”应先是一愣，心里想着，“我也没想到这种情形该怎么办？”而后下决心唱：“我情愿终身削发奉高堂”，再拿下发簪折断丢地，表示心意已决。这些很小、很短的思想过程，如果不表现出来，戏就不足，就“水”了。演员表演就是在收、放、紧、松、拉的过程中与观众互动。

写到最脍炙人口的那段“幻梦”的歌舞，作者的兴奋之情溢于言表了：

“南梆子”这段唱极尽抒情之美，和前几场剑拔弩张大不一样，观众似乎可以舒缓心情，享受一下优美的歌舞，这不得不佩服编剧、作曲的高明。唱词、唱腔编得悦耳动听，可谓上品佳作。在《尤三姐》电影中尤三姐与柳湘莲的“梦会”处理得如诗如画，舞台上的气氛就必须有所烘托。童师曾设计与柳湘莲剑舞，并加上电子琴伴奏，但她并不满意；后来用水袖舞多些，这段伸缩性较大。童师说哑剧部分的感情要交代清楚，从相逢后的喜悦与悲诉离情，到拜天地时的羞涩，要凸显尤三姐温柔的性情，与前几场的尤三姐判若两人。

最后一场“明贞”殉情，我觉得相当动人，感染力很大，因尤三姐多年的希望遭到无情破灭，且被心爱的人冤枉，有苦难辩，天大的委屈导致她最后绝望，走上死路。童师说，这段戏先要表现尤三姐据理力争，力争无果，反被柳湘莲讥讽，于是悲愤、失望而自杀。她唱“流言蜚语无凭证”时，仍对柳湘莲抱有一线希望，在唱到“证”的一半时逼向柳湘莲，柳湘莲一甩袖，尤三姐的表情是先发愣，顿一下再极度失望地唱下半个“证”的尾音，这个音必须忽然转弱，似乎是强忍着哭泣声，到“姐姐呀——”才宣泄出来。舞台上的表演应该比电影中强烈得多。当柳湘莲说“还他宝剑”，配合着音乐，三姐把宝剑顺势往左手一推藏，木讷地看着柳湘莲，再看看手中的宝剑并用手抚摸，心想我盼望多年的心愿一切成空了；再把宝剑紧紧抱到怀里，作悲哭状，嘴角抿紧些，头微上扬，摇着头，心想我不甘心，再思想一转，收住悲痛，擦拭一下眼泪，一跺脚，往前走几步唱快板“荣宁二府人多少……”。这一系列思想瞬间变化的程序，其实就在一个起头音乐拉子、大锣“望家乡”中完成的，时间很短，却十分感人！当时我排戏时忍不住流泪。在尤三姐拔剑自刎后，柳湘莲抱跪喊：“三姐我妻！”此时的尤三姐要微睁双眼，作微笑状而去。

《尤三姐》这出戏的成功，除了童芷苓的天赋、努力，还得归功于当时天时、地利、人和的宽松环境，以及优秀的编、导、演团队，有了艺术上的紧密合作，童芷苓才得以重塑尤三姐这样一个丰满的艺术形象，比之于《红楼二尤》中的尤三姐，在个性上更鲜活、更明朗、更突出，故而其艺术上的深度、力度与精细度均超过《红楼二尤》的表演范式，是新编古装戏中的上乘杰作。

> 童师曾感慨又激动地对我说过："要是没有《尤三姐》电影，我这辈子就完了！"虽然我不能完全了解童师的意思，但这确是我们能领略童师盛年风采的最佳记录。许多优秀的老艺术家虽风云一世，却没有吉光片羽传世而留下千古遗恨。①

"文革"结束之后的两年，被尘封的《尤三姐》终于重见天日，与广大观众见面了，从城市到乡村赢来一片赞誉声。笔者其时作为一名分配在县城的大学生已工作多年，也在此时重睹了银幕上童芷苓与童祥苓的熠熠神采，激动不已。从电影院出来，只听到观众们赞语连声，大家在文化饥渴中仿佛品尝了一顿饕餮大餐，发现在京剧舞台上还有这样几位优秀的表演艺术家，兴奋之情自不待言。

是金子总会发光的！

芷苓是一个不甘寂寞、挑战自我的戏曲艺术家。1960年，正值国民经济的困难时期，她发现无论李玉茹、言慧珠，还是她自己麾下的二团，演传统老戏的上座率已不如从前了，且有下滑的趋势；但凡演新编古装戏或历史剧，还有一定的号召力，此时却苦于缺少剧本。于是，她把目光盯住了由郭沫若创作的话剧《武则天》，听说该剧在首都演出近百场，便把它移植过来，改编成京剧。

话剧原作出自中国科学院院长、文学家兼历史学家郭沫若之手，出彩

① 笔者摘录上述原文时，为使文字顺畅，遵照原意在词语、标点上稍作修改。

在台词上，不能改动；所以只能话剧加唱了，这对童芷苓是个重大考验。

京剧固有的表演规律决定了它的主演中心制。主演的二度创作能否成功是演出成败的关键。鉴此，芷苓拿到由马科执导兼改编的剧本之后，思之再三，决定在念白的创新方面下功夫。她向昔日在“文华影片公司”话剧白口功夫精到的沈扬先生请教，尝试一种带有话剧语气的京白，即介于话白与京白之间的“中间白”去塑造武后。经过反复研磨，她的念白中既有“通天教主”王瑶卿的刚劲稳健，也有荀慧生的自然洒脱，又有梅兰芳的深沉庄重。芷苓紧紧抓住念白这一关键出戏、出神、出人物。

1962年2月，京剧《武则天》在人民大舞台公演，文化部长齐燕铭到场观看，称“此戏真感动人！”名导演谢添、蓝马也来观摩。李玉茹看后兴冲冲对芷苓说，这出戏，你可以演到60岁——其时芷苓已40岁，意思说还可演20年。该剧连演30多场，竟场场客满，令芷苓喜出望外。这一越雷池的大胆尝试，让外地的名角陈正薇、杨菊苹等看了眼红，便相继搬上舞台。尽管剧坛评论界对该剧褒贬不一，但芷苓的勇于探索，她所创造的武后君临天下的阔大气势与大唐盛世女政治家的风度气质却给人们留下深刻印象。

## 二十二　吃上了面包黄油

最漂亮的聘礼就是才干。

——［法］巴尔扎克

翌年，二团在南昌演出，童祥苓接到中国京剧院通知，要他去北京演出。去前，导演马科让他与孙正阳排练几个小节目，童祥苓演《东郭先生》，并与孙正阳在《闹天宫》中扮演小猴。原来文化部这一年要临时组织一个中国艺术团出访西欧，节目是综合性的，有京剧、舞蹈与民乐等，来自上海、沈阳及其他省市的演员不分你我，协同演出。1956年夏，姐姐童芷苓曾去欧洲出访过，经过7年，这一回轮到弟弟童祥苓了，他别提有多高兴!

在"文革"前的1963年，国民经济已扭转了恶化的趋势，摆脱困境，稍有好转，但那时与外部世界的往来不多，国内人士出国的机会极少。童祥苓能跟随中国艺术团出访西欧，一探西方世界的究竟，看看异国风光与西方人的生活，感受一下外部世界的精彩，其内心的喜悦，不难猜测。

1963年赴西欧与杨春霞演出《拾玉镯》，童祥苓饰傅朋，杨春霞饰孙玉姣

马科排戏很认真，谁没按他的意思排练或表演不到位，他就会过来亲自示范。调皮本性难改的童祥苓便与孙正阳一起跟他开玩笑，假装演不好，弄得马科从东翻到西，从西蹦到东，累得气喘吁吁，满头是汗。童、孙二人见了乐不可支，捂着嘴大笑，气得马科骂道："你俩把我当猴耍呀！"

到了北京，周恩来总理亲自审查节目，祥苓的《东郭先生》意含"反修"内容，政治性强，就不演了。但总理觉得带去的全是武戏，如《三岔口》、《闹天宫》等，虽然表演性强，西方人一看便懂，能收到很好的剧场效果，但毕竟是折子小戏，不能全面介绍中国的京剧艺术。总理与文化部和带队的领导商量后，决定排一出大戏《白蛇传》，去西欧试演一下，看看西方人能否接受。

当时，奉命来首都参加选拔的北京、上海及各地的优秀京剧演员不少，谁都想在这个大戏中一显身手，争取这一难得的机会。总理采取的办法是公平竞争，专家审定后由他最后拍板敲定。所谓公平竞争，即找几对扮演白素贞和许仙的演员上台分别表演《白蛇传》中的一折，连中国京剧院头牌青衣杜近芳也参加竞演，无一例外。演出地点就在中南海的怀仁堂，周总理亲自坐在台下观看，点到谁谁就上台。

童祥苓与杨春霞配对演《断桥》一折。也许当时把注意力全放在如何把戏演好，到场的其他几对演员，事过半个世纪，祥苓已回忆不起来了。那天点到他与杨春霞上场，童祥苓唱完末了三句，上海京剧院的总务贡德忠——上戏原副校长贡献国之父，不知从哪里得来消息，走到上场门，喜形于色地对童祥苓说："面包黄油你算吃上了。"祥苓自然明白贡德忠此话的意思，一颗悬着的心总算放了下来。

贡献国回忆他父亲与童祥苓的关系时说："父亲与童祥苓和张南云老师关系很要好，童老师前几年在剧场看戏曾跟我讲，'我与你父亲交情有五十年了'，张南云老师也跟我讲过，'我们与你父亲交情非同一般的'。我父亲与京剧院这些角儿的关系都非常好，处事为人都很受人尊敬。"

最后总理敲定：杜近芳演白素贞，童祥苓演许仙。

也许考虑到国外观众的观赏趣味，此行京剧节目中小生行当全改由老生替代，所以《白蛇传》中的许仙由小生改为老生演唱，给了童祥苓一次展示自己才艺的重要机会。于是，他在杨春霞主演的《拾玉镯》中也就兼演了傅朋的角色。童祥苓回忆道：

> 《白蛇传》由李少春、李紫贵先生导演，我这许仙由李少春教我。那时李少春先生腰部患病，走路要用拐杖，但对我极为尽责，一句一字地教唱，在排戏时我走不好的身段，他虽腿脚不利落，仍亲自走一遍给我看，我很过意不去，惟有以用功来回报他。
>
> 那时对艺术标准要求极为严格，审查要经过北京文化局、艺术局、专家、文化部、宣传部，直到周总理。我们当时称这次出国演出之审是六堂大审。从演员阵营上看就知道这次演出的重要性，主要京剧演员有中国京剧院杜近芳女士和王鸣仲先生，上海京剧院张美娟、孙正阳和我，东方歌舞团的舞蹈家有莫登格拉玛、陈爱莲、崔美善等，拉二胡的是张瑞，弹琵琶的是刘德海，吹笛子的是陆春林，吹笙的是闫海登。

1964年，在意大利演出《白蛇传》，杜近芳饰演白素贞，童祥苓饰演许仙

《白蛇传》的配曲是张瑞先生所作，并由四位民乐演奏家参加演奏，很是动听……

最后一次演出时大家都很紧张，在后台都不说笑，极为严肃。李少春先生到后台一会儿看看我扮相，一会儿给我整理服装，我感到他对我放心不下，这正是李先生对我关怀备至所在。演出结束后李先生跟着领导上台，从他舒展的脸上我知道领导对整个演出是满意的。果然他走到我跟前对我讲演得不错，我对他表示感谢，他把拐杖放在胳膊上，双手握着我的手说我会有前途的，要好好干。我目送着李先生缓缓离开舞台直至他的背影消失，心里充满感激之情。

这一次出国去西欧巡演，从京沪两地调集了一批中青年的尖子演员，并且让享有声望的老艺术家对节目作了精细的加工。中央领导所以如此重视，显然政治意图十分明确：一方面去加强与西欧各国人民的友谊，改善同西方国家的关系；另一方面中国艺术团带去的不仅是精湛的表演艺术，而且要展现中国人民战胜“三年自然灾害”之后奋发有为的精神风貌。演员出国代表中国，他们的演出将体现社会主义中国的整体形象。所以，演员们个个清楚，他们肩负的不仅是艺术使命，也是崇高的政治任务。

出访的艺术团团长是上海市金仲华副市长，他长得像寿星，很和善；副团长是劳辛、刘西林二位先生。

首场演出在巴黎。金团长要求艺术团全体团员服装整洁，男演员都穿西服，戴领带，女演员多数穿色彩艳丽的旗袍，这些服装都是在国内量身定制的。中国艺术团在正副团长的带领下，下了车，排好队，提早进入剧场大门。此时大门中间的楼道上，从上至下站着两排身穿盔甲、手执长枪的古代武士着装的迎宾队，场面华贵，气氛庄重。金团长告诉大家，这是法国政府对待中国艺术团的最高礼节。童祥苓对金团长说，没他带队，大家享受不了这么高的待遇。金团长连连摇手说："因为你们都是国内著名艺术家，主要靠你们的艺术实力，而我只是为大家服务的办事员。"

在意大利米兰演出时，剧场门口有块牌子，上面用意大利文和英文写着：入场观众一律穿礼服，否则不予进场。童祥苓有点不信，开演后，他走到上场门的侧幕，拉开一条小缝看台下，果然见男士穿黑色晚礼服，女士穿白色衣裙，显得十分高贵、典雅。其实，凡观看大型演出的正规场合，剧场内的观众都穿正装，这是一种对艺术和艺术家的尊重，西方人早就养成习惯，也是一种文化修养。但对改革开放前的中国人来说，首次跨出国门，见了觉得惊异，并不奇怪。

装台时发现缺个大幕，工人便带艺术团的工作人员去剧场仓库里寻找。那里有一张毛泽东的半身像，他们指着毛泽东像说，这就是最大的天幕，可见意大利人对毛主席的敬仰。

为了欣赏异国风光，艺术团的人都不愿坐专门负责接送的巴士，喜欢步行去剧场，边走边浏览，一饱眼福。团长研究后同意了，但要求大家必须以小组为单位，不能单独行动，一来防止迷路，耽误演出，二来避免发生意外。大家走在路上，外国人总以为他们穿着整洁，不是日本人就是韩国人。当团员们告诉他们是中国人后，老外们便高举双臂伸出大拇指，喊着"China! China!"

艺术团居住的旅馆规定一周换两次床单，但服务员给他们换了三次，并拿出中国的小国旗示意友谊，用中国话说“您好！”

艺术团所到之处，当地的华侨看到来自祖国的亲人，便主动前来提供服务。他们说，祖国站起来了，他们的腰杆子也就硬了。

艺术团出访期间的1963年，正值中苏关系恶化之际，苏联也于此时派出冰上芭蕾舞团到西欧演出，与中国艺术团对擂，意欲压倒中国艺术团。然而，事与愿违，中国艺术团的演出大获成功，抢了苏联冰上芭蕾舞的风头，用一位巴黎经纪人的话来说，中国艺术团的每场演出可给他赚一辆汽车，一再要求中国艺术团延长演出日期。但演出中，演员们也克服了各种意想不到的困难。祥苓记述道：

在巴黎首演《雁荡山》时，扮演义兵的陆永昌就在场上摔断了大筋，这种突发情况给演出造成混乱。当时我也扮了义兵，只是在第一场，此后就没事了。为了救急，剧务张奎芳先生扔给我一杆枪，让我上场。我从来没排过开打，张先生说跟着大家走就行了，当时根本没时间想别的，我豁出去了，总算凭点经验混下场了。第二天整个节目就为此重新调配排戏，给我在《雁荡山》里加了开打，在《闹天宫》里又叫我扮罗猴，我感到这面包黄油不容易吃啊！

苏方不肯善罢甘休，巴黎落败后，又派出以波波夫领衔的著名马戏团欲与中国艺术团一争高低。祥苓继续追述道：

领导要我们这次以高质量的演出彻底击败他们，否则他们不会死心，会老跟着我们。当时每晚都要演出三个武戏，有时加上白天戏就等于六个武戏，那时演员伤病率也逐渐增加，我和孙正阳都成为武戏主力了。翻跟斗的演员一个戏要翻几十个，经常累得下场就蹲着吐，有时我们疲劳得连眼都睁不开了，就以浓咖啡来提神。……波波夫马戏团由于不上座，开着汽车广告以买一张票赠一张的优惠拉拢观众，但最后还是灰溜溜地消失了，此后苏联再没有派团来与我们对峙，当天晚上我们大家举杯庆贺……

斯事已去，半个多世纪之后，童祥苓的记述为今人提供了当年中苏论战所引发斗争的情景，这一意识形态的纷争已渗透到外事与文化活动的各个方面了。中国艺术团在与苏联艺术团体的较量中敢于拼搏，为国争光的精神非常可贵。但客观评析，文艺有其自身特有的属性，并非彼此利用的工具。况且各类艺术各有特点，以票房价值去比较不同艺术的高下，很难比出高低。

关于中苏论战，事隔20多年之后，邓小平作过这样的评说：

多年来，存在一个对马克思主义、社会主义的理解问题。从一九五七年第一次莫斯科会谈，到六十年代前半期，中苏两党展开了激烈的争论。我算是那场争论的当事人之一，扮演了不是无足轻重的角色。经过二十多年的实践，回过头来看，双方都讲了许多空话。马克思去世以后一百多年，究竟发生了什么变化，在变化的条件下，如何认识和发展马克思主义，没有搞清楚。绝不能要求马克思为解决他去世之后上百年、几百年所产生的问题提供现成答案。列宁同样也不能承担为他去世以后五十年、一百年所产生的问题提供现成答案的任务。

同时他还谈道：

从六十年代中期起，我们的关系恶化了，基本上隔断了。这不是指意识形态争论的那些问题，这方面现在我们也不认为自己当时说的都是对的。真正的实质问题是不平等，中国人感到受屈辱。(《邓小平文选》第3卷，人民出版社1993年10月版，第291—295页)

邓小平在这里所说的实质问题是不平等，中国人感到受屈辱，就是指苏联实行的大国沙文主义和霸权主义。以毛泽东为代表的中国共产党人，以无比的勇气，敢于顶住苏联的种种压力，没有跟着赫鲁晓夫等人的指挥棒转，保持了民族尊严和国家独立自主的地位。历史证明，这对于中国的安全起了至关重要的作用。

童祥苓途经莫斯科时留影

《白蛇传》的演出获得同样成功。它突破了语言障碍，外国人完全看懂了剧情与人物的心境，每一场落幕都赢来热烈掌声。该剧在比利时上演时，伊丽莎白王太后莅临观看，中场休息期间，王太后高兴地接见了主要演员杜近芳、童祥苓与扮演小青的齐淑芳，还与童祥苓亲切握手。这一瞬间的珍贵情景，被随行的摄影师拍下，事后金仲华团长将这帧照片送给童祥苓，他至今珍藏着。

# 第五章
# 风乍起，吹皱一池春水

社会总是在曲折、反复中前行的，这与一个时期意识形态的左倾化有关。文艺成了测量政治动向的风向标。附势者趋之，野心家则趁机觊觎权力。原本全国上下，卧薪尝胆，度过了三年困难时期，迎来了春暖花开的艳阳天，孰料逆风乍起，吹皱了一池春水，吹得万木萧疏，让人不辨东西，不知所措。

# 二十三　乍暖还寒的时节

柳梢绿小眉如印，乍暖还寒犹未定。

——（宋）刘清夫《玉楼春》

中国艺术团在西欧演出了8个月，顺利飞回祖国。全体成员先下榻于上海锦江饭店，休整几天，对这次出访西欧作了总结，尔后，就在中苏友好大厦（今上海展览中心）剧场进行了一场汇报演出。解放后上海市首任市长——陈毅元帅，前去看了戏。演出后，全体成员回锦江饭店参加了宴会，饭后不少演员就去陈老总所住的锦江饭店对面的俱乐部（今花园饭店）看望老首长。

陈老总穿着睡衣和拖鞋接待了大家，其形随意，其情深切。童祥苓此时29岁，算得上是年轻人，开始还有些拘谨，见陈老总那样随和，就与大家一样，觉得很轻松，便你一言我一语地活跃起来。争先恐后地讲出自己的出国见闻，气氛热烈，丝毫没感到面对的是中央首长。

赴西欧演出后，童祥苓与张南云合影

1963年，上海就举行了一次华东地区现代戏汇演。事隔一年，江青坐镇上海抓现代戏创作，上海京剧院便立即实行"战略转移"，由童芷苓、李多芬、沈金波演出了小戏《送肥记》，该戏由"上京"名演员金素文主动执笔改编。金素文算是富贵人家的小姐，其夫便是沪上影院第一家——大光明电影院总经理胡治藩。张南云排演《社长的女儿》；李仲林、纪玉良正在加工《智取威虎山》。国内众多院团也正在排练或上演现代戏。

张南云（1963年摄）

谈到现代戏时，陈老总发表了不同看法。他胸怀坦荡，说话向来率直、爽快，有啥说啥。他说京剧表现长袍大袖，这个现代戏……陈老总说到此处，没有说下去。在座的演员与老总相处随便了，都逼着他说下去，有人问他是不是不喜欢现代戏？陈老总马上摇手说他不是这个意思，老总那急于解释的样子把大家逗得哈哈大笑。

上述这一生动的情景至少传递出两个信息：

一是其时现代戏的创作与创新，起步不久，尤其是表演程式十分传统的京剧在创作现代戏的过程中尚处于摸索阶段，艺术上很不成熟，观众看了不满意，陈老总说出自己与广大观众的感觉，可谓实事求是。

二是文艺政策方面高层之间的分歧已见端倪。1963年1月4日上海市委书记柯庆施在延安西路文艺会堂举办的文艺界元旦联欢会上，提出了“大写十三年”的口号。两天后的《解放日报》和《文汇报》，报道了这次元旦联欢会的盛况，文章中特别谈到了这位市委书记在这次联欢会上的讲话，说他最近看了话剧《第二个春天》，电影《李双双》，还听人说过话剧《霓虹灯下的哨兵》，这些戏写的都是解放以后十三年来的现代生活。他继续说，今后在创作上作为指导思想，一定要提倡和坚持“厚今薄古”，要着重提倡写解放后十三年，要写活人，不要写古人、死人，我们要大力提倡写十三年，大写十三年，解放十三年来的巨大变化是自古以来从未有过的，在这样伟大的时代，丰富的生活里，文艺工作者应该创作出更多更好地反映伟大时代的文学、戏剧、电影、音乐、绘画和其他各种形式的文艺作品。

当时这个讲话，在上海市委班子内引起争议，赞成和反对的意见壁垒分明。尽管如此，在上海“大写十三年”还是搞得“风生水起”。

“大写十三年”，遭到来自北京的抵制。中宣部副部长周扬、林默涵，中国作家协会副主席兼党组书记邵荃麟尖锐地指出，“大写十三年”这个口号带有很大的片面性，妨害文艺创作，不符合党的“百花齐放”的文艺方针。所谓“只有写社会主义时期的生活才是社会主义文艺”是错误的。然而，这个市委书记却坚持说，“只要是写十三年的，我就带老婆孩子买票来看，不是写十三年的，请我看我也不看。”

著名传记作家叶永烈在《江青传》中写道：

> 我在上海工作没几个月就听了重要文件传达，那是1963年12月12日，毛泽东在中宣部编印的《文艺情况汇报》第116号《柯庆施同志抓曲艺工作》上作了批示：此件可以一看。各种艺术形式——戏剧、曲艺、音乐、美术、舞蹈、电影、诗和文学等等，问题不少，人数很多，社会主义改造在许多部门中，至今收效甚微。许多部门至今还是“死人”统治着。不能低估电影、新诗、民歌、美术、小说的成绩。但其中的问题也不少。至于戏剧等部门，问题就更大了。社会经济基础已改变了，为这个基础服务的上层建筑之一的艺术部门至今还是大问题。这需要从调查研究着手，认真抓起来。许多共产党人热心提倡封建主义和资本主义的艺术，却不热心提倡社会主义的艺术，岂非咄咄怪事。这一批示，成为上海文艺界“反复学习，深刻领会”的文件，成为那场“既不是文化的又不是革命的更不是无产阶级”的“无产阶级文化大革命”的前奏。

今天从文学史和艺术史的角度看，文艺对于社会的改造功能是有限的，它只是为人们提供一面蕴含着文艺家主观精神的认识社会的镜子，大部分作品对人们心灵的美化与陶冶情操的作用，或许大于启迪心智的启蒙。任何一个时代，即便极其伟大的文艺作品的产生也从来没有影响过当政者的治国理念与政治决策，更遑论动摇其统治基础。文艺的观赏性永远是第一位的，它可以成为一种社会的“批判的武器”，但决不能也不可能代替“武器的批判”。过分夸大并强调文艺的作用，只能将文艺推向悬崖的边缘，成为政治理念的宣传品。

“大写十三年”提出之后引起“女客人”的注意。1963年2月下旬，“女客人”又一次南下，来到上海。所谓“女客人”，是上海市政府交际处给江青的代号。江青在20世纪30年代的上海演艺界活跃过一阵子，对上海非常熟悉。她喜欢住在上海市中心的锦江饭店。她把市委书记请到了锦江饭店。“柯老！我支持‘大写十三年’！”江青当面恭维道，“我们对文艺界的看法，可以说完全一致！”

提倡“大写十三年”、“厚今薄古”，其实是一种对历史文化的虚无主义态度，中国历史文化源远流长，新中国建立的13年仅是历史长河中的一个极短的时期，这个极左口号的提出，大大地限制了文艺家们的创作范围，不仅历史题材成了禁区，连土地革命、抗日斗争的题材也不敢碰，不能演了，无疑把文艺当作了为现政权服务的工具，继而成了阶级斗争的武器。

江青口头上支持这位书记提出的创作“指导思想”，实际上她本人也根本做不到，后来她十年搞了八个革命样板戏，除了《海港》、《龙江颂》之外，没有一个是“大写十三年”的，不是反映革命战争的题材，便是取材于抗战时期的故事。这是一个很滑稽的嘲讽！

陈毅同志是一个明辨是非、政治斗争经验非常丰富的卓越的政治家，他不可能不从地方上文艺政策的变化察觉到高层斗争的复杂与倾向，所以当有人问他“是不是不喜欢现代戏”这个敏感话题时，他既不能直抒己见，又不便表态，欲言又止，所以只能马上摇手说不是这个意思了。

童祥苓、孙正阳、李多芬、张美娟、齐淑芳等人回到上海京剧院不久，院领导便动员他们与院里其他拿所谓高薪的演员一起减工资，理由是知识分子要过好社会主义这一关。

1964年文艺界减薪到底是怎么回事，是在什么样的情况下发生的呢？那一年，上海市委分管文教工作的副书记张春桥，带着两台大戏《智取威虎山》、《海港的早晨》，及小戏《战海浪》、《审椅子》、《送肥记》、

《柜台》去北京参加全国京剧现代戏观摩演出大会，回到上海，即在友谊电影院开会，向上海文艺界传达京剧汇演的经验。其时上海评弹团副团长、著名评话艺术家唐耿良先生参加了这个大会。他在《别梦依稀》一书中记叙道：

> 张春桥阴沉着脸批判京剧团内的陈旧意识，说他们叫盖叫天为盖五爷，称俞振飞为俞五爷，完全是封建行会的称呼，在革命的团体里能允许吗？他又说赵燕侠在北京向康生提出，工资高了对下一代的教育不利，要求取消保留工资，只拿级别工资，康生同意了她的要求。你们上海文艺界的党员同志，如果要留在党内，就打报告取消保留工资，拿级别工资。如果要保留工资照拿的，就不要再做党员！
>
> 按照当时张春桥的话，取消保留工资是党内的规定，不涉及党外的演员。不料当时"左"的思想席卷文艺界，连党外人士也被涉及了。

在这种高压态势下，童芷苓因为是党员，她自动取消保留工资，按级拿钱，她当时是文艺二级。应当说，童芷苓这两年的表现是不错的，她向党靠拢，努力上演新戏，她主演的《尤三姐》被文化部选中拍成戏曲片，在京剧《武则天》的演出中又付出了辛勤劳动，各方面表现积极，要求进步。因此，她不仅入了党，而且当上了人民代表，在妇联与政协的名单上也出现了她的名字。童祥苓、张南云是共青团员，也响应组织号召，夫妻俩商量来研究去，不知道如何减薪，减到什么程度才算过关。祥苓对妻子说："咱俩工资都在300元以上，文艺一级才拿300多元呀，你瞧，院里只有周院长是一级……"不待祥苓说完，南云说："是呀，四姐才二级呢，我们最高只能三四级吧，也就是200多元。"祥苓接着妻子的话说："可以找院领导谈，我俩把工资减下来，同时把级别待遇也给定了。"

他们把想法和领导谈了，上面回答是先减工资，定级的事以后办理。既然领导同意了，祥苓夫妇就每人每月减薪100元，等于减薪三分之一，这在当时是一笔不小的数目，那时上海一般人的平均月薪只有四五十元。但此后定级的事却再也无人过问，每年上调工资，因为他们没有评定文艺级别，因此都没份儿，这个待遇问题直到1985年才解决。

工资、职称与待遇连在一起，对工薪阶层而言绝非小事，而是涉及家庭生计与生活质量的头等大事。“文革”期间，大批“资产阶级法权”，都吃大锅饭，又有谁会来问津此事呢？尤其像周信芳、童芷苓、言慧珠、李玉茹等“牛鬼蛇神”，有口饭吃、能生存下来就万幸了！

是年夏天，上海京剧院不少演员，与上海各级部门的不少干部与高校的大批师生一样，根据市委的统一部署，去市郊或江浙一带参加农村社会主义教育运动，也称“四清运动”（清账目、清仓库、清财物、清工分）。不到一年，即1965年初夏，童芷苓因演《海港的早晨》得罪江青和张春桥，也被安排去农村参加“四清”了。在帮助“四不清”干部“洗手、洗澡”回到革命队伍中来的过程中，童芷苓参与“挽救落水干部”的同时，也接受了社会主义的“自我教育”。

出于“反修防修”的需要，当时为了防止国内，尤其是党内出现修正主义分子，对干部队伍中存在的“四不清”问题看得过于严重，认为农村基层不少干部已经变质，滑到了修正主义边缘，对农村和城市的阶级斗争形势作了夸大的估计，将“四清”的内容规定为“清政治、清经济、清组织、清思想”，强调这次运动的性质是解决“社会主义和资本主义的矛盾”，提出这次运动的重点是整“党内那些走资本主义道路的当权派”。

此后，童家人在未来的日子里将会面临怎样的境遇呢？

## 二十四　昨夜西风凋碧树

烈烈寒风起，惨惨飞云浮。

——（唐）李世民《冬狩》

1980年11月，陈云两次对《关于建国以来党的若干历史问题的决议》起草小组的胡乔木等人谈起毛泽东，提到了柯庆施：

毛主席的错误，地方有些人，有相当大的责任。毛主席老讲北京空气不好，不愿待在北京，这些话的意思，就是不愿同中央常委谈话、见面。他愿意见的首先是华东的柯庆施，其次是西南，再其次是中南。(《胡乔木谈中共党史》，人民出版社1999年版)

所以当毛泽东说“北京空气不好”时，江青也用类似的话对柯庆施说：“我来到上海，觉得非常亲切。上海的‘气氛’比北京好多了！我要把上海当作‘基地’！”

于是，在柯庆施的支持下，江青在上海建立了“基地”——“大批判”基地和“样板戏”基地。

1966年11月28日，江青在首都文艺界大会上讲话时，说及自己的“认识过程”，强调了“柯庆施同志的支持”：

我的认识过程是这样的：几年前，由于生病，医生建议要我过文化生活，恢复听觉、视觉的功能，这样，我比较系统地接触了一部分文学艺术。首先我感到，为什么在社会主义中国的舞台上，又有鬼戏呢？然后，我感到很奇怪，京剧反映现实从来是不敏感的，但是，却出现了《海瑞罢官》、《李慧娘》等这样严重的反动政治倾向的戏，还有美其名曰“挖掘传统”，搞了很多帝王将相、才子佳人的东西。在整个文艺界，大谈大演“名”、“洋”、“古”，充满了厚古薄今，崇洋非中，厚死薄生的一片恶浊的空气。

我开始感觉到，我们的文学艺术不能适应社会主义的经济基础，那它就必然要破坏社会主义的经济基础。这个阶段，我只想争取到批评的权利，但是很难。第一篇真正有分量的批评“有鬼无害”论的文章，是在上海柯庆施同志的支持下，由他组织人写的。[①]

① 见吴迪著：《中国电影研究资料：1949—1979》(下)，文化艺术出版社2006年版，第89页。

江青所说的“第一篇真正有分量的批评‘有鬼无害’论的文章”发表于1963年5月6日、7日上海《文汇报》，题为《“有鬼无害”论》，笔名“梁壁辉”。根据原华东局宣传部理论处的唐荣智《“文革”从华东局开始的三件史事》一文所载，此文的作者是他的上司、原华东局宣传部主持工作的副部长俞铭璜，奉柯庆施之命所写。文章写后，柯庆施看了认为写得太学术气，就叫张春桥改。柯看后说，你们两人写的，笔名就叫“两笔挥”吧，后来用其谐音即“梁壁辉”。俞铭璜在发表《“有鬼无害”论》之后半年便病逝了，年仅47岁。

又据柯庆施另一位秘书蒋文杰回忆：“（1958年5月）在去北京开会之前，柯庆施的发言稿已写好。这一稿是张春桥的手笔。（主题是批判经济建设领域里的“少慢差费”。——作者注）到北京后，柯庆施改变主意，放弃张春桥起草的发言稿。从江苏代表团找来俞铭璜，另起炉灶，重写一稿。题目是《劳动人民一定要做文化的主人》。俞铭璜确是快手、高手，仅用三四天时间，就赶出来了。”从蒋文杰的回忆中可以看出，当时俞铭璜与张春桥同为柯庆施手下的“两支笔”。

在俞铭璜病重期间，柯庆施让中共上海市委宣传部部长张春桥接替俞铭璜。

《“有鬼无害”论》可以说是江青与张春桥的首次协同作战取得的“成果”，其矛头指向是针对孟超写的昆曲《李慧娘》，以及1961年8月31日《北京晚报》发表的北京市委宣传部副部长廖沫沙赞扬该剧的文章《有鬼无害论》。

这篇“有分量”的文章发表后，立即引起毛泽东的注意，他在制定《前十条》的杭州会议上说：“有鬼无害论”是农村、城市阶级斗争的反映。此后，毛泽东对文艺界的批评日益严重，在宣传部和文化部送交的文件上又相继作了两次重要批示，尤其在1964年中宣部写的《关于全国文联和各协会整风情况的报告》草稿上所作的批示：

这些协会和他们所掌握的刊物的大多数（据说有少数几个好

的），十五年来，基本上（不是一切人）不执行党的政策，做官当老爷，不去接近工农兵，不去反映社会主义的革命和建设。最近几年，竟然跌到了修正主义的边缘。如不认真改造，势必在将来的某一天，要变成像匈牙利裴多菲俱乐部那样的团体。[①]

主管意识形态的部门领导坐不住了，文艺界立即掀起了大批判的热潮。一大批文化界的代表人物如夏衍、田汉、阳翰笙、邵荃麟、齐燕铭等受到批判。《早春二月》、《舞台姐妹》、《林家铺子》、《不夜城》、《红日》，以及京剧《谢瑶环》等作品的批判，都是由康生、江青最早点名的。

江青在申江掀起逆浪的第一波得逞后，就把批判的矛头直指《海瑞罢官》。叶永烈在《江青传》中写道：

早在1962年7月6日，她在北京看了京剧《海瑞罢官》，就认为问题严重。不久，在跟中宣部、文化部四位正副部长谈话时，她提到了要批判吴晗的《海瑞罢官》。部长们竟充耳不闻，仿佛没有听见似的。她向来是个一不做、二不休的女人。她看准了《海瑞罢官》，那就绝不会轻易放过。遗憾的是，她只能靠嘴巴进行“批判”。她必须物色“笔杆子”作为她的刀笔吏，替她捉刀。江青继续求助上海。柯庆施依然推荐张春桥。张春桥对京剧是外行，对“大批判”却是行家里手。照理，这位宣传部长完全可以独力承担江青交给的重任。不过，张春桥心眼颇多，不像俞铭璜那般直来直去。张春桥知道这次交办的任务来头不小，牵涉颇广颇深，他宁可退居幕后指挥，向江青另荐上海一位“青年文艺评论家”姚文元。江、张、姚就这样开始秘密“合作”，炮制那篇揭开“文革”大幕的“宏文”——《评新编历史剧〈海瑞罢官〉》。

① 见人民网·党史上的今天，网址http://cpc.people.com.cn/GB/64162/64165/66026/.

在一手抓“大批判”的同时，江青便在上海抓“京剧革命”。

1963年2月，江青把爱华沪剧团公演的《红灯记》（原名《革命自有后来人》）介绍给了中国京剧院改编成京剧；同年秋，她又将上海人民沪剧团集体创作的《芦荡火种》推荐给了北京京剧院一团。为了帮助北京京剧院一团演好《芦荡火种》，江青还把上海人民沪剧团专程请到北京，以便直接在他们的表演中学习。

已擢升为上海市委书记处书记兼宣传部部长的张春桥，眼睁睁看着江青将自己属下的两个剧团的现代戏移植到北京，成了别人家的两只红苹果，心头酸楚，不是滋味，于是他决心在上海抓几出京剧现代戏，以示上海方面的业绩。

1963年早春，张春桥把江青请到上海京剧院，对京剧《智取威虎山》进行指导。江青看了说：“这出戏有基础，有潜力，要集中力量进行修改。”张春桥心头惊喜，马上调动人马，在1958年版本基础上进行了增删改动。

京剧《智取威虎山》这个版本可以说是“大跃进”时期的产物。其时号召破除迷信，大干快上，人人都可以写诗作文，演员也可写剧本。于是1958年春，上海京剧院的几个演员商量后，决定将曲波小说《林海雪原》改编成京剧《智取威虎山》。当时的编剧小组，成员有：陶雄、申阳生、李桐森、黄正勤、曹寿春等，执笔者是申阳生。导演：陶雄（执行）、李仲林、李桐森。舞美设计：辛熙、周凡。主演：李仲林、纪玉良、贺永华、王正屏等。鼓师：王燮元。琴师：赵济羹。1958年8月首演于南京中华剧场。

首演后感觉不足，适逢北京人民艺术剧院在上海演出《林海雪原》，他们便去观看借鉴。话剧《林海雪原》总导演是焦菊隐，演员包括童弟（饰少剑波）、童超（饰杨子荣）、胡宗温（饰白茹）等。话剧将小说的背景确定为雪地、深山庙堂、威虎厅、李勇奇家的固定场景（这几组场景，除了深山庙堂外，其余皆被日后的样板戏《智》剧所借鉴）。最为重要的是，话剧将主角定位于孤胆英雄杨子荣身上，虽然少剑波依然“能谋善断，指挥若定"，但比杨子荣的戏份少了许多。此外其他角色的戏却有所增加，以此体现集体力量和群众智慧。导演要求"在每一场戏中，每一个人都是非常热情和欢乐的"。这种温情脉脉的叙事方式表现出革命军人的人情与人性，无疑削弱了冲突、暴力与流血牺牲，而这一"问题"将在多年后的样板戏中得以"解决"。

话剧的演出激发了上海京剧院再修改的动力，是年9月17日，京剧《智取威虎山》便在上海中国大戏院公演，由李仲林饰杨子荣，纪玉良饰少剑波。

1964年，为了参加在北京举行的全国京剧现代戏会演，此剧复排，作了若干修改，修改者陶雄、刘梦德。导演陶雄、李桐森。邀请上海电影制片厂老导演应云卫进行指导。主演李仲林、纪玉良。舞美设计辛熙。音乐设计辛清华、陈立中、高一鸣。鼓师张鑫海、段鹤亭。琴师陈立中、黎秋觉。此剧本发表于《剧本》1964年第12月号上，署名：上海京剧院集体改编。其中的台词、唱词、情节未作根本性的改写，只作少量的删减。

与此同时，中国京剧院的范钧宏根据小说前八章改编了京剧现代戏《林海雪原》，由李少春、袁世海等主演；辽宁京剧团和北京京剧团也先后改编成《智擒惯匪座山雕》，由马长礼、谭元寿主演。这样在舞台上就有了三个题材相同的京剧现代戏上演了。

惯演传统戏的老艺术家们，演现代戏可为难他们了！虽然中国京剧院为演好《林海雪原》出动了全体人马，连雪艳琴、侯玉兰、杜近芳这些名角也都加入，并且十分卖力，却很难把戏演好。传统戏与现代戏是逆向而行的悖论，老的表演程式、老腔老调，显然难以表达现代人物的思想情感。因为音乐唱腔是有形象的，李少春唱少剑波，就像林冲；袁世海唱刘勋苍就像鲁智深；锣鼓经也是旧的，太喧闹。反面人物的戏演得活，压住了英雄人物。可见改造旧京剧、演新剧之难！改造、打磨确实需要时间，虽然后来的"样板戏"搞得高大全，为当时政治服务，有千人一面，公式化、概念化倾向，但在表演程式与唱腔上确是一个重大突破。经过反复锤炼的童版《智》剧无论在剧本改编、音乐唱腔设计，还是表演程式方面，要比李版好得多，这与演员无关。作为非物质文化遗产，传统京剧表演现代生活确实需要探索，需要时间。

张春桥听说江青曾看过淮剧《海港的早晨》，说这个戏可以改编成京剧，便立即组织专人投入这出戏的改编、移植与排演。此外，他在华东地区话剧观摩演出中选择了福建话剧团演出的《龙江颂》，以及广东军区战士话剧团演出的《南海长城》，也试图把这两出话剧改编成京剧。

从柯庆施号召“大写十三年”之后，全国文艺界各剧种、曲种，所有传统剧目一律停演了，上海地区各戏曲团体只得拼命寻找、挖掘能表现解放后现代生活的题材，到了几近无戏可演、无曲可唱、万马齐喑的尴尬地步。

## 二十五　四姐惹恼“客人”

我本将心向明月，无奈明月照沟渠。

——（元）高明《琵琶记》

1964年8月，童祥苓从欧洲演出归来，传统戏已经在舞台上消失了。上海市委接到江青“指示”，要对《智取威虎山》进行全面的修改加工。为了加强演员力量，童祥苓与孙正阳两个青年演员一度调到该剧组排练。孙正阳演杨子荣，童祥苓演少剑波。不久，剧本进入全面修改，由演武生的贺梦梨代替孙正阳演杨子荣。童祥苓因姐姐得罪江青与张春桥，也被换下，去演《红灯记》里粥棚喝粥的群众，后来又改演《海港的早晨》里的配角于宝昌（《海港》中易名韩小强）。

起初，宣传部与上海京剧院领导考虑到童芷苓喜欢排演新戏，又有演话剧、拍电影的经验，善于表现现代人物的特点，让童芷苓扮演《海港的早晨》主角金树英（即以后《海港》里的方海珍）。于宝昌一角则由童祥苓担任。张春桥不久前看过童芷苓演的这出戏，也没有什么意见。

姐弟俩在共舞台日场演出《海港的早晨》的第二天，领导通知大家在后台集合传达“客人”意见。当时童祥苓尚不知这位“客人”就是江青。化妆室气氛凝重而紧张。传达的内容是，“客人”对戏不满意，点名批评童芷苓说《海港的早晨》是硬骨头难啃，对现代戏缺乏无产阶级感情等。童祥苓也被点名，说这么好的演员去扮演中间人物（于宝昌），居心何在？此时站在童芷苓身边的童祥苓低声问四姐：“什么叫中间人物？”童芷苓紧张地向弟弟摇手，示意他不要出声。童祥苓从姐姐的脸上看到她的不安与惶恐。

会议结束，大家默默离去，童祥苓陪四姐从后台出来，童芷苓轻轻地对弟弟说：“我恐怕完了！”

童祥苓劝姐姐：“你不要想得那么严重。《海港的早晨》确实不好搞上去，说句硬骨头难啃也不为错，说咱们对现代戏没感情这没道理。”

童芷苓听着没反应，分手时，她语气沉重地对童祥苓说：“小弟，咱们好自为之吧。”

回国不久的童祥苓对当时严峻的形势尚看不清楚，还很天真、坦然，更不会料到此后童家即将面临的灾难。

然而，比祥苓大13岁的芷苓的预感是对的，她通过与江青几次接触，从她对自己态度的转变与睥睨的目光中，已预知到了自身的危险！

江青初次涉足上海搞“京剧革命”时，有孤掌难鸣之感，在她看来，京剧圈里的艺术家们，要么懂戏，但意识陈旧；要么愿意创新，却很有主见，难以贯彻她在阶级斗争中塑造英雄人物的旨意。因此，她暂时收敛起惯常的颐指气使、居高临下、任性霸道、变化无常的坏脾气，处处装出对艺术家谦和尊重、不耻下问、礼贤下士的恭敬模样。

江青来沪“调查研究”，初见童芷苓，嘘寒问暖，语带几分亲切。她多次声明：“我是普通老百姓”，“我是学习来的”。芷苓心中倒生出几分好感。当江青让她在《海港的早晨》中担任主演时，童芷苓对这位“中央首长”的青睐，心里确有几分感激。

自从主演《海港的早晨》之后，童芷苓渐渐觉得自己深陷泥淖，难以自拔了。

《海港的早晨》本来是“大写十三年”的产物，是淮剧团为“配合阶级斗争”而写的“应景之作”，市委宣传部、文化局将何慢、郭炎生调来，把同名淮剧移植成京剧。该剧讲述了海港青年工人于宝昌因不安心码头工作，在搬运中散了包，坏分子趁机破坏。党支部书记金树英（后来易名方海珍）领导工人齐心协力，寻回散包，并教育于宝昌提高认识。这出戏没有矛盾冲突，所谓阶级敌人的破坏也纯属杜撰，缺乏生活依据。戏里没矛盾冲突，也就没戏；没戏，要激发演员的感情，把戏演好，就显得十分困难。

尽管如此，童芷苓为了还敬江青的眷顾，仍十分投入，多次下码头体验生活，一去便是三个月。回来后，1965年1月演出于人民大舞台。该剧虽然先天不足，缺少戏剧冲突，但凭着童芷苓惯于演新剧所积累的经验与娴熟的唱演技巧，上海观众对她依然非常追捧，海报贴出后，场场客满，连演一个多月。江青看了，也没发表任何意见。

谁知5月10日，剧组领导和主创成员突然被市委找去，传达了江青指示，说“首长”看了演出，对戏全盘否定，甚至批评童芷苓台上不会走路。这一下可把童芷苓气得够呛，她不管首长不首长，当着领导的面不加掩饰地表示了自己的愤慨：“我演了这么多年戏难道台步都不会走？”她快言快语，对江青、张春桥看中的本子大加批评：“我几次下码头，见扛大包的工人全是清一色男的，看不见有一个女的，戏里偏偏放了一个女书记，这不符合生活真实”，“矛盾冲突不突出，整出戏像白开水，这样的戏谁也演不好！”

童芷苓说的是真话，却大大冒犯了江青。但这个戏原本是她指定改编，此时适逢全国京剧现代戏观摩演出在即，又一时难找替代童芷苓的演员，江青只得暂且强忍怒火，没有形露于色；但她对这出戏的热情已陡然消失，对它能否参加全国观摩演出只字不提，心中已有了更换演员的打算。

张春桥猜不透江青的心思，反而惴惴不安起来。此前，虽然他隐约感觉江青的不满，但这个戏经营有年，岂能轻易放弃？去北京参加全国现代戏观摩演出期间，在江青没有明确表态的情况下，他不得不以进一步征求她与兄弟省市同行意见的名义，将《海港的早晨》剧组送到北京。但他对大家说，戏是带去了，演与不演，到时再说。后来，张春桥通过多方探询，终于获悉，江青主要是对童芷苓极为不满，她曾恶狠狠地说："与童芷苓在一个党内，我感到羞耻！"了解江青颐指气使、随心所欲的张春桥自然不敢在江青面前提起此事。到了北京，《海港的早晨》剧组不化妆，不设布景，在内部响排了两次。江青也始终没去观看。

既然《海港的早晨》不让演，童芷苓演小戏《送肥记》时便铆足了劲，与沈金波、李多芬配合默契，演出效果出奇好，现代戏观摩大会上占尽风光。《送肥记》是一折小戏，讲述思想落后的贫农钱二嫂，为送肥一事与丈夫发生争执，经教育后改正了错误的故事。

周恩来总理百忙中两次观看《送肥记》，看后大加赞赏，握着芷苓的手连说两遍："你把我们苏北农村妇女演活了。"观摩期间，多达100多个剧团纷纷向芷苓求教，要学演钱二嫂，她应接不暇，大会只得组织集体听课，请她主讲，足见此戏的成功。前辈花旦名家芙蓉草先生不仅带了一批中国戏校的学生前来观摩，而且亲自撰文在报上宣传表扬。田汉观后说："有嗓子的不唱，没嗓子的穷唱。"他许诺芷苓："我要给你写一出重唱工的现代戏。"（即后来的《谢瑶环》）夏衍也称赞道："《送肥记》演得好，是因为童芷苓基本功好，用得活，才能演戏。"连她的恩师荀慧生先生看完戏跑到后台，笑着对芷苓说："这戏很成功，人物琢磨到了家，这样的创作是对头的，我祝贺你来了。"

《送肥记》所以大获成功，与芷苓的努力是分不开的。她去农村体验生活，寻找人物原型，然后又对钱二嫂这个人物进行仔细分析：她性格泼辣，丈夫见她怕三分；但也有勤劳朴实的一面，虽然有点自私。童芷苓在表演中用批评的态度，使用喜剧性的手法，让观众发出善意的笑声。她上场时连说带唱西皮原板，把生活中的语气与唱糅合在一起，唱到"有人说我自私自利"的后面加了一声"哎哟"，再接唱"多浇点自留地可有啥稀奇”。这声叫，叫出了她对批评抱无所谓的态度，与前面那句“小日子愈过愈富裕”中插入一个情不自禁的笑，形成了鲜明对比，可谓“妙笔生花”。

当然，从今天的眼光去审视，这出小戏所反映的题材，随着农村体制的改革早已过时，不复再现；但童芷苓用京剧的形式刻画现代人物的成功经验，还是值得借鉴的。

在观摩期间，《送肥记》获得好评，芷苓也满心欢喜，连忙写信告诉在上海的丈夫陈力。

当天，会场内不意与江青擦肩而过，芷苓忙打招呼，江青却铁着脸，什么都不说走了。童芷苓有些纳闷，细一想明白了：江青亲手抓的《智取威虎山》，行内行外反应冷淡，还不时有批评声传到她耳边，她自然窝火。《送肥记》不是她亲自抓，越红火，她越生气。芷苓思忖："我又没招你惹你，你自己没抓好，还好意思给人看脸色。"

江青看戏时，一直阴着脸，周围的人连大气都不敢出。戏散了，谢幕在长久的掌声中结束。江青瞪了瞪眼，冷冰冰地说道："童芷苓劳动人民本质出不来，只会丑化，这戏大有问题，要演就得大刀阔斧地改。"上海代表团带队的领导，接到江青的指示，便严令修改，限定全戏删掉三分之一。"为什么要砍？"芷苓不服："她懂什么！"带队的领导一再息事宁人，大有好汉不吃眼前亏的意思。童芷苓难咽这口气，对戏仅作了一些小改动，精微处全都保留了。

不谙政治的童芷苓回沪后做了一件傻事，她找张春桥汇报了田汉将为她写《谢瑶环》一事，她幼稚地认为排练时会得到这位副书记的支持。但她不知道田汉、夏衍此时已列入"文艺黑线"名单，张春桥听了不露声色，不置一词，让芷苓一头雾水。

1965年2月，京剧《海港的早晨》剧组又一次去码头体验生活，并对剧本进行了修改，不久便在人民大舞台、延安剧场初次公演。只是张春桥苦于一时找不到担任金树英一角的合适演员，只得仍让童芷苓主演。单纯的童芷苓还在此时应《文汇报》所约，由记者代笔替她写了

《我演〈海港的早晨〉深入生活琐记》一文，虔诚地谈了为培养自己的工人阶级感情，在码头与工人同吃同住同劳动，拜工人为师，努力进行“自我改造”的感受。

尽管文章在报上发表，但童芷苓根据张春桥手中朝令夕改的剧本，排了又排，没完没了，开始冲着张春桥发牢骚。她坚持认为，《海港的早晨》的故事不真实，靠折腾是出不来戏的。她在码头上体验生活，怎么也找不到一个扛包的女书记，即使男书记也总在忙于扛包，根本说不出什么道道来。张春桥听着，不予理会。芷苓憋着一肚子火，终于忍不住在剧组讨论总结会上爆发出来。

“我干不了啦！”童芷苓说。

张春桥没理她，只说：“戏必须改！”

芷苓不让步：“要改就整出改。”她接着说：“观众看戏，不是来听社论，还是换个男的来演吧！”她把一瓢子“水”泼向张春桥，张春桥脸都气歪了。殊不知，禀性耿直的童芷苓出了一肚子闷气，痛快是痛快了，却种下了祸根。

在这出戏公演的过程中，江青倒是观看了两次，还发表了不少意见。但她的指示有时信口开河，前后矛盾，使得创作人员无所适从，苦不堪言。来自上海人民艺术剧院的大导演杨村彬，忍不住发了一句牢骚：“这可真是‘苦海无边’哇！”这句话马上传到江青、张春桥的耳朵里。而剧组政治指导员李莉，为了证实他们被江青否定的修改，正是江青自己先前的“指示”，还当着江青的面核实笔记，更把江青气得绷着脸，不发一言。

到了3月上旬，已从上海音乐学院调来的民乐系教师于会泳调入《海港的早晨》创作组，对剧组进行了重大改组。

一天，张春桥把童芷苓召去，通知她：“今后你演老旦吧，不要再演花旦了。”没等芷苓反应过来，张春桥接着说：“叫你演老旦，你想不通？”他装出关心的样子：“江青同志是爱护你的，一个花旦演员没有多少年能演，演老旦倒能一直演下去。”

童芷苓再难忍耐，她针锋相对：“年纪大了老旦也不能演，唱老旦一定要有底气。”

张春桥脸上挂色，芷苓依然不饶：“我才四十三，为什么不能演花旦？”

张春桥火了，芷苓更是怒不可遏，她摔门而出，临走还甩给张春桥一句话：“还是把我调到北京去吧！”

张春桥目瞪口呆，眼中却露出难以掩饰的凶光。

未几，张春桥秉承江青的旨意，一道命令下来，正式指出童芷苓担任主角“不合适”，改由从上海戏曲学校昆剧学员中挑选的蔡瑶铣继任《海港的早晨》女主角；罢免杨村彬的导演职务，由副导演张琴暂任导演。童芷苓则去扮演《沙家浜》的老旦角色沙奶奶。不久，便干脆让芷苓下乡去搞“四清”了。

“文革”结束，曾有记者采访过童寿苓，他感叹四妹芷苓平生最大的难就是“文革”劫难：

> “文革”中她被江青选中出演京剧样板戏《海港》中方海珍的角色。她多次下码头体验生活，可排演了几次都不理想。她感到该剧矛盾冲突设计不合理，她说：“我几次下码头，见扛大包的工人全是清一色男的，看不见有一个女的。戏里偏偏放上一名女书记，这不符合生活真实。”她以为她作为戏中的角色，必须实事求是从生活出发谈塑造角色的合理性。哪晓得《海港》剧组乃是按照江青既定的调子在操作，她无意中得罪了江青还浑然不知。以后，江青又让童芷苓去演《红灯记》里的李奶奶。童芷苓个儿高，显得年轻，形象不对路。青衣不演演老旦，她觉得不合适。由此又惹恼了张春桥。张春桥几次到京剧院煽风点火，扬言说，童家有几个好人哪！

事过境迁，童家班中的领军人物童芷苓的艺术生命就在这样一场“京剧革命”中被扼杀了！

# 二十六　权力的扶持

政府的行政机构就像一家信托所，
须为委托人的利益而不是受委托人的利益工作。

——［古罗马］西塞罗

童祥苓访欧回国，全国京剧现代戏观摩演出大会已告结束，他并未参加。但关于这次大会的情况，还必须作些介绍，这对读者此后了解《智取威虎山》创作的全过程，以及童祥苓与该剧的关系、纠葛、所起作用、所受的压力和委屈，也许有所帮助。

金勇勤是《小王桂卿传》的作者，上海京剧院编剧（作品有新编历史剧《郑板桥》、《剑阁闻铃》等）。1963年高中毕业才十八九岁，因父亲酷爱京戏，便让他考入上海京剧院，被安排在一团《智取威虎山》剧组，他在剧中当过群众演员，后来又一直当场记。从《智取威虎山》被江青看中，在1958年版的基础上作了初步修改，打上江青印记，到半年后进京参加全国京剧现代戏观摩演出大会；从1965年3月上海成立“戏改创作小组”，由张春桥亲自坐镇、于会泳参与，对《智取威虎山》进行“脱胎换骨”式的修改；从宣布该剧成为“样板戏中的样板”参加各种招待外宾的演出，到再次进京，历时三年拍制成彩色戏曲片《智取威虎山》，凡此种种，他无一不亲身经历。笔者采访他时，他毫无保留地提供了童版《智取威虎山》定型前后的有关情况。

1964年6月5日，全国京剧现代戏观摩演出大会在北京拉开序幕。

参加演出的有文化部直属单位和19个省、市、自治区的29个剧团2 000多人，演出大戏25出，小戏10出，仅大戏就有中国京剧院的《红灯记》、《红色娘子军》，北京京剧院的《芦荡火种》、《杜鹃山》，上海京剧院的《智取威虎山》，山东京剧院的《奇袭白虎团》，淄博、青岛京剧团的《红嫂》，云南京剧院的《黛诺》，长春京剧团的《五把钥匙》，唐山京剧团的《节振国》，内蒙古京剧团的《草原英雄小姐妹》，天津京剧团的《六号门》，哈尔滨京剧团的《革命自有后来人》，江苏京剧团的《耕耘初记》，北京实验京剧团的《箭杆河边》等。

上海带了两台大戏，除了《智取威虎山》外，还有《海港》。金勇勤说，张春桥明白地告诉大家，你们见了亲朋好友先不要说《海港》，《海港》拿不拿出来看情况再说，重点是《智取威虎山》。

所谓重点戏其时尚未成熟，还是个雏形，虽也花了半年不到的时间稍作增删，但还是小说《林海雪原》的路子，戏里还有一撮毛、蝴蝶迷的戏，与后来改编的《智取威虎山》差别很大。童祥苓也如是说。

上海方面带去的还有《送肥记》、《柜台》、《审椅子》、《战海浪》四个小戏。《柜台》是上海戏校郭炎生根据青岛市话剧团高思国同名话剧本移植，艺术顾问应云卫、导演薛正康等，美术设计上海戏剧学院舞美班。戏中王健英饰杨桂香，由言少朋饰杨正林，张少楼饰李玉秀，李炳淑饰李慧萍，李永德饰周金山。1964年5月22日首演于上海中国大戏院。该剧反映20世纪60年代不同的工商业者对商业工作所持的观点和工作态度，歌颂了全心全意为人民服务的商业道德，批判了一些青年人轻视商业工作，把服务性行业看成"侍候人"的错误思想。《审椅子》由李玉茹和丑角演员伊鸣泽主演。《战海浪》是一出武戏，由王岑森、丁梅魁、吕香莲（王凤莲）演出。《送肥记》由童芷苓担任主角，与沈金波、李多芬合演。

由张春桥带领的上海京剧观摩代表团住在东直门海运仓一号一个海军招待所里（原清皇室储存冰块供夏天使用之处，小说《林海雪原》中少剑波的战友孙大德工作单位北京中医学院就在隔壁，对面即是《中国青年报》社）

新中国成立后，集全国京剧界的精英在北京举办规模空前的京剧现代戏会演尚属首次。前来观摩的京剧界人士态度各不相同，大部分是来观望的，少数固守京剧传统的人说怪话的有之，个别的则私下挖苦、调侃。因为这部分艺人担忧京剧"一刀切"搞现代戏，将会把京剧优秀的传统剧目与表演手段全给否定了，京剧的未来将走向何处？他们原本安身立命、献身一辈子的表演艺术血脉会不会就此中断，付之东流？客观地说，这部分京剧人的担忧也并非空穴来风。

个别艺人对“上京”带来的剧目不屑一顾，认为“京派”乃正宗国剧，上海京剧属“海派”，艺术上不如“京派”，嘴里不说，心中不免轻视。

大会领导小组原本对上海《智取威虎山》并不看好，认为水平不够，被安排在第四轮演出，但江青利用权力，横加干涉，把《智》剧提到第一轮。且看当年记录的演出程序：

演出共分六轮

第一轮　6月5日至10日

上海演出团演出《智取威虎山》

哈尔滨京剧团演出《革命自有后来人》

北京市实验京剧团演出《箭杆河边》

山东省演出团演出《奇袭白虎团》

北京京剧团演出《芦荡火种》

第二轮　6月11日至16日

天津市京剧团演出《六号门》

北京京剧二团演出《洪湖赤卫队》

上海演出团演出《战海浪》、《柜台》、《送肥记》、《审椅子》

黑龙江戏曲学校实验京剧团演出《千万不要忘记》

内蒙古京剧团演出《草原英雄小姐妹》

第三轮　6月17日至22日

陕西省京剧院演出《延安军民》

南昌市京剧团演出《强渡大渡河》、《李双双》

武汉市京剧团演出《柯山红日》

云南京剧院演出《黛诺》

第四轮　6月26日至7月1日

江苏省京剧团演出《耕耘初记》

乌鲁木齐市京剧团演出《红岩》

长春市京剧团演出《五把钥匙》

宁夏京剧团演出《杜鹃山》

青海省京剧团演出《草原两兄弟》

第五轮　7月2日至7日

河南省京剧团演出《掩护》、《红管家》、《好媳妇》

青岛市京剧团和淄博市京剧团联合演出《红嫂》

江苏演出团演出《再接鞭》

中国京剧院演出《红灯记》

唐山京剧团演出《节振国》

广西京剧团演出《烈火里成长》

第六轮　7月8日至31日

北京京剧团演出《杜鹃山》

中国京剧院四团演出《红色娘子军》

贵阳市京剧团演出《苗岭风云》

另有中国戏曲学校实验剧团的两部新戏《红旗谱》和《朝阳沟》被无端“枪毙”。

从上述演出节目的程序中不难看出，江青在上海“基地”所抓的现代戏，对它们的扶植可谓不遗余力：大戏安排在首轮，小戏安排在二轮。而两年后的“文化大革命”中所“产生”的所谓“革命样板戏”绝大部分脱胎于上述所列的优秀剧目。

江青举办这样大规模的京剧现代戏会演的目的昭然若揭了。

第一轮第一出戏的《智取威虎山》演出之后，批评的声浪便涌动了，而且十分激烈，一致认为，该戏“一平二散三乱”，“是一杯白开水”。扮演杨子荣的李仲林长得瘦长，他武功好，却没嗓子，有人就讥讽杨子荣像“大烟鬼”。扮演少剑波的演员纪玉良有嗓子，演出经验丰富，但也有人挖苦他是“下海”的票友。弄得上海方面的演员情绪低落。本来，这出戏小补小改，问题确实不少，招致同行的批评也很正常。相反，山东京剧团的《奇袭白虎团》演出后赢来一片赞扬声，扮演侦察排长严伟才的宋玉庆是个年轻演员，能文能武，很吸引人；加之舞台上采用了探照灯一类的现代灯光，效果尤佳。

第一轮比试的结果，同样是军事题材，上海的《智取威虎山》明显“落败”，处于下风。

有鉴于此，7月8日，经江青授意，由大会第三次领导小组作出决定，在会演期间把题材相同的三出戏放在首都剧场同时上演，以便让观众比较、评论：一出是北京人民艺术剧院由童弟、童超、胡宗温主演的《林海雪原》；一出是北京京剧团由马长礼、谭元寿主演的《智擒惯匪座山雕》；一出便是上海京剧院由李仲林、纪玉良主演的《智取威虎山》。通过三个不同本子的比较，对于在京剧舞台上如何塑造当代英雄形象，以及如何在改编、移植工作中贯彻政治标准第一，艺术标准第二的问题，展开群众性的讨论。其实，讨论是假，是想通过比较，表明《智取威虎山》比另外两出戏高明才是真。当时大家心知肚明。因为上海的《智取威虎山》是1958年创作的，并没有作大的修改；况且演职人员都是从“四清”调回来，仓促上阵（黎舟：《忆一九六四年全国京剧现代戏观摩演出大会中的几件事》，《新文化史料》1999年第5期）。

据金勇勤回忆，上海《智取威虎山》演出时，小说《林海雪原》的原作者作家曲波与他的妻子刘波，以及孙德华的原型孙大德同志，都来看戏了。演出结束后，他们来到后台，走进化妆室，慰问扮演杨子荣的李仲林；满头大汗的李仲林正在卸装，得知他们三人的身份后，立即把剧组的演员召来，作了介绍。曲波同志显得很激动，他感谢上海京剧院的同志，把他的战友“杨子荣”的英雄事迹搬上舞台，并答应提供当年剿匪时整个东北战场的形势以及剿匪的详细情况，供剧团修改时参考。他没有食言，果然，在大会观摩期间，曲波邀请了编剧、李仲林等一些同志去他家做客，关于当时剿匪的形势与情况，他讲了半天。童版《智》剧在后来的修改中就把时代背景交代清楚了，如少剑波《朔风吹》这段唱词中加上了“党中央指引着前进方向，革命的烈焰势不可挡！解放军辗转千里肩负着人民的希望，要把红旗插遍祖国四方！哪怕它美蒋勾结假谈真打，明枪暗箭百般花样，怎禁我正义在手仇恨在胸以一当十，誓把那反动派一扫光！”的唱词，说明当时东北全境虽获解放，但国民党军队被我军击溃的残余势力，搜罗一些伪满官吏、地主、恶霸、流氓，组织土匪武装，钻进深山老林，不断进行军事骚扰。此时抗美援朝战争已经开始，未被消灭、盘踞在东北深山老林里的一部分国民党残余势力与惯匪勾结，蠢蠢欲动，妄图配合美蒋“反攻大陆”，对东北人民的生活也构成威胁。这就突出了小分队与“杨子荣”深入敌方，捣毁匪窠的正义性与必要性。这便是小说《林海雪原》以及童版《智》剧交代的时代背景。它与“杨子荣”剿匪的真实故事在时间上是有区别的。后者乃林彪指挥的东北民主联军为巩固牡丹江一带的根据地，准备进入对国民党军队的战略反攻，于1947年初而采取的剿匪行动的一部分。

后来，童版《智》剧成了“样板戏中的样板”，演出后影响全国。北京大学、清华大学等高校学生，得知《智》剧中杨子荣的战友孙德华就是在北京中医学院工作的孙大德同志，便相继邀请他去作报告，讲述当年他与战友们剿匪的故事。因为孙大德亲身经历过剿匪斗争，所以，他的报告讲得很生动很真实，受到师生们的欢迎。然而，报告不是文艺作品，太真实，免不了带有自然主义。有一个北大低年级学生写信给于会泳，批评童版《智》剧不如孙大德的报告生动，于会泳把这封信交给了江青，江青看了大发脾气，于是，在她的淫威下，孙大德以“破坏革命样板戏”的罪名遭到批斗、迫害，并被扣上了“政治骗子”的帽子。

曲波是个文化人，政治上比较敏感，他知道《智》剧已打上江青印记，此后对于小说《林海雪原》及自己参与的剿匪生活只字不提了，以免招祸。尽管如此，他在“文革”中仍遭到迫害。

三台戏演出结束后，在中央音乐学院礼堂召开了一次所谓的“学术报告”，报告人是张春桥。他在报告中痛批了周谷城的“时代精神汇合论”，说时代精神是不能汇合的，一个时代的主体意识就是时代精神。特别提到京剧现代戏《智取威虎山》时，他说，大家有许多不同意见，有的还很尖锐，没关系，艺术上的问题有比较才有鉴别。现在三台同样题材的戏在北京同时上演就很好，大家可以进行比较、鉴别。我觉得还是上海的《智》剧比较干净一些，其余两台戏中有匪气，还有打情骂俏，没有围绕消灭座山雕展开剧情。

北京艺术剧院的童超、童弟两兄弟都是演技高超的话剧演员，戏中童超上台报告小火车被炸的那段台词说得十分精彩，赢得满堂彩。但张春桥说，戏能否成功主要看它的主题与立意。

张春桥表态后，下面坐着的2 000多前来观摩的演员开始议论纷纷，一下子像炸了锅。此前，这些懂戏的行内人士看了《智》剧，把它与《奇袭白虎团》、《芦荡火种》比较，一致认为，无论是人物塑造，还是唱腔、武打场面，前者都明显略逊一筹。一向把演出排序看得很重的演艺界，对上海的《智取威虎山》放在首轮已大惑不解，听张春桥如此偏袒《智》剧，就激起更大不满。有人说："这人是谁啊？口气那么大！"当时张春桥尚未出名，略知情况的就说："他是上海来的书记（其时张为上海市委书记处候补书记），管文教，带队的，是上海演出团团长。""喔，怪不得他为上海说话！"

张春桥虽然嘴上说同样题材的戏可以作比较、鉴别，实际上他秉承江青的旨意，早在《智》剧5日晚上开场前已率先把一篇吹捧《智取威虎山》的文章交给《人民日报》发表，为其造势。

据时任《光明日报》总编辑的穆欣在《劫后长忆：十年动乱纪事》（上海科学普及出版社1997年版，第410—411页）一书中回忆，张春桥早就把准备好的对《智》剧颂扬的文章，分派给首都大报，《光明日报》分到的是《〈智取威虎山〉的改编与演出》。穆欣在得知《智》剧首轮演出行内行外的这些议论之后，在发表《〈智取威虎山〉的改编与演出》一文时，颇费心思，既要考虑江青、张春桥的来头，还要照顾业内的评价。他决定，按照汇演剧目的排列顺序（非演出顺序）刊登评论。《智》剧在汇演名单上排第二，对《智》剧的这篇评论文章就放在二条。穆欣还责成编辑向青年评论家林涵表（据原上海艺术研究所副所长黄钧先生所述，此乃笔名，是把其时文化部副部长林默涵的意见表达出来，故化名作林涵表）约稿，从专业角度对《智》剧进行评论，在6月15日发表了林涵表《〈智取威虎山〉观后漫笔》一文。在总体肯定《智》剧的同时提出一些意见，特别是对英雄人物杨子荣、少剑波的塑造问题提出不同看法。黄钧先生作为上海观摩团成员，也看出了《智》剧从剧本到表演，与《沙家浜》、《红灯记》相比，确实差了一大截，连《奇袭白虎团》都不如。他说，"剧本把反派人物的戏删得太多，没有斗争，就看不出杨子荣的智慧在哪里"。当然，这是黄钧先生在接受采访时说的话，当时他哪敢说！只能把这种直觉深埋于心底罢了。

此举惹恼了江青，她通过中宣部施压，要求穆欣署名发表文章，批评林涵表，为《智》剧站台，并亲自和穆欣谈话，要他支持《智》剧（穆欣：《劫后长忆：十年动乱纪事》，第410—415页）。

第一阶段汇演即将结束时，6月23日，文化部在人民大会堂主持召开了汇演座谈会。周恩来讲话后，作为这次观摩演出大会顾问的江青随后讲话。江青这个讲话，就是"文革"中广为流传的《谈京剧革命》。她几次以《智》剧为例，阐发观点。她说：

> ……京剧容易夸张，从程序出发。写反面人物容易。有人也特别欣赏，刻画正面人物不容易。千难万难，还是要树立先进的英雄人物。这方面有争论，对《智取威虎山》，上海市委从第一书记起，亲自修改，是否比过去改坏了，我看是改好了。只举一个例子：定河老道砍了场戏，座山雕只减了几句话，但由于杨子荣的形象高大了，他就黯然失色了。所以上海团不用紧张，如果一个戏竟让几句话批倒了，还算什么戏剧艺术？问题在于屁股坐在正面人物方面抑或坐在反面人物方面。

她还说："再一点，希望同志们千万重视自己的劳动，不要不愿意改，

不要轻易扔掉。这方面,《智取威虎山》就是个好例子。"(李松:《"样板戏"编年与史实》,第138—139页)

24日,"京剧现代戏观摩演出大会"办公室将江青讲话整理成文,江送毛泽东审阅。26日,毛泽东批:"已阅,讲得好。"随后,发给参加现代戏观摩演出的与会人员学习、讨论。

6月26日晚,在江青的安排下,上海京剧团演出《智》剧,慰问中国人民解放军总部官兵,贺龙、聂荣臻等参加。"演出结束后,贺龙、聂荣臻等走上舞台与演员们亲切握手,祝贺他们成功地用京剧演出现代戏题材和反映部队战斗生活"。次日,《人民日报》就报道了这则重要消息。

7月17日,毛泽东和周恩来、彭真等党和国家、军队的领导人接见参加京剧现代戏观摩演出的全体人员。金勇勤回忆:

> 那天很热,我们正在午睡,突然听见刺耳的哨音响了,大家赶紧起床站队。李炳淑还穿一条花裙子,领导说:"小李,快上楼去换一条裤子,今天到一个重要的地方去。"李就上去换了。我们到了人民大会堂,这时其他省市的与会者们也都到了,按团队顺序进入人民大会堂宴会厅。这时麦克风响了:上海演出团首先入场。这一"优先权"让兄弟演出团有点惊讶。接着是中国京剧院、北京京剧院及其他省市的演出团依次进场。
>
> 宴会厅把餐桌都撤了,像个篮球场,中间摆了摄像器材,四周摆好了梯式台阶,台阶前面摆着几张座椅。看这阵势,知道大人物要来了,一直等到傍晚,太阳西下。庄严的时刻到了!麦克风传来声音:"现在我们伟大领袖毛主席来了。"大家兴奋地凝视着,然后主席出现了,顿时雷鸣般的掌声响了起来。毛主席向大家挥手,绕场一圈,到中间坐下,周恩来、康生、贺龙坐在主席两边。刘少奇与邓小平同志没有来。团里的孙均(时任上海京剧院党总支书记)就站在毛主席身后,他看到主席穿着白衬衫,后面有一个很大的补丁,非常感动,事后对我们说,主席这样的大人物,生活还那么朴素。这就

是毛主席的人格魅力！

摄影师摄下了毛主席接见与会者的场面，后来加印了，给每人一份。

当天晚上，应开会代表要求，上海团就在人民大会堂万人厅演出《智取威虎山》。因舞台大，剧组预先排练了一遍。毛主席晚上也来看戏了，他8点到，很准时。但演到杨子荣智送情报这场戏，出了故障，台上那根吊杆不知什么原因就是下不来。管舞美灯光的同志弄得满头大汗。只得临时决定拉下大幕，紧急排除故障。大家在紧张、激动的情况下把戏演完了。毛主席、周总理上台与演员们一一握手并照相。江青从观众席起身，沿舞台一侧的木梯走上台来，对大家说："今天演出很成功，同志们辛苦了！"大家心里明白在《智》剧受到非议的情况下，主席的接见就意味着对这出戏的肯定。次日，即7月18日，《人民日报》头版头条，以《毛主席接见京剧现代戏演出观摩人员　同党和国家其他领导人观看〈智取威虎山〉》为题，作了报道。

能给毛泽东等党和国家领导人演出，当时是最高的荣誉，也标志着这部戏被肯定。

从6月下旬到7月下旬，《人民日报》、《光明日报》、《北京日报》与《戏剧报》，先后发表了对《智》剧的颂扬文章。如，穆欣、张绰在《光明日报》上发表的《在新的高度上塑造正面人物形象——评京剧〈智取威虎山〉》（6月25日），陈其通的《学习京剧〈智取威虎山〉的革新精神》（7月12日）。《戏剧报》上发表的《植根生活借鉴传统——谈京剧〈智取威虎山〉中的两个正面形象》（第6期），刘厚生、吴启文的《创造当代的英雄形象歌颂革命的时代精神——谈京剧〈智取威虎山〉的改编》。李希凡在《人民日报》上发表的《努力创造革命战士的英雄形象——评京剧〈智取威虎山〉取得的成就》。从文章发表的署名来看，都是当年文艺宣传界的重要人物，也只有江青才能够部署、调动。

然后，《智》剧在文化部一楼又特意举行一次记者招待会。据黎舟《忆一九六四年全国京剧现代戏观摩演出大会中的几件事》（《新文化史料》1999年第5期）中所述，发言人宣读了关于《智取威虎山》的改编和演出问题的所谓答记者问。针对《智》剧提出的各种批评意见，一一进行了驳斥。说，你们所批评的诸多问题，我们都想到了，并在改编和排练过程中进行了修改。声称现在上海演出团的《智取威虎山》，无论就剧本的改编、表演和音乐唱腔等方面，都是最好的，没有缺点。这是最佳选择，无可挑剔。言下之意，不准说不，免开尊口。发言人读完准备好的发言稿就散会了，既无记者提问，更无他人发言。

7月31日，大会在北京农业展览馆举行了隆重的闭幕式。宣传部和文化部的领导，如周扬、林默涵、田汉、阳翰笙以及文艺、戏曲界的著名人士，如周信芳、马连良等都坐在主席台上。周总理到会后说，他本来想跟同志们一起参加会议，但工作不允许，他要马上接见外宾，先跟大家打个招呼。他祝贺会议成功，说完便告辞了。

彭真同志在会上也讲了话，他对京剧搞现代戏表示赞同。同时强调坚持“双百方针”，对一些艺术上尚待加工，政治上没多大问题的新编历史剧与现代戏都应该予以扶植。但关于彭真讲话的这一期简报第二天就被大会收回了。

接着康生讲话。金勇勤回忆说，康生开头还向与会者打了招呼，说他要出国，有专机等着他，只能说几句。但话匣子一打开，就滔滔不绝，而且越讲越激动，越讲越生气，讲到激愤时，他把外衣脱掉，搭在椅背上。他讲话的主要内容就是解释毛主席对于文艺界的一系列批评。说文化工作这些年来成效甚微，跟党的路线政策唱对台戏！他拍着桌子骂田汉：“《谢瑶环》，叫你不要写，你非要写！”转而又严厉地批评了电影《北国江南》，说秦怡演，搞资产阶级人情味。这是什么共产党员，是瞎了眼睛的共产党员！他指着主席台上主管宣传和文化的领导人，一个个点名骂下来，让在座的两千多名与会者大为震惊！当时参加观摩的黄钧也如是说：

我1948年参加革命工作，听了那么多首长报告，还没有听过一个中央首长在大庭广众之下拍台子批判那么凶，那么狠！像对待敌人那样，斗地主似的。我参加过土改、民改，也没见过这样。我惊呆了！当场点了田汉的名啊，说你们这样对得起共产党吗！就这么说话。

江青在主席台上虽然没有什么特别的表情，但她心中的快意是不难想见的，这些平时对她的意见并不买账，也不去配合执行的宣传文化部门的"大官们"，一个个挨了严厉批评，替她出了一口久积于心的恶气。她感到自己紧紧抓在手里的"京剧革命"，已明显地得到以毛泽东为首的中央领导的支持，而这次会演中涌现出来的优秀剧目又为她日后搞"样板戏"提供了选择、加工的良好条件。这是她"出山"以来最能引起中国政坛注目的一次精彩"亮相"，风光至极！

## 二十七　调集人马"攻尖"

顽强的毅力可以征服世界上任何一座高峰。

——［英］狄更斯

明眼人都看出，全国京剧现代戏观摩演出大会期间，李（仲林）版《智》剧在文化部一楼举行的所谓记者招待会上有答无问的一番说辞，并不能服众，只是在政治权力的压制下，强调政治标准第一，京剧艺术必须为塑造无产阶级英雄人物服务罢了，《智》剧艺术上的不足与缺陷是客观存在且无法掩盖的。即便在上海京剧院内部也对《智》剧有看法，一位很有名的演员见了《人民日报》刊登的报道与毛主席接见《智》剧演员的照片，有口无心地说了一句："哎哟，弄不下去，把主席也搬出来了。"这句近似牢骚的话，也于无意中反映了一部分演员潜意识里的担忧，因为他们身上有演传统戏的很多技艺，却没有演现代戏的手段与经验，担心从此失去了安身立命的根基。"文革"中有人揭发了那个演员的话，为此他吃尽苦头。

江青、张春桥并非看不见《智》剧“一平二散三乱”的问题。会演结束之后，江青便决定从剧本结构、立意到人物形象的塑造，从音乐唱腔设计到服饰灯光布景，从主要演员到群众演员的挑选，着手组织人员进行脱胎换骨式的重大调整与修改。她当然不能亲自过问并解决具体问题，由于她对全国各京剧院团的实力比较了解，所以重点抓了中国京剧院、北京京剧院、山东京剧院、上海京剧院。抓上海京剧院的《智》剧成了重中之重，这个任务就具体落在了张春桥身上。

1964年秋，《智》剧回沪后便开始“戏改”，当时把“戏改”叫“攻尖”。

上海市委、市委宣传部与文化局领导，秉承江青的旨意，决定成立“戏改领导小组”，由张春桥直接领导。“戏改”的主攻目标是四个戏，即：《智取威虎山》、《海港的早晨》、《龙江颂》、《南海长城》（即后来的《磐石湾》）。其中《龙江颂》的改编排练由上海新华京剧团承担，其余三个戏皆由上海京剧院具体负责。

对于李版《智》剧，江青在上海召集宣传部石西民、张春桥，以及文化局长孟波时，曾说过该戏还不错，就是唱词太蹩脚，用老腔老调不行。在音乐设计方面也要另找一些人，要有现代音乐知识的人参加。她还提出了三个具体条件：“一是懂现代音乐，二是懂戏曲音乐的规律；三是愿意搞戏曲现代戏音乐创作。”鉴此，又在“戏改领导小组”底下成立了“戏改创作小组”，由上海文化局党委书记李太成兼任“戏改创作小组”党委书记，主持四出戏的日常工作。

1965年3月25日，《智》剧创作组成立，上海市委宣传部文艺处处长章力挥担任组长，兼任该剧组的党总支书记，主抓剧本修改。其成员有上海京剧院副院长——原《智》剧的编剧之一陶雄（执笔）、副院长丁国岑、编剧刘梦德，还有一个是从上海戏剧学院毕业的研究生高义龙（后来曾与章力挥合著《袁雪芬的艺术道路》一书）。这五个人平时就借书法研究会讨论剧本。

“戏改音乐小组”组长就是于会泳（后提）。《智》剧的音乐创作组组长是上海戏剧学院的音乐教师刘如曾，副组长是上海音乐学院的青年教师黄钧，成员有上海京剧院的琴师陈立中、青年琴师（拉二胡）高一鸣、来自上海人民艺术剧院的作曲家沈利群。其间还请教了北京京剧院著名琴师、戏曲音乐家、《沙家浜》音乐设计者李慕良。这些成员虽然进出剧组的时间先后不一，但对《智》剧的唱段设计都有不同的贡献。

戏改领导小组明确告诉下属各剧组的戏改成员，要把“戏改”作为一项政治任务去完成。

章力挥是位军旅作家，江苏泰兴黄桥东大街人，著名中药店仁源生即他家开办。他在上海上中学时，与同学们谈国事，谈理想，激励了报国之志。1937年夏回黄桥，即组织一支10多人的流亡宣传队奔赴武汉。在武汉，他进入共产党外围组织“青年救国团”工作，在青年救亡协会聆听过邓颖超的教诲，因写得一手好字，又熟稔英文，得到邓的赏识。1938年，章力挥赴延安，进入抗日军政大学学习，一年后，调任385旅政治部文艺股任股长兼教导队教员、宣传队导演，从此走上艺术之路。他在延安翻译了苏联话剧《生命在召唤》并亲自执导。此后又导演了《李国瑞》、《白毛女》、《赤叶河》等话剧和歌剧，成了延安的大导演。于是，他奉调进入鲁迅艺术学院深造，专攻戏剧。1950年1月，章力挥到上海，任华东文化部新旅歌舞剧团（1952年与另外两个文艺团体合并组成上海歌剧院）团长。以后历任华东文化部群文科科长、华东文化局社文科科长、上海市委宣传部文艺处处长、上海剧作家协会副主席等职。从此，成了艺术行政领导。“文革”前，话剧《年轻的一代》便是他与陈耘、徐景贤（时为文艺处科员）合作的主要戏剧创作成果。他还参加一些国际性的文化交流。1961年，上海越剧团访问朝鲜，他任副团长兼党支部书记、秘书长。回国后，周总理设家宴招待他和其他几位负责人及主要演员，并合影。

陶雄，戏剧评论家，江苏镇江人。1932年毕业于北平师范大学外文系。1936年任南京戏剧学校讲师。抗日战争时期，任中华全国文艺界抗敌协会成都分会常务理事。1946年后，任南京戏剧专科学校副教授、上海光华大学教授。1947年加入中国民主同盟。新中国成立后，历任华东文化部戏改处研究室主任，华东戏曲研究院编审室主任，上海京剧院院长助理、副院长。代表作品有《壮志凌云》、《红氍毹上》、《黄花集》、《0404号机》、《总站之夜》、《伥》、《麻子》，“文革”后曾主编《中国戏曲曲艺辞典》、《中国京剧史》，并担任《辞海》编委与《中国大百科全书·戏曲》编委。1964年《智》剧参加北京京剧现代戏观摩大会这一稿的剧本就是他执笔修改的。

丁国岑副院长曾为上海京剧院于1958年集体编剧的京剧现代戏《赵一曼》执笔。

刘梦德早在20世纪50年代就改编京剧《哪吒》，他对京剧唱词的平仄、韵脚十分在行。“文革”后，参与二本京剧《狸猫换太子》的编剧。

高义龙1961年毕业于华东师范大学中文系，1963年自上海戏剧学院戏曲创作研究班毕业后分配至上海京剧院当编剧，曾移植、改编《审椅子》、《进山》、《春梅祝寿》。参加《智取威虎山》改编、定稿和《海港》的修改。1979年，参与筹建上海艺术研究所，从事艺术史论研究，重点是现代、当代戏剧和文艺美学。担任主编及主要撰稿人的有《上海越剧志》、《中国戏曲现代戏史》；担任副主编和主要撰稿人的有《上海艺术史》、《京剧艺术教程》、《中国越剧大典》等。担任《中国古典名剧鉴赏辞典》、《中国越剧大考》编委和主要撰稿人，《哲学大辞典·美学卷》“艺术”部分审订和主要撰稿人。1995年被文化部、人事部授予“全国文化系统先进工作者”荣誉称号。

音乐创作组组长刘如曾是位戏曲作曲家，曾为沪剧戏曲片《罗汉钱》、《星星之火》，以及越剧《西厢记》、《祥林嫂》担任过音乐设计，在业内影响较大。

副组长黄钧在上海音乐学院研究民族音乐，他精研“皮黄”，对《智》剧唱腔设计与修改，多有贡献。“文革”后主编《中国戏曲音乐集成·上海卷》等项目。

陈立中是著名京剧教师陈秀华之子，家学渊源，拜著名琴师赵济羹为师，是“上京”名琴师兼作曲。现代京剧《审椅子》的唱腔皆为其所创。童祥苓演出的《智》剧（简称童版《智》剧）早期由他和沈雁西先生操琴，各拉半场，陈拉上半场，沈拉下半场。他对京剧老生的唱腔十分熟悉，擅长谱曲排腔，童版《智》剧中小常宝那段“八年前”的唱段，便是他参与创作的。

高一鸣是江苏靖江人，京剧作曲家、教育家。国家一级作曲。自幼酷爱京剧。7岁随著名老生陈秀华学戏至13岁倒嗓，随赵济羹改学京胡。他博采众长，受益于余叔岩的琴师王瑞芝先生，学习余派唱腔达10年之久。1957年随上海市新民京剧团并入上海京剧院。1964年起除京胡伴奏外，兼作唱腔设计，参与《智取威虎山》、《龙江颂》、《磐石湾》等剧的作曲。“文革”结束后，他先后为童芷苓主演的《金玉奴》、《勘玉钏》、《王熙凤大闹宁国府》，孙毓敏主演的《痴梦》，宋长荣主演的《紫钗记》，关怀主演的《乾隆下江南》、《贞观盛事》，李军主演的《郑板桥》，尚长荣主演的《廉吏于成龙》，杨春霞、蔡正仁主演的《桃花扇》，尚长荣、言兴朋主演的《曹操与杨修》，龚苏萍主演的《马前泼水》，言兴朋主演的电视剧《曹雪芹》等作曲。

沈利群祖籍浙江，生于上海，原名缪利群，1948年参加革命，改名沈利群。1961年在上海音乐学院作曲系毕业后，任上海人民艺术剧院（今上海话剧中心）作曲。创作了话剧、电影、戏曲、音乐等大量作品，涉及领域横跨多个行当，如：《啼笑因缘》、《再见了，巴黎》、《真情假意》、《孙中山与宋庆龄》等；为电影《三笑》（制唱）、《双女情歌》、《阿混新传》、《李慧娘》、《陈毅市长》等作曲。作为主创人员参与了现代京剧《智取威虎山》、《龙江颂》的唱腔设计。由她作曲的黄梅戏《红楼梦》获国家文化部颁发的“文华奖”。

于会泳带着他的一个上海音乐学院的学生庄德淳，与上海京剧院琴师顾永湘、马锦良一起先着手《海港的早晨》的音乐设计。1965年前后，剧本陷入困境。原因是编剧们本来从事的工作不同，行文风格也不一样，艺术观点的分歧，导致剧本唱词频频修改。而剧本的任何修改，都涉及音乐设计、表演、导演及舞美布景工作的变化。调入该剧组的诗人闻捷，以长篇叙事诗《愤怒的火焰》闻名于世，他负责对唱词的润色。闻捷文思敏捷，激情澎湃，佳句妙词一涌上来便要修改唱词。往往弄得于会泳刚谱就的曲子成了废纸，他恼火至极，便用小本子将闻捷变动不定的唱词一一记下。在一次剧组的讨论会上，于会泳将这些唱词全念了一遍，让闻捷给一个可以谱曲的定稿。容易激动的闻捷被惹火了，大骂于会泳整他的黑材料，于会泳也还以颜色，斥责闻捷如此折腾是破坏“客人”“京剧革命”的“试验田”。两人争吵不休，从此结下怨恨。由于剧本尚未定稿，《海港的早晨》的音乐设计也就随之暂停下来。于会泳就奉张春桥之命，带了学生庄德淳加入了《智》剧音乐的修改工作。

从上述调集的精兵强将中可以发现，《智》剧创作组，无论编剧还是作曲，其成员基本上来自两个方面：一个是老干部中的新文艺工作者，如来自八路军行政级别为十二级的上海市委宣传部文艺处处长、戏剧评论家章力挥，老资格的部队文艺干部作曲家沈利群、黄钧等。另一个便是解放后培养的青年戏曲工作者，如高义龙、高一鸣等，包括于会泳本人，他们都毕业于上海戏剧学院与上海音乐学院，或大学生，或研究生，或毕业后留校任教的调干生。至于那些老编剧、老作曲家基本上靠边站，或试过一阵，认为不适合，便另作安排了。可见那个年代，搞“京剧革命”把创作队伍的纯洁性视为首要条件。

其时强调集体创作，发挥集体力量。至今不管文字创作还是作曲，具体到哪一段唱词或曲子，谁是当然作者，不易完全弄清。张三说这一段是他所作，李四说那一段是他所为。这种说法没有错，也并非全对。因为某一段唱词和唱腔由某位作者写成初稿后，必须经过集体讨论、修改，最后的文字稿经章力挥定稿，唱腔曲子经于会泳统一修改，有的改得很多，有的保留了合理的部分，其中渗透了统稿、统曲者的整体构思与设想，加入了他们的意图和元素。例如，杨子荣一出场的《解放军进行曲》的音乐元素为这个英雄人物定了基调。统稿、统曲者的修饰整合的目的就是为了塑造英雄人物，使他不仅在文字语言而且在音乐形象上站得住、立得牢。

但集体创作也有弊病，在扫除一切个人名利观念的同时，也抹煞了艺术个性。强调个性融于共性之中，而忽视并淡化了艺术家的独特风格。全体主创人员只服从于一个主题，一个目标，即凸显无产阶级革命的战斗激情与豪迈之气，而所作的每一唱词、台词、唱段、幕间曲，除了集体讨论决定之外，还必须经一人把关通过，那便是江青。唯有经她最后裁决才能决定作品成败，她说行，不行也行，她说不行，行也不行。因此，主创者不得不抛弃个人某些合理的艺术主张，收敛自身的艺术风格，为了争取“过关”，“塑身变形”去迎合来自无产阶级司令部的最高意旨，高调颂扬所谓“反映时代精神”的最强音。他们努力的结果成了最后集成者的元件。这意味着最后成果不言而喻一律归于江青、于会泳。

自从1964年上海市委宣传部部长石西民调往中央，担任文化部副部长之后，次年3月正式成为市委书记处书记的张春桥，抓文化宣传，便直接接管了“京剧革命”的“试验田”。他凭借自己几十年的从政经验，清楚地意识到抓好这几出戏与他个人政治前途的直接关系。所以凡江青关于这几出戏的点点滴滴的指示，他都奉为圭臬，一字一句都记在随身携带的小笔记本上，以便贯彻落实。

然而，这个搞政治耍笔杆子的张春桥，原本对京剧是外行，连西皮、二黄都分辨不清，每每对于江青看戏时所说的京剧行话，如“吹腔、高拨子、昆曲、四平调、南梆子”等，令他如堕五里雾中，这些术语也很难一一记录。于是，他决心从头学起，命秘书找了不少京剧书籍及名伶代表剧目与唱段的录音，一有空就守在电唱机或录音机旁，闭着眼，拍着大腿跟着哼唱，基本上弄明白了京剧一些常识性的术语，也大致能区分生旦净末丑的一些流派特点，可勉强应付了。这一阶段，他乘着一辆黑色轿车，带着一个秘书叫何秀文，三天两头就去绍兴路9号的上海京剧院。那个何秘书高个儿，苏北口音，在他身边须臾不离。张来京剧院要么坐在院长办公室，要么就去会议室参加剧本的修改讨论。他总是坐在会议桌正面一角的座位上，不断抽烟，听取每个人的发言，待众人都说完了，他才最后说话。他的主要任务是根据江青制定的原则，引导编剧去思考与改编，在政治上把关。就像一个警察，让汽车必须沿着指定的路线前行，不得随意变线，更不可绕道。他能抓的仅仅是几个剧本创作组的编剧。至于音乐方面的创作，他不懂，难以置喙，暂时无暇顾及，只能作为“二传手”，请示江青定夺。以后，于会泳的出现，才最终帮助他解决了这一难题，顺利完成“攻尖”任务。

张春桥来上海京剧院的次数多了，院内上上下下见了他都叫他张书记。后来《智》剧成了“样板中的样板”，张于1966年被委任为中央文化革命领导小组副组长，次年任上海市革命委员会主任、中共上海市委第一书记兼南京军区第一政委，中共中央军委常务委员，1975年担任国务院副总理，俨然成了中央首长。此时，《智》剧组奉命招待外宾或为会议服务，常去北京演出。一次，演出结束，康生与张春桥上台接见演员。大家见了张春桥都叫他“张书记”。康生就问他：“为什么他们都叫你张书记啊？”张春桥说：“喏，那时候我抓样板戏，三天两头往上海京剧院跑，我自己都觉得成了上海京剧院的书记了。”康生接着与张春桥开了玩笑，问他：“你知道什么叫书记吗？”不待张春桥回答，康生便说：“书记在封建社会的衙门里就叫狗头军师。”大家听了发愣，这样的玩笑谁敢开？只有身居高位的康生敢这么说。

江青对《智》剧演员台上穿的解放军草绿色军装始终不满意。有一次，她在南京军区看到一批料子，很光鲜，感觉不错，便让军区后勤部做了几十套军装，送到上海京剧院，恰逢张春桥在京剧院院长办公室。那时周信芳是院长，副院长是吴石坚、陶雄和丁国岑。党总支书记就是孙均。林敏兰的父亲——演员出身的林鹏程是《智》剧团的团长，为人不错。他便把军装拿给张春桥过目。张看了，没有立即表态。于是，林鹏程便叫来只有20来岁、管场记的金勇勤说：“小金，你穿上，让张书记看看。”张看了，知道是江青派人送来的，就说：“不错，这个料子好，颜色亮，就这样吧。”

张春桥在京剧院一切按江青的指示办事，不敢丝毫违背。

# 二十八 被搁置的况味

已是无聊仍断酒。徘徊久。者番枉走长亭候。

——（南宋）杨泽民《渔家傲·秾李素华曾缟昼》

1964年秋，童祥苓因四姐芷苓对《海港的早晨》发表不同意见，得罪江青，被“贬”到市郊搞“四清”，他也被搁置一边，未被起用。他先被安排演《海港》里的韩小强。“上京”不能演传统戏，只能排演现代戏。沈金波演《红灯记》里的李玉和，童祥苓则演喝粥的群众。后来，沈金波被选中去《智取威虎山》剧组演少剑波，李玉和改由小王桂卿担任，童祥苓被“提升一格”演交通员。

如果按照江青看了《海港》对童芷苓反感而借故批评“上京”领导——“让童祥苓这么好的演员演一个小角色，而且是有待转变的中间人物”的逻辑，童祥苓在上演的现代戏中应该演主角才是，怎么反而被安排演喝粥的群众和交通员这类小角色呢？可见她言不由衷，借故发泄她对童芷苓的不满罢了。文化局与“上京”的领导显然看出江青对童芷苓的态度，怎敢给“童家班”的人委以重任！正是“城门失火，殃及池鱼”啊！

1965年，刚刚45岁正当盛年本可以大展才能的童遐龄，终因肾衰竭回天乏术，英年早逝了。此前一年多，童芷苓把每月的工资全部给大嫂去给大哥买人参滋补，大哥遐苓的去世，令童芷苓、童祥苓悲痛欲绝！

童遐龄是土木工程系毕业的大学生，毕业后未有机会发挥自己的专长，看不到多大成绩。为了协助弟妹们，他决心趁自己还年轻再搏一搏。在他的努力下，竟然40岁时“赶上末班车”，考取了中国戏曲学院。他勤奋学习，博览群书，开拓思路，苦读了4年，以优异成绩毕业。

回到京剧院，他担任剧院编导写剧本、导新戏，干得热热火火。童遐龄与李多芬婚后有5个孩子：大儿子童强、大女儿童瑶、二儿子童三强、小儿子童四强和刚满两周岁的小女儿童莹。他和孩子们的感情特别深，李多芬工作总是一大早出门，天黑才到家。遐龄不坐班，在家和孩子们在一起的时间多，几乎每周都会带孩子，同他们一起疯玩，俨然是个大孩子。

在北京的4年，由于困难时期副食品短缺，童遐苓营养不良和过度劳累损伤，落下了肾衰竭的病根，最终病重入院。老天就是如此捉弄人，由于经济窘迫以及多芬长年在外演出对孩子们照顾不够，他们的健康状况均不佳。当遐龄病危时，小儿子四强患菌痢，二儿子三强出麻疹转肺炎，大儿子童强胃炎吐血，莹莹发哮喘，分别住进不同的医院。李多芬忙得分身无术、疲于奔命于不同医院，幸得同事们伸出援手，帮她照看几个病孩，领导也减轻了她的工作，使她得以陪护在丈夫身边，直到最后一刻。

重病中的遐龄难以割舍爱妻，托付前来探望的芷苓、祥苓：大嫂为人很厚道，孩子多，以后请多关照。他拉着多芬的手深情地说：你走的这条路是对的，多年来，这个家多亏了你……弥留中的遐龄还不忘关照多芬继续让保姆的孩子留在家里和孩子们一起生活。这保姆的孩子从小就在他们家长大，和孩子们情同手足。遐龄是一个多么善良、慈爱、善待他人的好男人！

以多芬的收入让孩子们吃饱穿暖没有问题，可是遇到孩子生病就捉襟见肘了。她是个从不愿向亲友求助的人，她把自行车、皮大衣变卖了，连留作纪念的结婚时的一套银质杯盘也无力保留。有天晚上，莹莹突发气喘高烧，多芬连送女儿去急诊的车费也拿不出，还是向戏校门卫师傅借的。这日子过得多么艰辛啊！童芷苓心疼嫂子，对多芬说："大嫂，你这么年轻，找个合适的对象再婚吧！"多芬却表示：我有五个孩子，得把他们抚养成人啊！哪还有心思找对象。丈夫的离去对她打击巨大，她要擦干泪水，保护好孩子们，不能让孩子们再受委屈。

大哥的离世、"童家班"遭冷落，此时《海港》、《智取威虎山》剧组正在重新改编与选演员，童家竟无一人被起用。童祥苓的情绪是低落的，好像天上灰色的云沉甸甸地压在头顶，挥之不去。

童祥苓在《自述》中写道：

……这段时间我和南云倒过了一阵团圆的安逸生活，我们自己烧饭做菜，现在看来那是时间的浪费，倒为以后儿子开饭馆打了基础。我和南云饭后经常遛遛马路，看看电影，也算补上婚前没有恋爱过程的一课吧。

从上述回忆文字中可见童祥苓被冷落后，无所事事的无奈与情绪的低落。

其时，为确保现代戏的质量，主管部门利用行政力量，频频在各剧组中更换演员，演员就像木偶人似的被随意支配，走马灯似地你来我去，根本无法掌握自己的命运，全由领导安排。

小王桂卿在“上京”的《红灯记》中主演李玉和不久，又被调往《海港》剧组，也许出于无奈，终于让童祥苓演李玉和了。但他没想到，这次演出却给他的命运带来了转机。

“上京”《红灯记》的导演是从中国京剧院请来的导演洛洪年，他见了童祥苓先是一怔，嘴里没说什么，心里却嘀咕怎么就调来这么一个“小瘪三？”因为30岁的童祥苓个子瘦小，与身材高大的钱浩亮相比，反差很大。但在指导排练的过程中，他发现童祥苓对演现代戏并不陌生，头脑灵，反应快，一点就通。童祥苓经过洛洪年的指点，加深了演现代戏的体会，进一步懂得如何从人物内心世界出发去抠戏。两人合作十分愉快。戏上演之后，“上京”为洛洪年送行，洛导演幽默地道出了他与祥苓初次见面时的感觉，祥苓对他的帮助与指导也由衷地表示感谢。

1965年，童祥苓饰演《红灯记》李玉和

1965年《红灯记》上演期间，有一天童祥苓休息，下午就与妻子去淮海路逛马路。正当他们走到陕西路口时，一辆黑色轿车突然停在他们身边，车上走下“上京”二团的团长李俐，她叫童祥苓立即上车。他不说去哪里，祥苓也不便多问，汽车一直开到锦江饭店小礼堂。

到了后台，童祥苓只见来自各省市的演员正在清唱。童祥苓便问身边的一个演员：“这是干吗？”

这个演员回答说：“考试呗。”

童祥苓纳闷：考试干什么？他转而又想，不管干什么，反正好事没他份。

不一会儿轮到他了，童祥苓就上台唱了一段《定军山》西皮二六，唱完便在后台等候。上海文化局局长李太成上来说“领导要见你”，就把童祥苓领到前台。前台很暗，在那里童祥苓见到了江青，她戴着眼镜，一头短发，说话声音很细。此前祥苓虽未见过江青，但未见面却领教其言，正是那天在共舞台后台点名批评童芷苓和他本人演中间人物的“首长”，他不由得心里猛地一跳，紧张起来。

“你会不会唱余派？有没有余派的资料啊？”江青问道。

“我喜欢余派，一知半解，只有余先生几张唱片。”童祥苓有些惶恐地回答。

“你现在干什么？”江青又问。

祥苓如实回答：“在学演《红灯记》。”

江青临走时对童祥苓说：“如果你需要什么资料，我可以送你一些。”童祥苓表示感谢后回到后台。

1965年，《红灯记》剧照，童祥苓扮李玉和

与江青见面的时间虽短，对于童祥苓来说好像过了一重难关。他回家把此事告诉了妻子，南云听了显得更为紧张，说：“江青已经批评了四姐和你，怎么又找上你了？你可要注意自己的脾气，可千万别惹了她。”

同年的一天，童祥苓在天蟾舞台演出《红灯记》。他化好妆穿好戏服，到上场门拿红灯作开演前的准备。见后台有几个穿蓝色制服的保安人员，气氛有点异样，童祥苓感到后台乃是非之地，少惹事为妙，便走到穿衣室候场。团长李俐找到他说，今天首长来看戏，可别出差错。她不关照还好，她一说，童祥苓反而紧张，心里想，“江青在共舞台看了《海港》，就批了四姐和我，今天又来看我们姐弟俩演戏，不知她又要挑什么刺？”但他不敢告诉演李奶奶的童芷苓，怕她知道了更害怕，把戏演砸了，那可真闯了大祸！

演出开始，头两场戏，童祥苓自己都感到演得很僵，松弛不下来，头脑里的顾虑实在太多。他思忖，这样演下去，非砸锅不可；是福不是祸，是祸躲不过，由它吧！也许这是他和四姐最后一场演出了，想开后便无所畏惧，一如既往，视台下如无人之境，很快就放松下来。

演完戏谢了幕，团长让演员们等在台上，说首长要来看大家。这时，童祥苓才告诉姐姐是江青来看戏，她好像等待宣判一样，低声问小弟：“今天我演得有毛病没有？”弟弟说：“没有毛病，戏都演完了，顶多咱童家今后不演了。”

江青来到台上，走到童祥苓跟前说：“别净吃别人的饭，要有自己的创作。”然后便走了。江青没有与童芷苓说话。童祥苓、童芷苓这才松了一口气。不过，对于江青的话背后的意思，当时童祥苓尚未辨别得出来，可能连在场陪同的文化局的领导也吃不透江青的意思，不解其真意。

不久便将他调至《海港》剧组，让童祥苓演高志扬。这对童祥苓来说不是什么喜讯。在他看来，四姐曾让他参加《海港》出演韩小强，招致江青批评，现在又调到那儿，岂不是“羊入虎口”？他不明白这一阶段为什么自己的工作那么艰难，像走钢丝那样，令他提心吊胆。妻子胆小，看出丈夫的焦躁情绪，便千叮咛万嘱咐，像念经似地提醒童祥苓要克制自己，千万不可发脾气。祥苓虽然心烦，但知道自己能做到的也只有一个“忍”字。

童祥苓到《海港》剧组时，李丽芳已从宁夏京剧团调来，接替原来唱昆曲的蔡瑶铣演方海珍。高志扬的一段唱是“上京”琴师马锦亮编曲的，童祥苓那时还不识谱，马锦亮先教他学会后，再录音送审。以后于会泳加入，对修改后的唱词重新谱曲，这是后话，暂且不提。然后，童祥苓就参加了高志扬追舟的那场戏的排练，情节就是把那包放入玻璃纤维的粮袋找回来。该戏的导演是上海戏剧学院的章勤先生。

童祥苓回忆说：

排戏时我唱完导板后出场跑半个圆场，然后三人组成造型亮相开唱。章导问我怎么跑得那么少，我说一般京剧唱完导板后都是这种程式。章导对我说要有想象力，要从眼睛里看到许多东西。当再来一遍时，我出场跑圆场不停，章导叫停后问我怎么又不停住？我对他说从黄浦江到吴淞口，坐船也要几小时，另外两岸有各种楼房，江面上中国船外国船又停得那么多，还有小筏子，我还要注意哪一艘是我要找的货轮，又怕撞翻小船等等说了一顿，章导说叫我假设环境不是这样发挥法。吃中饭时章导小声对我说你就存心逗我吧？章导人颇幽默，我就跟他说，他一启发，我大脑就开始发达，想象力就无法控制啦。他笑起来，说我拿他开心。

这果然反映了童祥苓性格中调皮的一面，但何尝不是对领导将他频频调动的不满情绪的发泄呢？

# 第六章
# 吹尽狂沙始到金

在那个特殊的历史时期，文艺成了阶级斗争的工具。野心家秉承“最高旨意”，打出“京剧革命”的旗号，窃取各院团成功演出的革命现代戏，并调集全国优秀的文艺人才，集中加工修改，日臻完善。其中《智取威虎山》、《红灯记》、《海港》等几出戏成了重头戏，尤其《智取威虎山》成了“重中之重”，不少优秀的剧作家、诗人、表演艺术家与舞美、灯光设计者，为之呕心沥血，贡献了他们的全部精力与智慧。

# 二十九　剧本的全新打造

海岛尽头天作岸，山登绝顶我为峰。

——（清）林则徐

剧本乃一剧之本。《智》剧本修改的质量高下是确保《智》剧能否成功的前提与基础。惟其如此，戏曲音乐制作人才有用武之地，优秀的演员才能演出活色生香的大戏。

应该说李版《智》剧的确存在"一平二散三乱"的毛病，也即结构松散，内容芜杂，矛盾冲突不集中，这是囿于原小说《林海雪原》的情节与人物所致，没有跳出小说的框架。如，少剑波与白茹的爱情，一撮毛、蝴蝶迷、胡彪这些反面人物的兴风作浪，置于长篇小说的结构中，可以促进情节的跌宕起伏，高潮迭起，是合理的。但要放在一出用唱念做打，时间不超过三个小时的京戏中去表现，就成了累赘。

然而，不管怎样，李版《智》剧的形成，毕竟为童版《智》剧的修改提供了一个可资参考与借鉴的重要文本。

剧本创作组组长章力挥善于发挥创作组成员的集体智慧，在情节与人物方面删繁就简，跳出小说的樊篱，大胆地进行了结构性的改动，把笔墨集中在刻画杨子荣、少剑波、李勇奇这些正面形象上，使剧本情节简明流畅，也为童祥苓、沈金波这些演员拓展了表演空间，他在修改剧本的过程中发挥的核心作用是不可忽视的。

章力挥作为"三八式"的延安干部，待人谦和，礼贤下士，极富同情心，没有半点官架子，颇有人情味，言谈举止有一股浓浓的书卷气，凡接触过他的人，如原上海文艺出版社戏编室的编辑张宏志、著名编剧余雍和、"上京"的费三金都如是说，在上海文化界他是颇具文化涵养和人格魅力的文艺干部。

笔者大学毕业，适逢"文革"，在章力挥的家乡——泰兴文化馆工作有年，1972年左右，参与集体创作京剧本《杨根思》，其时赋闲在家的章力挥应邀来泰兴指导剧本的创作与修改。他前后来过三四次，每次一周左右，都由笔者接送，并陪同他一起住在县革委会招待所。

章力挥指导创作十分认真，与大家一起参加剧本讨论，倾听创作组的意见。然后，他根据自己改编《智》剧的经验，提出应该把人物放在矛盾冲突中去塑造形象，刻画性格。在剧情中要设置看似不可逾越的障碍，让人物身处危险与绝境中，似无路可走，在这样的戏剧氛围中去表现人物克服困难的勇气与排除障碍的智慧，从而取得“车到山前疑无路，柳暗花明又一村”的艺术效果。

他以《智》剧为例，童祥苓扮演的杨子荣《打进匪窟》是整出戏的高潮。被我军逮住的惯匪栾平逃走，直上威虎山，投奔座山雕，并认出“老九”杨子荣的真实身份，这一突变的情势将杨子荣逼向了绝境，退无可退。如何让他克服困难、摆脱险境呢？

《智》剧创作组讨论后，分析了杨子荣的优势与困难：他先于栾平一步，利用联络图作为晋见礼取得了座山雕的信任，并为他设计了一段边说边演边唱的精彩唱段《提起栾平来气难按》，以栾平的口吻嘲讽“座山雕也要听候专员调遣，八大金刚是无名鼠辈更不值一谈”，以此激怒座山雕与八大金刚对栾平的愤慨。这段精心编造的故事乃是伏笔与铺垫，为后面杨子荣战胜栾平提供了说辞，绝非可有可无，前后有着紧密的逻辑关联。编剧充分利用座山雕最不能容忍被共产党军队逮住过的人，一旦发现格杀勿论的残忍匪律，通过童祥苓所饰杨子荣威严的神态与念白震慑栾平，使他屈服，不敢说出真情。

但戏仅至于此，只能暂时摆脱危机，必须将栾平翦除，方可万全。处于绝望中的栾平不甘就此落败，横一横心，抖抖索索地指认杨子荣：“他，他，他，就是共军呐！”此时，全场空气凝固，座山雕与匪徒们齐刷刷地把凶神恶煞般的眼光投向杨子荣，观众们也为英雄人物担心，手心捏了把汗，急着看他怎样闯过难关。由于编剧预先设下伏笔，怕死的栾平是绝不可能说出杨子荣来历的。于是杨子荣在台上朗声大笑，然后神色坦然地对栾平说："你说我是共军，今儿个你当着三爷和大伙儿的面，就说说我这共军的来历吧！"栾平知道，自己在夹皮沟被我军逮捕，见过杨子荣，倘若说出事实，就必然被"三爷"处死无疑，就只得支支吾吾地把到嘴边的话吞了下去。

于是杨子荣抓住时机，乘胜追击，编剧为杨子荣设计了那一段假意被栾平激怒，欲下山而去，促使座山雕动了杀心的念白："三爷，今天有我没他，有他没我，留他留我，三爷，你随便吧！"座山雕欲留"老九"，终起杀心，遂由杨子荣将栾平处决。至此杨子荣化险为夷，绝处逢生，人物形象在斗智斗勇中站住了，戏也有了可看性。

章力挥从解析人物性格特点、角色间的关系与矛盾出发，巧妙地预设伏笔、组织戏剧冲突、安排情节并使之步步推向高潮的创作理念，对于《杨根思》的编剧们启示颇多。

章力挥每次来泰兴县城五六天，然后就由笔者送他回老家黄桥故居小住数日，与其三弟一家叙旧。那时祖上开设的中药铺源生堂还在，其三弟公私合营后任源生堂经理。每次送他到黄桥，章力挥总要在故居留饭。他烟瘾很大，抽中华牌香烟；其时物资匮乏，供应紧张，中华牌香烟很难买到，他抽烟时总不忘递烟给客人。他说泰兴人好客，宁可家里吃粯子（元麦）粥，有客来总是好鱼好肉款待。所以，他回黄桥不去叨扰亲朋故交，每每掏钱宴请朋友，极为大方。一次酒后闲聊，他告诉我，"文革"初期为避造反派批斗，他带了诗人闻捷在源生堂躲了近两个月。章力挥生性豪爽，喜饮茅台，酒量也大，众人敬酒数巡皆醉，他却依然侃侃而谈。所谈都是文坛逸事与艺术。有一次谈及意识流，他说意识流也是艺术表现的一种手段，电影中的蒙太奇即意识流，解放前早就运用了，关键还是着眼于塑造人物。

京剧本《杨根思》因为集体创作，讨论中意见时有分歧，他回沪后，为此写了六场戏的详细提纲，供大家讨论。可惜由于县革委会一位不懂艺术的军代表的干涉，说戏中要突出英雄人物的豪迈之气，不能有太多的人情味，未完全采纳。

当童版《智》剧宣布成为样板戏，搬上舞台后，章力挥已被上海宣传文化系统的造反派揪回原单位检查，并送奉贤干校劳动，后来还有人看到他在上海火车站扫地呢。也许他为《智》剧的修改付出代价，未遭批斗，但一直是“靠边站”、不曾结合使用的干部。即便如此，“文革”后他复出，创建了上海艺术研究所，当了第一任所长，不忘将《智》剧创作组的旧部黄钧、高义龙招致麾下，做了适当安排，让他们各自在自己的艺术与学术领域继续发挥作用。

对于《智》剧，他很少谈及自己的作为，反而对于会泳在音乐创作方面的才能不乏溢美之词，以为撇开他的政治品质，就其戏曲音乐创作方面所表现的才能而言，确是个人才。他还告诉笔者，《智》剧是创作组成员分场撰写，由他统稿、修改，说《深山问苦》这场戏与那一段《我们是工农子弟兵》，就是高义龙写的初稿。

而据《俞振飞传》与《言慧珠传》的作者费三金告诉笔者，一天他在儿童艺术剧场门口（今已拆除，为延中绿地一部分）遇到佟燕阿姨（章力挥之妻），她兴奋地告诉他：“小费啊！今天力挥又把那段回龙改了，写成‘穿林海跨雪原气冲霄汉，抒豪情寄壮志面对群山。愿红旗五洲四海齐招展，哪怕是火海刀山也扑上前！’……”费三金听了，也感到写得精彩，为他高兴。由此可证这一名段唱词的原作者便是章力挥。

再如第六场《打进匪窟》中那段脍炙人口的唱词“今日痛饮庆功酒，壮志未酬誓不休，来日方长显身手，甘洒热血写春秋。”原本戏中是没有的，杨子荣取得座山雕信任后大笑结束。但李仲林有长期的舞台实践经验，觉得杨子荣在这里非要加几句唱才能落幕，不要多，只要四句即可。章力挥写初稿时受岳飞《满江红》词意影响，唱词中有“直捣黄龙”的词语，未曾通过。回到家中冥思苦想，又参考了浙江诗人陈山的一首诗作，突然，从座山雕为杨子荣设宴庆功，一个“酒”字让他灵光闪动，得到启发，立即挥毫写下这段唱词，他十分得意，念给妻子听了。此外，如《披荆棘》等重点唱词的创作与修改也倾注了他的心血。这些唱词是逐字逐句、几经修改才最后定稿的。

创作期间，张春桥曾点名请复旦大学中文系教授刘大杰，对唱词进行润色。刘大杰教授学术水平很高，但对京剧并不熟悉，为此深感为难。刘教授为人谨小慎微，张春桥点名，他不改不行，又不敢随便改动，末了对唱词改了几个字，算是交差。例如，《胸有朝阳》中有一句唱词“壮志撼山岳，雄心填深渊”，他把“填”字改成“震”字等。对于章力挥在剧本创作与修改中所起作用，在后面章节引述或节录黄钧先生的部分回忆文字，可资佐证。

章力挥在艺术创作上很有主见。他曾说，你自己认为对的，不管别人提什么意见，可以一字不改；确有问题的地方，别人说得有道理，即便修改的困难再大，也要想方设法改掉。根据负责会议记录的金勇勤回忆，《智》剧每有大的修改，待唱词谱曲完毕，都会让演员组先排练起来，呈现在舞台上（基本上都在常熟路小剧场或位于延安中路的儿童艺术剧场）作内部小范围演出，或让“客人”审查，或邀请部队领导、文艺界、评论界的著名人士观看，然后召开座谈会，多方征求意见。他记得有那么几次：

第五场《打虎上山》，就是贺龙元帅提出的。以前李版《智》剧中的杨子荣是踏雪步行上山（据《林海雪原》小说）。从人物出场起唱的二黄原板“茫茫林海形影单”到二黄导板“穿林海跨雪原银浪漫漫”的唱词改动中尚可见其痕迹，演员沿用旧戏中武将、豪杰“走边”时的动作，唱《新水令》曲调，用海笛伴奏。贺龙认为英雄出场气势不够，他说，若能改踏雪上山为骑马上山，气势就出来了，还可以充分借用与发挥传统京剧中的马鞭动作与技巧。江青同意这个意见，1965年5月间，创作组奉命将唱词改为“穿林海跨雪原气冲霄汉”。

那么如何表现《打虎上山》的豪迈气势呢？“客人”想过另一个方案。她把“传”字辈的昆曲老先生们都找来，请他们设计一套载歌载舞“走边”的武生动作示范给章力挥的儿子——上戏的学生章晓申，先让他在台上演，演完了，再演京剧《打虎上山》，两下比较之后，认为昆曲的传统方法表现不了杨子荣的英雄气概，遂否定了自己原来的方案。

此后，在童版《智》剧中，于会泳加上了那段中西乐器结合、气势磅礴、以《解放军进行曲》的旋律为基调的幕间前奏曲，充分展现了英雄杨子荣在风雪交加中跨马驰骋，马蹄声夹着风雪的呼啸声，由远至近疾驰而来的撼人心魄的音乐形象。而扮演杨子荣的童祥苓则在李仲林与技导组的帮助下，甚至请来中国歌舞剧院编舞的专业老师，一起对传统的马鞭舞蹈动作进行了反复而别出心裁的改造，他穿着那件尚未改进、足有80斤重的毛皮大氅，施展浑身解数，所表演的高难度的马舞令人叫绝，虽体力消耗甚大，却让他创造的英雄形象定格在瞬间的时空中，深深地烙印在广大观众的心坎里，从此这一半空中跃起的舞姿成了童祥苓扮演杨子荣的标志性画面。

在戏剧结构上，创作组原来讨论前三场的戏分别是：《雪地行军》、《夹皮沟遭劫》、《雪地夺图》。第一场设计在一个“三角地带”少剑波先向战士们部署战斗任务，交代故事背景；接着负责侦察任务的杨子荣按照预约地点上场，与少剑波会合，并向参谋长汇报情况；少剑波命他继续侦察，双方分手，暗场。第二场反映惯匪逞凶，夹皮沟老乡遭难。第三场演杨子荣雪地追踪一撮毛。一撮毛和他老婆为夺联络图杀了李秀娥。杨子荣见一女尸，分析案情，继续追踪。第四场便是《定计》审栾平。

戏剧界有人看了说，三场戏开了三个头，戏不连贯，是“拉洋片”。章力挥请来好友，著名的剧作家、散文家、诗人、《文学报》主编杜宣看戏，并发表意见，杜宣倒并不这么认为。两种意见让创作组莫衷一是。

于是，时任中国人民解放军总政治部副主任兼宣传部部长、军事艺术学院院长的刘志坚，应江青之邀，来沪看戏。刘志坚同志自中华人民共和国成立后，1949年12月起，先后任中央军委情报部副部长、部长，他对情报工作非常熟悉，有深厚的生活基础与丰富的对敌斗争经验。他说，《智》剧中让杨子荣孤身打入匪窠的战斗计划的制订具有冒险性，作为领导的参谋长是失职的！为什么？因为关于威虎山上明碉暗堡工事复杂等情报，都是敌人提供的，从匪徒，如一撮毛、栾平等嘴里得来的，如果这些情况是敌人伪造的，或者与实际情况有很大出入，该怎么办？

情况没有经过人民群众的核实，杨子荣上山岂不是冒险吗？

刘志坚的意见引起章力挥与创作组成员的高度重视，他的发言记录立即送到“客人”手中，她一页页翻看，觉得确有道理，便把戏停了下来，让创作组重新架构故事。于是第三场《雪地夺图》全删了重写，让杨子荣深入群众开展工作，通过人民群众彻底摸清匪窠的真实情况，补充了刘志坚的意见。“客人”也朦胧地粗线条地说了她的一点想法，让创作修改小组编一个苦大仇深的女孩子的故事。于是章力挥又翻阅《红旗飘飘》中的回忆文字，与创作组成员反复讨论了较长时间，才慢慢地逐步形成了《深山问苦》这场戏的框架，出现了常猎户与女扮男装的小常宝这些人物。

剧本修改后再树起来。当小常宝唱《八年前风雪飘大祸从天降》到末句“恨不能生翅膀飞上那山冈杀尽豺狼”之后，原来安排杨子荣走到常宝身边宽慰几句，便告结束；大家看了异口同声地说“戏塌了！戏塌了！”因为此处，当杨子荣听完小常宝这段悲惨的血泪史之后，内心必然产生极大震动，哀伤、同情、愤怒，五味杂陈，涌于心头，情动于中发于声，必然长言之，即用声腔表达自己的阶级感情。所以在小常宝唱完之后，应安排杨子荣一段感情丰富的接唱。于是加上了杨子荣那段《美好的日子万年长》的感人肺腑的动人唱腔。

重新结构的戏，在试排的过程中发现问题，随时修改、补充，使整出大戏在艺术上逐步走向完善。

然而，由于艺术的分类、欣赏趣味与审美标准各异，有些著名人士的意见并不能为章力挥与他的创作组所采纳。例如，1965年夏，来自山东的作家峻青，曾在上海文艺会堂主持过一次对《智》剧的座谈会。他因写长篇小说《黎明河边》而得名，也是一个“三八式”的文艺干部。来自解放日报社理论编辑部的姚文元，这一天也出现在座谈会上，他穿一件汗衫，拖着凉鞋，有些不修边幅。峻青首先发言说，他看了这出戏表示怀疑，在人民战争中有《智取威虎山》那样大获全胜的局面吗？姚文元接过他的话茬说：“我看可以。因为人民战争嘛，有个战略战术问题。我们是人民战争，以一当十。”上面接受了姚的话，以后在少剑波《誓把那反动派一扫光》的唱段中加上了“哪怕它美蒋勾结假谈真打，明枪暗箭百般花样，怎禁我正义在手仇恨在胸以一当十，誓把那反动派一扫光！”的“以一当十”。

峻青接着说，以前传统京剧的唱词多凝练！“一轮明月照窗前”，现在这些编剧写起来：“一轮皎洁的明月照在明晃晃的窗前。”言词中不乏嘲讽。他翻到那张用蜡纸印出的李勇奇的唱词《朝也盼晚也盼望穿双眼》说：“‘三十年做牛马天日不见，抚着这条条伤痕处处伤疤，我强压怒火挣扎在无底深渊。’你们看这个词多啰嗦！条条伤痕就是处处伤疤，处处伤疤就是条条伤痕，啰嗦！”

对于这样的意见，章力挥就置之不理了。他曾对笔者说过，京剧现代戏的唱词，就要符合现代人的语言习惯，当然把古诗词化过来融入其中也可以，但总的原则是，通俗易懂，一般的人都能听得懂，不能穿现代人的服装去讲古代人的话。另外，词义反复，是深化人物感情的需要，也是音乐旋律上的要求。

但是只要意见正确，不管它来自何方，即便来自一般群众，也乐意接受。李勇奇的唱词中有一句“从此我跟定共产党把虎狼撵”的“撵”，后来改成“斩”字，就是采纳了一位解放军普通战士的意见。一字之差，两者的字义相去甚远，后者字义坚定，而且符合原来的辙口，四声也合，是仄声。这是《智》剧开拍电影之前的事，于会泳对金勇勤说你改一下，首长说是一位战士提出来的。

作为创作修改小组的核心人物章力挥，在创作上也有坚持己见的一面。在第三场《深山问苦》中，李勇奇因为身受惯匪的欺凌，在闭塞的夹皮沟里看不到外部世界的剧变，见了带枪的解放军便误认为匪徒，情绪十分抵触。为了使这个人物转变，章力挥设想了一个不错的点子：即小分队通过给李勇奇孩子看病，感动李勇奇，使他改变对解放军的态度。创作组根据这一思路，对这场戏作了整体构思，还写了几段很动人的唱词。

这时，张春桥传达了江青的一个想法，让座山雕这帮匪徒从李母身上把她的孙子从万丈悬崖上残忍地扔下去，从而激起李勇奇不共戴天的仇恨。要创作组照此编写，组织矛盾。章力挥与创作组部分成员开始有了抵触情绪，认为这样改，后面设想的戏就没了，再用什么办法使李勇奇转变，把戏推向高潮呢？他在张春桥面前婉转地说出道理，希望坚持原来的方案。张春桥见大家沉默不语，脸露难色，戏改工作陷于僵局。在现场空气阴冷、凝重的气氛中，他知道对这些文化人靠压不能推动戏改工作的进展，反而加深抵触情绪，便点了一支烟，深深地吸了一口，施展他机敏善变的政治手腕，放低声音，语气平和地说："力挥同志，你说的不是没有道理，同志们有很好的点子，可以暂时放一放，将来写其他剧本时也许可以用上。今天，我们写《智取威虎山》还得听'客人'的，她考虑很周到。"张春桥巧舌如簧地把话说到这个地步，舒缓了创作成员的困惑情绪，章力挥也只好收起自己的意见，与创作组一起，循着"客人"的"点子"把故事编下去了。于是前面写了李勇奇的深仇大恨，后面又将小常宝女扮男装，改为李子看病变为李母看病，使李勇奇醒悟。

在《智》剧本的创作修改中，陶雄先生也每多贡献，他在剧本写作方面有很深的功力。章力挥曾说像座山雕的念白与唱词都是陶雄写的，不是他，别人写不出来。

章力挥为人仗义，组内成员受到不公的待遇，他会替人打抱不平。

刘梦德本是上海京剧院的一名编剧，1957年"反右"运动中受过冲击，曾被批判，但没有正式立案，戴上"右派"分子的帽子。

自1963年起至1966年，江青在上海期间，由于她的特殊身份，保密、保卫级别很高。上级规定以"客人"为代号相称。她所到之处皆有公安人员为之护驾。她所在之处，未经许可，是不准进入、更不能接近的。刘梦德在《智取威虎山》剧组，创作上出过力，却仍被控制，指明他不准接近江青。特别是《智》剧在剧场彩排时，只要江青来看戏，就不许他在前台出现。

为此事，章力挥曾多次向上面提意见，甚至发火。他和黄钧单独谈工作或聊天时，常为此事嘀咕。黄钧曾多次劝他不要多说，可他仍牢骚满腹："太不像话！太过分啦！真是滑稽！一个创作人员，不让接近（江青）也就罢了，连彩排都不让去看，这算怎么回事，说得过去吗？”

滑稽的是“文革”开始后，他为之鸣不平的人却无中生有地抛出了他攻击江青的揭发材料。于是，待于会泳掌控上海京剧院之后，章力挥就被“赶出”《智取威虎山》剧组，回市委宣传部接受造反派审查了。

## 三十　百里挑一的遴选

我不能选择那最好的，是那最好的选择我。

——［印度］泰戈尔

童祥苓去《海港》剧组的第四天的上午，他正在上海儿童艺术剧场排练，剧组领导就通知他去剧场后面的贵宾室，说：“有首长要见你。”童祥苓心里打了一个“咯噔”：“我到《海港》剧组才几天，怎么市里领导就找我谈话，莫非排戏时我和章导开逗的事已被汇报了？现在可出大问题了！”事已至此，童祥苓硬着头皮走进贵宾室。

他看到了张春桥，个子不高，人也瘦，但头不小，戴着一副深度的近视眼镜。张春桥与童祥苓握了手，示意他坐下说话。

张春桥问道：“你到《海港》剧组几天了？”

“四天。”童祥苓回答。

“调你到《智取威虎山》剧组，怎么跑到《海港》剧组来了？”

童祥苓蒙了，有些丈二和尚摸不着头脑，只能如实告之：“是院里通知我到《海港》剧组来的。”

“那你愿意演高志扬，还是愿意演杨子荣？”这句话似乎在征求童祥苓的意见，发扬民主；其实张春桥心里有数，还想隐而不露地试探一下童祥苓的态度。也许上次童芷苓摔门而去的抗争给他留下极坏的印象，他不希望童家班的人担任主演；但“客人”的眼力与决定，他不能有丝毫违逆，必须不折不扣地执行；又生怕眼前的童家小弟跟童芷苓一样不听使唤，故来个投石问路。

1968年，童祥苓拍摄《智取威虎山》时在北京虎坊桥红卫招待所（北纬旅馆）留影

童祥苓觉得他问的话有些莫名其妙，因为进团以来，在以往的角色分配上，院里从来没有征求过他的意见，他也从未挑过角色，即使让他演喝粥的群众角色，或扮演一个交通员，他也照演不误，从来不去讨价还价，更不会有耍大牌的派头，甩手不演，而一切听从领导安排。他不明白事情为何弄得如此复杂？他紧张地思索着，所以没有立即回答。

张春桥见童祥苓没有作答，便说："那你考虑考虑吧。"他要让童祥苓自己说出愿意还是不愿意，这样他可以据实对"客人"有个交代。

童祥苓自然摸不透张春桥的心思，他考虑的是院里的人是否在他背后向领导说了什么，为了避免误会，他婉转地说："现代戏都是表现革命斗争历史中的英雄人物，我都愿意演，一切听从领导分配。"

这句话看似四平八稳，从哪个方面都抓不住小辫子。

张春桥语气缓和下来了，脸上露出笑容："那你就到《智取威虎山》剧组演杨子荣吧。晚上你就去歌剧院的小剧场看《智取威虎山》剧组的彩排。"显然，他是奉"客人"之意行事，童祥苓并未拒演杨子荣，他的任务完成了，脸上怎会不露出笑容呢！

童祥苓去到常熟路小剧场的晚上，上海市委几个主要领导都先后到了。其时柯庆施已于是年4月9日去世，在座的有曹荻秋、陈丕显、张春桥和江青。江青鉴于她的特殊身份与居高临下的地位，随着几个现代戏的逐步形成，她对剧组的创作、演出人员，包括对她见到的高级官员，已毫不掩饰她专横跋扈、颐指气使、蛮横霸道的性格了。

她见了曹荻秋，直呼其名，劈头就说："曹荻秋，你怎么老不来看戏呀？"

"我不懂戏，看了也说不出什么。"曹荻秋谦虚地回答。

江青鼻子里哼了哼，半真半假地说："你不懂戏？懂政治吗？"

曹荻秋的笑容凝住了，满头白发下的额际渗出了汗珠。

在毛泽东身边多年的李银桥说江青："她的虚荣心，爱出风头，争强好胜，小心眼儿容不得人；她的自私自利，只考虑自己，不考虑他人；她的脾气恶劣，反复不定；她的喜欢走极端，喜欢记仇报复，等等，都在日后有了一定气候时陆续暴露了出来。"

童祥苓坐在后面的座位上，礼貌地与领导保持一定的距离，却感受到了江青霸凌的坏脾气。

一个保安人员走来，叫他坐到江青的旁边。当时演杨子荣的是"上京"演员贺梦梨，沈金波演少剑波。贺梦梨与李仲林一样，都是武生行当，他身材挺拔，扮相英俊，就是嗓音一般，唱中低音可以，唱高音就吃力了。院里曾让高一鸣帮他吊嗓子，为演杨子荣创造条件。但吊嗓非朝夕之事，不是三四个月就能解决的，有的声带厚，不管怎样练嗓，高音区就是没有。所以为他设计的唱腔高音较少，旋律不高。当贺梦梨唱《共产党员》时，江青就批评说，这不是共产党员的基调！然后便对童祥苓说："这个角色让你来演，翻一个调门唱，行吗？能不能把杨子荣的音乐形象树起来？"

童祥苓回答："我试试，尽力去做。"

戏演完了，江青上台，问贺梦梨："你以前演过什么戏（指主演）？"

贺梦梨如实回答："我没演过什么戏，主要是给张美娟打打出手（张美娟是"上京"著名的武旦演员；打出手，即配合张的武打对手戏）。"

江青接着问道："你高八度上得去吗？"显然她是明知故问。

贺梦梨说："上不去。"

江青便说："为难你了。"

这显然是要把贺梦梨换下来打招呼的客气话。在台上当群众演员的金勇勤听得真切，知道杨子荣一角要换演员了。

童祥苓此时已明白调他来《智取威虎山》剧组主要任务是立杨子荣

的唱段。

童祥苓在《自述》中说：

> 戏演完后所有人到休息室，江青再一次强调杨子荣的唱腔问题，问我几天能把戏学下来，我回答要十天左右，她说，你也不要太急，给你半个月的时间吧，让我抓紧学会，她要看看。陈丕显说我个子矮些，我承认这点，我确实瘦小，江青说还是让他试试再说。
>
> 第二天让我到绍兴路9号京剧院《智取威虎山》剧组上班。我拿到剧本后，整个剧组帮我紧张地排练，戏排到一半时，戏院领导言行同志和文艺处长即《智取威虎山》加工修改剧本的编剧之一章力挥先生，传达了江青指示，戏不用江青看了，杨子荣确定由我扮演。从此杨子荣这位革命烈士与我结下不解之缘，伴我度过半生艺术生涯。

《智》剧在全国选拔演员时，杨子荣一角，“上京”的老生、武生都应试过，就是没有考虑童祥苓，这显然与当时江青、张春桥对童芷苓及童家班的人反感有关。末了，还是因为所选演员就唱念做打、形象、气质等方面有所不足，不入江青的“法眼”与杨子荣这个人物的要求，所以挑来挑去，最后选择了童祥苓。这是从艺术表演上考虑作出的无奈选择。

金勇勤先生听李太成局长说，他曾向江青推荐过童祥苓。江青不假思索地拒绝：“不能考虑他！他是童芷苓的弟弟，不能要！”

起初，江青想调山东省京剧团的宋玉庆来演杨子荣，但他演《奇袭白虎团》正在当红阶段，不能釜底抽薪，把另一出她想抓的现代戏给砸了，于是打消了这一念头。

大约于1965年5月底6月初，童祥苓未加入剧组之前，章力挥曾征求过黄钧的意见，问他：“谁能担任《智取威虎山》、《海港》的主演？外地演员也可以。”黄钧提了李鸣盛、李丽芳，因为在1964年，全国现代京剧会演中，他看过他俩分别主演《杜鹃山》里的乌豆和柯湘，印象很深。后来李丽芳调来上海，而李鸣盛未调。1965年8月，剧组创作组部分成员第一期在“康办”（即上海康平路市委机关所在地）讨论剧本修改方案时，黄钧在张春桥面前重提此事。张春桥半开玩笑地说：“哪有那么容易，你知不知道，调李丽芳来有多难。再说，你还让不让人家剧团（指宁夏京剧团）活下去，一下子调人家两个主要演员……你就死了这个心吧。”话虽这么说，江青此前已看好二李，只要她想要人，哪有调不来的演员？只是她还想比较一下，就像买菜似的，要挑一棵最鲜亮的青菜。

江青在锦江小礼堂当童祥苓唱了一段《定军山》后，又让他唱了一段嘎调高八度的《战太平》“头戴着紫金盔”，对他的余派唱腔已基本认可了，天蟾舞台又看童祥苓主演《红灯记》中的李玉和，对他演现代戏的唱念做打已有几分把握，几经考虑、遴选的结果，挑来选去还是觉得由童祥苓演杨子荣最合适。

其间，李鸣盛在李丽芳来沪不久也调来上海，因为江青觉得李鸣盛虽然个头扮相适合，唱也不错，在武戏方面还显不足，于是改变想法，让李鸣盛演少剑波。李鸣盛是名角儿，杨派的佼佼者，他来上海一心想挑大梁，演一号人物杨子荣，知道让他演少剑波，他就不干了；在他看来，少剑波属“二路”老生，壮年气盛的他，便回宁夏京剧团了。

然而，说到底，在《智取威虎山》这出戏里童祥苓被起用，他自身艺术水平与多年来形成的创新能力等内在因素起了决定作用，尽管江青对童芷苓反感，且存有芥蒂。但在江青看来，抓好这出重中之重的革命现代戏，为她未来获取政治资本乃是第一位的，童家班的事可以暂时放一放，以后再来收拾未尝不可。这也是一些跟随她的人迷惑不解的地方。

那天下午，童祥苓与妻子张南云就去看望童芷苓。四姐家门庭冷落，没有了昔日的欢乐气氛。童芷苓与陈力都消瘦了。童芷苓这样一个大牌演员，如今却被剥夺了上舞台的权利，不啻剥夺了她的艺术生命，她的辛酸与悲苦是一般人难以理解的，因为她毕竟才四十多岁，风华正茂啊！

芷苓极为关心江青看戏后对小弟的评价，因为他是童家人仅剩的艺术硕果。当弟弟告诉姐姐他已被选中演杨子荣时，童芷苓似乎松了一口气，说是她连累了弟弟，要不是跟她去演《海港》，也许早被选中了。祥苓劝慰姐姐说，事情已经过去了，不管别人如何看，怎么批，咱们问心无愧就行了。

芷苓脸上露出笑容，非留弟弟、弟媳一起吃晚饭。她不断地给弟弟碗里夹菜。陈力对祥苓说："今天你姐姐特别高兴，童家人能在这种情况下还有人上舞台，这不是你一个人的幸运，而是全家的幸运。"童芷苓则不断叮嘱弟弟要珍惜这个来之不易的机会，以后也许会面临意想不到的困难，一定不能像孩子那般任性。

临别时，童芷苓用手摸摸祥苓的脸，像对孩子似地嘱咐他："爸妈和全家对你期望很大，惟有你能证明咱们童家不是反对现代戏的，你要争气，拼上一切也要成功。"此时的童祥苓已经三十岁了，俗话说三十而立，艺术上的成功抑或半途而废，还是一个未知数。因为自己的努力只能掌握命运的一半，而另一半却不属于本人掌控范围。

1965年春，《智取威虎山》在上海艺术剧场（今兰馨大戏院）彩排，江青陪同周恩来总理来看了。当演到《打进匪窠》那场戏时，大幕拉开，灯光骤亮，舞台上却出现一只老鼠，它从上场门索溜溜地窜过舞台中央，从下场门逃下。江青脸色一沉，弄得场务十分紧张。周总理却哈哈大笑说："解放军打入匪窠，连老鼠都吓得逃跑了。"总理的一句笑话为场务解了围。

演出结束，在贵宾室里，周总理对童祥苓说，你唱的不是杨子荣而是诸葛亮，要走自己的路嘛。

事后，童祥苓细细琢磨周总理的话，悟出了道理："杨子荣是现代的革命战士，诸葛亮是古代的谋士，而传统戏都是表现古代人物，所以使用的唱腔与演唱方法都有古典味。我用传统戏的演唱方法去表现杨子荣不啻给解放军战士穿上古代武士的甲胄，与现代人物格格不入。"总理的话使童祥苓认识到自己在表现现代人物方面存在的问题，找到了前进的方向。于是，他决心走自己的路，改变唱法。此前，编剧把本子怎么写他就怎么念，并按照谱曲怎么设计就怎么唱；现在认识到演员并非是编剧与作曲者的传声筒，应该进行二度创作，也是一个创作者，应提出自己的见解与要求。原来第五场《打虎上山》起句是"皑皑白雪雾迷漫"，是抒情的唱词，因此作曲者也从抒情上考虑，童祥苓拿到手里的唱腔就是抒情柔和的曲谱，这不能表现杨子荣顶风冒雪勇往直前的雄姿英发，也就变成诸葛亮了。要改变这种情况，演员就要求编剧改变原来的唱词。后来改成的“穿林海跨雪原气冲霄汉”，这样的唱词就写出了英雄上山的豪迈气概，作曲者谱出了二黄高八度的导板。童祥苓在演唱时将“霄汉”两个字的八度高腔又翻八度。这样处理，杨子荣先声夺人的磅礴气势的音乐形象就充分展示出来了。

以章力挥为首的戏改创作小组，每次对剧本进行修改后，由刘如曾、黄钧为正副组长的音乐小组排腔谱曲，再交《智取威虎山》剧组在绍兴路京剧院二楼排练。当时条件差，排练厅很小，中间只有一块六平方米的地毯，演小分队战士角色的演员，每天就在这块地毯上练功摔打。大家也没有练功服，穿着单衣，每天三班排戏，体力消耗很大。时值夏天，演员们一个个汗流浃背。在剧中十场戏有杨子荣七场戏，而且三四五六场戏紧连着。童祥苓每排完一次就要呕吐，吃不下东西，妻子南云整天抱着个汤罐子跟着，他什么时候有胃口就吃点面包喝点汤。

为了适应大运动量，童祥苓每天早上从绍兴路出发，由陕西南路经建国路到瑞金二路，跑一大圈，约4 000米，到了京剧院便马上练唱，以此锻炼在喘息中做到唱念自如的表演能力。

京剧《智取威虎山》无论在剧本的改编，还是在唱腔的设计方面，在未定稿之前，剧本每一场、每一次的改动，唱腔每一段、每一节在写出之后，都必须先送于会泳审阅、把关。尤其是音乐部分，他经过细致推敲，在原稿上作了修改，交给音乐组重新演奏，让演员试唱；如果他听了仍不满意，就会交音乐组或由他本人再修改，再次排练，自己觉得可以了，便送江青，由她最后拍板敲定。如果江青提出意见，就会立即推倒重来。如此翻来覆去，有的唱词、唱腔甚至会修改几十次，以至于演员与演奏员被搞得一时稀里糊涂晕了头。当然乐队根据每次修改后的油印曲谱演奏要好一些，却苦了几个主要演员。尤其是演杨子荣的童祥苓，为他修改的主要唱段最多，每改一处，他得合着乐队反复试唱，唱熟了，又要修改，就得从头再唱，弄得精疲力尽。幸亏他少年时在“童家班”经过艰苦训练养成了快速强记唱词、唱腔的习惯；即便如此，他也不敢稍作松懈。他每每用完早餐，便从位于五原路的家里出发，匆匆地骑着自行车去绍兴路京剧院上班，他一面骑车一面嘴哼着修改后的唱腔。有一次他一直骑到肇嘉浜路，还全然不知，碰到红灯停了车才发觉骑错了方向。可见当时对剧本唱词与唱腔的修改，对童祥苓所造成的巨大精神压力。

其时剧组每周要三天抽两小时学习雷锋、王杰和焦裕禄的先进事迹，大家精神上很受鼓舞。剧组内不管角色大小，相处很融洽，排戏时像一个和谐的整体。排第一场时，小分队要列队等杨子荣出场。童祥苓此时的动作不合导演要求，反复排了半小时，童祥苓已满头大汗，小分队依然站立不动。童祥苓有些不好意思，建议导演让大家暂时休息，由他一人排戏。小分队的同事异口同声地说，没关系，他们站在那儿可以帮助童祥苓找到感觉，进入角色。童祥苓十分感动，至今仍怀念那时集体创作的互助精神。

童祥苓说：

为了演得像解放军，小分队去剧场每次都列队步行。我们自觉地定出了严格制度，后台不聊与戏无关的事，不带亲友至后台，不吸烟，不打牌下棋，开演十五分钟前候场，出事故找原因不过夜等，还专门推举出王志奎老先生为后台监督，因他几十年一贯认真负责，这些后来均被列为样板团演出制度。

笔者曾采访了在《智》剧组里管化妆与服饰的孙耀生先生，他毕业于上海戏剧学院舞美系，现在是一个闭门研究哲学与文化史的学者。谈及童祥苓时，他说：

在剧组里，童祥苓是个另类，是控制使用的。在那个特殊的年代，童芷苓是“有问题”的“反动权威”，童祥苓与他阿姐“划不清界限”。为啥？因为他阿姐从小宝贝他，他一身的艺术，都是他阿姐带他在北京、上海等地唱戏、创造条件造就的。可以打个比喻：他父母给了他一个身，但他的艺术灵魂——京剧表演艺术上的大部分元件，是他阿姐给的。童祥苓在剧组里只有一条路——把戏唱好，其他免谈。但他是在红旗下长大的，与他阿姐既有血肉关系，又有文化差异，他身上旧班子习气很少，更多的是20世纪50年代共青团员的素质：有一定的组织观念、纪律观念与自我约束的自觉。因为有这种素质，他才能接受并胜任扮演杨子荣这个角色。

在戏里他扮演的是一号人物，戏的"生死存亡"，演成功还是演"砸锅"，全系他一身，身后有工宣队时时在监督他，演砸了，一项破坏样板戏的罪名就会加在他身上，逐出剧团，送去劳改。可想而知，他的压力有多大！他的神经压抑得不得了！加之，这出戏的难度极高，在当时的京剧界可以说无一个老生可以取代他，只有他可以承担。为啥这么说？因为这出戏的节奏实在太紧凑，整出戏是掐着秒表计时的，1小时59分36秒，上下只能相差20秒，超过或慢了几秒，对不起，马上散场后留在舞台上开班委会，分析原因。

尤其是第四场《定计》转到第五场《打虎上山》，转场的幕间曲只有1分30秒，此间杨子荣由解放军战士要一下子变成土匪，他一下场，我和几个剧务须迅速围上去——童祥苓此时已大汗淋漓了，大口喘着气——有人帮他快速擦汗，又得分外小心，不能把他脸上的妆擦掉；有人给他卸衣服；有人迅捷地给他穿虎皮背心，有人给他套上大衣。童祥苓的气息尚未调整，换装的动作稍为慢了一点，一只袖管没套上，前奏曲已到了他启唱的时候，他就一面唱二黄导板"穿林海跨雪原气冲霄汉"，一面套袖管，唱完这一句，披上大衣就上场，在舞台上又是跳，又要唱，太不容易啦！童祥苓一上台高度亢奋，不像演戏，每场戏都是搏命啊！若在老戏班中无人能承受得了！

童祥苓演的杨子荣，唱念做打，不是用传统戏中哪一个行当可以归类的，它既有余派的韵味，又有杨派武生的勇猛，还有麒派老生的激越，他的表演融各家之长，为表现人物服务，与音乐及舞台上的群体图像高度契合，默契到严丝合缝的程度，不仅要求他有超强的艺术灵敏度，还须有灵活的应变能力，这是一系列艺术上的高素质汇集到他一人身上的集中体现。

童祥苓那时身体条件不佳，胃不好，常见他吐酸水。我一方面钦佩他为艺术献身的精神，另一方面对他也抱有几许同情。后来，我与他成了终生挚友。（上述文字根据孙耀生先生谈话内容整理而成）

## 三十一　音乐上的群策群力

万人操弓，共射一招，招无不中。

——《吕氏春秋》

《智》剧的唱腔设计一般都紧随剧本修改之后进行，然后交由演员试唱排练，请领导观看审查，提出意见，再行修改。唯“客人”最后拍板才能落定。“客人”当然不会每次都到现场审查，每每由张春桥，以后由于会泳将每一稿的唱词连同曲谱由演员唱了录音后，带到北京或江青在沪的下榻处请她裁定。所以《智》剧每一段唱词与唱腔的修改经常需要多次反复加工，变化不定，这给作曲成员、演员，尤其是给主要演员童祥苓压力很大。所谓牵一发而动全局，唱词的变动，带来唱腔与动作，甚至舞台调动乃至灯光投射的变化。其间剧组成员的辛苦可想而知。

1965年2月，《智》剧工作组在上海文化广场（位于陕西南路，今重新翻建）舞台二楼的一个小化妆间里，由张春桥宣布成立，此后，音乐组的刘如曾和黄钧被指定到编剧组工作的所在地（位于永嘉路上的一幢花园别墅，原书法协会旧址，今译制片厂附近）去上班，让他们一起参加剧本的讨论，以便熟悉剧本，拟定唱段、腔调、板式安排的方案，构思并规划音乐的总体布局。

1965年3月，经刘、黄二人共同商讨、由刘起草、黄誊写的音乐方案，连同基本完成的新剧本，在全剧开排以前交到“客人”处，一并送审。这一方案在创作中起了一定作用，虽然后来的腔调、板式安排发生了一些变更，但所拟定的用《解放军进行曲》、《三大纪律八项注意》的主题，分别代表剧中解放军“小分队”和主人公杨子荣、少剑波这一音乐总体构思，为全剧确定了声腔创作的基本色调。

关于音乐创作中的分工与合作情况，其时作曲组的副组长黄钧先生在《智取威虎山》音乐创作回忆文字中有如下记述：

> 1965年3月，新剧本开始创排。《智》剧的音乐，是边创作，边排练而成。写唱腔之前，刘、黄二人曾商定过一些创作的设想，这些设想，后来在作曲组（当时的正式成员有刘如曾、黄钧、陈立中、高一鸣）中曾反复说明过。其中之一是由于《智》剧中的主要人物（杨子荣与少剑波）都由生行演员扮演，这在传统戏中也是少有的，所以，唱腔上必须加以区别。我们商定，杨子荣的唱腔音乐形象，要突出刚劲、坚毅和豪迈的气势；少剑波的唱腔则突出沉稳、清秀、宛转的特点。另外，在唱腔创作中使用舞台语言音调（即声韵）方面，开始一阶段，为了保持京剧传统风格，要求多使用“湖广音”。说实在的，当时很担心别人说我们写作的唱腔没有京剧味儿。后来，发现这样创作所写出的唱腔，陈旧感比较强，如：“几天来摸敌情”、“朔风吹林涛吼峡谷震荡”等唱段。这可以说是一个教训吧。为此，我们决定改变这一做法，即用“北京音”与“湖广音”相结合的办法，来处理唱词在唱腔中的音调走向。
>
> 在创作工作的整体过程中，既有分工又有合作。自剧组搬到绍兴路上海京剧院旧址排戏时起（1965年4月间），作曲组逐步形成了一种制度，即重点唱段，由一人或二三人合作起草，全组，甚或是全创作组（包括编剧、导演、有关主演）讨论通过，被戏称“过堂”。
>
> 作曲组四人皆写作唱腔。而音乐创作的全面掌握是刘如曾和黄钧，全剧情景音乐（包括开幕曲、幕间曲、戏中配乐、配器）也是由二人负责写作并负责唱段统稿、乐队排练。

1965年9月，沈利群加入作曲组。1966年“文革”开始后不久，刘如曾调回上海戏剧学院后，由黄钧统稿、排练乐队。如1966年11月油印出的全剧总谱，就是根据曾、黄统稿，由黄钧整理、保存的乐谱，请谢家国（当时任琵琶演奏员）清理后印出的。

全剧第一次投入全面的排练，约于1965年3月至4月间，只有约一个月的时间就进行了首次彩排。地点是常熟路上海歌剧院小剧场。这次排了一稿，也可以说是新改本的第一稿彩排本。

作曲组的分工及任务完成的情况：

开始时，即1965年3月份在小剧场排戏阶段，刘如曾负责全面工作，创作上负责全剧的配器、配曲及部分唱段的写作和修改，以及排练乐队；黄钧重点负责唱腔的写作和修改等。陈立中、高一鸣除参加伴奏外，写作唱腔。（沈利群、于会泳以后加入）

经作曲组讨论决定，最初的唱腔写作既按场次又结合按人物分工，两种方式交叉进行。这在1965年3月至1965年9月皆是如此。

按场次分写作唱腔：

第一场——黄钧、陈立中

第二场——陈立中、高一鸣

第三场——黄钧、陈立中

第四场——黄钧、高一鸣

第五场——黄钧

第六场——刘如曾、陈立中

第七场——黄钧、陈立中、高一鸣

第八场——黄钧、陈立中

第九场——刘如曾、陈立中

第十场——黄钧、陈立中

按剧中人物分工：

杨子荣——刘如曾、黄钧

少剑波（参谋长）——黄钧、陈立中、高一鸣

李勇奇——陈立中、高一鸣

当时的剧本中，李母、座山雕这两个人物未设唱段，所以未分工；第三场仍是“雪地侦察”，尚未改为“深山问苦”。

虽然如此分工，作曲组一贯强调“分工不分家”的精神，因此，上述的原始分工，在实际创作中有所变化，但变化不大。只是根据排戏进度及劳逸情况，互有渗透。

此阶段，凡是剧本已基本稳定或定稿的场次或唱词，其中的情景音乐（开幕曲、幕间曲、表情配乐等）及唱段也基本稳定或定稿。其中包括：

**第一场　乘胜进军：开幕曲**

“这一带常有匪出没往返”杨子荣唱

“小分队为人民肩负重担”少剑波唱

**第二场　夹皮沟遭劫：幕间曲（1966年4月又重写定稿）**

“一心独霸威虎山”座山雕唱（1966年4月改为“世代独霸威虎山”，1971年删除）

“火光冲天人喧嚷”李勇奇唱

“霹雳一声灾祸降”李勇奇唱

**第三场　雪地侦察（1966年3月剧本改为深山问苦）：**

“猛听得惨叫声搜索观看”杨子荣唱

“这妇女受刀伤气还未断”杨子荣唱

(全场音乐已趋稳定。改为深山问苦后，重新谱曲，原谱基本上尽弃。)

**第四场　定计：幕间曲**

“朔风吹震峡谷山林呼啸”少剑波唱（此阶段排练后期，改为“朔风吹林涛吼峡谷震荡”，辙韵也改，唱词句数多，精简后唱腔也重新写）

“几天来摸敌情收获不小”少剑波唱

"相信你定能够完成重任"少剑波唱

"共产党员时刻听从党召唤"杨子荣唱

**第五场　打虎上山：幕间曲（1971年拍电影时改写）**

"迎来春色换人间"杨子荣唱（此时唱词是"穿林海跨雪原银浪漫漫"，1965年5月改为"穿林海跨雪原气冲霄汉"）

**第六场　打进匪窟：幕间曲**

"虽然是只身把龙潭虎穴闯"杨子荣唱

"提起栾平气难按"杨子荣唱

"联络图我为你朝思暮想"座山雕唱（1966年4月改写，1971年删除）

**第七场　发动群众：幕间曲**

"病缠身粮食尽呼儿不应"李母唱

"难道说与孩儿相逢在梦境"李母唱

"多少仇来多少恨"李勇奇唱

（此时，此场中少剑波有两个唱段，因"文革"中，我的家被抄三次，有关资料清抄殆尽，现仅凭记忆，缺少凭据，难以说清。）

"山里人说话说了算"李勇奇唱

**第八场　计送情报：**

"晨星落天破晓雄鸡高唱"杨子荣唱

"座山雕愚而诈又施伎俩"杨子荣唱

**第九场　急速出兵：幕间曲**

"军民一家心连心"李母唱

"我虽然劝他们"少剑波唱

"情况突变任务紧"少剑波唱

**第十场　会师百鸡宴：幕间曲**

"反复无常好阴险"杨子荣唱

"为非作歹几十年"杨子荣唱

"除夕夜全山寨灯火一片"杨子荣唱

**终曲**

到1966年4月，剧本在不断修改之中，某些唱段的唱词尚未稳定。其间，剧本曾有过至少八次较大的修改，每修改一次，音乐必须作相应的修改，而且是反反复复，应接不暇。

1965年9月以后，直至1966年10月，此阶段完成的唱段、配乐有：

第二场 “世代独霸威虎山”——座山雕唱（1971年删除）

第三场 “八年前”——常宝唱；“小常宝”——杨子荣唱

第四场 “共产党员”——杨子荣唱

第六场 “联络图我为你朝思暮想”——座山雕唱（1971年删除）

第七场 “早也盼晚也盼”——李勇奇唱

第八场 “披荆棘战斗在敌人心脏”——杨子荣唱

笔者查阅《中国当代京剧音乐家传略》（作曲家部分）、《现代京剧曲谱精选》、《中国戏曲音乐集成·上海卷》等相关资料，佐证黄钧先生的回忆文字基本属实。《智》剧音乐形象上的日趋成熟，与刘如曾、黄钧的作曲组全体成员的共同努力分不开的，他们为《智》剧唱腔设计的成功打下了坚实基础。

## 三十二　重点唱段的创作

与其花许多时间和精力去凿许多浅井，

不如花同样的时间和精力去凿一口深井。

——［法］罗曼·罗兰

众所周知的《智》剧重点唱段，作曲组在谱曲时并非一帆风顺，也曾走过不少弯路。其原因固然对于这些京剧作曲家们来说，如何借鉴京剧传统唱腔，去编创表现现代革命斗争题材的曲调，还缺乏足够的经验；但也与起初江青"原则性指导"的偏差有关。她一味强调通过英雄人物去表现"时代的最强音",提出戏中的唱腔设计少用低回凝重、稳健深沉的二黄板腔体,多用高亢激越、活跃明快的西皮板腔体。这就让作曲组成员设计的唱腔慷慨激昂有余、委婉感叹不足,显得生硬、单一,缺少变化。

在创作实践中,作曲家们从失败中吸取教训,从戏中规定的情景以及人物所产生的特定的情感出发,兼用了西皮与二黄各种类别的板式,并突破陈规,作了创造性的改进,从而取得了令人满意的艺术效果。也让指导者"客人"默认并肯定了这一跨越性的创作成果。

黄钧先生在《智》剧音乐创作的回忆文字中写道:

> 江青在1965年4月24日的讲话中曾依据我们3月制订、上报的"唱腔安排方案",讲了一句话:"以西皮为主,二黄为辅吧。"这是因为我们当时所订的"唱腔安排方案",西皮多于二黄,特别是几个重点唱段皆用西皮,仅在第七场用了二黄。但是,创作实践中我们作了修改,二黄比重增多,特别是重点唱段,都采用的是二黄,如"迎来春色"、"朔风吹"以及第八场的"披荆棘"等唱段。这就是说,我们明显地"违背了"江青"以西皮为主"的原则,可是,这些唱段一个接一个地又得到江青的认可,使得她自相矛盾,有话说不出。所以,在江青1966年2月6日的一次讲话当中,我们插话问她:"我们现在已将所有重点唱段采用了二黄,是否违背你的'以西皮为主'的原则?"当江青听明白我们的提问后,板下面孔来说:"你们不要机械领会我的意思嘛!"这也证明,她已经意识到自己的前后矛盾。这一提问的举动,我们的本意是出于尊重她,加以请示,但是,客观上起到了"点穿"的作用。所以,在"文革"中,我的头上,又被强加了一条"顶撞无产阶级司令部首长——江青同志"的"罪名"。

江青抓"样板戏"时声言,要抛弃一切旧传统,坚持"空白论",但当试图在旧传统的废墟上构建新的无产阶级文艺大厦时,她发现原来的旧基础还是可以改造并加以利用的，而且旧基础越大越坚实，其利用价值也就越高。这也是她后来反复强调京剧要姓“京”的原因所在。作为一个“指导者”，有没有这个认识，其结果是完全不同的。好在昔日京剧舞台生涯以及从事电影工作的实践经验，使她不至于成为无视京剧艺术规律而随心所欲、肆意妄动的“改革者”。不然，她抓的“革命样板戏”将呈现怎样的面貌，就难以预料了！

下面对几段重点唱段的创作情况作一介绍：

1.《迎来春色换人间》唱段的创作经过。

这是《智》剧在排练第五场《打虎上山》中增加的唱段。唱词几经修改有所变动，如，“穿林海跨雪原银浪漫漫”1965年5月间改为“穿林海跨雪原气冲霄汉”，“面对着千难万险只等闲”1966年3月改为“抒豪情寄壮志面对群山”等。起初唱段由黄钧起草，全唱段使用二黄腔调，在排练中遭否定。理由是：前半段“导板”缺乏气势，后半段“快板”力度不足。黄钧用西皮重写一稿：第一句用“导板”，第二句至第六句用“原板”，第七句到第十六句用“快板”。此阶段，进行了一次彩排，江青看了，对这段唱腔未置可否，对唱词中的“银浪漫漫”提出非议。

彩排后，剧组展开讨论，黄钧在二次修改中，技术上采取了增多跳进音程、唱腔旋律音域加宽等方法以增强力度。刘如曾看了，对前半段提了一些意见，对后半段基本肯定，要他再行修改。黄钧反复思考，采用“二黄转西皮”，即前半段用二黄后半段用西皮的办法。二黄导板借鉴传统戏《战太平》中，“头戴着紫金盔齐眉盖顶”一句的唱腔。刘如曾对这一设想表示反对，说：“前二黄后西皮恐怕不行，再说，我们不是早已商量好了，将《战太平》的腔用在第八场（当时第八场剧本，特别是唱词尚在修改中，迟迟未定）的重点唱段吗？第五场用了，第八场怎么办？”黄钧说：“二黄转西皮的办法可以一试，至于这里用了《战太平》的腔，到了第八场唱词定了，再想办法。”刘如曾说，他与琴师陈立中合作写一稿“西皮”唱腔试试，黄钧便着手写“二黄转西皮”的乐谱。

他把原先起草的“二黄”唱腔与两次起草的“西皮”唱腔，三者合并，加以拼合、联结，又将二黄导板、回龙、“迎来春色换人间”等句唱腔加以改写。思考最多的是“迎来春色”一句，因为它是一个承前启后由二黄转西皮的关键唱句。

其时，童祥苓刚替代贺梦梨演杨子荣。黄钧主动找童祥苓谈了这段“二黄转西皮”的设想，童祥苓立即表示赞同。黄钧将谱子拿出来唱了一遍，童祥苓未加思索地表示“我学，我学”。童祥苓因为才进剧组立即投入排练，忙得透不过气来。除了背台词、练身段、记地位之外，还要学唱腔、练唱。他不识谱，得由作曲者教唱。好在他有一台鹦鹉牌录音机，黄钧曾多次去童家帮他录音。从此，童祥苓学会了“跟着录音学唱腔”的办法，解决了读谱的困难。

刘如曾、陈立中合作的西皮唱腔也已完成。从此时起，开始了两个“迎来春色换人间”的唱段并存的局面，有数个月之久，直到1965年10月为止。

一天，童祥苓、鼓师张鑫海、琴师陈立中等在舞台上准备排第五场杨子荣的戏。台下坐着章力挥、刘如曾和导演李仲林等人。张春桥来了，就开始排戏。童祥苓刚学会身段动作与台上走位，尚未将“迎来春色换人间”的唱腔学会，李仲林便叫来黄钧，叫童祥苓在台上表演，黄钧在台边唱，演了一出“双簧”。

此后不久，江青（已回北京）要听重点唱段录音，催得很急。到底哪一个方案送审，成了棘手问题，因双方各持己见，谁也不愿放弃。为了不影响排戏进度，剧组组长章力挥听取黄钧建议：两个方案一并录音送审，由江青取舍。录音地点是北京东路原上海人民广播电台录音棚，电台联系人是杨竹林。

自1965年10月之前，张春桥自北京回沪，转达了江青的讲话，肯定、选用“二黄转西皮”的唱腔方案。

1967年夏，于会泳在江青、张春桥的扶植下，把持了上海京剧院和《智》、《海》两剧组的领导权。此时黄钧已被逐出剧组，处于半“靠边”状态。1967年12月，于会泳对这段唱腔的“导板”和“原板”作了部分改动。彩排后，被江青否定，说："这一唱段的原来唱腔在观众中已经有了影响，效果也很好，没有必要再改了……" 剧组乐队的谢家国听了江青讲的话传出。此后，原来的唱腔完全被恢复。于会泳被否定的油印"修改稿"，谢家国弄了一份给黄钧，保留至今，可为佐证。此段作曲者署名为黄钧等。

2.《朔风吹林涛吼峡谷震荡》唱段的创作经过。

这是《智》剧第四场少剑波（后称参谋长）的一个重点唱段。

1965年3月，《智》剧新改本第一次排练时，唱词曾大改过三次，唱腔也改过多次。开始由黄钧谱曲，使用的是西皮。

彩排后，江青于1965年4月23日，对剧组主创人员作了第一次讲话，对唱词作了否定。编剧立即作了大改。最后拿出的唱词是：

第一句，朔风吹林涛吼峡谷震荡，

第二句，望飞雪满天舞，巍巍丛山披银装，好一派北国风光。（1966年3月改为"漫天舞"）

第三句，山河壮丽万千气象，

第四句，怎容忍虎去狼来再受创伤。

第五句，党中央指引着前进方向，

第六句，革命的烈焰势不可挡。（1966年3月改为"势不可当"）

第七句，解放军转战千里，肩负着人民的希望，

第八句，要把红旗插遍祖国四方。

第九句，哪怕他美蒋勾结、假谈真打、明枪暗箭、百般花样，

第十句，怎禁我正义在手、仇恨在胸、以一当十，誓把那反动派一扫光。

第十一句，小分队在毛泽东旗帜下成长，（1970年后，第11句至18句皆被删除）

第十二句，三十六颗红心向太阳。

第十三句，破风雪如闪电奔驰山岗，

第十四句，披荆斩棘越战越强。

第十五句，经得起风顶得住浪，

第十六句，在革命的熔炉中百炼成钢。

第十七句，座山雕他甘做美蒋陪葬，

第十八句，据天险垂死挣扎也难逃覆灭下场。

黄钧拿到唱词后，改用二黄腔调新写一稿。那时，他对刘如曾说，在第九句“哪怕他美蒋勾结……”一句用了五声音阶上行的“不规则模进”手法。

此时，正值北京《沙家浜》剧组来沪演出，领导决定，请李慕良对这一段唱腔进行示范性修改。此段唱腔的“导板”、“回龙”和两句“慢板”为李慕良先生所改写；后来，在前两句“原板”，即“党中央……”、“革命的烈焰……”两句上，反复琢磨后，并未作改动，到了“解放军……”一句处，陈立中讲了一句：“后面的腔还可以，别改了。”于是，刘、李也复议，就没再改。这一段唱腔就这样定了。

应该说李慕良修改的前四句是极其成功的，可称典范，它用音乐形象完美地表现了北国风光的豪迈气象与少剑波满腔的爱国情怀，为全段唱腔起了奠基性的凤头作用，不愧为一个杰出的京剧作曲艺术家！

1998年12月间，于上海召开的中国戏曲音乐学会第四次年会期间的分组讨论会上，高一鸣先生在发言中还讲到了“朔风吹”唱段的唱腔写作情况。他说，“此段唱腔的‘导板’、‘回龙’和两句‘慢板’是由李慕良先生改写的，自‘原板’后的唱腔是黄钧先生起草的原稿。”黄钧在后来主编《中国戏曲音乐集成·上海卷》最后定稿时，为尊重前辈，署名李慕良等作曲。

3.《共产党员时刻听从党召唤》唱段的创作经过。

此段唱词反复变化较大，1965年3月“小剧场”排戏阶段，杨子荣没有这段唱，其中的一些唱词内容，原来是由少剑波唱的。到了1965年7月，才最后明确由杨子荣唱，然而，定型很晚。原来写出的唱词比较多，经提出意见后，改为十四句，而且，某些词句的位置换来换去。

此段唱词的最初内容如下：

一、共产党员时刻听从党召唤，

二、风雨越骤越向前。

三、为将苦树连根铲，

四、要将重担挑在肩。

五、莫担心我只身历艰险，

六、得道多助不孤单。

七、莫担心我此去少经验，

八、下海扬帆才能行船。

九、莫担心风云不测多变幻，

十、革命的智慧能胜天。

十一、任凭狐狸再狡诈，

十二、怎比猎人智慧宽。

十三、一颗红心似火焰，

十四、化作利剑斩凶顽。

约于1965年11月，此段唱词作了一次比较大的修改：

第二句改为“专拣重担挑在肩”；

第三句改为“一心要砸碎千年铁锁链”；

第四句改为“为人民开出那万代幸福泉”；

第五句改为“明知征途有艰险”；

第六句改为“越是艰险越向前”；

第七句改为“任凭风云多变幻”；

第八句改为原稿的第十句“革命的智慧能胜天”；

第九句改为“立下愚公移山志”；

第十句改为“能破万重困难关”；

第十一句仍用原稿第十三句，“一颗红心似火焰”；

第十二句仍用原稿的第十四句，“化作利剑斩凶顽”。

此段唱腔的写作也是反复次数较多，为它起草的人员、人次也是较多的。唱段综合、吸收历次起草的可取之处而构成。

从开始排练起，此段由黄钧起草，曾起草过两次，唱词大改一次，唱腔也随之大改一次。特别是删除了三个“莫担心”之后，必须重写。

黄钧第一稿唱腔是这样安排的：用西皮腔调，开始散起，“共产党员”四字用念白的方式，“时刻听从党召唤”开始有腔。第二句起，用“垛板”。1965年11月，唱词再一次修改后，起草了第二稿，此时，他将第一句念白改为唱，即唱出“共产党员”四字。此稿的第一句现保留在定稿里，第二句起用垛板，最后四句用快板，最后一句唱腔也被保存在定稿里。1965年11月，沈利群也曾起草一稿，一开始用“原板”，未用散起。她个别征求黄钧意见，黄钧认为不行，半开玩笑地说，第一句像“拉兹之歌”（这一点成为“文革”中批判他的“罪行”之一，即“攻击‘共产党员’唱段为‘拉兹之歌’”）。1965年底，作曲组曾多次讨论，并改动过数次，未达到要求。

1965年12月，在一次排戏中，导演关尔佳和童祥苓、黄钧、沈利群、陈立中、高一鸣、张鑫海等，就在现场按原稿一句句地顺下来，不如意的地方当场改，如“革命的智慧能胜天”一句中的“能胜天”三字，就是由童祥苓在原稿的基础上，即兴唱散的，大家觉得很好，就定下了。

1966年初，于会泳来《智》剧组期间对此段作了一些改动，如第一句“共产党员”四字改为低腔；第二句起改为类似“快原板”的处理；自第五句起仍为快板。但是在刚刚改过的一次演出中，童祥苓不习惯，过门一起，没有立即按谱唱出，而是将低腔翻高了八度。演出后，童祥苓说这样改不行，于是，由黄钧再改用原稿。从此，未作改动。

黄钧主编的《中国戏曲音乐集成·上海卷》最后定稿时，决定用沈利群、陈立中、高一鸣为作曲署名。

4.《胸有朝阳》唱段的创作过程

这是第八场《计送情报》的一个唱段。此唱段的创作过程，漫长而复杂。所谓漫长，指时间跨度从1965年3月至1966年初。所谓复杂，指唱词、唱腔修改的次数之多，前所未有。

1965年3月至1966年10月，剧本曾大改八次。据1966年1月11日，章力挥代表工作组作小结。此段唱词至少写过三个方案。最初此段唱词仅六句。1965年4月，第一次彩排，唱段用类似二黄快三眼的板式，只作一般处理，由黄钧起草。1965年8月开始，创作组第一次集中在位于上海康平路中共上海市委机关所在地张春桥办公室，讨论剧本的修改。与会者有：章力挥、陶雄、刘梦德、高义龙、关尔佳、李仲林、刘如曾、黄钧，还有张春桥。讨论时续时断，有10次左右。

会后改写出的唱词，增至十二句。由黄钧负责起草。那时，改用西皮。此时，杨子荣一角已改由童祥苓扮演。录音后送江青审查，她说这段唱腔“像《打渔杀家》”而遭否定。她又看了新改的剧本，发了脾气，责怪编剧：“你们就是不听我的话，胡改乱改。”接着，剧本又进行大改，此段唱词也不例外。

大约是1965年9月初。黄钧改用二黄，用了“导板”、“回龙”、“慢板”、“原板”、“垛板”等板式。当时唱词有二十二句（定稿为二十四句），第一句唱词“晨星落天破晓雄鸡高唱”仍然保留，不适宜用高亢式的“导板”，黄钧建议编剧修改。编剧不以为然。一次在上海艺术剧场的贵宾休息室讨论工作，张春桥、章力挥、李仲林、刘如曾、刘梦德和黄钧都参加了，编剧质问黄钧：“这一句为什么不用‘导板’？”黄钧就当场唱给在场的人听，大家笑了。另外，只有两句的唱词要处理成“垛板”有难度，因为一唱后面就没词了，俗称“伸不开腰”，发挥不了“垛板”的作用；所以，黄钧也请编剧再补写两句，成四句。未待编剧将唱词补齐，黄钧已谱好了大部分唱腔，但尚未最后完成。几天后，张春桥来到上海京剧院，要听这一段唱腔。黄钧作了情况说明，没有唱。“文革”中，便成了“对抗中央首长，破坏革命样板戏”的罪名，黄钧为此吃了不少苦。

后来经集体讨论，这段唱由沈利群、陈立中、高一鸣为一组，由黄钧、沈雁西、童祥苓为一组分别拟稿。议论之后，选取了沈、陈、高的方案。根据大家的意见，沈利群等又作了一些修改。1966年元旦过后，领导决定于会泳协助修改这段唱腔。因为时间短，曲谱确实写得不错，他改动不多。

关于《胸有朝阳》这段唱，沈利群女士曾如是说：

“八年前风雪夜”是陈立中、高一鸣和我共同创作，后经于会泳作了些修改。我能参加剧组是为了作曲八场的“胸有朝阳”，因为剧组一个多月还没能作出此段曲，影响排戏，原来通知我去上海京剧院是暂调一个月试写，当时陈、高在会上响应我提出希望同琴师合作的要求，结果我们三人经过三天就创作出该唱段并经过周信芳院长首肯且同意可以进行复排，之后，第三场因改编为“深山问苦”，我被剧组留下，又由我们三人为常宝这段“八年前风雪夜”作曲。在我参加剧组前，除了八、三场的唱段，其他唱段基本上都有了，知道有很多人参与作曲，但不清楚每段唱腔是谁作曲或主创，有时相互对唱腔会出些好点子，有的唱腔形成也有是你一句我一句，“朔风吹”听陈立中讲是李慕良作曲倒是没忘。

关于《八年前风雪夜大祸从天降》、《管叫山河换新装》、《胸有朝阳》等唱段，高一鸣先生在上海戏剧学院附属上海戏曲学院谈创作体会时，曾作为例子进行分析，从中可见作曲家们如何“激活传统，达到一个创新，又不离京剧本体”的艰难探索：

如，第三场“小常宝”这段唱，我记得是在陈立中的家（北京路胶州路）创作这一段，我与陈立中，也有沈利群参加。《八年前》用什么板式去表现呢？小常宝在深山老林里，她的娘被座山雕迫害致死，这个姑娘的性格不是一般的青衣行、花旦行所能包含的，她有她刚毅的一面，悲愤的一面，用什么板式比较合适呢？我们想起了小生的娃娃调，但小生娃娃调的调门很高，很明亮，很挺拔。鉴于小常宝悲惨的身世，她所处的环境，用什么板式去表现？用反二黄——一般的悲怆、悲伤的情绪都用反二黄去表现，但反二黄又过于压抑了，不能表现少女的反抗情绪。我们想把这二者融合在一起，后来这段板式就被称为反二黄娃娃调。这在过去是没有的，是打破行当来考虑这些事了。

另外，京剧唱腔讲究上下句，我们在《智》剧中破掉了上下句的（规定），不下三处地方明显破了上下句。杨子荣接小常宝的唱之后唱《小常宝控诉了土匪罪状》，唱到“深山见太阳”——西皮的下句该落到**1 2 3 4**的**1**音上，上句一般在**2**，下句一般落到**1**，这是普遍的一个规律——“深山见太阳”用什么腔还原到这个**1**音上呢？（若还原到这**1**音上），总觉得这口气塌下来了，不是我们想要的。当时我们就很大胆，在这儿就落在高音**5**上；完了，这过门就用《东方红》的曲调，（尾声音乐）向前向前向前——**5 5 5 5**，这个节奏，下一锣，再转流水，虽然很短，却破了一个上下句，用《东方红》的主题（曲）来作为间奏，又移到它的下属调。“翻身作主人，深山见太阳！”五字句，传统戏中很少，像言派的《浣纱记》中有。创作完成后，一想，把二黄的东西糅进去了，我们就叫它西黄二皮。“消灭座山雕，人民得解放”落在**2**音上，显然是二黄的结构；“翻身作主人”落在**3**音上，“深山见太阳”落在**5**音上——这五字句是阶梯式上行。**1——2——3——5**，推到小高潮。西皮开头都有过门，“小常宝”（前面）过门很短——（**4̇ – | 3̇0 0 | 2̇03̇ 7656**），按老的过门要8节，（我们只用）2节就起唱，（这是）剧情的需要，把老的过门都缩短了。这里要讲到于会泳的参与了。他搞完《海港》后，把我叫到周信芳在长乐路上的故居楼上对我说：“我想把几段东西改一改。”他改了“都有一本血泪账”后面的“要报仇要申冤”，他想用叠句。他说我原来的设计还不足以发泄杨子荣愤怒的情绪，改成**3 2 7 7**，显然进到反二黄调式中了；“要报仇”也在低音区，**663 | 5（06）|**，然后再重复一遍，“要申冤”**33 | 234 | 4. 444 4444 |**，再唱“血债要用血来偿”，这样把杨子荣的情绪推到一个小高潮。我觉得这些东西与传统样板戏有很大不同。

……出现少剑波的地方的唱，都（注意糅入）用“三大纪律，八项注意”的主题曲。第七场的对白音乐，（用）琵琶弹出“小拉子”（曲牌）押底。“小拉子”曲牌在传统戏中运用很多，绝对是（京剧）本体的东西；而在“小拉子”上面用木管（吹奏），飘着变调的“三大纪律，八项注意”（的主题曲），听来感人又温馨，又有新意。……“我们是工农子弟兵”，是少剑波给老大爷说话，这里不能用（传统的）二黄过门了，我想起了周信芳先生的碰板三眼（唱）“是三生有幸”，还有《路遥知马力》，不用过门，很生活化，这里“老乡”说完，什么过门都不用了，（连）“嘟罗”也没有了，旋律上中音偏低一些，让他们更亲切些。第二句“要消灭反动派改地换天”，这三个字（要、消、派）都在重音上，在板上，在传统戏中是没有的，作曲上叫“压缩法”。……唱实际上是一种说话的夸张，语言的夸张，都代表着（人物）的心声，是一种情绪的表现。我（们）的创作理念呢，什么手段都围绕一个情（字），抒情也是情，激情也是情，喜怒哀乐悲恐惊都是情。

八场，慢板（《胸有朝阳》），此时杨子荣“望远方，想战友，”想到“党对我寄托着无限希望”，内心是很抒情、深情的，“党对我”从低音走，“寄托着”再唱到“支委会上同志们语重心长”，从高音的**5**到低音的**3**，这跨度超过8度，再加一个小3度，这么大的跨度老戏里也不多见，“千叮咛万嘱咐给我力量”（的力量二字），这种大力度的唱法在老生行当中较少，是武生的一种唱法。我们破掉老生的行当，把其他行当也糅在里面。杨子荣那句（美好的日子）万年长，也是杨派武生的一种唱法。（而）“给我力量”（这句唱是）借用传统戏言派的《白帝城》“陆逊儿设毒计将孤害定”；那是刘备将死之人用言派婉转的唱法很合适，我们觉得通过唱法上的改造，挪过来，用武生劲头唱，能够搁在杨子荣身上。

其他唱段，如：高一鸣先生独立完成的处女作《几天来摸敌情收获不小》，刘如曾先生的《除夕夜全山寨灯火一片》、《甘洒热血写春秋》，沈利群、陈立中、高一鸣合作的《只盼着深山出太阳》,王正屏、高一鸣的《自己的队伍来到面前》,还有《我们是工农子弟兵》、《提起栾平气难按》等创作过程,囿于篇幅所限,不一一叙述了。

《听那边练兵场杀声响亮》的唱段为于会泳作曲。《智》剧搬上银幕之前,他秉承江青旨意,为表现民兵与解放军同仇敌忾的杀敌决心,让金勇勤作词,亲自谱曲。它的创作过程将在后面详述。

样板戏在作曲方面,即在唱腔设计方面也并非尽善尽美,毫无瑕疵。为了表现"时代最强音",高八度与高调门的运用过度,有时让演员唱得"声嘶力竭",听多了也使人脑袋发涨。音乐欣赏还是要黄钟大吕与婉约温柔的洞箫牧笛曲调兼顾。

自诩高明的于会泳,安插的音乐在排演中也时常出问题,演员的表演同伴奏无法做到完全统一。童祥苓听了之后说:"不是演员跟不上音乐,是音乐没给演员留出空间。演员同场面(乐队)彼此留有空间,那种不言自明的默契(自由发挥的空间),造就了戏剧整体性的统一。"唱了二十年戏的老江湖童祥苓深谙此道。

## 三十三　画龙点睛之妙

张僧繇于金陵安乐寺,画四龙于壁,不点睛。每曰:"点之即飞去。"人以为诞,因点其一。须臾,雷电破壁,一龙乘云上天。不点睛者皆在。

——(唐)张彦远《历代名画记》

因为《智》剧中有几段核心唱段,尤其是《胸有朝阳》、《共产党员》的唱词、唱腔始终在江青那里过不了关,所以,10月份,戏改领导小组又从人民艺术剧院借调了沈利群协助"攻尖"。

困难在于江青要求谱写时代的最强音,从无产阶级英雄身上突出无产阶级专政条件下社会主义时期的时代精神。她在1965年4月23日,对剧组主创人员作了第一次讲话说,旧社会拉黄包车的,他们唱"我好比笼中鸟”(《四郎探母·坐宫》一折中杨延辉的唱词),这就是那个社会的时代精神,穷人日子难过呀。我们今天这个时代,就要像杨子荣那样:“时刻听从党召唤,专拣重担挑在肩”。

根据这个要求,唱词、唱腔反反复复修改无数遍,都不符合她心中的“时代精神”,即便把沈利群调来,对《胸有朝阳》、《共产党员》等唱段重新设计,并反复作了修改,江青仍不满意。一次又一次地试唱排练,过不了关,童祥苓也萌生去意,甚至想打退堂鼓了,提出让胜任的演员来演杨子荣。作曲组长刘如曾对这种无休止的修改已生厌倦之心,他想先完成一年前接受的上影厂与香港凤凰电影制片公司合作的配音任务后,回过头来再搞《智》剧。他向领导递上了请假报告,招致“戏改领导小组”的严厉批评。江青知悉此事,大发脾气,放言“不愿革命的趁早叫他走!”

一心想把《智》剧先搞出来的张春桥急了,又从上海京剧院调来著名花脸演员王正屏去该剧组与陈立中、高一鸣一起搞李勇奇的唱腔设计,并让他演李勇奇(“文革”初期,被院内造反派赶出剧组,由印尼归来的施正泉替代),李母则由上海戏校余派女老生张少楼老师扮演,让她改唱老旦。张少楼会演戏,改了行,照样把戏演得很好(“文革”开始,她被造反派揪回戏校,先由宋蝶影顶着,后由王梦云替代)。

张春桥已看出戏改组成员的畏难情绪正在蔓延,若不加以制止,势必影响《智》剧的修改进程,如何向江青交代?这可是关系到他政治前途的大事!于是他凭三寸不烂之舌开始做“政治思想工作了”。

张春桥召集了《智》剧组的全体成员,并在会上说:同志们!经过这么长一段时间的努力,现在有些想法,可以理解,也很正常,我表示理解。我常给《解放日报》写社论,也会产生你们今天这种心情,遇到困难写不下去了。怎么办?我把稿子往枕头底下一塞,就下去了,到农村转转,回来有了新的想法和感受便继续写下去。好的文章是改出来的,不可能一蹴而就。毛主席的文章也是改出来的,不断修改,才改成现在这样。大家实在疲劳了,可以暂时把工作放一放,到外面去转一转,弄条船去黄浦江上兜兜风也可以嘛，回来头脑清醒了，继续努力。“攻尖”既然攻到这个程度了，就要攻到底。就像攀登珠峰，接近顶峰那一阶段是最困难的，没有攀越顶峰的坚强意志，那就前功尽弃了。要坚持，坚持就是胜利。

张春桥也确实是做“政治思想工作”的“高手”，类似这种“打气”的话，他不止说过一次。1965年3月，他尚未仕途亨通，只是分管宣传、文教的一个书记处书记，有一次他在上海京剧院院长办公室对编剧组的成员说，中国的政治舞台，像我们这样的人能不能站住脚，站得稳，不一定，不好说。现在搞戏就把它搞好，以后人倒了，戏是倒不掉的。就像俄国沙皇，在世时搞了一个芭蕾舞《天鹅湖》，十月革命胜利了，沙皇倒了多少年，《天鹅湖》却一直在演，能倒吗？

上面的话，不止金勇勤一人告知，笔者也听高义龙、章力挥说起过。作为政治野心家的张春桥，其时的心理是阴暗的，他像一个政治赌徒，当把全部赌注押下时，凭着他多年混迹官场的经验，已窥见此时上层政治斗争的波诡云谲，并隐约预感前路可能遇到的危险与不测，因而不经意中吐露出了自己的隐秘心声。

然而，张春桥的这番话，仔细分析，反映了他对芭蕾舞知识的匮乏。《天鹅湖》，以及被称为芭蕾中的芭蕾《睡美人》等作品，并非沙皇扶植的产物。芭蕾舞始于15世纪文艺复兴时期的意大利（当时的意大利称芭蕾为Ballo，是“跳”或“跳舞”的意思），诞生于17世纪的法国宫廷。17世纪末，沙皇把芭蕾这位“艺术女神”引入俄罗斯，作为沙皇与贵族的“消遣”。所演芭蕾舞追求豪华场面，为沙皇歌功颂德，动作轻盈，表演典雅，却缺乏深刻的思想内容。1825年十二月党人起义失败后，俄国出现了一个反动时期。沙皇宫廷不允许芭蕾表现本国现实生活，为迎合贵族和上层社会的趣味，排演了一批形式富丽堂皇、内容贫乏、结构松散、玩弄舞蹈技巧、追求外在效果的作品。1861年废除农奴制后，在浪漫主义与民粹思想的启蒙下，柴可夫斯基通过《天鹅湖》、《睡美人》、《胡桃夹子》实现的革新，从音乐上塑造舞蹈形象，把舞蹈作为刻画人物性格的主要手段。这些作品在继承浪漫主义芭蕾传统的同时体现了俄国现实主义传统，构成俄国芭蕾保留剧目的核心。可以说《天鹅湖》是具有民主主义思想的俄罗斯作曲家、舞蹈家，与沙皇宫廷芭蕾较量、斗争的结果，以致到了末代沙皇尼古拉二世也不得不认可并为之陶醉。功劳与发明权不在沙皇。张春桥以此自比，恰成笑柄。艺术的流传是由人民决定的，与政治人物倒与不倒没有丝毫关系。

1965年底前后，《海港的早晨》因剧本修改陷入困境，张春桥便将于会泳调入《智》剧组，开始加入音乐的设计工作。

于会泳仔细看了《智》剧的全部乐谱，感到音乐设计已经有了很好的基础，尤其是黄钧的《迎来春色换人间》，沈利群所写的《胸有朝阳》，已很好地表达了英雄杨子荣的豪迈气概。只是感觉这些核心唱段还没有将人物内心的活动充分挖掘出来，缺少画龙点睛之笔。于会泳将这些唱段哼了上百遍，终于发现了它们不足的症结所在：唱腔设计者一味重视激越高亢，在人物感情需要抒怀深情的地方也处理成慷慨昂扬的旋律了。

找到了唱腔设计的问题所在，于会泳便着手改动。如，《胸有朝阳》的唱段，他把快三眼中“党的话句句是胜利保障，党的思想永放光芒”后一句改成了“毛泽东思想永放光芒”，这不单是句式上的变化，在词曲关系上也显得顺口。在末句“抗严寒化冰雪我胸有朝阳”的尾字润腔上，巧妙地在拖腔上添加了两个音，从而自然地融入《东方红》音调，使英雄人物的思想有了更深的内涵，这一改动令原作曲者沈利群也钦佩不已。

再如，他看了黄钧那段由二黄转西皮的《迎来春色换人间》，认为这一设计很好，并查阅资料，发觉在传统戏《罗成叫关》中曾用过，虽是极少的先例，但效果显著。他大胆地在唱段“迎来春色换人间”唱词后面，采用了一个慢起渐快的间奏，使它自然地从节奏到音调进行转换，接着用西皮快板让杨子荣唱出“党给我智慧给我胆，千难万险只等闲……”，这一转换不仅推动了后面的快板，而且形成了前后思想情绪的鲜明对比，获得很大成功。

此外对小常宝、李勇奇的唱也进行了适当修改。

实事求是地说,《智》剧中的唱段经于会泳修改的并不多,而且大多数唱段的修改幅度也不大,有的仅仅动了几个音符。但不可否认,于会泳的这些改动,使这些唱段生色不少,真正起了画龙点睛的作用。

以后《智》剧在拍摄电影之前,于会泳在京剧三大件为主的民族乐器的基础上,空前未有地使用了西洋管弦乐,为《智》剧的宏伟气势增色不少;尤其《打虎上山》那段脍炙人口的幕间前奏曲,显示了他的卓越才能,这在京剧音乐史上确是破天荒的。

《智》剧这次音乐上的修改,让这位挑剔的"客人"非常满意,她称赞了这出戏的音乐设计:"杨子荣的音乐形象树立起来了。音乐不错,特别是第八场。成绩最大的是第六场,音乐、唱腔、演员表演、舞台调度等都好,有戏了,没意见。"

得到"客人"的肯定,于会泳以及《智》剧的创作人员都松了一口气。

于会泳从音乐学院一名研究民族音乐的教师,调入戏改音乐小组,从《海港的早晨》剧组再调往《智》剧作曲组,最后成了上海几个京剧现代戏的实际掌控人,提携他的并非是对京剧不懂行的张春桥,而是北京来的"客人"。

于会泳任职音乐学院期间,对民间各种戏曲音乐已有相当的研究。1964年,上海戏剧舞台气候的骤变,他凭专业的直觉意识到京剧现代戏的浪潮正在蓬勃兴起,在完成了《词腔关系研究》的写作之后,他把主要精力用于撰写有关现代戏的理论文章。首篇《关于京剧现代戏的若干问题》的长文,达两万余字,发表在第六、第七期的《上海戏剧》上,提出京剧唱腔应多角度地去揭示人物的多种感情情绪,从而更好地去刻画人物性格。为此在音乐布局上须从内容出发,做到板腔要多,主要唱段要大,组织要连贯,而且必须悦耳动听。文章是结合《苏三起解》、《会审》、《二进宫》与《智》剧的唱段加以分析的,很有说服力。

于会泳对于戏曲唱腔的研究,从音乐学院到市文化局、宣传部的领导自然了解,当"戏改领导小组"成立,大家按"客人"提出的具体条件去物色音乐设计人选时，不约而同地提到了于会泳，并将他调入《海港的早晨》作曲组。

在此期间，中国京剧院来沪演出《红灯记》，引起轰动。于会泳连看三遍，感想万千，当即写了六千字的《戏曲音乐必须为塑造英雄形象服务——从〈红灯记〉谈开去》，发表在1965年3月28日的《文汇报》上。该文总结了《红灯记》音乐唱腔设计方面的经验：既有革命的时代气息，又有鲜明的京剧风格特征，并“恰当地有变化地应用传统的音乐材料和音乐程式”去塑造英雄人物形象。他还举了李铁梅唱段中那句“这就是铁梅给你的好回答”的“长腔”为什么没有按传统的唱法落在最后的“你”字或“答”字上，而是落在“梅”字上？那是为了表现铁梅已在斗争中成长，变得成熟与坚强，最后三字语气上干脆利落，斩钉截铁，是铁梅对鸠山的“好回答”。类似这样精细分析给人留下较为深刻的印象。

此文引起江青的注意，因与她看法一致，不由喜上心头。她尽管能看出戏的优劣好丑，由于缺乏足够的审美与戏曲理论素养，她的一些“指示”，从未提高到理论高度，说不出一个所以然来。她期待的既像张春桥那样对她唯命是从的人，在京剧艺术上又是行家里手；此刻这个人就出现在她的“创作基地”上海，还在《海港的早晨》作曲组内，怎不叫她喜出望外，如获至宝呢？她要这个人不仅能一丝不苟地贯彻她的意图，而且要把她的想法具体落实在她所抓的这几个京剧现代戏的音乐创作与修改中。

1965年6月27日，江青在锦江小礼堂召见《智》剧与《海》剧的创作成员，与于会泳首次见面。“客人”见了他便说：“啊，你的文章我看过，应该说我们早就认识了。你的文章写得很好，我们的认识还是一致的。”于会泳诚恐诚惶，不善言辞的他嗫嚅着，略带结巴地说：“这只是，只是根据您的指示，做了一些工作……”江青听他说话的口音问道：“你是山东人？”“我是山东乳山人。”“哈！咱们离得不远嘛，我是诸城人。”她朝张春桥看了一眼：“春桥同志也是山东人，咱们全是老乡啊！听说你在上海音乐学院工作？好啊，是名副其实的专家嘛！”就这么简单几句话让于会泳激动得五体投地，亢奋不已，从此他对江青俯首帖耳，甘愿充当马前卒了。

打这次见面之后，由于《智》剧与《海》剧在音乐唱腔的修改与设计方面的成功，于会泳终于获得“客人”的青睐，成了她抓“京剧革命”的“顾问”与助手，他可以随时去“客人”的居处汇报、请示工作，享受到与张春桥一样的“特权”。

对于张春桥来说，于会泳的出现，帮他卸去了那份力不从心的责任，他可以省一份心，腾出手来，与姚文元一起策划于密室，去炮制那一篇引爆“文革”的臭名昭著的文章《评〈海瑞罢官〉》了。

于会泳因“辛勤工作”，在他为《智》剧的修改作最后冲刺之际，张春桥将一项政治殊荣加在他身上。1968年冬，张春桥提出增补于会泳为市革委会常委候选人。年末，在康平路原市委小礼堂203会议室讨论候选人政审情况时，组织组一个负责人谈了于会泳的历史问题。张春桥轻描淡写地说：“这事我知道，1966年上海音乐学院的学生要揪于会泳，这也是一个由头。这封信没有成为事实嘛。”听张春桥这么一说，与会者也就一致附和，表态通过了。

于会泳的历史问题就是他写过的一张小纸条，这是他挥之不去常常像梦魇般浮现在他面前的一块心病！

事情发生在1947年4月。国民党军队发动内战，把进攻重点放在陕北与山东的解放区。于会泳参加的一支解放军胶东文工团小分队奉命疏散、隐蔽到东栖县各村老百姓的家中去。于会泳随身带了一包东西。抗战胜利初，国际救济署调拨给解放区与八路军的一大批救济物资，因内战烽火连天，交通阻塞，运输不了。为了不使这批物资落入敌手，解放军山东兵团前敌指挥部决定，除大部分物资分散到农民家中代为保管之外，余下的全部发给部队和各级机关人员。于会泳也分到了一件毛料茄克衫、几块呢子衣料，还有毛线和几罐食品。这是他有生以来得到的最大一笔财富！他不禁想到母亲在贫苦中将他抚养成人，为了参加八路军，他不辞而别离开了生他养他的故乡和母亲，心中一直愧疚不已。他想把这包东西捎给老母以尽孝心。

此时蒋军已逼近，他还来不及把东西托人捎走，就奉命把所带东西就地埋藏，赶快撤离。于会泳挖了坑，踌躇起来，担心万一这包东西被蒋军搜走，怎么办？于是，他写了一张字条想放在上面：

> 蒋军弟兄们：你们见到这些东西时，我可能已经与世长辞了。我家里只有一个年迈的老母亲，你们如果还有点人性的话，请把这些东西寄到我家里，我在九泉之下也将感激不尽。

还取出一张自己的照片，在背后写上自家地址。他正在犹豫要不要把字条放入包内时，文工团教导员张显过来检查工作，于会泳便叫住他，征求他的意见，是否要将字条放入包内。张显看了字条，双眉紧皱："这不好！"说完便将字条塞入自己口袋。虽然这字条不能说明于会泳是变节分子，但也很可能被扣上在关键时刻政治动摇的帽子。从此，这张字条被塞入于会泳的档案，如影随形地跟着他，使他背上沉重的思想包袱。

张春桥见于会泳在"京剧革命"中受江青青睐，自然便将他尚未定性的历史问题一笔勾销。1969年4月24日，中共九大召开，"四人帮"将于会泳作为上海文艺界的代表推上了主席台；继而，他又当上了文化部长，于是于会泳便死心塌地地为江青效命了。

# 第七章

# 知音少，弦断有谁听

童祥苓在塑造英雄人物杨子荣的过程中，精神与体力上受到巨大压力，但他仍竭尽所能，无论对于唱腔设计还是身段表演，在继承传统艺术的基础上作出了创造性的探索与实践。尽管如此，他因童芷苓的所谓“罪行”受到牵连，成了被看管的“另类”人物，其内心的委屈与苦恼可想而知。

# 三十四　夹缝中旋转的陀螺

生命，在夹缝中求生存，虽然渺小，但却活得真。

——汪国真《活得真》

前文提到，当童祥苓在歌剧院小剧场（今常熟路近巨鹿路口）面对“客人”的紧迫要求，保证在十天内学会杨子荣的全部唱段，并参加排练时，他的压力之大可想而知。

在排练过程中，唱词唱腔以及身段动作，又常常根据“领导”的指示与导演的需要，隔三岔五地作出修改与变动，童祥苓“苦不堪言”。不少唱是在舞蹈动作中进行的，也就是边舞边唱，这在传统戏的文武老生中是少有的。即便是武生在跌扑腾挪的动作中至多“走边”时加些《扑灯蛾》、《新水令》之类的吟唱，没有成套的唱；而文武老生，也只是交锋前有一些唱，接着开打。但《智取威虎山》是新编现代戏，戏中的情节需要杨子荣边唱边演。明显不过的是《打虎上山》，此外《打进匪窟》献图时牵着座山雕与八大金刚边唱边走的这场戏，体力消耗也很大。

排练地点在上海绍兴路京剧院二楼大厅。当时条件差，没有练功服，都穿随身衣服。排练厅里只有一块6平方米的旧地毯，当中还有一个大窟窿，剧中“小分队”演武戏的演员就在这块地毯上练功摔打。大家每天三班排戏，体力都相当消耗。时值夏天没有空调，也不供应冷饮。到冬天，没有取暖设备，也不增加一分钱的伙食补贴。每周有三天抽两小时学雷锋、王杰、焦裕禄的先进事迹，让演员们以这些模范人物为榜样，克服排练中遇到的各种困难。

童祥苓在《智》剧中十场戏有七场是杨子荣的戏，而且三、四、五、六场的戏是紧连着的。如《打虎上山》这一场戏，若演话剧，单从戏剧结构上看，《定计》后完全可直接打入匪窟，是多余的，似乎没必要，可以删去；但京剧是角儿艺术，对于用写意、虚拟表演手段去演绎故事与人物的京剧来说，却是必需的，通过打虎上山可以充分展示杨子荣的豪迈气势与主角马鞭舞的武功身手，增强剧场效果，所以成了必不可少的一场戏。然而，由于紧接前场《定计》，杨子荣要快速更换戏装，即由解放军的军装即刻换成虎皮坎肩，身披大氅的土匪服装，这就需要一定的换装时间，于是杨子荣在换装时加了一段稍长的幕间曲。现代戏的幕间曲不像老戏可以任意延宕，它的曲子时长是固定的。即便如此，换装过程极其局促、紧张，必须掐着秒表计时，仅1分30秒，不能有丝毫差池。由此可见《智》剧从《定计》到《打虎上山》转场的难度。而换装之后，一出场就是一通边唱边舞的马舞动作。后来的演出中，童祥苓有几次体力严重透支，为节省他的体力，由两个服装师帮他换装时，杨子荣唱的那句二黄导板便让乐队的顾兆琪代唱，因为他嗓子好，调门高。

因为杨子荣的戏太吃重，起初，童祥苓排了五场戏之后，便感气喘吁吁，身体不适，不时呕吐，吃不下东西。因为他本来肺部功能不好，有支气管炎，唱累了在台上喘气，杨子荣的形象就受影响了。

此时，院里有人开始说怪话了："童祥苓怎么演杨子荣啊，一脸脂粉气，个头又矮小……"有的说："他哪里搞得了武戏，等于少爷唱戏嘛！"

对于这些讥讽的话语，童祥苓置若罔闻，他一心记住姐姐的话，要为童家班的人争气。为了增强体质，他继续进行大运动量的锻炼。每次跑步回到剧院里马上练唱，锻炼自己在唱念中表演自如，看不见喘气的样子。以后，童祥苓在大幅度的动作中起唱，能做到气不喘，表情如常，这在京剧表演历史上是极为罕见的。例如，《迎来春色换人间》这段唱，由二黄转西皮快板"党给我智慧给我胆，千难万险只等闲……"唱前已有一大段高难度的马舞，随着音乐快节奏的转调要迅即跟上起唱，不经过大量的运动锻炼是绝对胜任不了的。再如《打进匪窟》那场戏，杨子荣已边演边唱了那一大段子《提起栾平气难按》，紧接座山雕狰狞地大笑三声，他还要提着栾平的衣领，蹉步将他拖到下场门，唱四句宣判栾平"血迹累累"的罪行，"代表祖国处决你，要为人民报仇怨！"台下的观众却发现不了童祥苓有丝毫喘气的表情。

童祥苓贵有自知之明，武功方面的欠缺，是他的短板，虽然少年时也跟着师傅练过下腰、倒毛、飞脚、旋子、劈腿、撕叉等幼功，但后来以唱为主，成了唱功老生。他知道自己武功方面的不足，就下决心弥补。演杨子荣时，他已30岁了，为了练就腿功，他把腿搁在练功横杆上，一搁就是大半时辰，有时一面端着碗吃饭，一面还是把腿跷在练功横杆上，撕拉肌肉，锻炼腿部的柔韧性。别人午睡休息，他却在地毯上练旋子、劈叉。功夫不费苦心人，数月累日下来，他的武功有了长足的进步。

童祥苓演杨子荣，除了功夫见长之外，最大的亮点就是有激情。因为杨子荣的戏份在《智》剧中所占的分量最多最重，几乎没有喘息的机会，完全靠激情支撑着，没有激情根本演不下来。即使在他身体不佳的状态下，上了舞台，面对观众，灯光一打，精神一下就振足，并立马进入角色。

但激情上来，唱时气息易走“横”，气息一横，立音就出不来，上不去，这是一对矛盾，也是京剧乃至整个戏剧演员面临的难题。童祥苓通过无数次的摸索、锻炼，激情上来后气息控制得很好，不仅立音上来，而且高音区游刃有余。克服激情与立音的这对矛盾，在京剧界很少有人可与之匹敌，其经验十分宝贵，传诸后人，可资借鉴。难怪章力挥看了彩排，对童祥苓的印象改变了，似乎觉得他焕然一新，身上出现了新气象，便对金勇勤说，童祥苓好像换了一个人，当刮目相看啊！

导演反复强调并要求演员在舞台上必须有激情是不错的，因为激情加演技，再赋予角色以思想和情感就生成气韵，也便有了艺术。尽管用这种抽象的阶级仇恨所引发的激情并非是人的本性的自然流露，但它也勉强称得上激情变异的一种。

令童祥苓感动的是，此时整个剧组就像一个和谐的集体。童祥苓回忆说：

为了演像解放军，小分队去剧场，每次都列队步行。我们自觉地订出严格制度，后台不聊与戏无关之事，不带亲友至后台，不吸烟，不打牌下棋，开演十五分钟前候场，出事故不过夜，还专门推荐出王志奎老先生为后台监督，因他几十年一贯认真负责。这些后来均列为样板团演出制度。

在排戏过程中，童祥苓还常常处于导演之间发生争执时无所适从的尴尬。

此事还得从李仲林说起。

李仲林是"上京"著名的武生演员，很会演戏，懂行，是个角儿。最初，他演杨子荣，在武打动作、舞台调度等方面作出不少贡献。如杨子荣挥马鞭骑马上山、杨子荣拿着联络图牵着座山雕在舞台上转悠，包括人物在什么情况下加唱，都是他提出的。但他文化程度较低，虽是个好演员，却是个"粗人"，说话很糙，直来直去，意见不合者觉得他对人不够尊重。《智》剧在修改之前有这样的情节：栾平出逃之后，再让定河老道逃跑，跑上威虎山指认杨子荣，又起一个高潮。在他看来这样有戏，很少甚至不去考虑什么主题、什么思想性，只要戏好看就行。

后来，戏改小组根据"客人"的意见，删繁就简，把定河老道、蝴蝶迷等反面人物的戏砍了，去掉了旁枝左杈，使得主干突出，戏变得干净了。李仲林心头却很是不爽，因为被砍去的戏，曾倾注过他不少心血。他私下称"客人"叫"舅妈"，说"舅妈又来了！"剧组内唯有他敢这样说。他不了解上面的真实意图与艺术见解，即一切手段为表现无产阶级英雄人物服务，所以有较大的抵触情绪，说"舅妈"来抓我们，她懂什么戏！有一次，他在台上演出，故意错几下，踉踉跄跄走几步，"客人"上去，给他一招一式指出：同志，今天你这里错了，那里错了。他才承认她懂戏，瞒不过她。

事后，"客人"就明确说，杨子荣这个形象，李仲林同志光靠他武生这点东西，打一通是树不起来的。京剧唱念做打，唱是第一位的，在戏中要有成套有系统、有机联系的唱腔，多侧面地表达英雄人物的内心境界，才能把人物立体地树起来。

不久，根据"客人"的指示，把李仲林从杨子荣角色中换了下来；但考虑到他有演杨子荣的实际经验，又是名角，懂戏，请他指导演戏，不会越出京剧的规律，便让他当《智》剧导演。

然而，《智》剧的排练并不顺利。

李仲林演员出身，对于京剧那套传统的表演动作与表演程式，相当熟悉，他从演出的角度可以指导演员演到哪里来一个亮相，做一个什么姿势，搞一个舞台调度，什么地方应该加几句唱，用联络图牵着座山雕与八大金刚，把这些土匪戏耍得团团转，这些都是他的“强项”。但对于人物之间如何进行交流，如何启发并挖掘演员的内心情感，即所谓“抠戏”，作为老演员，因没有受过系统的理论训练，并不擅长。戏改领导小组看了他排的戏总是不满意，李仲林也意识到自己这方面水平有限，便主动向领导提出增强导演力量，不然就难以胜任了。

戏改领导小组接受了他的请求，就从上海青年话剧团调来了关尔佳。关尔佳军人出身，曾剿过匪；他毕业于中央戏剧学院，曾导演过《豹子湾战斗》等多出戏，有较为丰富的舞台实践的执导经验。

关尔佳东北人，脾气爽直；李仲林脾气也拧，常常在排练场上发火，说关尔佳搞话剧，对京剧不在行。两人钉头碰铁头，互不买账，闹得不可开交。童祥苓不知听谁的，弄得无所适从，十分尴尬。

《智》剧戏改组组长章力挥，过去也执导过不少戏，他有时看排练时，见不合理的地方也会提出自己的意见。如，《深山问苦》那场戏的结尾，为了让舞台上众多人物的站位，前后高低呈现出一种错落有致的立体的雕塑美，当李勇奇持菜刀唱“座山雕啊，看你还能活几天！”时，关尔佳就让施正泉站在锅台上，居于最高地位。在台下看，群体造型的艺术处理确实显得很有层次感。然而，章力挥看了却立即叫停。他说，“谁见过解放军站在老百姓的锅台上吗？艺术处理不能脱离实际的生活。李勇奇虽然不是解放军，他更不会站在自家的锅台上”。

关尔佳排戏肯动脑筋，虽然有时他的意见被否定了，但又很快能想出新的点子，解决排戏中遇到的问题。他的最大长处是能抠戏，善于启发演员把内在的感情挖掘出来。但毕竟京剧与话剧不同，有它自身固有的规律。李仲林有时见关尔佳把前面他执导的戏翻掉了，就气得骂娘，两人闹得不可开交。

为了调和李仲林与关尔佳两位导演之间的矛盾，戏改领导小组又把马科调来，让他从中起个平衡、协调作用。

马科，1949年毕业于夏声戏剧学校，1955年入上海戏剧学院导演系进修，1958年任上海京剧院导演。他学过京剧武丑，受到生旦净丑名家的指教，是京剧院不可多得的人才。1958年起，他先后执导了京剧《红色风暴》、《海瑞上疏》、《武则天》、《宏碧缘》、《盘丝洞》，改革开放后执导的《曹操与杨修》，给他带来巨大声誉，名震海内外。

因为马科熟稔京剧，在协调矛盾的过程中，往往倾向李仲林，让关尔佳更加受气，不久又把马科调走了。

在这种情况下，领导决定排戏时分两步走：每一场戏，第一步先让李仲林搭个框架，谁怎么上，谁怎么下，该做什么动作，台上角色的位子如何调度等。第二步由关尔佳抠戏，说谁在规定情景中该带什么样的戏上场，人物应是怎样的心理活动，如何彼此交流感情。这样把两人执导的内容合起来。但往往这时候，李仲林发火了，指责关尔佳改了他的戏。在合成的过程中，因为意见不同，为统一认识，经常发生矛盾，童祥苓成了"三夹板"，中间受气，不知该听谁的。

《智》剧就在争论中把戏排出来了。导演之间发生争论并非坏事，争论中可以明辨是非，互相取长补短，让精华部分得以保留并提升，不合理的部分就自然淘汰，使戏打磨得光彩夺目。

后来，"文革"开始，李仲林被批斗，就由关尔佳一人执导。此时，他戏也熟了，对京剧的规律有了进一步认识，其执导京剧的才能得到了升华。他曾感慨地对人说：他在中央戏剧学院毕业时，焦菊隐院长曾对毕业生们说："你们毕业后，去各自的岗位，但离艺术的真正要求还远得很，你们要学的东西很多，尤其是京剧博大精深，要好好从京剧中吸取营养。"关尔佳承认，他到"上京"排了《智》剧，实现了向京剧学习的愿望，没有辜负焦院长对学生的期待。

而童祥苓也在两位导演的鞭策下，像个快速旋转的陀螺，既增强了自身的表演能力，也锻炼了克服各种困难的意志，在艺术上有了一个跨越传统的飞跃！

1966年4月24日，章力挥得到可靠消息，在戏改创作小组内部小范围内告诉大家，“客人”说《智取威虎山》已成“样板戏”了。黄钧问章力挥：“这要不要向剧组全体成员传达？”章力挥踌躇须臾说：“这要向上面请示。”章力挥请示张春桥，他也不敢擅自宣布，需要请示“客人”，约摸过了半年，才决定由章力挥向剧组全体成员正式宣布。可以想象当时《智》剧组的激动情状，因为毕竟是大伙儿共同的劳动成果。

## 三十五　好意反成恶冤家

衡量一个人的真正品格，
是看他在知道没有人会发觉的时候做什么。
——［法］孟德斯鸠

就在排练《智》剧期间，童祥苓出于善心托人带口信给于会泳的几句话，却浑然不知地得罪了于会泳，“文革”开始便无形中加重了对他的批斗，直到三年之后，即把《智》剧搬上银幕之前，于会泳还耿耿于怀，想物色演员，找借口把童祥苓从杨子荣这个角色中换下来，让他靠边站。童祥苓在《自传》中写道：

> 1969年，在北京拍《智取威虎山》初期，我和演小分队队员的李维汉同志住一屋，他几次和我聊天时，都是欲语又止。一天终于憋不住了，他问我听到了什么没有，我说没有。他告诉我他听到消息，要把我换下来。我听了心里一惊，问他哪里来的消息，他告诉我是他在《白毛女》剧组的女朋友听到的。这消息使我明白了自己的处境，他们仍在物色演员，一旦有了胜任者，我将再入险境，与姐姐一起共享挨批斗的日子。这是于会泳的既定方针，而我唯一的生路

只有尽一切努力把杨子荣演成功。

为什么于会泳要把童祥苓置于死地呢？答案终于有了：

有一次工宣队丁某问我，为什么要整老于？这把我弄糊涂了，我怎么能整于会泳？

1969年，童祥苓摄于北京体育馆

于会泳1925年6月24日出生于山东胶东半岛威海乳山海阳所镇西浤于家村一个贫穷的农民家庭，于家村紧靠海边，是一个较为闭塞的小村庄，囿于生活天地的狭小，他天生心胸并不开阔，虽然后来参加部队文工团，又作为调干生进入音乐学院，但他的人际关系总是搞不好，是一个情商不高、容易记仇且睚眦必报的人。

事情还得从1965年4月下旬说起。

此前，因为"客人"对《海港的早晨》唱腔设计颇多意见，加之对童芷苓的不满，该剧组一面将童芷苓换下，挑选了上海戏曲学校昆剧学员蔡瑶铣继任该剧女主角金树英，一面由于会泳重新改写曲谱唱腔。

于会泳假驻上海人民艺术剧场（今兰馨大戏院）三楼办公。此时，他的工作可用"废寝忘餐"来形容，因为这关系到尚未谋面的"客人"对他的看法，因此，当他在案前琢磨唱腔时，就像和尚入定，有人跟他说话，他貌似倾听，目不转睛，却什么都不曾入耳。他常常出门溜达，头脑里想着唱腔，走了半天，忘了该上哪儿去。一次他去理发，突然想到一句精彩唱腔，便急忙从口袋里掏出小本子记了下来，理发师猝不及防，竟将他后脑勺的头发剪去了一大块。

半月之后，唱腔设计完成要录音送审，但大部分京剧演员不识谱，于会泳就委托庄德淳办一个简谱学习班，教演员们识谱。对主唱演员则专门在办公室旁边的小房间里，由于会泳亲自教唱。

6月7日，“客人”由张春桥陪同，在人民艺术剧场观看了蔡本《海港的早晨》的彩排，4天之后，她召见了张春桥、孟波、李太成与编剧组长，除了批评剧本没有矛盾、没有冲突之外，还批评蔡瑶铣“声音太嗲”，总是笑眯眯的，像个大学生、小学教员。对于唱腔究竟用哪一个流派作基调，提出质问。尽管如此，因她已看过于会泳的文章还是想见见他（此后，于会泳得悉江青喜欢程派，金树英易名方海珍的唱，即按程派的唱腔设计的）。

这年9月，被江青看中的李丽芳担任金树英A角，蔡瑶铣则担任B角。蔡瑶铣虽然由A角改成了B角，但她对于会泳亲自指导她识谱教唱，以及作曲方面的才华还是十分欣赏，且产生几分好感的，见了他总是尊敬地叫一声于老师。

1966年5月16日中共中央下达了关于开展“文化大革命”的通知；8月5日，在中共八届十一中全会期间，毛泽东用铅笔在一张报纸的边角写了《炮打司令部——我的一张大字报》，在中南海大院贴出，全国“文革”遂进入高潮。

“文化大革命”从批判文艺作品和所谓“黑线人物”开始，群众性的批斗冲击中国大地的每个角落，文艺界人士更是首当其冲。

于会泳所在的上海音乐学院的造反组织，因为在于会泳的档案中发现了那张“致蒋军兄弟们”的纸条，便认定他是动摇、变节的“三反分子”，把他揪回学校，关进“牛棚”，勒令他交代检查自己的罪行。8月30日晚上，“革命师生”抄了“牛鬼蛇神”于会泳的家。

然而，9月下旬，音乐学院党委书记钟望阳，接到尚在领导“运动”的市委通知：按中央文革领导小组的指令，上海京剧院的《智取威虎山》与《海港》（其时《海港的早晨》已更名）剧组将于10月2日启程赴京公演，在随队前往的编创人员中，有于会泳的名字。造反派自然不会同意放他走。在已升任中央文革小组副组长的张春桥的再三催促下，市委终于让钟望阳设法将看守“牛棚”的人员支走，以于会泳回家取东西为由，偷偷地用吉普车将他送上飞机。

到了北京剧组下榻的虎坊桥北纬旅馆，剧组部分成员对于“变节分子”于会泳的突然到来感到惊讶的同时，向剧组的领导言行、章力挥提出抗议说，如果于会泳跟着去剧场，他们就罢演了。领队的章力挥就只得让于会泳返回虎坊桥北纬旅馆，并嘱咐他就待在房间里不要随便外出，以免被红卫兵认出，招来事端。

10月5日，江青在第一次审看《智》剧时，就问上海京剧院的带队：“于会泳为什么没来？”不久，已经成为“旗手”的江青在中南海怀仁堂第二次审看《智》剧，她又问到于会泳来了没有？言行解释道：“于会泳在旅馆。他有问题，所以没让他来这儿。”江青听了，略显愠怒地说：“他跟我搞戏，会有什么问题？——叫他马上到这儿来！”她一面令秘书派车去接，一面嘱咐姚文元去剧场门口迎接。

于会泳接来后，江青让他坐在身旁；演出结束，江青走上舞台，把于会泳叫上舞台，站在她身边。江青这样优待于会泳，其实是表明一种态度，即于会泳是站在“革命路线”这一边的。

几天以后，张春桥来到虎坊桥看望于会泳，谈话间明确告诉他：“迫害”他的不是“革命小将”，而是“资反路线”。回上海要与革命小将站在一起“造反”，向音乐学院的“旧党委”开火。与此同时，张春桥向言行与章力挥暗示，回上海市委“造反”。言、章都是几经“运动”的老干部，他们只是听着，未作任何表示。

11月上旬，于会泳随同上海京剧院两个剧组从北京返回上海。经历了大喜大悲的于会泳此时胃病又犯了，不知是疏忽还是卧铺紧张，于会泳坐在靠窗的座位上伏案休息，头上的冷汗不住冒出。剧组成员因他的问题尚未定性，也就不敢去随便接近。

“于老师！于老师！您醒醒！”于会泳听到一个女性温柔的声音在叫他，他抬眼一看，原来是蔡瑶铣。“于老师，您还没吃饭吧？我给您弄来几片面包。”“我不想吃，只想喝水。”但此时列车早就停止开水供应了。“这儿有。”蔡瑶铣递过一只搪瓷茶缸，里面的水还是温的。于会泳喝了几口，稍微缓解了胃痛。蔡瑶铣就要于会泳躺到自己的铺位上去。没等于会泳拒绝，蔡瑶铣已将他拉到自己的铺位上，让他躺下，并顺手替他盖上了毛毯。

自此，蔡瑶铣给于会泳留下了难忘的美好印象。

1966年12月初，回到上海的于会泳果然听命于张春桥的旨意，与“革命小将”造了上海音乐学院党委书记钟望阳——这个“走资派”的反，写出了第一张大字报《十四点质问》，向院党委开炮了，从此一步登天，成了上海文化系统的造反派头头。蔡瑶铣也加入了造反派组织。

根据戴嘉枋先生《走向毁灭——样板戏主将于会泳沉浮录》中记述，于会泳很喜欢与蔡瑶铣单独相处。在于会泳看来，蔡瑶铣善良、温柔、体贴，她善于倾听于的意见，嘴又严，于会泳可以在她面前毫无戒备地畅谈一切。他固然欣赏蔡瑶铣的美貌丽质，更喜欢她怀着崇敬的心情倾听他讲述时那种令人迷醉的热情目光。1967年在北京参加“样板戏”会演时，剧组的一个领队发现晚上12点了，于会泳与蔡瑶铣还在马路上散步。几天后，剧组换演出场地，人们正忙于卸车装台时，他又发现两人躲在一个角落里窃窃私语。

于会泳执掌上海京剧院的大权之后，对蔡瑶铣倍加呵护。尽管学昆剧出身的蔡瑶铣，她的甜美嗓音并不完全适应《海港》中方海珍激越昂扬的唱腔，她柔丽的形象与方海珍叱咤风云的气质尚有不少距离，但她担任《海港》中方海珍B角的位置从未被人取代过。

于会泳与蔡瑶铣较为密切的正常交往，引起剧组成员的注意，于是一些未经证实的谣传不胫而走，也传到了于会泳从音乐学院带来一起搞作曲的学生庄德淳的耳朵里。庄德淳是从海军部队文工团考入上海音乐学院的大龄学生，有着一定的社会经验，他为自己老师的政治前途暗暗担心。今天看来，异性之间建立一种近乎兄妹的友谊与交往，这样的人际关系，并非“出轨”，就无须大惊小怪。但在那个讲究革命友情纯而又纯的特殊年代，却是一件十分忌讳的事情。

自然这样的流言蜚语童祥苓也耳有所闻，但他那时刚认识于会泳，因为他的作曲才能，对他较为敬重，对这些道听途说的话并未在意。

一天深夜，家住五原路的童祥苓，听见一对男女旁若无人地在他家窗下谈了很久，搅得他难以入睡。童祥苓想打开窗子把他们赶走，仔细一看是于会泳与蔡瑶铣在谈话，怕他们不自在，便悄悄地把窗子关上了。童祥苓想起了院里的传言，剧组内有一位关心于会泳的同事也曾告诉过他，于蔡二人关系比较亲近，让童祥苓劝于会泳注意一点。童祥苓与于会泳并无深交，不便莽撞地和他交谈这个问题。童祥苓与导演关尔佳相处较好，就同他说了。关尔佳与于会泳是连襟关系，虽然他性格直爽，但要谈这种男女私情，涉及他爱人与她姐姐任珂的关系，有所不便，于是向庄德淳透露了这一情况，想让这个大龄学生向自己的老师进言。于是，庄德淳为于会泳的政治前途计，思之再三，决意向老师谈及此事。

庄德淳与于会泳私交不错，便找到于会泳，把人们背后的议论告诉了他，要他多加注意。于会泳听了辩解道："我和蔡瑶铣就是谈谈思想，没有什么见不得人的事。——不过，你还没告诉我，是谁瞧见我与小蔡谈话的。"这是于会泳最关心的事。

但庄德淳避开了这个话题说："老于！'言者无罪，闻者足戒'。人家讲这种事也是出于善意，关心你嘛。"

于会泳心中甚是不悦，认为别人传播流言蜚语，是对他有意攻击；小庄不说，为攻击他的人辩护，也是一鼻孔出气！他决心刨根挖底，寻出此人，还以颜色！

不过几天，于会泳还是知道了此事出自童祥苓之口，于是他把童祥苓视为妨碍他政治前途的眼中钉、肉中刺。"文革"期间，伺机组织院内的造反派，对童祥苓进行百般惩罚与一次又一次的严厉批斗，并将他定性为敌我矛盾作内部控制使用。

在此期间，他与张春桥联手，命造反派搜集整理童祥苓与"文化特务"童芷苓划不清界限、坚持反动立场的材料，向江青反映童祥苓的问题严重，几度想扼杀并终结童祥苓的艺术生命。

江青心中有数，要在京剧界物色到能替代童祥苓扮演杨子荣角色的人选谈何容易，便说，“你们能找到更好的演员，那就换吧”。

于会泳听了此话，以为得了尚方宝剑，他去外省、南京等地寻找演员，没有结果。最后，他看中了北京京剧团的耿其昌，想将其调至上海。此事惊动了袁世海，他想若把耿其昌挖走了，耿的妻子李维康也必定随夫南下，离开中国京剧院，那样把两个主角挖走了，北京方面损失太大。于是，他对于会泳说：“我向你推荐一个好演员准行。”

“谁啊？”于会泳问道。

“张学津！”

于会泳听了，没有表态。

因为他知道张学津父亲张君秋是张派创始人，“文革”中，作为“反动权威”正在接受批斗。张学津本人是个极有天赋的马派传人，是北京京剧团的马派老生、国家一级演员，1962年曾拜马连良为师，1964年演出过京剧现代戏《箭杆河边》。1990年张学津因在京剧新编历史剧《画龙点睛》中主演李世民，荣获当年文化部颁发的文华奖。但在“文革”初期，江青接见红卫兵时有过一次讲话，张学津听了随口说：“她讲话怎么这样？跟死人似的！”随着运动的深入，团内忌妒他的人便揭发他，给他这个只有25岁的青年演员套上了“反江青、反中央文革”的帽子。为此，他被团内团外的造反派大会斗小会批，挨过揍，吃尽苦头，一直靠边站，得不到任何演出机会，几乎丢了功。袁世海推荐他，其实是为他松绑。

此事被周总理知道了，总理看过张学津的戏，对他很欣赏，就对于会泳说：“于会泳，你也不要搞‘托勒斯’，我觉得袁世海的建议可以考虑，张学津的艺术还是可以嘛，我了解。你们好好给他排排戏，锻炼锻炼，搞个B角试试吧。”

由于周总理的干涉，张学津终于“解放”出来，1969年，28岁的他调入上海京剧院。张学津因多年被闲置，嗓音恢复需要一个过程，所以在排练试唱“嘎调”，即唱高音时很费力。他自我调侃道：“我是胜不了天，过不了年，换不了人间！”这句话是指他自己凡唱到高八度时都上不去，如：“革命的智慧能胜天”一句，“天”字唱不上去，故说“上不了天”；“美好的日子万年长”一句，“年”字唱不上去，故说“过不了年”；“迎来春色换人间”一句，“间”字唱不上去，故说“换不了人间”。

后来，几经努力，嗓音渐趋恢复，当童祥苓挨斗或身体欠佳之日，张学津接任务演出过几场。尽管他是“现学现卖”，但他聪明，用心，学得很快，经关尔佳靠边后临时担任导演的贺梦梨短期辅导过一阵，尚能应付，这就极不容易了！

“文革”结束后的1979年，张学津随上海京剧团赴联邦德国、比利时、卢森堡、英国、荷兰等国访问。1982年调回北京京剧团。2000年，当选北京市文联第七届副主席。2001年，创作排演新编历史剧《大唐贵妃》。2007年，出版《生正逢时》个人传记。2012年12月21日，因肝癌医治无效逝世。代表作品有马派剧目《借东风》、《赵氏孤儿》、《清官册》、《甘露寺》，现代戏《铁流东进》、《刑场上的婚礼》，新编近代史剧《谭嗣同》等。

当时一起调来的还有29岁优秀的谭派演员李崇善，他演少剑波B角。李崇善与张学津同在北京京剧团，与李玉芙、马永安等青年演员合作多年。1975年他在现代京剧《磐石湾》中扮演一号人物陆长海，1976年调回北京京剧团。

不管于会泳如何排斥打压童祥苓，当《智取威虎山》要搬上银幕时，还是选择童祥苓演杨子荣最合适，这是艺术因素与童祥苓自身的艺术气质决定的，于会泳也只能徒叹无奈！

## 三十六　片纸不留的浩劫

谁念西风独自凉？萧萧黄叶闭疏窗。沉思往事立残阳。

——（清）纳兰性德

当“文革”的烈火一经点燃，热浪滚滚的火势便迅速蔓延全国。上海京剧院、音乐学院、戏曲学校的各级领导以及“三名三高”的名角儿一个个成了“牛鬼蛇神”，被关进“牛棚”，批斗、游街成了家常便饭，写不完的检查交代成了他们每天的作业。失去理智的造反小将，此时已被“荡涤一切旧世界”的精神所鼓舞，人性泯灭，对革命老干部与学界权威人士肆无忌惮地谩骂、殴打，进行人格污辱。在“红色风暴”刮得最猛烈的1966年8、9月间，文化界不少著名人士不堪凌辱，为秉持知识分子的尊严与气节愤然自尽。先后离开人间的有上音民族乐器系副教授陆修棠、作家兼大翻译家傅雷及其夫人、上音附中校长程卓如和她的丈夫杨嘉仁、钢琴系教授李翠贞。此后相继或自缢或跳楼离世的，还有著名京昆演员言慧珠、金素雯和她的丈夫胡治藩、上海评弹团郭彬卿、朱慧珍等，不胜枚举……

对文化最严酷的摧残，莫过于对人才的迫害与毁灭！

被造反派称为“池浅王八多”的上京成了文化系统的重灾区。从“周家天子”到“郭家王朝”，从“李家班”到“童家班”，凡属名人皆列入“横扫”之列。而其中被批斗、殴打得最厉害的就是童祥苓的四姐童芷苓了，她因江青说的一句“与童芷苓这样的共产党员一起过组织生活感到羞耻”而被戴上“文化特务”帽子，与周信芳院长享受同样“待遇”：每次周信芳被游街批斗，少不了童芷苓陪斗。

而作为童芷苓的弟弟童祥苓也难以躲过造反派的攻击，院内一夜间贴满批判揭发他包庇姐姐童芷苓的大字报。童祥苓为姐姐鸣不平铤而走险也参加了造反队直接对抗。童祥苓越是为姐姐抗争，童芷苓被斗得越厉害。为了防止童家人之间的联系，童家所有电话设备均被拆除。造反派为了彻底打倒童芷苓，要在她身上“再踩上一脚”，让她“永世不得翻身”，竟然把一幅“打倒文化特务童芷苓”的大字标语，从南京东路中百一店顶楼一直挂到一楼大街上，童芷苓的名字几乎到了尽人皆知的程度。

为什么造反派对童芷苓如此歹毒？后面的黑手除了于会泳、张春桥，最大的幕后操纵者就是江青了。从一次对童芷苓家片纸不留的抄家行动中，不难窥见江青仇恨童芷苓的真实原因。

时光倒转到1966年10月初。

叶永烈在《江青传》中写道：

> 已是南京部队空军政委兼七三四一部队第一政委的江腾蛟，接到空军司令吴法宪的长途电话，说有“重要任务”，当即秘密来京。没有寒暄，叶群开门见山：“江政委，请你来京，为的是要在上海执行一项绝密任务。”一种特殊的信任感，使江腾蛟不由得挺直胸膛，大声地说：“我一定尽力去办！”叶群马上压低了声音，悄然在江腾蛟耳边说道：“是这样的：这项任务是江青同志前几天交办的。考虑到部队执行任务的保密性好，所以尽管这项任务跟空军业务无关，我还是考虑让你执行。任务并不太复杂。江青同志说，她有一封信，落到了上海的电影导演郑君里手中。你设法把这封信追回来，但不要惊动别人……”原来，就这么一桩小事，江腾蛟不由得感到轻松起来。他眉头一皱，计上心来，说道：“光是抄郑君里一家，目标太暴露了。能不能同时再抄几家？”叶群不由得抚掌而笑，她也早已虑及这一点，只是故意不说出来。果真，精明的江腾蛟，也想到了这一步棋，跟叶群不谋而合。于是，增加了四家，以便遮人耳目——赵丹、陈鲤庭、童芷苓、顾而已。江青曾说起，这些人也知道她在30年代的一些底细。世上曾有过“陪斩”。然而，“史无前例”的“文化大革命”，则发明了“陪抄”。为了绝对保密，叶群给这五家取了代号“老大”——郑君里；“老二”——赵丹；“老三”——陈鲤庭；“老四”——童芷苓；“老五”——顾而已。袭著显奉命组织抄家队伍。江腾蛟决定，这次以“上海市红卫兵总指挥部”的名义去抄家。袭著显从警卫排里挑了二十多名战士，假装红卫兵。不过，清一色的男青年，未免太“整齐”了。于是又从军内“可靠”的干部子女中，选了二十多人。……
>
> 抄家的“战利品”分两次送往北京。先是江腾蛟和张彪飞去，

然后刘世英、袭著显飞去。“上面”叫叶群领着江青和谢富治也到后院来了。

江腾蛟交代：“谢富治亲自拆封，和叶群他俩一份一份地填入火炉，中间还让我拿铁棍扎了几下，江青是在离火炉十来步远来回踱步。材料烧完以后，他们又回到前院客厅，我弄好炉子回到办公室，记得过了一会儿，江青和谢富治就走了。”毛家湾的炉火，吞没了使江青脸红心跳的三十年代丑史材料。

庄严的《中华人民共和国最高人民法院特别法庭判决书》上，记下了江青的这一罪恶：“1966年10月，江青勾结叶群，指使江腾蛟在上海非法搜查郑君里、赵丹、顾而已、童芷苓、陈鲤庭5人的家，致使他们受到人身迫害。”

在被迫害致死的社会各界人士名单中，提及了著名艺术家郑君里。

郑君里，他的名字与中国电影紧紧联系在一起：20世纪30年代，他担任了《野玫瑰》、《大路》、《迷途的羔羊》、《新女性》等影片的主要演员；40年代，他和蔡楚生编导了轰动中国影坛的《一江春水向东流》、导演了锋芒直指国民党反动派的《乌鸦与麻雀》；50年代，他导演了优秀影片《宋景诗》、《林则徐》、《聂耳》；60年代，他导演的《枯木逢春》受到了人们的推崇……

江青原名李云鹤，蓝苹是她在上海拍电影时的艺名，江青本是郑君里、黄晨夫妇的好友。袁牧之（大哥）、郑君里（二哥）、唐纳（三弟）、赵丹（四弟）因志同道合，曾经结为四兄弟。蓝苹曾是唐纳之妻，跟郑君里夫妇过从甚密。1936年，当三对新人——唐纳和蓝苹，赵丹和叶露茜，顾而已和杜小鹃，在杭州六和塔举行婚礼时，沈钧儒为证婚人，而郑君里为司仪。

叶永烈在《江青传》中写道：

然而，当江青成了“旗手”，大言不惭地自吹自擂：“30年代在上海，我是第一流的演员，但这并不是我的主要工作。我做革命工作，地下党，领导工人运动……”鲜红的历史，闪光的道路！这种连草稿都不打的牛皮，只能骗骗挂着红袖章的红卫兵。一想到深知她底细的郑君里夫妇，特别是落在郑君里手中的那封信，江青如坐针毡……

为除心病，江青最初找的是张春桥。1966年6月，“文革”的大幕已经拉开。一天，郑君里回到家里，神情黯然。他告诉黄晨：“今天，张春桥找我谈话。”说他到了“康办”。张春桥说了一通端正态度，跟30年代“文艺黑线”划清界限之类的话以后，把话题一转：“我知道，你跟江青同志早就认识，有过交往。江青同志现在的地位，跟过去不同了。她过去有一些信件之类的东西，还在你家里，这很不妥当。你回家清理一下，找出来，密封，交给我。”郑君里明白，这是张春桥找他谈话的真正目的，他从张春桥的话中听出，显然是奉江青之命找他——除了江青本人之外，别人不会知道那封信的。当张春桥找郑君里谈话时，上海市副市长梁国斌在侧。

叶永烈继续写道：

郑君里回到家中和黄晨一起在家中翻找，总算找出一包材料，密封，托厂里转给张春桥。不料，过了些日子，张春桥又一次找郑君里谈话。这一回，张春桥不再绕弯了，单刀直入道：“江青同志有一封信在你手中，你为什么不交出来？”从话语中可以听出来，显然，江青已经看过郑君里上一次交给张春桥的材料。“那封信，早就不在了。”郑君里答道。“你再好好回忆一下，把信找出来。”张春桥依然不放过他。郑君里回到家里，忧心忡忡，他早就销毁了那封信，眼下交不出来，而江青又紧追不舍。黄晨和他翻箱倒柜，凡是其中涉及蓝苹的，都一一交出。黄晨还找出了一张四人合影的照片——唐纳、蓝苹、郑君里、她。她记得，那是在1936年他们在霞飞路（淮海中路）万籁鸣兄弟所开的“万氏照相馆”里拍的。她要借刀杀人，这“刀”便是叶群。

1966年10月4日，江青应叶群之邀来到毛家湾林彪寓所，她和叶群在微笑中，说起了落在郑君里手中的一封信。叶群便通过吴法宪，电召江腾蛟火速来京。

于是，10月8日深夜，一伙不速之客，光临上海武康大楼郑君里家中，把郑君里几十年积累下来的创作手稿、资料搜刮一空。1967年9月，就把郑君里秘密地抓走了。在监狱里，郑君里受到惨无人道的严刑逼供，仅两年就活活被折磨死了。叶永烈写道：

> 据说，1958年江青给郑君里写过一封信。这封信，是因毛泽东写了那首《蝶恋花（答李淑一）》引起的。1959年4月25日至27日，上海《新民晚报》连载了《访李淑一》一文，记述了记者访问当时在上海老友钟淑贤家做客的李淑一。其中一段，详细谈及了毛泽东写作《蝶恋花》的经过。可以说，李淑一的这段话，是关于毛泽东为什么写《蝶恋花》的最权威的解释："李淑一同志说，那是1957年的春节，我给毛主席写了一封贺年信去，因为我已经有3年没有写信给他，算是向他请安的。还给他寄去了一首1933年夏天的旧作求教。"
>
> 李淑一的信，引起毛泽东对柳直荀烈士、杨开慧烈士的怀念，写下"我失骄杨君失柳"那样充满深情的词句。这一切，既是人之常情，也是革命之情，战友之情。然而，却触动了江青那根歇斯底里的神经。江青当着毛泽东的面狂叫："你怀念杨开慧，我想念唐纳！"
>
> 江青一气之下，给郑君里写了一封信，打听唐纳在国外的地址……据传，江青要追索的，便是这封在1958年写给郑君里的信。当然，这仅仅"据传"而已。因为关于那封信，一直是个谜：江青对张春桥或者叶群面授机宜的时候，只是说有一封重要的信落到郑君里手中，并未谈及什么内容。

不过，在1980年12月1日下午特别法庭开庭审问江腾蛟时，江腾蛟的交代，提供了重要的佐证：

问："你到北京以后，叶群怎么给你具体交代任务的？"

答："叶群跟我讲，江青1958年有一封信落到郑君里、顾而已他们手上，现在要把这封信收回来……"

在审问时，审判员高斌特地追问了一句："到底要搜查江青什么时间的信？"

答："58年，我记得很清楚。"

1958年，江青怎样会"有一封信落到"上海电影制片厂导演郑君里的手中呢？不是"落到"他的手中，是她写信给郑君里！江腾蛟的交代，清楚地证实了江青要追查的那封信，是怎么回事。在叶永烈先生访问黄晨时，她说郑君里怕惹事，早在张春桥找他谈话之前，已经烧掉了江青的那封信。正因为这样，张春桥一直追逼之下，他也无法交出江青所要的1958年写给他的信。

童芷苓作为京剧、话剧与电影的三栖演员也是郑君里、顾而已、赵丹的好朋友，自然了解江青30、40年代的"底细"，当郑君里他们被翻箱倒柜洗劫一空之时，她自然遭到了同样的厄运。

在此之前，童芷苓家已经被上海京剧院、上海戏曲学校的造反派，以及来路不明的红卫兵抄过几次家，家徒四壁了。1966年10月9日子夜，车牌号为白纸糊上的两辆军用卡车，开到位于淮海路童芷苓居住的登云公寓门口，十几个戴着红卫兵袖章与口罩的大汉，闯进童家，带队的叫"小李子"，命手下人将陈力关进厨房，把童芷苓与她的儿子陈吉、女儿陈工（童小苓）赶往墙角。芷苓怕一双儿女受到伤害，用低头认罪的姿态护着他们。

来者似乎"训练有素"，一进屋随手把门反锁，拉严窗帘，先对四人搜身，把口袋里的钱币、钥匙、纸片、证件全部掏出。领头者说："我们不要你家金银财宝，要的是我们想要的东西。"接着，他们把书柜、抽屉、壁橱、立柜上的封条全部撕掉，开始了彻彻底底的搜查。童芷苓急了，对领头的说："你们撕了革命组织的封条，我可说不清楚。"但她的话丝毫不起作用，领头的"小李子"仿佛什么也没听见，指挥一群人翻箱倒柜地搜查，他们打开了镜框，好像里面藏匿什么密件似地看了又看，连钢琴的腔体、墙上的板缝都要细查。末了，他们把日记、笔记、一切信件、杂志、报纸、照片，连一张泛黄的小纸条都装上带来的箱包。折腾了一个通宵，将搜出的一切文字材料、几十卷录音带，一架小型电影放映机全带走了。顷刻间，随着两辆军车发动起来的马达声，消失得无影无踪。

对这次突击式的搜查，芷苓在惶恐中还不知其来由，还是陈力敏感，他脱口而出“江青”！芷苓听到这两个字，不禁打了个寒颤，联想到此前演《送肥记》、《海港的早晨》受到江青的冷遇与批评，她预感到更大的灾难将降临到头上。

很快，她失去了自由，被单独关进了学馆阴森森的小楼里，四面八方的拳脚把她打得东撞西跌，造反派用木棍、皮带肆意抽打，甚至用大头皮靴往她身上乱踢，逼她交代所谓参加“国民党励志社与国民党妇女会”的罪行，将她列为“文化特务”，把她当年在上海、南京大红之时，与国民党官方、军方好戏者场面上的过从，都当作了“文化特务”的证据，芷苓成了重点打击对象。

受此折磨与诬陷的童芷苓几番想一死了断。她乘造反派让她晚上回去拿替换衣服的机会，把自己的想法告之陈力。陈力此时也因一个同事瞎交代，被单位造反派戴上了“特嫌”的帽子，让他每天蹬着黄鱼车赶早市拉货，在冰凉的水中洗完鱼，还得去西藏路早点铺沿街卖豆浆，然后就是没完没了地写检查。当童芷苓与陈力商定，如何拜托王熙春大姐把一双儿女送去北京姥姥家，便一起离开这个无可留恋的世界时，突然，陈吉与陈工推开房门，双双抱住父母大哭，苦苦哀求父母不要弃他们而走上绝路。原来，夜阑人静，爸妈含泪的诀别低语，早已被一对假寐的儿女听得分明，在这人命攸关的紧张时分，怎不叫一双儿女惊恐得大哭大叫呢！童芷苓连忙将跪在她和陈力面前的一双可怜的儿女扶起，紧紧地搂在怀里，心如刀绞，泪水如断了线的珍珠似地唰唰地流了下来。此时才12岁的陈吉竟说出了一句大人似的话，让童芷苓与陈力的心头为之一震。陈吉说：“等定性了，再死不迟，现在死未免太早了！”逼近陈力夫妇的死神就被孩子的一句话给赶走了。

自此之后，童芷苓为了两个小生命的未来，她决意逆来顺受，像丈夫陈力那样，不抗拒，不解释，无论戴上多大的“三反分子”的帽子，都“认罪、服罪”。她很坚强，虽然受尽折磨，抽最次的生产牌香烟，造反派怕她自杀，拿走了她的裤带，但她缚了一根稻草，顽强地活了下来！她相信自己总会等到乌云驱散、天日重光的一天。

据《富贵人家》的作者沈路平说，后来京剧院与作协的“牛鬼蛇神”均在造反派办的所谓“五七工厂”（今永嘉路近襄阳路一幢巷弄内的老洋房，原上海人民滑稽剧团旧址）中接受劳动改造。包括“上京”的名演员李玉茹、童芷苓，《七侠五义》连台本戏的作者许思言，作协的著名剧作家、散文家、诗人杜宣，小说《红日》的作者吴强，原华东宣传部文艺部副处长、《文艺月报》副主编王若望等。给他们的工作是糊信壳。有人调侃说，糊成的每一个信封都是高价；因为此前他们的月薪都在几百元至上千元，而一般人的平均工资才50元左右，而一个信封才卖两分钱。许思言和王若望都很有个性，有时坐在一起糊信封，无聊时就找话聊，看法不同常常“抬扛”，为“牛棚”单调的劳作生活作了些许点缀。

## 三十七　抱愧终身的内疚

我之怀矣，怛焉内疚。

——（晋）陶潜《荣木》

“文革”中勒令“三名三高”（名演员、名导演、名编剧、高工资、高稿酬、高待遇）减工资，是全国各单位的普遍现象。在这些涉世不深的“造反小将”看来，“三名三高”分子就是享受资产阶级特权的“修正主义”分子，必须打破“界限”，实行共产主义式的平均分配制。殊不知在社会主义初级阶段，实行“脑体倒挂”、对社会利益进行绝对平均分配的极左行为，恰恰是严重扼杀社会发展的乌托邦式的愚昧之举，对国民生活与生产力造成极大的破坏！

在极左之风横行无阻的疯狂岁月，凡“三名三高”分子谁敢违抗造反派的“革命指令”呢？上海京剧院的造反派下达的减工资的指标十分明确，一律降薪100元。

童祥苓与张南云1957年进上海京剧院时，每月工资分别为350元与300元。1964年，他访欧演出回来，上面传达了张春桥关于文艺工作者要实行自觉革命的报告，根据院里的意见立即“自我革命”，夫妻双双减薪100元，各拿月薪250元与200元。两年不到，“文革”开始，再一次被迫减薪，童祥苓月薪只拿150元，张南云100元。一个从350元降至150元，一个从300元降至100元，减薪三分之二，这种近十年工资不涨反而猛跌的怪现象可算是“史无前例”的创举！名演员与一般演员的工资差距确实缩小了，“平均”得可以向“共产主义”迈进了一大步。

然而，这一次“伤筋动骨”的减薪，对童祥苓夫妇的生活却造成很大困难。因为此时他们已有两个儿子，而且祥苓和南云每月都要各汇50元去北京和天津赡养汉侠夫妇与南云的母亲，实际上这对夫妻每月的生活费只剩150元用于一家四口加保姆的开销，其拮据程度可想而知了。尤其在童祥苓演出《智》剧，因过度劳累，常出现体力“透支”需要买人参进补的情况下，囊中羞涩的窘迫就显露无遗了！

经济上的困难还算其次，自从童芷苓被打入“牛棚”之后，童祥苓一夜之间成了众矢之的，成了与姐姐划不清界限的“革命对象”，院内几乎贴满了揭批他的大字报。这种由外部舆论造成心理上的巨大撞击与压力，却让他心头沉重得难以喘气！

童祥苓在《自传》中写道：

> 有一天临下班时，剧组将我留下来守京剧院，同时留守的还有田玉珠同志。到半夜她告诉我今晚是去抄四姐家，让我留在院里是怕我通风报信。她的任务就是看着我。我听后揪了一夜的心，不知四姐家有何不测。

第二天上午开批斗四姐的大会。从四姐家抄出来的黄金被抬出，四姐则披头散发低着头。一位运动领导小组成员，在主席台上慷慨激昂地喊，你们看童芷苓家有多少黄金，她是个剥削鬼！望着从小疼我的姐姐，我心如刀割，根本不服气，什么剥削鬼，我们是演员，凭演艺劳动挣钱吃饭。

童芷苓成为“反动权威”被揪斗，这对童祥苓是一次“重大考验”。但他不仅和姐姐“划不清界限”，还积极为四姐奔走“翻案”，与对方开展辩论。鉴于童祥苓是《智》剧一号人物杨子荣的A角，造反派起初还不敢动他。

张春桥从北京返沪，来上海京剧院看大字报，有人便向张春桥当面作了汇报，说童祥苓阻碍“上京”运动的开展。张春桥就对童祥苓说：“童祥苓同志，你也不知怎么搞的，我找你谈过好几次，不要跟着童芷苓走。一个演员要有艺术前途，首先要有政治前途，政治上没有前途，你跟着童芷苓这样的人走还有什么艺术前途啊！”

童祥苓听着没有吭声。

一天童祥苓在人民大舞台演出《智》剧，他被通知去康平路办公室见张春桥。祥苓写道：

下午我到了康办，在场的有张春桥、姚文元、于会泳，以及学馆和戏校部分年轻人。谈话中心就是我和四姐的问题。张春桥说童芷苓是反动权威，性质严重，我怎么和她划不清界限。看那阵势我的厄运是不可避免了。我便对张春桥说，我四姐是个好演员，不是什么“反动权威”，她没有系统的行动纲领进行反党，怎么算“反动权威”。说我和童芷苓感情上划不清界限，这不假。童芷苓解放前靠演戏吃饭，解放后思想上进步，生活正派，我不认为她是坏人，在喊打倒童芷苓时我从没举过手。张春桥那时脸色已经阴沉下来，说童芷苓是文化特务。我说如果有真凭实据，童芷苓罪有应得，不过旧社会，一个演员要吃饭，哪个当官的叫去演戏、唱堂会都得去，如果我四姐当时就拒绝的话，她早就到延安去了，而且据我所知京剧院的学馆现在还严刑拷打搞逼供信。于会泳赶忙说京剧院绝没有打人。我看着于会泳愤怒不已，曲作得虽好但人品却那么坏！我斩钉截铁地说，严刑逼供肯定是有！张春桥说我为童芷苓翻案那么顽固。我对他说，这话说得没水平，张春桥瞪起双目问我说什么？我对他说若有真凭实据，给童芷苓戴上反革命帽子之后，我四下活动给她摘帽子，这叫翻案；如今童芷苓只是被审查之中，尚未定案，我给四姐翻案岂不是给她戴上了帽子。张春桥一拍桌子厉声说道，你们童家有几个好人！我也按捺不住，站起来说童家有几个好人历史会作见证！我挎起背包对他说，张书记，我马上要去剧场做演出准备，先走一步了。

自此，“童家有几个好人”便传开了，连北京的童葆苓都受到牵连。年迈的汉侠先生主动带着红卫兵来抄家。

徐汇区红卫兵100多人听说童祥苓阻碍运动，涌到“上京”来助阵，准备批斗童祥苓。京剧院内也到处贴满了揭批童祥苓的大字报。那一天张南云上班先到，一见这阵势，吓得心儿怦怦直跳，继而又得知“革命小将”即将来揪斗童祥苓的消息，就赶紧跟孙正阳的哥哥孙耀敏（《智》剧中演八连长）说：“你帮帮忙，在京剧院门口等着，见了祥苓，不要让他进大门，今天小将们要揍他。”孙耀敏一口答应，守在大门口。但等了多时，不见童祥苓的身影。当时来“上京”看大字报的人很多，大门口，人们进进出出，他怕自己看走了眼，便又返回院内寻找。此时，童祥苓已到院里，准备上楼去大厅，被孙耀敏看见，便一下挎住他的胳膊，拉出京剧院，说红卫兵要斗他，把祥苓送到陕西路口，目送他骑车回家。童祥苓庆幸红卫兵没有认出他，不然，他就有可能饱尝“铁拳”，被打坏了。

然而，童祥苓仍未逃过被批斗的厄运。

一天，因为头天晚上演出，他多睡一会儿，南云赶回家中催他赶紧去京剧院。当童祥苓一到京剧院二楼大厅，只见小舞台上挂着大幅标语：

"童祥苓不投降就叫他灭亡！"于会泳和京剧院的几个造反派头头板着脸坐在主席台上。脸上被打得红肿的刘梦德被押上来，指认祥苓为其姐翻案。于是，童祥苓被叫上小舞台，强迫他承认刘梦德所说是事实。造反派念着刘梦德的所谓揭发材料，原来，《智》剧修改审定后去北京演出，在台上受到毛泽东的接见。《智》剧的被肯定，让童祥苓异常兴奋，他写信告诉姐姐见到毛主席的消息，信中写了："你的问题能得到解决，相信姐姐是个好人"，这句话竟然成了与童芷苓划不清界限的重要罪证。童祥苓想到自己解放时才14岁，跟着党走社会主义道路，听党的话，忠于职守，并且早早加入了共产主义青年团，为什么要如此批斗他，实在想不通啊，顿时眼前一片黑暗，当场晕倒在地。

批斗结束，造反派勒令他写交待材料。他走出绍兴路9号，不往回家的路上走，而是由瑞金二路向外滩方向走去。妻子从后面追了上来，问他去哪儿？童祥苓没理会继续朝前走。张南云似乎看清了丈夫的心思，一把拉住他，含着眼泪说："祥苓哪，你可不要想不开啊！你若有个好歹，这可怎么办？"

童祥苓说："我不能过这种屈辱的生活。"

妻子用双手紧紧地拽住丈夫，泪流满面，泣不成声："你不为我，也得为两个孩子想想！"

面对生性软弱、忠厚老实的妻子，祥苓怎忍心让她一个人去承担育儿养老的全部家庭责任呢！他仰天长叹，只得默不作声地与妻子返回家去。

童芷苓得知小弟的处境，为了保全弟弟及童家，决定牺牲自己。

1967年的一天，姐夫陈力悄悄地进入了童祥苓的家，转达了童芷苓的话。姐姐说，看到弟弟被连累，她非常难过，她吩咐弟弟一定要在批斗会上揭批她。年轻气盛的童祥苓哪里肯听，姐夫临别时无奈地说，你姐姐为一家人的命运都操碎心了，暗示童祥苓别再犟了，想法儿活下去最要紧。

深夜，斗争大会在《海港》剧组举行。当批斗到童芷苓时，童芷苓如愿地看到弟弟主动起身，缓慢而机械地交代了与姐姐见面和通信的问题。有人说，当时见童祥苓自我揭批时痛哭流涕，也在揭发姐姐时说了一些“过头”的话。童祥苓在《自述》中也写道：

> 我说不清当时的感觉，只感到惭愧和羞耻，完全违背自己的意志地在揭发批判。……当四姐押下去时，我听到一个熟悉的女人声音向四姐狂喊着，批斗着，又听到四姐无助的哭泣之声。
>
> 人都走光了，我两腿无力站不起来，因为我感觉四姐流的不是热泪而是鲜血。南云扶着我回家，我的每一步都步履沉重，这是出卖灵魂的愧疚。
>
> 后来，我们童家虽然熬过了“文化大革命”的浩劫，四姐也像以往那样关心疼爱我，但在我心灵上却永远留下一块洗不净的污斑。

童祥苓的侄子童强由戏校毕业后，分配在“上京”当演员，年轻的他，在一次批斗揭发小叔时，一口一声童祥苓。这些激动的言辞都可理解。在那样一个畸形的时代，人人为了自保，必须扭曲自己的心灵，说些“过头”的违心话，以显示大义灭亲坚定的阶级立场，尤其面对自己的亲属，更要批斗得越发凌厉，“熟皂隶，重板子”这句俗话用在其时可一点没错啊！何况童强那时还是个不谙世事的小青年，不如此说些违心话，又如何“过关”，因为他还有母亲、弟弟妹妹啊，他必须保护他们，他后面还有很长的路要走，只能委屈小叔了，一如童祥苓委屈自己的姐姐。荒诞的政治高压，使得多少家庭夫妻反目，兄弟相残！这是那个特殊年月上演的令人发指的悲剧！

京剧院中有人发现在批斗童祥苓时，坐在台下的妻子张南云，一根接着一根地抽着劣质的飞马牌香烟，感到异常吃惊。因为张南云从来烟酒不沾的啊，那天却一反常态，可见她内心焦虑紧张到何种程度！

《富贵人家》一书的作者沈路平先生，其母沈凤西原是新民京剧团唯一的女编剧，张派名剧《诗文会》的剧本即出自她手，以后随剧团人员并入上海京剧院，便安排去资料室工作。“文革”开始，路平尚小，在家等候妈妈用餐。一天，他一直等到晚上10点左右，母亲才蹒跚归家。她对儿子说，今天首长（张春桥）来剧院了，他说，京剧院的运动搞得很好，他宣布今后团内不搞运动了。

张的出现，并作出使人突兀的决定是有原因的。因为那一天童祥苓遭批斗，当场昏厥，消息传到他那里，他担心一旦童祥苓倒下，江青亲手抓的样板中的样板《智取威虎山》便砸锅了！童祥苓是江青钦定的杨子荣，百里挑一，没人可以替代，即便替代了，不能使江青满意，反而触怒江青，坏了大事。他思来想去，权衡利弊，为了确保《智》剧能顺利登上样板的顶峰，不辱使命，博得江青对他的信任，在得悉童祥苓昏厥后的第一时间里，便迅速驱车赶至绍兴路9号上海京剧院二楼会议厅，宣布这一让人惊诧的决定。自此，童祥苓虽被暂时解脱了，但院内造反派仍把他作为内控对象使用，即“利用、限制、改造”。

晚年的童祥苓言及此事，仍觉得这一次出卖了灵魂的事情是他“一生中最大的耻辱！”

童祥苓抱愧终身的内疚，一直缠绕他的心头，挥之不去！因为他揭发的毕竟是自幼抚育培养他成才的亲姐姐，而且必须上纲上线到符合于会泳及张春桥的要求。在是非难辩的浑沌岁月，巨大的政治压力迫使国家主席都被迫低头“认罪”，童祥苓作为一个演员还能怎样？只能用扭曲的表白把“脏水”泼在姐姐身上，争取重返舞台，还他一个继续扮演杨子荣的权利。童祥苓心中的苦楚如何对人言说？除了内疚、自责，再也找不到任何自赎的办法。

即便如此，童祥苓已被定性为“内部控制使用”的对象，但其待遇比“三反分子”好不了多少。后者在“牛棚”里待着写检查，他除了写不完的检查，还得被人当作木偶使用，在演出中稍有不慎，出了差池，那就会被套上破坏样板戏的罪名受到严惩！

童祥苓前后写了八十几份检查，在没有通过之前自然被剥夺演出的权利。上班时，原先生动活泼的童祥苓只能找一个偏僻的角落闷坐着抽烟，批他的人不搭理他；同情他的同事，他也不愿接触，怕给朋友带来“与坏分子过分密切”的政治问题。

一天，他下了班，与南云准备骑车回家，却被红卫兵拦下，推走了他俩的自行车，回头说："你们是被揪出来的坏人，还想悠闲地骑车上班？还是走路锻炼锻炼吧！"就这样夫妻俩每天从五原路走到绍兴路上班，单程要走半小时，每日往返四趟。批"右倾翻案风"时，每次批斗童芷苓，他就要站在旁边陪斗，才算上班。童祥苓养成习惯了，有几次，主持批斗的人说，今天没有你，童祥苓还是上去站在童芷苓身边，非常"自觉"。

从1966年下半年被揪，至1968年下半年，童祥苓与童芷苓一起同台被批斗，将近两年时光。其间，还受到几次惊吓。

一天深夜，童祥苓全家被一阵沉重的敲门声惊醒，京剧院学馆一个姓傅的带了两个人，叫童祥苓立即随他们去学馆。张南云吓得浑身哆嗦，因为她知道学馆那帮红卫兵，打人、折磨人是出了名的，她见祥苓穿上练功衣裤和球鞋，就轻声哀求他无论如何要克制。但童祥苓已作好了拼命的准备。

到了京剧院，里面空无一人。来人把祥苓带到学馆二楼，进了一间空荡荡的房间，祥苓听到从其他房间传来拷打的哀叫声，想起了当年日本人审讯赵一曼的刑讯室。

童祥苓坐在书桌前，学馆一个姓杨的红卫兵问道：

"京剧院的公章你拿了没有？"

童祥苓感到诧异："我不是头儿，拿这玩意儿干什么？"

"你知道谁拿的吗？"

"我既不知道公章放在哪里，更不知道谁拿了公章。"

姓杨的知道问不出结果，就让童祥苓回家。

童祥苓说天黑了，走在路上防身，便借了一把凳子；其实他是防止学馆的红卫兵对他突然袭击。他走下楼，见无动静，就把凳子扔了。

回到家中，妻子和两个孩子都穿着衣服坐在那儿等他，见童祥苓安全到家，孩子们喊着爸爸回来了向他扑去，大儿子预鸣抱着他的腰，小儿子胜天（后改名顺天、继改孝天）抱着他的腿，好像久别重逢似的。

1967年大年三十晚上，别人家都阖家在吃年夜饭，几个学馆的红卫兵突然闯进童祥苓的家，翻锅看碗，只看到一碗青菜和一碗雪里蕻炒青豆，就败兴而去。

过年了，别人家的孩子由大人带着在门口放花炮玩，童祥苓却还在写检查。小儿子慢慢走到书桌边，双手扒在书桌上，看着那上面一堆检查稿，轻声地叫了一声“爸爸！”好像在说爸爸每天都坐在这儿工作，过年了也没买个玩具给他玩，甚至连一块肉、一块糖都没给他吃。童祥苓望着儿子期盼的表情，心头一酸，一滴滴眼泪掉在检查材料上……

在阴霾笼罩的日子里，没被黑暗吞噬良知的人依然不少。京剧院有一个盔箱师傅陆金根十分同情童祥苓，就常带他去光明中学，在那里，祥苓结识了应俊峰、朱玲等同学，还有排水工黄雪根。他们在那里打牌，玩“四十分”；其实，用这种方式将童祥苓保护起来。这些朋友也常来祥苓家，见他整日整夜写检查，就让他上床休息，由他们帮着写。此后，祥苓与这些朋友保持了几十年友谊，直到今天。

1969年，《智》剧在人民大舞台演出，杨子荣由朱文虎扮演。此前工宣队给童祥苓的任务是教会朱文虎并在演出中照顾好他。于是童祥苓每天给朱文虎说戏，直到教会他为止。朱文虎演出的那一天，他早早来到剧场，先把后台打扫干净，把演员和乐队的开水准备好，然后到台边拉大幕。第四场还要帮杨子荣赶场，其中三场和九场抢两次景之外，当中休息，再为演员、乐队备一次开水。散场后，再把后台打扫干净才能回家。

第二天演出结束，于会泳找童祥苓谈话，问他：“你练功了没有？”

童祥苓知道自己被“靠边”近两年，练不练功，难道于会泳不知道？他便装傻，没回答，只是摇摇头。

于会泳装出一副很关心的样子说：“怎么能不练功？明天开个会检讨一下。”

童祥苓明白又到了用他的时候了。然而，这份检查叫他怎么写？凡该检查的内容，包括一些鸡毛蒜皮的事都上纲上线地写了，就是通不过，这一次叫他怎么写才能“过关”呢？在童祥苓犯难之际，有人介绍他去找一个当律师的朋友帮忙。那律师就给童祥苓出了主意说：“你写了一大沓检查，把前一年最前面的拣一份交给他们就完了。”“这行吗？”祥苓疑惑地问。那律师说：“你写了八十几份检查稿，他们看了说检查不深刻退还给你。你把两年前检查的材料再交出去，他们能记住里面的内容吗？”祥苓听了便照此办理，找了最前面的一份带在身边。

次日在人民大舞台后台二楼，召开全剧组大会，童祥苓当了大家的面，把原先通不过的检查稿再念一遍，主持人听了说很深刻。讨论中给童祥苓定性为敌我矛盾，只是使用而不是依靠对象。童祥苓至此知道自己是文艺界“地富反坏右”中排名第二的“富农阶级”了。之后，他用这把尺度来时时审视自己的行为，以免摆不正位置。童祥苓说：

检查大会的第二天，就通知我在《智取威虎山》剧中演杨子荣。我两年多没练功，没吊嗓，突然间就上演，难度较大，何况当时我已瘦成皮包骨。除了正常排戏外，我每天都在家里的阳台上练功背戏到深夜，如果出了差错，那么破坏样板戏的帽子我就戴定了。

尽管这次演出成功了，却是我一生中最难演的一场戏。后来院里一位邱同志告诉我，于会泳到三省一市没找到演杨子荣的演员才解放我的。

金勇勤先生回忆道：

当时我年轻，不敢说。我对祥苓充满同情！为什么既要用他，又不信任他，控制他？祥苓作为一个演员内心是多么痛苦啊！他在舞台上演杨子荣表现得慷慨激昂，他在舞台下真正的生活却是遭批判，受监督，提心吊胆过日子，让人难以理解啊！有道是“疑人不用，用人不疑”。他却完全被控制使用，把他当成一个活工具啊！

童祥苓自己也清楚地看到摆在他面前的将是一条布满着荆棘的坎坷之路，但为了心中的艺术，他要顽强地生存下去！

# 第八章

# 压金线，为他人作嫁衣

“文艺旗手”与她的干将们，为了替“京剧革命”造势，知道电影的受众面最广，影响最大，所以又不惜巨资，起用被打倒或看管的“反动权威”，在他们的监控下，将“样板中的样板”《智取威虎山》首先拍成彩色戏剧片，在全国范围内扩大影响，以此宣传“旗手”的“功绩”。与此同时，又以“清理阶级队伍”为名，几乎把《智》剧的创作人员悉数赶出剧组。套在童祥苓头上的“紧箍圈”扎得更紧了。

# 三十八 有功人员被“清理”

狡兔死，走狗烹；飞鸟尽，良弓藏。

——（西汉）司马迁《史记·越世家》

法国思想家孟德斯鸠曾说：“任何有权力的人，都容易滥用权力，这是万古不易的一条经验。有权力的人们使用权力一直到遇有边界的地方才休止。”政治权力不被有效约束时，执掌这些权力的人有可能沦为“压迫者”或“暴君”。

“文革”到“全面夺权”之后，开始在各个领域“清理阶级队伍”，排斥“异己”。上海京剧院以及所属样板剧组也不能幸免于难。

周信芳院长作为“上京”第一号“反动权威”早就被打入“牛棚”。此前周院长已有预感，一次他接通知携夫人裘丽琳去剧场审查《智》剧内部彩排，临行前再三叮嘱太太，进了剧场只管看戏，不要说话。不久，江青来到剧场，裘丽琳起身敷衍道：“啊，我们几十年没见了。”江青先是一愣，然后冷冷地点了一下头，便自顾朝前走去。周信芳看在眼里，暗自叫苦！因为他知道裘丽琳这一句客气话，无意中触动了江青那根最敏感最忌讳被人提及的神经——昔日她在上海滩风流的明星生涯。果然，“文革”开始不久，周信芳全家惨遭厄运。

《智》剧的创作成员，也因各种理由被逐一赶出剧组，或去五七干校“劳动改造”，或被赶回原单位接受群众批判与监督。

《智》剧“戏改创作组”组长兼总支书记章力挥，在创作上很有主见，不太好受“客人”“使唤”。“文革”初期，于会泳受上海音乐学院“革命小将”冲击，勉强去北京时，章力挥也未予以庇护与特殊照顾，让于会泳怀恨在心。张春桥、姚文元三次去他与言行下榻的虎坊桥北纬旅社，示意他们回上海向市委造反，章、言二人并未付诸行动。尤其是，章力挥在《智》剧“深山问苦”改动中，违背江青的旨意，采纳了周恩来总理的意见，使江青大为恼火。戴嘉枋在《走向毁灭——样板戏主将于会泳沉浮录》一书中写道：



周总理一次来上海工作时，看了《智》剧之后，在同张春桥与主创人员座谈时说："这戏中没有老旦的戏，最好能给李勇奇母亲的老旦角色加一段唱，增加气氛。"总理再三强调，"这不是什么指示，只是我个人不成熟的建议，供你们参考"。主创成员觉得颇有道理，于是在剧中李勇奇的媳妇被座山雕枪杀后，为李母设计了一个跪步向前的动作，并由于会泳添加了八句表现她悲愤交加的唱腔。这一个细节效果特别感人，张春桥也觉得不错。但江青审看时，厉声问编剧章力挥："谁叫你写的加出来的一段？"

"那是为了控诉土匪罪行的……"章力挥解释道。

江青不容分辩地斥责道："要拿掉！"

章力挥期期艾艾地说："您看效果嘛，是不是可以再考虑一下？……"

江青的脸沉下了，"究竟是谁让你写的？"

"总理。"

"这是压李勇奇的戏，必须拿掉！"

章力挥将目光投向张春桥，希望得到支持；老奸巨猾的张春桥却将目光避开了，一言不发……

后来，章力挥还作过一番努力，但最终得到的指示是："服从江青的决定。"章力挥只得无可奈何放弃了这一创作尝试。

《智》剧修改定稿，"文革"开始不久，于会泳掌握上海京剧院大权，就以回市委机关搞运动为名，将章力挥逐出《智》剧组，继而送至市级机关五七干校劳动。

而于会泳对音乐组副组长黄钧早就心生怨恨！

黄钧调至《智》剧组之前，与于会泳都在《海港的早晨》音乐作曲小组一起为该剧设计唱腔。大家在讨论蔡本《海》剧的音乐设计时，大多是肯定的，认为在童本基础上前进了一大步，也有人提出了一些修改意见。尤其黄钧指出了女主角那个主要唱段的不足：

"小于哪，'悬崖旁你快收缰，迷途上你莫乱闯，你仔细看，你仔细想……'这音调与街头卖梨膏糖的叫卖声差不多：'梨膏糖，好味道你快来尝，二分钱的梨膏糖，有薄荷味，甘草香……'"黄钧连做带唱的这番比较，使一些人忍俊不禁，让于会泳十分尴尬与难堪。

后来《海港》定稿后，方海珍这个主要唱段并未改动，也被观众欣赏和接受。艺术上不同的观点完全是正常的，可通过讨论求得一致，或坚持或保留己见。对于别人的意见"有则改之，无则加勉"，无须耿耿于怀，萦绕心间。但气量狭小的于会泳却记仇了，认为黄钧当众"羞辱"他，出了他的丑。

恰巧黄钧有一件事给于会泳抓住了"把柄"，给他戴上了"破坏革命样板戏，恶毒攻击江青同志"的"反革命帽子"。

江青插手《智》剧之后，分别于1965年4月27日、6月24日和1966年2月6日、4月4日，针对《智》剧的修改有过四次讲话，还有她在看《智》剧时由张春桥转达的零星讲话。黄钧调至《智》剧之后，曾一度负责"江青"的讲话记录与零星讲话稿的整理，并由他直接送"康办"，交张春桥亲自审阅，经张政治上"把关"，删去一些文字，再交黄钧送至位于南昌路上，即复兴公园大门附近市委宣传部的一所内部印刷厂铅印20份。铅印稿为16开本，3或4号仿宋字体、或黑体。黄钧校对核实后，交给张春桥的秘书何秀文，再送江青。

1967年10月，杭州一所高校红卫兵，不知从什么渠道弄到了江青的这些讲话稿，并将黄钧在"上音"或其他地方向前来"取经"的红卫兵介绍如何在江青同志领导下，取得"革命样板戏"创作成功的一些讲话内容，一并印成一本"江青同志对《智取威虎山》音乐形象的指示"的小册子，广为散发。黄钧吓坏了！晚年的黄钧回忆道：

我发现有几处与原记录稿不同。在“文革”中，1967年7月，上海京剧院有人印制了一本小册子，16开本，正文用的字体不一，大多是五号宋体。封面冠以“关于文艺工作的讲话”。这一小册子共收入32篇文章，除了毛主席的三篇讲话和部分语录外，林彪和江青的讲话或吹捧江青的文章有29篇。当我发现，其中有两篇是我的讲话，并被人篡改后，标为“江青同志对《智取威虎山》音乐形象的指示”加以发表。当时，我异常吃惊，鉴于那时的情况和形势，意识到此事的严重性，很担心关联到自己，立即写了一封信，复写了六份，请闻捷（那时，他正巧去北京修改《海港》剧本）代我分别向毛主席、周总理、江青、张春桥以及国务院、中央文革递交。没有想到，此举反而是成为遭迫害的原因之一。

上述回忆文字在时间上与杭州一所高校印制并散发的小册子有先后不同：显然，上海京剧院有人（造反派成员）印制的“关于文艺工作的讲话”在前；杭州一所高校红卫兵从上海京剧院得到“讲话”的印制品，并广为散发在后，造成了“恶劣影响”。

不管黄钧写信托闻捷去北京如何澄清事实，不管他如何为自己分辩，1967年夏季，张春桥派于会泳来上海京剧院“抓运动”，就以“炮打中央文革小组”、“破坏革命样板戏”等罪名，对黄钧进行冲击。1968年3月27日开始，至1973年1月31日的5年里，黄钧先后三次被“隔离审查”，并送奉贤塘外靠海边的上海文化系统五七干校“劳动改造”。

在那里他遇见了同样参加“劳动改造”的我国著名文学家巴金和著名电影明星赵丹。两位文艺界的大腕人物，虽然身陷“牛棚”却不失幽默。巴金去食堂吃午饭，总坐在食堂大门旁边，让人“一目了然”，以免有与人“暗通消息”的嫌疑。他见黄钧走进食堂，后面还跟着一个看守他的造反队员，便用他浓重的四川口音对黄钧说：“你比我待遇好，上食堂后面还跟着个警卫员。”黄钧排队到买菜的窗口，赵丹在食堂劳动，负责打菜，见了黄钧说：“咱俩分工不同：我喂人，你喂猪。”让黄钧啼笑皆非。

“文革”期间,“清理阶级队伍”的运动,是持续不断的。为了样板剧组内部人员的纯洁性,凡张春桥、于会泳认为阶级立场有问题、有海外或“历史”问题的人,都会被清理出剧组。在执行过程中,于会泳可算得“铁面无私”毫不留情了,甚至可以做到“六亲不认”。

《智》剧导演李仲林与关尔佳对《智》剧的成功排练每多贡献,却先后被赶出剧组。李仲林因江青说了“李仲林看我眼露凶光”一句话,“文革”开始就被打成“反对江青,从内部破坏革命样板戏的反动权威”,受到隔离审查,学馆的红卫兵在审讯时恶狠狠地说:“你不是武功好么?那就走几个吊毛给我们瞧瞧!”逼迫他走吊毛,想在他走吊毛时,给他下绊子吃苦头;因做吊毛动作,旁边有人稍许碰一下,掉下来便是致命的,很危险。李仲林还算聪明,趁审讯他的人不注意,迅速走了一个吊毛算是躲过一劫。还有一次惩罚让李仲林终身难忘。一天,一个被叫作“孔司令”的造反派头头对他说:“你不是会打太极拳吗?那你就打给我看看,我不叫你停,你就不能住手。”孔司令说完就走进屋子休息了。他一觉醒来,已是第二天早晨,走到院子一看,李仲林因为得不到“孔司令”让他住手的命令,还在那里打太极拳。就这样,这位京剧老艺术家就被整整折腾了一宿。在“逼、供、信”的审查中,李仲林吃尽苦头,过了7年人不如鬼的生活。

关尔佳是于会泳的连襟,俩人的关系原本不错,关尔佳有时叫于会泳大哥,有时就直呼其名。在于会泳尚未调去样板剧组之前,两家经常往来走动。于会泳的妻子任珂是上海歌剧院的合唱团演员,关尔佳的妻子是戏剧学院形体科老师。过年过节就在一起吃饭,饭桌上聊天也很随便。关尔佳说,于会泳谈音乐的内容居多,一开口就《茶花女》、威尔第什么的。于会泳还说,文学剧本应围绕音乐,音乐是灵魂。关尔佳却不同意他的观点,说中国戏剧就是以剧本为主,音乐、导演都为剧本服务。但于会泳坚持己见,说:“现在没办法,以后要实现以音乐为主的愿望。”后来他上去了,某种程度上实现了他的部分设想,如《审椅子》的音乐设计；《杜鹃山》音乐唱腔设计与舞台调度比较统一等。但形式为内容服务，尤其在强调文艺为政治服务的大环境下，于会泳关于剧本环绕音乐的理念是根本行不通的。

关尔佳圆脸，矮墩墩的，他怕干燥，那时冬天没什么取暖设备，房间里生一个炉子，火烤过来，他就流鼻血，不断用手纸去擦；但他的工作热情却丝毫未减。关尔佳为人爽直，自认为与于会泳是连襟关系，与他说话随便。于会泳当了文化部长之后，关尔佳依然心直口快，口无遮拦，便让于会泳不痛快了。1969年4月，当《智》剧舞台演出本的修改基本完成后，开始拍摄电影。其实，1968年底，剧组全体成员为拍摄电影早就奉命提前来到北京，住在地安门黄化门大街锥把胡同1号（据说曾是清末太监李莲英的私宅），按拍片的要求排练，并对舞台演出本进行压缩，修改成电影脚本。当时剧组成员，大家工作十分劳累，晚上正当酣睡之间，忽听一阵急剧的哨音，大家赶紧披衣起床，在院子里集合。于会泳手里拿着两包葡萄糖，说他去钓鱼台，是江青同志给的，让他转送给童祥苓，童祥苓哪敢接受，就给了齐淑芳，齐淑芳又转送给舞美队的两个老师傅，老师傅也不敢领受，就转寄给珍宝岛的解放军战士。对于这件小事，关尔佳十分恼火，对于会泳很有意见，就直接去里院于会泳的办公室对他说："老于，你这是干啥！江青给你两包葡萄糖，你吃了就完了，半夜把大家叫醒，折腾得可以！你不知道大伙儿白天排戏、改戏多累吗？搞什么形式主义！你让大家多睡一会儿，第二天起来精力充沛地工作不是更好吗？"于会泳被关尔佳一通牢骚话说得瞪大眼睛，无言以对。

关尔佳与于会泳意见不合时还直接顶撞："你去当什么官啊！我搞导演，把戏弄好；你搞音乐，把曲子写好，就行了。我们都是搞艺术的，你去当什么文化部长！你那个水平，我还不了解？全国那么多文艺单位，你管得了吗？"于会泳气得拍桌子咆哮道："这是无产阶级司令部的安排！"

于会泳容不得关尔佳了，便把关尔佳的所谓"历史问题"从旧档案里翻出来说事。那是一个认识关尔佳的人犯了错，为了转移目标，把水搞浑，污蔑关尔佳参加了代号为608的特务组织。此事早在20世纪50年代已由组织部门查清，证明他是被诬陷的，并无此事。但那时的档案制度有缺陷，没把这些东西从档案中拿掉。于会泳就利用它做文章，向江青作了汇报，说关尔佳历史上有问题，以此表明他大义灭亲。从此，江青几次接见剧组成员，都没有关尔佳，并通过秘书告诉他不能参加“首长”接见的原因，弄得关尔佳异常痛苦与尴尬。一些演员明哲保身，只想到自身安全，不敢关心此事。只有童祥苓感觉到关尔佳似有心事，便主动上前对他说：“老关啊，到底什么事啊，大家都不明不白，议论纷纷。你不好说，可以对我说啊。”童祥苓的关心令关尔佳感动。事后，他对金勇勤说：“童祥苓不错，人品纯正啊！”

《智》剧电影拍摄完成后，关尔佳连同提请于会泳注意与蔡瑶铣关系的庄德淳也被一起逐出了样板团，回到原单位。

1968年11月，《智》剧赴京拍摄电影之前，为确保剧组队伍的“纯洁性”，经过一番无情的“审查调整”，又有几个有功之臣被逐出剧组。

令人匪夷所思的是，为人善良忠厚、人缘极好、颇有才华的女作曲家沈利群，居然也列于被逐的名单之中。沈利群1949年之前就投奔革命。她调来剧组后，对杨子荣的核心唱段的设计贡献很大。于会泳也一直对她刮目相看。“文革”开始后，于会泳要她揭发章力挥的问题遭到拒绝，便认为她“阶级立场不稳”，并把她的表现同她的家庭出身挂上了钩。在政审中又得知她父亲新中国成立前去了台湾，于是断然取消了她进京的资格。去京之前，剧组的人小聚了一次。大家表面上强颜欢笑，没话找话说。此时，愤懑不平的童祥苓走至沈利群面前，弯下腰，深深地鞠了一躬，饱含感情地说：

“我是唱戏的，不会说话。我今儿个只想说：沈老师，您永远是我的老师！”

沈利群含着泪水说：“哦，快别这样说！”为了打破这沉闷的气氛，有人建议沈利群来一段。沈利群爽快地唱了一段《今日痛饮庆功酒》，权作为大家送行。

凡历史与家庭稍有“问题”的，无人幸免被驱逐的命运。

著名琴师沈雁西，大学生，12岁开始学琴，拜师王少卿，下海操琴。1957年进上海京剧院，先后为周信芳、言慧珠、童芷苓、李玉茹伴奏。原来分工，《智》剧上半场由陈立中拉，从《深山问苦》开始由沈雁西操琴。童祥苓最喜欢由沈雁西伴奏。清理阶级队伍时，据说他曾在一家德国海通贸易公司工作过，亲属中有几个居留海外，就以家庭关系复杂为由把他清理出剧组①，不让回来了。童祥苓暗自叹惜。此后就由另一位琴师蒋霭秉先生替代。拍电影前，为了保证演奏风格的统一，于会泳让蒋霭秉一人承担主胡的重任，对《智》剧唱腔设计作出成绩的陈立中就被排除了。陈立中为此心中郁闷，得病手术后去世。

扮演李勇奇的施正泉，性格内向，因为从印尼归来，同样不被信任，划为“内控分子”使用。

一个演八大金刚的演员，因为他兄弟解放前去台湾搭班演戏没有回来，被撤去角色，离开剧组。

乐队里一个唢呐演奏员，其父定居香港，思儿心切，剧组在广州演出期间，老人写了一封“密信”给他，被人发现后立即遭到清除。

京剧院“烂”了之后，院里成立了《智取威虎山》、《海港》和《龙江

① 沈雁西（1919—1983），无锡人。复旦大学毕业，就职于沪上德国海通贸易公司，后转建设银行、永利化工公司工作。12岁得“宣卷”道士启蒙学拉二胡。14岁来到上海，逐步对京剧产生兴趣，进而钻研京胡演奏技术，演奏技艺逐步提高，常为包幼蝶等京剧名票伴奏。1941年，应梅兰芳邀请，为其子梅葆玖吊嗓伴奏。此间，结识了徐兰阮、王少卿等著名琴师，深受教益。1947年又向王瑞芝学习操琴技艺。后为言少朋、王少楼夫妇赏识，1949年随新华旅行剧团去天津演出。首演《借东风》，沈一段花过门，引得全场轰动，乃一举成名。少朋之妹言慧珠得知为兄操琴者乃一琴票，便告诫兄长：您的名声不要砸在一个琴票手上。不日，她亲临戏院观看，为沈的琴艺倾倒，径入化妆间，见兄正在卸装，便在化妆镜上写了“这个琴师我要了”几个字。1951年，沈正式拜师王少卿。1955年至1956年，沈随梅兰芳剧团到江苏等地演出。1957年，应童芷苓需要合适的琴师为她伴奏，沈调入上海京剧院。此后，他创排了许多新剧目，如：《武则天》、《社长的女儿》、《智取威虎山》、《刑场上的婚礼》等。他的演奏感情真挚、充满活力、富有乐感，表现了音色华美的浓郁风格。其弓法技术全面，长弓、短弓皆擅长。他按指准、稳且实，琴声低音浓厚、高音清亮，音强不死板，音弱不虚浮。他精于旦行伴奏，并以梅派为主，同时，对于其他行当与流派，如余派、马派、程派、荀派等，也有所了解和熟悉。他能根据不同的演员、不同的演唱方法，在音色、力度、速度等方面，采取相应的演奏技巧，加以伴奏衬托。故而，许多著名演员，如周信芳、言慧珠、童芷苓、李玉茹等，都乐于请他合作。

颂》三个剧组。于是搞好这三个剧目，使它们日后成为“样板戏”便成了压倒一切的政治任务。

张春桥曾对京剧院开展文化革命作过“指示”：不要让院外的人进来参与运动，院里的人也不要出去参与外单位的运动。要集中精力把戏搞好。运动只是在剧院内部开展。

在执行“无产阶级司令部”指示的过程中，军代表和工宣队的代表遇到“用人不疑、疑人不用”的尴尬。

司鼓的张鑫海先生，熟悉鼓谱，鼓点子的轻重缓急，可统领整个乐队，无人企及。他6岁习武场面。19岁正式为周信芳司鼓，先后参加电影《四进士》、《徐策跑城》、《坐楼杀惜》、《闹天宫》（上）以及京剧现代戏《磐石湾》、《甲午海战》、《东进序曲》的打击乐设计与司鼓。尤其在《智取威虎山》中司鼓有上佳表现，他设计的锣鼓点俊俏洒脱，不落俗套，在传统的基础上有所突破。然而，也因为所谓的“历史问题”，又找不到合适的人选替代他，与童祥苓一样，只好“内部控制使用”。

搞灯光的王念章，年纪不大，15岁进剧院自办的学馆，搞灯光设计与操作，经有几十年舞台灯光实践经验的老师傅亲授，摸爬滚打，练就了一套处理灯光管理的硬功夫。但他一个中学同学有所谓的“反革命”问题使他受到牵连，成了“怀疑分子”。

对于这些有问题的业务骨干，上面斟酌再三，在无人替代的情况下，为了保戏，只好作为“内控分子”使用，也就是既要用他们一技之长，又要密切监督他们的一言一行，防止出现江青所说的“来自内部阶级敌人的捣乱”。

童祥苓、张鑫海、王念章就是在这样极端严重的政治高压下工作，可见他们内心的惶恐与处事的谨慎了，演出中只要稍有闪失，便有灭顶之灾！

王念章回忆当时所受的压力时说：

在样板团里待遇是不错的，吃样板饭（伙食标准为每月20元），穿样板衣（一套无领章军服和军大衣），坐样板车（专车接送）；但一旦除名，从样板团出来，就会被人视作政治上有严重问题的可疑分子，不仅找不到工作，连派出所也另眼看待。

**然而，恰恰是这个小青年王念章在北京拍电影《智取威虎山》之前的演出中出了“事故”，险些断送了他的前程。王念章说：**

1970年，阿尔巴尼亚巴鲁库访华，向我国提出要一套控制舞台灯光变化的“可控硅”设备，总政歌舞团的王德昌接受了这一任务，他委托北京电控厂试制。试验样品出来之后就让我们《智》剧组先试用，发现问题再改进。我们排练时用了几次，由我操作，一切正常，没有发现问题。

是年8月2日，我们剧组在首都剧场演出，招待各国驻华使节。

控制灯光的我与乐队一起坐在乐池里操控。按照规定，演到第4场，扮演高波的演员上场报告：“小火车被炸，栾平他跑了！”扮演少剑波的沈金波要跳到石头上高喊：“同志们！”唱：“情况突变任务紧，十万火急分秒必争。同志们整戎装火速前进！”他大声命令：“出发！”这时候要把舞台上的灯光全部关掉，只留一盏灯，把一束光打在少剑波身上；三秒钟后把灯光收掉。此时舞台上是黑的，要迅速把第4场的布景搬走，纱幕拉下来，打雪花，台上呈现林海雪景，再打出蓝光，小分队上场，表演滑雪的舞蹈。

谁知此时这盏灯的可控硅被击穿了，当时谁也不知道，只是打在沈金波身上的灯光无论如何收不掉。灯光亮着抢景也不行呀，我急得满头大汗，没办法啊，要让舞台上那束光收掉，只得把灯光设备的电源杆按下，灯光暗了，但已晚了分把钟。当纱幕放下，该打雪灯了，我就按原样操作，送上电源，拉推管，哎呀！放出来的不是雪光，而是面光、侧光、红光、蓝光，舞台上五颜六色都有了，乱糟糟一片。哎呀，不对！我开错啦？再推第三杆，不好，开不出来了！乐队等不及了，司鼓张鑫海的鼓点子已急骤响起，小分队演员摸黑出场了；此时应该下雪，但雪灯又开不出来——原来是自动编序的，这下可怎么办？台上五颜六色必须快速调整，我只能用手工操作，一只一只打开、关上，关上、打开……我的神经紧张极了，急得心都快跳了出来。现在自然明白，当我切断电源后，电脑记忆混乱，就出错了；应该送上电源后，重新启动电脑才不会出错。那时都用手工操作，怎么会懂呢？

样板团实行军事化管理，晚上7点1刻演出，我们必须4点半或5点到剧场，演员化妆，溜嗓子；搞舞美灯光的，连一道道吊杆都得检查一遍。晚饭送到后台吃，这叫班前会。9点15分演出结束召开班后会，总结当晚演出存在的问题。那一晚，演出结束就在舞台上开班后会，工宣队领导、于会泳、王德昌和北京电控厂的人都来了。于会泳要求人人就发生的事故表态。有人就说我故意搞破坏；还是王德昌与电控厂的人实事求是，为我开脱说，是机器问题。于会泳说话了："机器？机器是谁掌握的？这是人的问题！"我不服，就说："我是尽量抢救的，这灯关不了，电钮也暗，以前用没发生事故，所以不知道如何处理。设备拿来试用，是你们领导决定的；试用过程中出了问题，怎么能全怪我？"舞美组有20多人，工宣队领导要他们每人都表态，于是都说了违心话，说我不对。那个工宣队领导说："你不要革命，明天就回上海去！"我被冤枉，有苦说不出。

第二天演出就改用了手动的老设备，但团里与工宣队领导却坐在我边上，眼睛死死地盯着我，生怕我故意搞破坏！从此，他们把我打入"另册"，对我"另眼看待了！"

王念章的遭遇说明了其时革命化的"高标准、严要求"与技术和设备落后之间的严重矛盾，却试图用阶级斗争的办法去解决，岂不成了笑话！

据王念章回忆，由于于会泳、工宣队对"样板"剧组近乎严酷的管理，剧组内人人自危，神经极度紧张，一如绷紧的弦，稍有不慎，有可能被逐出剧组，成为破坏“革命样板戏的阶级敌人”。有两个舞台工作人员，因受不了持续不断的政治高压，渐渐精神失常。一个负责音响效果的周林，后来去排练《磐石湾》，突遇音箱嚣叫，他惊惶失措，不去调节音量，反而朝音箱扑去，试图用身子挡住嚣叫声，此后他便疯了。另一个管音响的李富笙，直至“文革”之后，始终摆脱不了昔日政治压力的阴影，得了抑郁症。

作为主演又受监控的童祥苓其时心灵上受到的压力之大，便可想而知了。

童祥苓十分同情王念章，两人渐渐成了挚友，他们的友情一直保持至今，长达半个多世纪，常有往来。

在以“阶级斗争为纲”、人斗人的特殊年代，人们神经都普遍绷紧，尤其在文艺界，处于意识形态的风口浪尖上，多数人焦虑、惶恐，明哲保身，小心翼翼，一如刚进荣国府的林黛玉告诫自己：“记住了不可多说一句话，切莫多走一步路。”在《智》剧组里，这方面较为典型的例子便是沈金波。

老沈性格内向，平时见人笑呵呵，说话也很温和，处事谨慎，给人一种“圆”的感觉，其实这种“圆”并非“滑”，而是一种自我保护。

与沈相反，童祥苓原本好动、调皮，性格活泼，说话直率，因“文革”中受到批判，天性被扭曲，常坐在不被注意的地方沉默寡言。然而，有时活泼直率的个性也会不经意中自然地流露出来。他不叫沈金波同志，而叫他沈金皮，把波的三点水拿掉了，但沈并不生气。童祥苓若把戏中的台词拿来开涮，老沈会显得一脸严肃。在《定计》这场戏中，当扮演少剑波的沈金波说道：“狐狸再狡猾也斗不过好猎手”时，童祥苓故意纠错道：“狐狸再狡猾也斗不过老狐狸啊！”沈金波急了：“祥苓，祥苓，可不能这样逗哪，我耳馋，演戏也这么说，可闯祸了！”

一句戏言，弄得沈金波如此紧张，可见时势严峻！

而与于会泳、张春桥有嫌隙的闻捷（本名赵文节），1968年下放牛棚，隔离审查，妻子跳楼自杀。三个女儿两个下放东北落户。他与上海作协同事戴厚英的恋情受到阻扰和批判，获知张春桥当选上海市委第一书记的当晚（1971年1月12日），闻捷自知厄运难逃，在家吸煤气自杀，年仅48岁。

## 三十九　荒谬的“三突出”

盲目地坚持“真理”比情有可原地犯错误更具有危害性。

——格言

1967年5月中旬，几经修改、凝聚着众多剧作家、音乐家与京剧、舞蹈表演艺术家和导演心血的《智取威虎山》、《红灯记》、《沙家浜》、《海港》、《奇袭白虎团》，芭蕾舞剧《白毛女》、《红色娘子军》，以及交响乐《沙家浜》，奉江青之命调集北京，举行了历时37天的汇演，集中展示了“无产阶级文艺革命旗手”与“资产阶级文艺黑线”斗争所取得的“辉煌成果”。

5月23日，《红旗》杂志为纪念毛泽东《讲话》发表25周年，发表了《为捍卫无产阶级专政而斗争》的社论，将这八个戏册封为“样板戏”。而随着“样板中的样板”《智取威虎山》以及《海港》的荣归上海，于会泳的政治地位也就跟着江青扶摇直上。

1968年5月，“样板戏”问世一周年之际，《文汇报》文艺部的负责人何倩与褚钰泉向于会泳约稿，专述“样板戏”如何在两条路线激烈斗争中胜利诞生。于会泳此前对江青的各种“指示”，作了悉心研究，5月中旬，便找何倩与褚钰泉到位于巨鹿路上的“革筹会”办公室叙谈，说了这篇文章的详细内容，由何倩与褚钰泉记录整理后交由他本人略作修改，便以《让文艺舞台永远成为宣传毛泽东思想的阵地》为题，刊登在1968年5月23日的《文汇报》上。在这篇文章中，于会泳首次提出“首要任务论”与“三突出”理论这两个新名词。文章写道：

……要在我们戏曲舞台上塑造出当代的革命英雄形象来，这是首要的任务。

我们据江青同志的指示精神，归纳为“三突出”，作为塑造人物的重要原则。即：在所有人物中突出正面人物来；在主要人物中突出主要英雄人物来；在主要英雄人物中突出最主要的即中心人物来。

于会泳“三突出”主观意念的形成，是基于《智》剧组一次偶然的排练小结。据金勇勤先生回忆，导演关尔佳对于《智》剧最后一场戏结束，落幕前众多演员如何造型颇多思考，他提出动与静的两套方案：所谓动，即杨子荣告别少剑波，带着侦察员童仲舒、李洪毅先下；所谓静，即全体小分队战士排列于后亮相，衬托前面一组造型——童仲舒在前半蹲，李洪毅侧身亮相，两人以此烘托立于中间亮相的杨子荣。这样后面的群像衬托前面一组塑像，两个一矮一高的造型凸显了中间的杨子荣。于会泳在一旁看了说：“这个方案好，就定它了。”他从关尔佳对排练作小结的简短发言中受到启发，总结出样板戏创作经验的所谓“三突出”理论。

于会泳提出“三突出”，让江青和张春桥极为欣赏：一是他把这一理论的发明权拱手献给了江青，成了江青关于文艺的原则性理论纲领；二是遵循这一理论，可以根据斗争需要随时填入相关内容，为“四人帮”篡党夺权服务。

但江青、张春桥尚嫌这一理论还不足以支撑其政治野心，在《林彪委托江青同志召开的部队文艺工作座谈纪要》中作了进一步修改，提出“在所有人物中突出正面人物；在正面人物中突出英雄人物；在英雄人物中突出中心人物”是指导革命文艺创作和塑造无产阶级英雄典型的“根本原则”。从此“三突出”成了文艺创作中不能丝毫违背的金科玉律。

根据这一理论，中国文艺完全依附、从属于政治，为政治所绑架，成了政治的宣传工具，彻底丧失了文艺寓教于乐、满足人们多样情感需求的审美功能。

崇尚英雄主义，在世界文学和影视作品中比比皆是，譬如，美国五六十年代的西部片，广受我国观众欢迎的反映法国大革命、揭露法王暴政、英雄救美的著名电影《佐罗》、《勇士的奇遇》等，这些作品都是特定时代的产物，所表现的伸张正义与自由的主题，具有永恒的魅力！《智取威虎山》同样是表现英雄主义的作品，不过，从文学角度看，多了政治说教，少了些人性与人情味，很大程度上受到时代的局限，削弱了它的魅力。然而，它的成功之处在于，剧本改编方面把杨子荣作为主要英雄人物加以表现；其次，无论在唱腔设计、舞蹈动作、舞台调度、灯光布置等方面都围绕主要英雄人物作了精心安排并取得特效。杨子荣这个敢于打进匪窠的英雄形象的确立，带动了少剑波、李勇奇、小常宝与反面人物座山雕、栾平等一系列人物形象的塑造，从而使整出戏成了"一颗菜"，得到了广大观众的认可与喜爱。《智取威虎山》常演不衰的成功，童祥苓在塑造主要人物杨子荣方面功不可没！

不过，京剧舞台上的颂圣文化早已有之，它是以历史传统为依据的。最典型的是关公已经从舞台走进庙堂，成为享受人间烟火、被供奉的人格神。其他诸如赵子龙、黄天霸等，京剧舞台上的英雄人物确实不少。旧戏中普遍宣扬忠孝节义，以及仁义礼智信的传统伦理价值观念，并将它们抽象化地植入舞台形象中去，且变成动人的感情符号，让人们对这些人格神顶礼膜拜。样板戏虽然始终宣称，它与旧京剧彻底决裂，一切从头做起，但实际上把英雄人物塑造成让人顶礼膜拜、并可终身仿效的救世主，在这个本质性的道统问题上恰恰承袭了旧剧的传统。其时在人物塑造方面虽然强调去脸谱化，却仍然存在脸谱化、单一化倾向，共性、阶级性大于个性，造成这种弊病的原因是政治权力的作用。

从文艺理论的角度审视，作家以浓墨重彩去重点刻画作品中的主要人物作为一般的创作方法，无可厚非。众所周知，莎翁著名悲剧《奥赛罗》中的主人翁无疑是摩尔人奥赛罗，汤显祖《牡丹亭》主要人物自然是杜丽娘，《安娜卡列尼娜》中的安娜，《红与黑》中的于连，《王子复仇记》中的哈姆雷特，不言而喻都是作品中的主要人物，而流传甚广的《梁祝》与《白蛇传》，其主要人物绝不会是施九与银杏，抑或是法海与小青。

但是“三突出”作为一种“纲领性理论”指导创作，要求所有文艺作品，不仅展示正面人物，而且着力去塑造无产阶级英雄形象，并奉为金科玉律，非如此不可，便荒唐透顶，大错特错了。

像古典小说《水浒传》，越剧新编古装戏《五女拜寿》，塑造的都是群像，能说它违背创作规律了吗？新编历史剧《曹操与杨修》成功之处不仅写了相与士的矛盾，而把曹操这个反面人物性格的复杂性作了文学性的完美展示，曹操越写得虚伪、阴险与奸诈，也越显得杨修的孤傲、刚毅与机智。在舞台上二者可谓“势均力敌”。这里在创作方法上并不存在抑曹扬杨、反面人物突出于正面人物的问题。

改革开放以来，我国的社会主义建设进入了蓬勃发展的新时期，随着生产力的迅猛发展，各行业分工的细化，各阶层的人群结构已发生深刻变化，人们的精神生活与文化需求呈现出多层次、多样化的状态。这就需要文艺工作者深入各领域各阶层各群体人们的精神世界，去表现他们多姿多彩的情感生活，从而准确而精微地去反映社会主义新时期的时代精神，满足人民群众的文化需求。

例如，2018年2月8日，被国家新闻出版广电总局评为2017年度优秀电视连续剧的《我的前半生》，反映的是在职场拼搏的几个金领的情感生活。无论是由养尊处优的家庭主妇，在金领闺蜜帮助下，一步步重新站起来并再度寻找幸福的罗子君；还是为女人幻想、男人嫉妒、活得极其忙碌的贺涵；不管是肤白貌美，精明能干、与同样是咨询界精英的贺涵相恋十载，都为事业忙碌无暇婚事的咨询顾问唐晶；抑或是心中的柔情早就被无理取闹的老婆熄灭、移情于温柔体贴的女同事凌玲的陈俊生；还有对儿女爱护有加，却不乏小市民势利习气的子君母亲薛甄珠……他们之中没有英雄人物，都是芸芸众生的一员，却都是一个个让人可以深切感知的有血有肉的鲜活形象，他们的情感纠结、失落、奋进，对事业的执着，对爱情的追求，对幸福生活的向往，他们身上表现出来的善心同情心、助人为乐的爱心随处可见，给人传递的是一种具有社会主义核心价值观的正能量。这种深入灵魂深处，现实与浪漫、抒情与说理相融合的创作方法，岂非“三突出”的所谓“创作经验”可替代！

人生活在阶级社会里，就个性而言是多侧面立体化的，不是非恶即善，非善即恶的状态，“善”就是“善”，某种意义上人是各种观念、道德造就的“综合体”。一个人绝不可能完美到极致，总有这样或那样的缺点与瑕疵，决定因素是他的头脑中什么样的思想意识占主导地位。《红楼梦》中林黛玉说话尖刻，小心眼、多愁多疑，难道不是她性格中的缺点？正因为如此，她便成了林黛玉“这一个”而不是其他人，读者反而对她的遭遇给予深切的同情。《玉蜻蜓》中的金张氏，与《红楼梦》中的王熙凤，有些相似，性格复杂，不是用一个“坏”字能概括得的。优秀的艺术家、剧作家，必须用敏锐的眼光和笔触去洞察并捕捉当下多姿多彩现实生活中各式人物不同个性的全部复杂内涵，并且以他极其精湛精细的艺术手段准确地呈现在大众面前，使自己的作品闪耀人性与人情的光辉。

“三突出”作为指导社会主义文艺创作的“根本原则”，不仅违背了文艺创作的客观规律，而且显示其用政治强奸文艺的反动性！难怪连《智取威虎山》的主要作者章力挥，在提及“三突出”时也带着不屑一顾的轻蔑口吻连连说：“荒唐，荒唐，真荒唐！”

习总书记在党的十九大报告中指出：

> 新时代我国社会主要矛盾已经转化为人民日益增长的美好生活需要和不平衡不充分的发展之间的矛盾。广大人民群众的需要也呈现多样化多层次的特点，对美好生活的向往更加强烈。人民群众既期盼有更好的教育、更稳定的工作、更满意的收入、更可靠的社会保障、更高水平的医疗卫生服务、更舒适的居住条件、更优美的环境，也期盼更丰富的精神文化生活。

根据我国社会主要矛盾的变化，以及人民群众对物质和精神文化生活需求的多样化多层次的特点，时代对文艺发展也提出了新的更高的要求。广大文艺工作者应以“双创”思想为指导，不忘初心，牢记以服务人民为中心的宗旨，努力创作出讴歌党、讴歌祖国和人民、宣扬社会主义核心价值观的伟大作品，谱写新时代民族复兴的辉煌篇章。

## 四十　对剧本、音乐的再修改

世间很多事物，追求时候的兴致总要比享用时候的兴致浓烈。

——［英］莎士比亚

自从“样板戏”在全国广泛宣传之后，八个“样板戏”剧团有限的几场演出，根本无法满足国人对文化的渴求。于是中央有关部门研究决定，将有计划地陆续把“样板戏”拍成电影公映。第一批赴京拍摄成戏剧片的是《智取威虎山》和《红灯记》。《智》剧组全体成员就于1968年11月赴京下榻在地安门锥把胡同1号北京革委会一个招待所里。

但江青“指示”，为了不影响革命群众“抓革命、促生产”，原来演出将近2小时45分钟的舞台剧，必须压缩三分之一，控制在两小时之内，并提出“言简意赅，删繁就简，不伤筋骨，精益求精”的“十六字”修改方针。这对剧本、音乐设计的再度修改带来极大困难。

此前，经过众多文艺工作者的极大努力，“样板戏”已成为一件完整的“艺术品”，若要压缩三分之一，必须对每幕、每场戏作精心推敲，对每一句台词、唱段、唱词的删或留得格外仔细、反复斟酌。

在剧本修改方面，起初，于会泳提出请部队作家、诗人张永枚执笔，被江青否定。江青说：“张永枚不熟悉《智取威虎山》，改不好的，你们不要找了，你们自己队伍里解决吧。”原来江青另有安排，1969年，她通过总政把广州军区创作组的张永枚借调到北京中国京剧院，参加中国京剧院《平原作战》的编导工作，该剧由中国京剧院集体创作，剧本由张永枚执笔。后来，1974年由八一电影制片厂拍摄，崔嵬、陈怀皑导演的京剧戏曲片《平原作战》在全国上映，张永枚的名字从此比他作词的歌曲《骑马挎枪走天下》更广为人知。

既然江青说了从“自己队伍里解决”，于会泳就把童祥苓、沈金波、关尔佳、金勇勤找来，临时组成一个创作修改小组。事前，他先找金勇勤交代了这项任务，要他负责记录，参与修改。金勇勤大惊，说：“戏搞到这个程度，让我修改，开玩笑啦。”于会泳说：“这是一项政治任务。你的有利条件是戏熟，你是场记嘛，全过程都知道。我们成立一个‘创作组’，大家都来参与，你怕什么！”金勇勤便被逼着赶鸭子上架了。金勇勤说：“那一晚，我没睡着。那个年代动笔杆子的人，日子不好过；何况要让江青通过很难。不求有功，但求无过就不错了。”

在讨论中，因为童祥苓与沈金波都是主要演员，在演出中对剧情的发展有切身体会，哪些东西重要必须保留，哪些地方可以过渡，对原有的台词可作压缩，都提了不错的意见。关尔佳是导演，纵览全局，心中有杆秤，孰留孰删，他能把控得住。他们四人除了白天排戏，晚上就在房间内讨论。金勇勤把他们的讨论意见作了详细记录，并作了综合分析，写成文字。童祥苓在《自传》中写道：

> ……我们听说上海解放了刘梦德，却不见人来，后来于会泳让我、关尔佳、沈金波三人成立小组改编剧本。这个工作做得好，没有功劳，做不好就有罪，虽说三个臭皮匠顶个诸葛亮，可我们怎么也顶不上，你看我，我看你，谁也下不去第一刀。后来大家分头去想方案。干坐着也没用，江青的指示不办也不行。
>
> 已是夜深，我怎么也睡不着，后来就想拿第四场开刀。这场戏人物不多但时间长，其中有反复的唱词，这类词均可删去。如果能把杨子荣的词减掉，其他的就有办法了，因为杨子荣在整个戏里占十分之七，如果在这个人物身上减掉三分之一，那么整个戏的时间就减掉一个小时了。于是我把重复的台词、唱词，相同意义的词和零碎没用的情节删去了并写明了原因。熬了一个通宵，我终于把第四场戏改好。第二天我们三人又仔细推敲了一番，就交给领导上报江青了。

报告虽上交，但我们却像等候法庭宣判一样坐卧不安。沈金波同志有一句话，“是福不是祸，是祸躲不过”，我觉得我们真是又可笑又可悲，这哪里是搞创作，简直是活受罪。一个艺术工作者在工作时，要用大部分精力去应付非创作的干扰，这怎能不是悲剧。两天后批文总算下来了，命令我们就按此方案依场类推。真走运啊，沈金波请客，买了两瓶啤酒和花生仁，我们三人边喝边唱着“今日痛饮庆功酒”。

从童祥苓的《自述》中可以得知，在拍片前，对《智》剧本压缩时，童祥苓起了“示范性”的尝试与关键作用。当然在“依场类推”的过程中，关尔佳、沈金波与金勇勤都出了不少力。

这种集体讨论持续近一个多月，终于拿出初稿，交给了于会泳。

几天后，于会泳对金勇勤说，根据江青同志的指示，为了突出民兵与解放军战士在练兵场上一心剿匪，同仇敌忾的飒爽英姿与英勇气概，要给小常宝加一段唱词，由他亲自作曲。唱词要写得快，江青同志等着听这段唱。

金勇勤感到一阵紧张，因为他事先根本没有做好写唱词的准备，身边连一本押韵的工具书都没有；难度更大的是，戏已成熟了，再加唱词，与原来唱词的风格必须统一。但命令下来，他只能硬着头皮接受了。他写了一天，自觉有两句的韵辙还不甚满意，晚饭后正在房间里琢磨如何进一步完善，于会泳便派人来催了。金勇勤说，“再给我20分钟推敲一下好吗？”秘书说：“老于不能等你呀，车子都准备开钓鱼台了。”金勇勤无奈，只得把稿子交给秘书。

晚上，金勇勤失眠了，不知这段唱词能否顺利过关。

次日近中午，《奇袭白虎团》的主演宋玉庆来到锥把胡同1号，其时他已是山东京剧团的主要领导了，有事要找于会泳。锥把胡同1号的招待所很大，院子一个接着一个，于会泳住在最后一进院子里，前面是天井，《智》剧的全体成员住在最前面的一幢楼里。宋玉庆进了大门，遇见《智》剧的几个武生演员，求他们进去通报一下，但谁也不敢。刚巧金勇勤在他们身边经过，被齐淑芳的爱人丁梅魁叫住，丁梅魁知道近来于会泳为《智》剧的压缩、修改，常找金勇勤去他办公室谈事，就让他帮个忙，进里院通报一声。金勇勤爽快应允，对宋玉庆说："你等等，我去试试。"便直向里院走去。

金勇勤敲开于会泳办公室的门，他一说"宋玉庆求见"，于会泳的两道浓眉就皱起来了，说："怎么这时候来？没空唉。""那我跟他说。"金勇勤刚要转身，被于会泳拦住，问金勇勤："你怎么跟他说呀？"不待金勇勤回答，于会泳略微踌躇，便说："你对他说，我一定接见他，叫他改个时间来，这会儿我正好有工作，没时间，请他原谅！""好，我去告诉他。"金勇勤欲走，又被于会泳叫住："你别走！"他指着自己的写字台——稿子、五线谱、铅笔、橡皮放满一桌子——说："你昨天交给我的稿子，我给江青同志审查通过了。我连夜回来，把这段曲子写了出来，我现在正忙这件事。你把齐淑芳、高一鸣、蒋霭秉三个人都叫来，唱唱看。"金勇勤听了，一颗悬着的心放了下来。这就是那段扮演小常宝的演员齐淑芳"听那边练兵场杀声响亮"的唱段。

从上述金勇勤先生亲历的故事中，可以看出于会泳对来自江青的指示，唯命是从，执行坚决，从不延时；另一方面也说明江青的霸道，即便是增加一段唱词，于会泳都作不了主，必须经她首肯后才能付诸实施。正因为于会泳的忠心耿耿，也赢得江青的宠幸，平步青云。

对"样板戏"进行中西混合乐伴奏，即在民族乐队中掺入木管与铜管乐队一直是于会泳心中的夙愿。在他看来，《智取威虎山》等京剧现代戏要反映波澜壮阔的现代斗争生活，仅仅依靠传统京剧以京胡、京二胡、月琴三大件乐器为主的乐队伴奏，在艺术表现上是远远不够的，必须引入西洋铜管乐器，他的这一设想得到主子江青的同意。

赴京时他带上了《智》剧中吹小号的刚满20岁的小伙子龚国泰。龚毕业于上海音乐学院，自学过一些配器与和声；庄德淳就将他推荐给于会泳。于会泳就把《智》剧加入音乐铜管乐的编配任务交给他一试。

龚国泰按于会泳的旨意，干得十分尽力，将谱子编配得很出色，于会泳十分满意，并将他作为中西混合乐队的助手。

而在赴京前夕，于会泳把组建中西混合乐队的任务交给了上海文化系统革筹会组织组组长赵佳梓，并嘱咐他："乐队成员的政治、业务都要过硬。等我在北京搞完谱子（中西混合乐队的总谱），就调他们进京排练，等我通知。"

就这样，赵佳梓从上音附中管弦学科的应届毕业生中挑选了20多名属于尖子的演奏小青年，由五把第一小提琴、四把第二小提琴、三把中提琴、两把大提琴、一把低音提琴，加上长笛、黑管、大管、小号、圆号、长号，组建了管弦乐队（以后赴京投入拍片时，鉴于管弦乐声音太响，缩减为四把第一小提琴、三把第二小提琴、两把中提琴、一把大提琴、一把低音提琴，在管乐器中将黑管、大管、长号也各减去一支的弦乐编制），并在上海集中待命。

于会泳在北京期间，把自己关在办公室里日夜工作，连每餐都由人从食堂打了送去。此前，于会泳已得到江青授意，成立了四个音乐创作组，《智》剧创作组中，除了他本人、庄德淳、龚国泰之外，又从北京先后借调了刘庄、军驰，加以充实。于会泳先按歌剧创作中声乐谱的谱写方法，在五线谱上列出唱腔和分呈高低音两行的钢琴伴奏谱，并列出每个声部所用乐器，还用这种"缩谱"示范性谱写了几个重点唱段，然后分配音乐创作组成员按这个模式，把其他所有唱段和间奏曲全部搞出"缩谱"来，最后汇总到他手上，由他逐一修改审定，再交付龚国泰放大成完整的总谱。于会泳示范性地把钢琴"缩谱"写出来，实际上曲子的总谱都有了。

童祥苓、齐淑芳在1969年拍摄《智取威虎山》时合影

1968年冬，于会泳经张

春桥提名增补为上海市革会常委，1969年1月，又顺利当选为“九大”代表。于会泳原本想把由混合乐队伴奏的新版本《智》剧呈现在“九大”代表面前，鉴于时间仓促，乐队与演员还缺乏长期排练才能形成的协调和默契，担心弄巧成拙，演坏了要砸锅，可吃罪不起；加之总谱还未最后形成，遂打消了这一念头。

但此时，他那段著名的杨子荣打虎上山的幕间前奏曲已完成了。

1969年4月，“九大”期间在京西宾馆礼堂，《智》剧仍按传统的以三大件为主的乐队为代表们演出了一场。

当帷幕中间开启一条缝，于会泳从代表们的掌声中走到台前，这个平时不善言辞的人，开始向代表们讲述江青如何为“京剧革命”“呕心沥血”，与“文艺黑线”作“不屈不挠”斗争的“事迹”。讲到最后，他肉麻地吹捧：“总之，我们敬爱的江青同志，实际上是我们‘样板戏’的第一编剧、第一导演、第一作曲、第一舞美设计……”

这时江青从座位上站了起来，打断了于会泳的话：“会泳同志，你别这样说了！再这样说我可要离开了。”这种高声嗔怪，却难掩她从心里溢出的喜悦与满足。

像这样当着1 512名代表演出如此阿谀、奉承的闹剧，在中国近现代史上大约是少见的！

从此，于会泳与“四人帮”牢牢捆绑在一起了，而为众多文艺工作者呕心沥血创作出来的京剧现代戏成了所有文艺创作的“范本”和供奉在神龛上的“圭臬”，成了“四人帮”篡党夺权的政治资本。

“九大”刚结束，于会泳就电告赵佳梓，率领组建的管弦乐队赴京排练，并对中西混合乐队伴奏的《智》剧各个唱段与幕间曲作了录音，从中挑选出一部分重点唱段与幕间曲的录音，在京召开了一次座谈会，听取专家们的意见。

专家们对这次京剧史上首创的中西混合乐队伴奏的《智》剧，一致肯定。认为主调音乐《中国人民解放军进行曲》与主题音乐《三大纪律八项注意》鲜明突出，管弦乐与传统京剧的“锣鼓四大件”——鼓板、钹、小锣、大锣配合默契，时而英武雄壮，时而意境辽远，表现力极为丰富。尤其对杨子荣的《迎来春色换人间》那段前奏曲击节称赏！它以鼓板的急迫声与快速的弦乐为引子，从中绵延地推出圆号的悠长壮阔，在背景音乐中展现了风雪交加中杨子荣这一孤胆英雄驭马飞驰的豪迈雄姿与大无畏气概，为后面杨子荣那段气势磅礴、响遏云天的“二黄导板”作了精彩的铺垫。其音乐的华丽与壮美色彩前所未有！



## 四十一 导演与主胡

将合适的人请上车，不合适的人请下车。

——［美］詹姆斯·柯林斯

1969年3月，从剧本到音乐设计经过近4个月连续不断的修改，演出时间已缩短为两个小时不到的《智》剧修改本，终于获得江青审查通过。剧组进入八一电影制片厂拍摄电影。

与传统戏曲以演员为中心不同，电影是以导演为中心的艺术，一部电影成败的关键在导演。这时的江青就想起了北京电影制片厂正在靠边挨整的谢铁骊。

长期以来，中国电影界有着著名的“南谢北谢”之称——谢晋和谢铁骊。谢铁骊的名字是他大哥谢冰岩替他起的，“铁”即铁骨铮铮，有钢铁的意志，“骊”出自《诗经》，骊歌载道的意思。谢铁骊生于1925年岁末，少年时就投身新四军，从此一直从事文艺工作。

1959年，谢铁骊执导了自己的第一部电影《无名岛》；1961年，他又拍了反响颇为热烈的《暴风骤雨》。但是，真正奠定影史地位，又改变了他一生轨迹的，还是《早春二月》。

影片讲述了“五四青年”萧涧秋来到江南小镇，试图实践自己的教育救国的理想，结果在传统势力的阻挠下最终失败的故事。这部电影没有战火、没有敌人、没有烈士，穿插着爱情、理想，透出一种温和而哀伤的郁悒色彩。在那个年代，能有一部风格特殊的影片出来，当然是缘于高层的指示。1961年，周恩来要求电影从业者们“多在艺术性方面下功夫”。谢铁骊当即着手改编柔石的小说《二月》。时任文化部副部长的夏衍亲自改定剧本，并将其命名为更有寓意的《早春二月》。但《早春二月》即将杀青的时候，北京文艺界已经悄悄发生了变化。周扬看过放映，说“这部片子有很严重的思想问题”。谢铁骊还没来得及修改，又传来新的命令：“一个镜头不要动，准备公之于众，供批判。”早在“文革”之前，《早春二月》被当作“大毒草”批判，“文革”开始，谢铁骊自然划入“文艺黑线的黑干将”的行列了。

江青在没有“出山”前，几乎每隔几日，晚上就要看一至两部欧美电影，加之她曾经在上海拍过几部片子，对好莱坞的一套东西比较熟悉，她欣赏对白少、用特写镜头叙述故事、刻画人物心理状态的“静默片”，也喜欢美国20世纪50年代英雄抗暴的“西部片”。所以，她希望自己选择的导演能按好莱坞方式，拍出中国英雄特有的“高、大、全”的完美形象。

《早春二月》在思想内容上虽被批判，但江青还是默认其艺术价值、惊异于谢铁骊运用电影镜头阐述人物情感的才能，这与她的审美情趣相契合；于是将谢铁骊这个“红小鬼”从“牛棚”里解放出来。

当时的北影厂地方不大，一旦要仰拍英雄人物，就容易露馅。于是江青把北影厂迁址，特地建成了当时亚洲最大的一个摄影棚。实际拍摄中，使用的树枝和树叶，是从十三陵摘来的。江青要求，服装必须是用料子的，杨子荣的帽子必须是貂皮的。这样风一吹，就会产生皮毛飞动的舞台效果。

当谢铁骊着手拍片时，他发现自己任何一点艺术构思，哪怕一个分镜头的处理，都没有自主权，必须取得“旗手”和这个戏的大管家于会泳的认可，这使他陷入深深的痛苦之中，一如被戴上镣铐的舞蹈家。

江青脾气不好，于会泳又遵奉主子的旨意行事，谢铁骊也为此受了不少委屈。

开始时，习惯于现实主义表演风格的谢铁骊，建议用实景拍摄，遭到于会泳的反对，他说："虚拟化的程式表演是京剧艺术的重要特征。杨子荣拿着一根马鞭就象征着他骑马上山，有唱，又有身段表演。要骑上一匹马，没有身段表演，光在马上唱，这还成什么京剧？不行！"谢铁骊耐着性子解释："表演可以是虚拟的，但背景可以用实景，增强真实感。"江青因为头脑里还有美国西部片的影子，她就说："先可用实景试拍一下看看嘛！"

谢铁骊得着江青允许后，就用实景拍了半年，审片时，江青、于会泳都不满意，认为"样板戏"走样了。于是谢导不得不重拍。

平心而论，京剧是舞台剧，搬上银幕拍成戏曲片，背景应以虚实相生的布景为宜。凡戏曲片，不管是黄梅戏《天仙配》，还是越剧《红楼梦》、京剧《白蛇传》，无论是评剧《刘巧儿》、绍剧《闹天宫》、豫剧《花木兰》，抑或锡剧《双珠凤》、《庵堂认母》、京剧的《野猪林》，皆如此，这是由中国戏曲特殊的表演形式决定的。谢铁骊对这一艺术规律有个认识过程。

谢铁骊与于会泳有两次很不愉快的龃龉，让他铭记于心。一次拍《深山问苦》时，小常宝控诉土匪灭绝人性的罪状，为了使镜头较长时间表现她悲愤交加的表情，以及对杨子荣的感染，在节奏上不要立即从小常宝的脸上跳到杨子荣脸上，谢铁骊向于会泳提出能否把他们唱段之间的过门修改得长一些。于会泳听了，不屑一顾地向他瞟了一眼："首长说过'样板戏'的音乐一个音符都不能改。怎么改？"于会泳随口哼了一个难听的长过门，"改成这个样？"

于会泳此时讽刺性的言辞与霸气，流露了他对异见的不尊重，以及人际交往中缺乏沟通的修养。

同样的情况还发生过一次。第一场"乘胜追击"，当剧组与摄制组创作人员一起讨论，戏开头的镜头如何处理时，谢铁骊说，因为舞台演出中有幕后"司务长，原地休息"的应和声，表明部队后面还有辎重，应有所交代。他提出是否可以安排一丛树，透过树丛隐约看见驮着粮袋的马匹，这样既解决了观众的疑问，又符合逻辑。

1970年《智取威虎山》电影剧照

于会泳听了，用挖苦的口吻说："哟，还逻辑呢。你别拿逻辑来吓人嘛！就你懂逻辑，别人不懂？"于会泳伤人的话显然蛮不讲理了，这一方面显示他因巨大的工作压力造成心理上的狂躁，需要通过发泄去排解；另一方面也暴露了他随着地位的上升表现出来的专横。

而对于谢铁骊来说，他从"牛棚"出来，才获得被"改造使用"的机会，脖子上似乎套了一根无形的绳索，始终被别人牵着走，他还能说些什么呢？

但谢铁骊不愧为名导演，他在戏剧舞台提供的拍摄镜头十分有限的困难情况下，比照"三突出"理论，一再琢磨，总结了一套符合江青要求的镜头和用光经验，即："对英雄人物要'近、大、亮'，对反面人物要'远、小、黑'。""我近敌远，我正敌侧，我仰敌俯，我明敌暗。"而童祥苓因扮演杨子荣，他在拍片近一年半的时间里睁大眼睛、长期受强光的照射，落下了眼疾，以致晚年还不能完全治愈。

应该说，江青的要求谢铁骊最后还是达到了。最后审查的时候，周恩来和叶剑英等领导都去了，放映完毕，他们鼓掌说好，江青这才随着说：通过了。法国大导演戈达尔在"文革"期间造访中国，就曾夸赞"样板戏"是世界上最好的电影之一，有"大国风度"的《智取威虎山》，好多美国大片也难望其项背。

《智》剧的拍摄，除了物色到顶级的导演之外，中西合璧的乐队能否确保伴奏成功，是一个十分关键的问题。尤其加入西洋管弦乐的主意是于会泳本人提出来的，他绝不敢掉以轻心。但不管乐队如何变化，长期研究民族音乐的于会泳懂得，京剧艺术必须以传统的三大件为主，其中承担首要任务的则是京胡，京胡在整个乐队中起了主导与核心作用。那么谁来担当京胡琴师呢？

1970年，童祥苓饰演《智取威虎山》杨子荣

这是于会泳头脑中一直盘旋的问题。在上海京剧院中，论资排辈，就是那么几个：沈雁西，陈立中，蒋霭秉。无论在北京，还是在上海，他选人的标准是三条：一有才，二听话，三没有政治问题。沈雁西因为所谓的“历史问题”，并受到造反派冲击，已被排除。而参与音乐创作的陈立中，在铺腔排曲方面不乏贡献，他也曾让陈立中拍片前担任主胡，拉上半场，下半场由蒋霭秉完成。但拉京胡与拉小提琴相似，由于各人的师承关系、各人的擅长、艺术见解及长期养成的演奏习惯各异，因而在同一出戏中的演奏风格很难趋于一致，拍片时，为了保证演奏风格的高度统一，用两个主胡，各拉半场，显然有失允当。于会泳对此权衡再三，决定舍陈留蒋。这究竟是什么原因呢？当事者皆作古，笔者焉敢遑论。但通过调查、采访，仍可发现某种端倪。

据蒋霭秉的学生贡献国回忆：

我学琴是跟蒋老师学传统戏，他与家父也是好朋友。第一次是先看我拉琴条件如何。一个二黄散板和原板过门教了两个多小时，使我感到名家的要求和见解是与众不同的，受益匪浅。于会泳的现代戏创新理念在当时是全方位改革，史无前例的；老艺术家的琴艺高，但对这种与西洋乐队合作配合也未必都能适应，而蒋老师能体现这种理念与效果，这中间也不乏他的二度创作。关于第七场一段音乐说明于会泳根据剧情设计的旋律是京胡演奏以前从来没有碰到过的，蒋老师和高一鸣老师能非常快就体现这个有难度的音乐旋律，说明他们不但琴艺高，而且创新理念也跟得上当时的要求。蒋老师最大的特点在大乐队中还有他自己拉琴的风格，有他艺术的个性表现。

蒋老师教学生拉琴，话不多，如，先示范拉了一个西皮原板的头子，一小段一小段地告诉学生，手指与弓法如何配合协调，轻重符点在哪儿，接着让他再拉一遍，拉错了再重新拉过，如此往复，将近两个小时才教那一小段。蒋老师做事较真，只有学生拉琴领会了他的意思，能表达出来，他才继续往下教。他教的学生经过苦练，由一小节到一大段，由一大段到整个唱段，日积月累，会拉的唱段便多了起来。如此，学生们才认识到，要真正学会拉传统戏必须苦练基本功的重要性；因为京胡的节拍，如一板三眼，表面上看与西洋乐四分之三的节拍没有什么不同，但是京胡的一板三眼中大有讲究，如一眼可以拉紧些、二眼拉得稍许柔和延长一点，三眼拉得抠些缩短些，这样味道出来了。但它整体上还是一板三眼，没有脱板，也没有抢板。这些西洋乐器中是没有的，是民族乐器独有的东西。

《智取威虎山》中“朔风吹”那一段唱的前奏过门，蒋老师拉得太有内涵了，不仅动听，还有着一种让人沉思的意境，与大幕拉开少剑波背对观众在地图前思索的情景相吻合。然后待少剑波转身推门看着门外大雪纷飞再拉起唱的曲调，这种新颖的拉法所营造的意境在传统戏中是没有的，但拉琴的方法与技巧却来自传统戏的技艺。只有厚实的传统戏的操琴基础，才能拉出优秀现代戏的琴声韵味。这是蒋老师的艺术理念。无怪乎，在搞“样板中的样板”时，于会泳会在上百名专业琴师中选定蒋霨秉，缘于他做事的认真、踏实，对传统艺术的敬畏、虔诚，以及他高超的演奏技艺与创新理念。

蒋霨秉接到去北京拉琴的任务是突然的，事先毫无准备，当时他还在青浦搞社教，院里通知他回来，交给他一本《智》剧的油印总谱，就让他立即赶赴北京。就在列车里，他利用近20小时的时间（那时临时买票，只得乘慢车），将整出戏的乐谱背了下来，上午赶到，下午就参加排练。蒋霨秉先生超强的记忆力让人惊叹！

革命现代戏的音乐创作，于会泳不单依靠专业京剧作曲家，乐队的伴奏人员也同样可以参与创作，因为他们与演员之间是水乳相融的关系，在伴奏的实践过程中，他们对于角色的曲调、情感烂熟于心，故而驾轻就熟，由伴奏者转身为作曲者。高一鸣先生便是最典型的一例，他先在新华京剧团操琴有年，调入上海京剧院后先拉二胡，进《智取威虎山》剧组后，于会泳发现这位年轻的操琴手，对京剧的唱腔有着较全面的理解与感悟，而且在李版《智》剧中已参与部分唱腔设计，就着力培养其作曲方面的才能，让他进入作曲小组，后来果然发挥作用，参与了“管叫山河换新装”、“共产党员时刻听从党召唤”等脍炙人口的唱腔设计。

蒋霭秉在演奏沈利群作曲的二黄导板转原板的“披荆棘战斗在敌人心脏”唱段时，感觉原先在“支委会上同志们语重心长”一句中“语重”后面的过门较平直，他作了一点变动，并写了交给于会泳。于也觉得好听，但他斟酌再三对蒋霭秉说：“我想用，但考虑了三个晚上还是放弃了。”“为什么？”蒋霭秉脾气耿直，他要问明一个原因。于说：“我想尽办法，要把西洋乐的副旋律对上去，却无论如何插不进去，只好放弃了。”蒋霭秉事后认为于会泳做事是认真的。

可以说《智》剧的音乐设计与演奏，与传统戏相比，是全方位的革新。蒋霭秉对《智》剧音乐的领悟与具体操作，一定程度上较好地体现了他与于会泳的创作理念。例如，少剑波唱的《定能够战胜顽匪座山雕》，起句“几天来摸敌情收获不小”，前面是混合大乐队奏出的简单过门 5· 5 5 6 $\dot{1}$ $\dot{1}$· |，紧随其后，不作须臾停顿，京胡的过门就立即窜出，快速衔接上了，让人感受到主旋律呼之欲出的强烈表现欲望，从而调动了沈金波的演唱激情。比如，第七场《深山问苦》，李勇奇唱“这些兵急人难”后面有一个打音 2 3，很好听，也接得特别好，此后的伴奏与施正泉的唱几乎同步，极具感染力。再如，这场戏中，李母昏厥，参谋长命卫生员紧急抢救，舞台上有战士们往锅里倒水，炉灶生火等一系列动作，为了渲染此时的紧张气氛，有一段全新的“行弦”音乐，它不是传统的“小拉子”，完全是根据剧情创作的，节奏急迫、紧张，但旋律却很复杂，

念着都有些“绕口”，演奏的难度较大，起初，蒋霭秉操琴时感觉有些别扭，不流畅，就马上对拉二胡的高一鸣说：“小高呀，我们到上面去练。”他俩为这段分把钟的简短过门足足练了半小时，再下来继续排戏。两位演奏家仗着基础扎实，年纪又轻，操琴的手形又好，听使唤，终于把这段简短却繁复的过门完满地拉了下来。

蒋霭秉先生在为楼庄东主编的《中国京剧与琴师》一书所作的“序”中写道：

> 京胡是一种以伴奏为主的乐器。伴奏的好坏更要由演员与广大观众来评判。有很多琴师，大家公认所谓“托腔”托得好，这就说明京胡的主要任务还是一个“伴”字。很多名琴师终其一生为提高伴奏效果而做了很多创新。试想今天的伴奏方法（包括过门）与前人已有很大变化和提高，任何艺术总是不断进步，不断革新的，因此各种伴奏的方法，本身就属于技巧的一种。
>
> 京剧是个很谦虚的剧种，京胡也同样是种很谦虚的乐器。很多乐曲一经由京胡来演奏就有了“京剧味”。如“夜深沉”原是昆曲“思凡”中的一个唱段，经京胡一改变根本就听不出昆曲的意思了。“小开门”、“南梆子”等等，都是同样的例子。因此用京胡模仿什么乐器，我认为最重要的是化出“京剧味”，千万不要不伦不类，卖弄所谓的技巧，京胡怎样伴奏好京剧唱腔，这个课题不能忘！
>
> 20世纪六七十年代盛行革命现代戏，由于形式和内容都有了变化，音乐上也有不少新课题。首先是三大件和西洋乐器、管弦乐的结合。由于增加了和声，复调和对位关系，京剧曲谱要服从大乐队的一些要求，甚至曲谱也不能随心所欲了。如《智取威虎山》“胸有朝阳”的唱段中“同志们语重心长”后的过门，本来京胡伴奏谱是（3· 5 6567 2343 2765），由于上面有条副旋律是重复唱腔的旋律，故只能改为（3· 5 6512 7657 6· 123），这自然没有当初的过门好听，但因和复调中存在很多不和谐和音，我们就

> 舍弃了本来的过门而采用了今天这样的。又如“共产党员”中……（为人民开出那——笔者注）**07 67 1· 76 5 55 06 561**……为了给副旋律让路，京剧的弓法变为一个下弓拉三拍，这些都是不合京胡常规的演奏方法的，但从乐队整体效果来看却是丰富了乐队的感染力。在有些曲子和伴奏的唱腔中，某些地方京胡还是要充当色彩性乐器的角色，这就要求我们增加新的技巧。
>
> 琴师是演员的一面镜子。好的伴奏对唱腔烘托作用太大了，无疑是为整个演出锦上添花，多年的合作共同创造了一种流派。我的好朋友周少麟先生谈到他父亲周信芳大师的唱腔是这样说的：“凭我父亲对京剧各方面的造诣，唱腔本可以更上一层楼。而由于周大师没有固定的琴师，早年的唱片说明了一切。”所以京胡对京剧唱腔的渲染作用是无法抹煞的，更何况很多琴师都同时兼有设计唱腔的能力。

以上文字至少说明，蒋霭秉对京胡功能的理解是全面的、开放而积极进取，并不保守。京胡的主要作用即托腔，烘托、渲染气氛，为台上演唱服务，它用音乐形象同样起了塑造人物的作用。与此同时，还要有大局观，服从于乐曲的整体布局。为了适应新形势，与时俱进，京剧的演奏方法与技巧，在继承传统的基础上应当作出必要且行之有效的改革与创新。

我有一位挚友徐英鹏，沪上资深票友，余派票友中的翘楚。其兄徐英耀乃蒋霭秉同门师弟，皆拜赵济羹（赵喇嘛）为师，蒋霭秉先生生前常与之往来。徐英鹏先生如是说：

> 关于《智》剧京胡问题，陈我没见过，只认识他儿子，蒋、沈二位我都见过，也唱过他们的胡琴；当然，跟蒋接触相对多些，因他跟英耀（徐英鹏之兄）是师兄弟，来往比较密切。实话说我对蒋的琴艺是很认可的，唱他的胡琴，劲头尺寸真是没话说，太舒服了，他从戏校时就帮张文娟，一直到“文革”后。他不墨守成规，善于创新，他在传统戏中设计的新过门、垫头，“文革”后在上海票界很风行。

他的业务能力，从他用一个晚上在火车上把整个《智》剧的谱子背下来就可见一斑。沈先生从资历上要比蒋老，他的梅派造诣在上京是首屈一指的，上海老一辈票友认可他的更多。创排《智》剧，琴师论资排辈，起初选择沈、陈，这是理所当然；但在蒋接手后，他的琴艺及他拉的《智》剧已得到一致公认。

蒋为人秉性耿直，自视甚高，不肯屈人，但他为人正直、自律，这点我很钦佩他。

鉴于蒋霭秉专业的文化基础，娴熟的演奏技艺与充沛的工作激情，他的伴奏与童祥苓的演唱可谓水乳交融、珠联璧合。于会泳百里挑一选定他作为主胡手，也许是这个道理。

## 四十二　摄影棚内外

看人挑担不吃力，事非经过不知难。

——谚语

拍片的过程其艰难程度远胜于在剧场演戏。在摄影棚，往往一个镜头，一句唱腔要往复几十遍。除谢铁骊现场执导外，于会泳亲自坐镇录音监控室，他手持话筒，透过玻璃幕墙紧张地注视着中西合璧的乐队排练的情况。在乐队演奏的过程中，他会突然叫停，在几十人的大乐队中能发现哪里出了问题。下面试举二例：

一次，蒋霭秉曾对他的爱徒贡献国谈起过一段往事。一次剧组难得休息，拉二胡的黄承琳与高一鸣便打了一个上午的乒乓球，下午两点乐队排练，不一会儿于会泳突然叫停，他厉声说："黄承琳，你拉的什么琴啊？怎么不在状态！"大家把目光转向小黄。原来，黄承琳上午打乒乓手腕用力过久，下午操琴手腕就用劲不大了。于会泳从二胡的音色中发现了小黄手腕力量的减弱。

又一次，乐队排练得好好的，于会泳又突然叫停。他对着那个弹琵琶的演员大声说：“你琵琶的第三根弦音低了，调高些！”琵琶有四根弦，于会泳竟然能在几十个人的大乐队的鸣奏声中辨别出一只琵琶四根弦中第三根的弦枕松了。这一方面反映出于会泳为了圆满完成江青的使命而注意力高度集中、拼命工作的精神状态，另一方面也从一个细节说明他艺术上的天赋和精微辨析的能力。

然而，乐队由民乐改成中西混合乐队，在演奏时也会产生不协调的矛盾。西洋乐节奏上很严谨，一分钟演奏几拍是固定的。如，《深山问苦》那一场，李勇奇最后那一句念白：“座山雕呀座山雕”，之后合唱：“看你还能活几天！”这个“天”字，于会泳要求时长七秒钟，来自中央乐团的指挥家胡炳轩把指挥棒一停，秒表掐在7秒上，1秒不多，1秒不少，毫厘不差（上海演出，由夏云飞指挥）。

但民乐演奏在节拍与时控上有较大的自由度，这是中国戏曲的特点，也就是所谓的“猴皮筋”，可松可紧，同样的节奏，在某一句或某小节要慢下来，这是根据演员演唱时的情绪变化而设定的。例如，传统戏《鱼肠剑》，伍子胥一段唱《姜子牙无事隐钓溪》，其中有一句“周文王为江山费尽心机”的“机”字，在板眼中有快慢变化，是较有代表性的例子，西洋乐中却很少见。杨子荣《胸有朝阳》的唱段中有一句“要大胆要谨慎切记心上”，“要大胆”与“要谨慎”，前后的节奏相差很多，唱到“切记心上”时节奏又上去了。洋乐队很不适应。

于会泳就叫人买来十几把京胡，让蒋霭秉、高一鸣凑空就教提琴手学拉京胡，教会他们怎样揉弦，如何加装饰音，以此去体会并理解京剧演奏的特点，达到洋乐队与民乐演奏的统一。

另外，音准也是一个亟须解决的问题。

京胡用两根丝线拉，定的音是五度，里线音调低一些，洋乐队就适应不了。在录音棚里与中央乐团合作录制杨子荣唱段《今日痛饮庆功酒》时，前面有一段过门（$\underline{\underline{5\cdot\,\dot{1}\,6\,5}}\ \ \underline{\underline{4\,5\,6\,\dot{1}}}\ |\ \underline{5}\ )\ 5\ |$，拉提琴的就说拉京胡的 **4** 字不准。原来他们拉还原 **4**，就试着让他们拉升 **4**，但味儿又

不对，最后决定采用还原 **4** 与升 **4** 之间的那个 **4**，后来被称为“京剧 **4**”，比还原 **4** 音调高，比升 **4** 音调低些。

同样的情况也发生在配器的一些问题上。京剧的散板，京胡伴奏是根据演员的即兴行腔走的，有时多拉一个弓子就多一个音符，多拉两个弓子就多两个音符，行腔伴奏全凭艺术感觉，这是传统京剧常见的现象；而这与严格按节拍拉的提琴手就产生了不能完全吻合的矛盾。于是双方就不断磨合，无须合奏的地方，就免去小提琴的参与；这样也相对减少了配器的难度。从中央音乐学院调来的刘庄，是一个很有个性的作曲家，配器时有他自己的处理方式，于会泳不太称心。后来换了龚国泰，完全按于会泳的要求配器，于会泳才感到“得心应手”了。

据蒋霭秉先生生前回忆，进录音棚录音的这个阶段，乐队成员几乎每天从下午2点进场，一直工作到凌晨4点才休息。于会泳容不得乐队有一点瑕疵，要将几十个人的大乐队调教并训练得像一个人似的严正统一。

一次，当杨子荣唱完《胸有朝阳》中“毛泽东思想永放光芒”之后，有一段过门，是传统戏中没有的间奏。鼓师张鑫海不识谱，一时找不到感觉。于会泳在录音间就大声对乐队说：“你们不齐啊，下去练！”于是张鑫海与蒋霭秉、高一鸣等就去隔壁一个房间，为这段不足半分钟的过门足足练了一个小时，直到鼓师找到打鼓简子的感觉，三大件默契配合，乐声齐整为止，再回录音间。

在近两年的拍摄期间，汗水、心血付出最多的自然要数主要演员童祥苓了，而且精神上还要背着沉重的包袱。

高一鸣先生说，童祥苓在为《共产党员》这个唱段录音时，光“共产党员”这四个字就录了49遍。当时天气炎热，高一鸣先生年轻时就戴眼镜，他拉二胡，竟拉得满头大汗，镜片全被汗水的热气所罩住，眼前一片模糊。演员与乐队一起去中央电视台录音，一去就是一个通宵，约摸工作19个小时，录音师都喊：“吃不消了！”童祥苓受的“罪”就可想而知，每个段唱，一字一句少则唱十几遍，多则唱几十遍。他实在忍受不了，就对乐队发牢骚：“你们用乐器演奏，我可是用肉做的声带唱戏，能不能让我喘口气，歇一歇？”

童祥苓在《自传》中写道：

> 在舞台上演《智取威虎山》时，为了表现飞舞自如，用极轻的纤维面料和用尼龙丝拉出来的料做成杨子荣穿的大衣。而拍电影时却给我做了一件厚呢子真皮里重达20斤的大衣，而且要求我在舞台上一样跳得潇洒。在拍这场戏时，正值6月炎热天气，从前奏开始到唱完大段唱段是一个整镜头，拍摄时使用的是高倍聚光灯，却不许开冷风，这始终让我百思不解。因为唱段音乐是先期录音，念白和锣鼓是后期配音，现场根本不存在同步问题，明知在整我，也只能咬牙干下去。也不知拍了多少遍，每一遍下来内衣都是水淋淋的，以致里面的衬衣都来不及晾干，就放到锅炉房去烤，回头穿上还是烫乎乎的，还没干就出汗了。而导演要求我别出汗，因为最后是特写，在林海雪原上不能出汗。我实在忍无可忍，对他说按他的要求最好把我放到冰库里去。由于江青要求在我的镜头里要出眼神光，所以在摄影机上安装一只专照我眼睛的5 000瓦的聚光灯。由于我的眼睛长时间受强光刺激，一到晚上九点就充血流泪。为了不使我的红眼睛在彩色中“曝光”，每在开拍之前就点辛佛林，使血管收缩。但每次拍完后，我眼睛都由于瞳孔放大看不清，以致现在我的眼睛还留下了晚上充血和看不清物体的后遗症。

电影里就杨子荣的舞蹈动作来说，最出彩的镜头当然是《打虎上山》中的马舞了，它与于会泳所作这一场前奏曲，紧密连接，双璧生辉。为了拍好这段马舞，当时动员了北京京剧团、中国京剧院、中央舞剧院、《红色娘子军》芭蕾舞舞剧组，加上《智》剧组，一共设计了5个方案。童祥苓学会后再从中吸取精华，设计出适合他本人表演的方案来。这样连学带演再编，整整花了半个月。为了能通过这个方案，童祥苓日夜强化练习了整8天，每天只睡4小时。午休时，为练好马舞中的大跳、摔叉等动

童祥苓在《智取威虎山》马舞剧照

作，在院子的铁杆晒衣架上，用绳子绑上滑轮吊腿。由于过度疲劳和体力的大量消耗，有时竟小便带血；因为知道自己是戴罪之人，他又不敢声张，只去医务室要了消炎片顶过去。所幸童祥苓后来自编的马舞方案终获通过并搬上银幕。

为了确保拍片的质量，除了日夜三班练功，排戏还要经常开会，解决出现的问题。童祥苓和沈金波有时就在地安门附近喝碗豆浆吃根油条就上班练功了。

尽管童祥苓为拍片废寝忘餐，工宣队却并未放松对他的监督，他还得饭后为大家洗碗刷锅，从事“将功赎罪”的劳动。

童祥苓无论排练还是演出中遇到困难，是不能叹苦经的，一叹苦经就会有人打小报告给上面，所以不管他受到多大压力，只能独自承受。工宣队中有个来自上柴厂的丁师傅，过去拉过黄包车，没文化，有人故意问他，什么叫“纲举目张”，他不经思考便随口回答：“就是钢举起来，眼睛就睁开了。”众人哈哈大笑。就是这样的几个人，因为敢造反，出身好，“阶级立场”坚定，就在剧组里专门负责监督像童祥苓、张鑫海这些“内控分子”，只要发现所谓的“问题”，便立即向上反映。童祥苓知道自己的处境，演出中即便累得不行了，也只能皱皱眉，同情他的人自然能从他脸部表情的细微变化中解读出他承受的压力与疲惫；监督他的人则视他有对抗情绪。有一次对外演出，演到打进匪窠，童祥苓因为疲劳，忘记拿联络图，一个剧务顺手把联络图递给了他。演出结束，工宣队听了丁师傅的汇报，认为这是“文艺黑线回潮”，当晚就在舞台上开会，要求大家对童祥苓企图破坏样板戏的未遂行为进行批判，却无一人发言，约冷场10多分钟，还是军代表狄福才、贺剑跃两位看不下去，挥挥手，说“散会”，童祥苓才躲过一劫。狄福才是1969年4月，几乎与童祥苓同时调来北京的副军级干部，他人缘好，有人情味，对剧组成员也很关心。但他主要任务是管北影制片厂，其次是协调剧组与北影制片厂之间的关系。

同年11月《智取威虎山》的“标准”剧本在《红旗》杂志上正式发表，此时《智》剧与《红灯记》耗时一年多，尚未最后拍成电影，江青很不耐烦。据狄福才妻子刘汉桂——原中央警卫局副局长，在接受大型纪录片栏目《记忆》采访时对记者说：

> 江青戏拍不出来，主席就说，你不要着急，慢慢来，饭要一口一口吃，事情要慢慢解决。她（指江青）说要求8341部队（派军代表）去（进驻剧组）。主席说，狄福才刚从二汽厂支左回来，抓部队，支左有经验，就叫他去吧。

《智》剧是当时投拍的第一部样板戏电影，在反反复复的送审与修改中，电影拍摄的进度非常缓慢。军代表狄福才也无力改变这样的局面。每次修改，都要去人民大会堂三楼的小剧场，树起来给江青审查。据担任灯光操作的王念章先生回忆，此间，江青看戏不下二三十次，看完就召集剧组领导班子和主创人员开会，在三楼一个休息厅谈意见。有一次，她提了8条意见，如：第五场《打虎上山》的布景要改，把松树改成桦树，杨子荣的服装不挺拔，上身坎肩要短，下身衣裤长些，要穿马靴，快枪套必须真皮，大衣深褐色，要轻，便于表演等（正式开拍，又让童祥苓穿了厚重的深褐色大氅）。末了，不容人丝毫违拗，用命令式的口气说：“你们回去立即改，我明天晚上再来看。”

这时从中福会上海儿童艺术剧院调进剧组并负责舞美设计的吴冠时说话了：“布景要改，明天来不及了；其他各项，我们想办法尽量完成。”吴冠时是沪上著名舞美设计艺术家，儿童剧《马兰花》、《小白兔》等舞美设计都出自他的手笔。

江青说明晚再来看，就这一句话可把搞舞美服饰的工作人员折腾得够呛！演出结束，便立马分头行动，争分夺秒地投入工作，火急火燎地忙碌了一天一夜，除了美工修改需要时间，其余7项总算完成任务，按“首长”的意见改了。江青看了很满意，表扬他们“落实无产阶级司令部的指示雷厉风行！”，戚本禹也在场，他说，“《智取威虎山》是样板中的样板！”还有人插话说：“你们是小老虎精神。”被“修改任务”压得疲惫不堪的剧组成员，虽被表扬，暗地里却叫苦不迭！

在拍片的那些日子里，搞服装化妆的人员确实够辛苦。孙耀生先生说，他虽然搞服饰化妆设计，却没有独立设计的主动权，一切奉旨行事，江青说怎么好，就怎么去“执行”。他举了几个例子，比如杨子荣头上那顶狐皮帽，材质要选好，看上去像土匪，却是正面人物。为此，不知做了多少顶帽子，都没有通过。后来，他去北京畜产品公司仓库百挑千拣，终于找到一张合适的狐皮做成帽子，戴在杨子荣头上，江青看了戏，还是说不灵。为啥？孙耀生心里纳闷。江青说，帽子要戴歪些，匪气就出来了。听江青这么说，孙耀生才把提着的心放了下来。但排戏时，这顶按东北山里人的款式做成的帽子，杨子荣在台上又舞又跳，就骨碌碌掉下来。怎么办？便想到了传统戏中戴盔头的办法，用勒头带顶勒好，里面带竖纱，这样用新老结合的办法才把这顶狐皮帽在头上固定住。

杨子荣身上穿的大衣，是深褐色，介乎于红色与黄色之间的颜色，亦称棕色、咖啡色、啡色、茶色、赭色，是由混合少量红色及绿色，橙色及蓝色，或黄色及紫色颜料构成的颜色。染色时，由于所加染料成分或染料产地的不同，其颜色就会呈现细微差异。杨子荣穿的大衣也不知做了多少件，颜色染深了就发黑，浅了，在台上用灯光一照就发红，染了多次，都不满意。江青火了，就让她的秘书杨银禄把她最喜欢的一件崭新的纯褐色的毛皮大衣带给孙耀生作样子参考，杨银禄传话，首长明天晚上看戏时就要让杨子荣穿上。孙耀生当晚便急匆匆将大衣拿到普兰德染坊——这是一家20世纪60年代初，按照政府安排，从上海搬迁到北京的染坊厂。厂长把一级技师叫来察看，那位技师仔细看了说，很麻烦，这必须用德国进口的染料才能染成——“文革”期间要从德国进口染料简直是“天方夜谭”。怎么办，技师们也着急起来，一起研究，折腾一夜，反复配料试验，终于配成了所需要的褐色。于是，孙耀生天不亮就上了样板戏的专用车开到王府井百货大楼，人家还没上班，孙耀生等不及了，敲开门，直接找到百货大楼的总支书记，说明来意，让他找人赶快开料。总支书记听说是江青的指示，哪敢怠慢，叫人拿来一大堆料子给孙耀生挑选，开好料，孙耀生便立即上车返回普兰德染坊。厂长叫醒染坊师傅立马升火，把衣料染好，料子拎出来放在裁缝桌上还湿的，就烫干烫平，按尺寸裁剪做成大衣。当孙耀生把新做的大衣拿到剧场，开场锣已响了，他把大衣送到后台，已急出一身冷汗。

以前杨子荣穿的大衣比一般的大衣要大，是为了表现夸张的舞台效果，里子是用羔羊皮做的，很重，童祥苓演出时会顺着大衣飘起的惯性，被带着朝前冲。在拍片时用真皮大衣之前，为了方便演员表演，减轻大衣的重量，想用人造毛替代里子的羔羊皮。当时，对于人造毛，只是听说，仅是一个模糊的概念，孙耀生赶到上海纺织研究院，同他们商量。此时因为搞“文革”，一批研究成员闲得无聊，听说此事，一个个非常高兴：“这下可以有个课题，搞业务了！”纺织研究院为此设立了一个科研小组，把人造毛作为重点科研项目研究。因为“文革”期间闭关自守，与外部世界隔绝了联系，研究人员看到的只是国外的图片资料，困难不小，但终于从机器中生产出了轻柔的人造毛。然而羔羊毛是卷的，人造毛却是直的，研究人员说这个问题解决不了啦。于是有人建议，把粘上人造毛的大衣里子拿到南京路理发店去烫成卷毛。

其时我国工业科技之落后可见一斑。

再说杨子荣身上的那件虎皮坎肩，孙耀生多次去畜产品公司的仓库里翻寻，那一张张虎皮可是畜产品公司的宝贝啊，藏得好好的，轻易不肯示人，更说不上出售。孙耀生左选右看，始终不满意。虎皮皆稀世珍品怎会不中意呢？原来童祥苓身材不高，只有一米六十九，坎肩不能长，只能做得短些，腰带却要宽些，做窄了看上去就不大气。所以虎皮纹大了，做成坎肩就没几条，不好看。最后挑了一张有多条细虎皮纹的虎皮，畜产品公司可急了，因为那张虎皮是他们公司压箱底的宝贝。但孙耀生凭三寸不烂之舌，反复强调这是演样板戏的需要，对方无奈，只得忍痛割爱，售价80多元，相当中等收入者一个月的工资（约合今天8 000元左右）。

有了坎肩，童祥苓《定计》一场下来要快速换装，赶紧上场，出演《打虎上山》，束那条宽腰带却出现意想不到的困难。后台无灯光，黯赤赤，宽腰带两头用揿纽，要把几只公母纽在黑暗中极短的时间内揿上，摸黑操作极不容易，险些误了童祥苓上场的时间。为了解决这一问题，孙耀生便去部队讨教。解放军战士因为在紧急情况下需要快速起床，摸黑穿衣，投入战斗，他们使用的是子母扣，一搭就牢。孙耀生使用了子母扣，这一险乎影响童祥苓上场的操作细节便顺利解决了。

至于小分队战士们的军装也调整了几次。用的材料是的确良，起初按照部队军装的绿色，由昌平国营毛纺厂定制，到了台上，灯光一照，颜色就变暗了，显得灰驳落拓，没有精神。后来几经研究，找到了一种嫩绿，台上灯光一打，就很鲜亮，一如白天见到的军装的颜色。服装组把事前弄好的色标送到昌平，厂里就按此色标染色，的确良在机器上一滚就是几千米，而剧组最多只需要500米，余下的就带回上海京剧院。据说前几年“上京”排演《智》剧还用这些料子呢。

由于服饰化妆各方面的配合，掩盖了童祥苓身高的不足，使杨子荣的舞台造型显得挺拔、英俊，给观众以干净、麻利的感觉。这也是全体舞台工作者共同努力的结果。

1970年春的一天晚上，经来回修改、反复折腾的彩色电影《智取威虎山》，终于在钓鱼台国宾馆一个专门的办公室进行审看，除了毛泽东，政治局常委基本到齐。

狄福才的妻子刘汉桂在北京卫视大型纪录片栏目《记忆》中说：

> 总理看了这个片子后说，从国外到国内都有片子导演、摄影、美工、录音，你这个为什么都没名字啊？当时狄福才说：“江青不让搞，说这不能突出个人，是集体领导。”总理小声说了“滑稽”两个字。

导演谢铁骊在《记忆》节目中也说：

> 看完以后，除了江青以外，全场鼓掌。江青很沉默地说了一句：“那就过了吧。”

江青此前看了样片曾说，她很高兴，为什么政治局常委集体审片通过，她反而不悦了呢？显然，她对周恩来向狄福才提出为什么不署名的问题产生了反感与抵触情绪。

# 第九章
# 雨里花枝朝暮开

原名杨宗贵的"杨子荣"已于1947年2月23日，在追歼顽匪郑三炮、丁焕章时，因严寒，手枪枪栓冻结，不能击发，中敌弹，不幸牺牲，时年31岁。然而，烈士杨宗贵的生命没有消逝，在舞台上，他以"杨子荣"的英雄形象得以复活、延续，并长久地活在人民群众的心里。而扮演"杨子荣"的童祥苓，把英雄的光芒留在了舞台，留在了人间，却无法挣脱"四人帮"强加给他的精神枷锁。

# 四十三　家像一条支离破碎的船

月儿把她的光明普照在地上，却留着她的黑斑给她自己。

——［印度］泰戈尔

在北京拍戏近两年的时间，剧组人员曾回上海探亲两次，上海家属也可来北京探亲两次，路费均由剧组报销。唯童祥苓不能享受探亲待遇，工宣队给他的理由极简单：怕影响拍片工作。真实原因不得而知，也许他属于监督对象，担心他闹情绪到上海不回来拍片，使两年来的拍片工作付诸东流也未可知。

奇怪的是，即便童祥苓留在北京，却连探望老父与葆姐的权利也被剥夺了，让人匪夷所思。

每逢休息日，位于地安门的红卫招待所就剩下童祥苓孤单一人。他上午把屋内打扫干净，洗好衣服，吃过午饭，便从招待所走到北海公园大门，花5分钱买张票子进去。沿北海走到前门，再返回，漫步而行。有时倚着栏杆看清水中小鱼悠游，它们时而将嘴巴露出水面叭叽着，似乎向他求食，时而又没入水中向另一处甩动着鱼尾游去；看着鱼儿无忧无虑地四处游动，童祥苓好生羡慕！他感觉自己好比“笼中鸟，有翅难展”，像《四郎探母》中的杨四郎有家难回，有些伤感！他观赏湖中自由来去的鱼群，暂时忘却了现实的痛苦。

童汉侠、童预鸣祖孙合影

在返回招待所的途中，童祥苓

经过一家烧饼店，想买烧饼和小圆麻团，一掏口袋，只有5分钱，就买了一个芝麻烧饼权作夜宵。

晚上，沈金波从家里回到招待所，见了童祥苓就告诉他，汉侠先生被车撞断了腿，正躺在家里，老人从广播里听到儿子演杨子荣的唱段就哭。老沈问童祥苓为什么不回家看看？童祥苓听了，大惊，一阵酸楚涌上心头，他跑出房间，只身来到后院，在无人的墙角下不敢出声地伤心抽泣着。

次日，童祥苓向军代表贺剑跃谈了父亲的情况，军代表研究后允许他请假一天回家探亲。童祥苓获此“恩准”，喜出望外，连忙回房间，打开箱子，取出仅剩的2元多钱，舍不得坐电车，从地安门走一段，又小跑到朝阳门外水碓子，拿出2元钱买了点水果。童祥苓回忆道：

> 当娘开门看见我时，她呆呆地站着连我叫她都没反应过来。我扶着娘进屋，娘这时才回过神来，向父亲说他想念的儿子回家啦。我望着躺在床上残废的父亲，才体会到老戏中的人物经常唱的一句“心似箭穿”的感受了。我刚叫出“爸爸”，父亲便躺在床上伸着双手，叫着“儿子，儿子”……父亲抓住我的手，我坐在了他旁边，他连声说想我，爱听我的唱段，好听，好听。我不敢告诉家人我和四姐的真实情况，其实连北京的葆姐也受了牵连，父母又怎么感觉不到呢？葆姐忙着包饺子，吃过饭天色已黑，时间过得太快了，在如此的困境中我们仍享受到了一点天伦之乐。

临别时，汉侠先生要儿子常回家看看，童祥苓嘴上应承着，心里说不出的苦。童葆苓也嘱咐弟弟再来先告诉她，好让她准备做一些好吃的。这两年赡养汉侠夫妇的担子全落在童葆苓肩上了，她后来再嫁的丈夫——北京艺术局局长马彦祥先生，已被打成走资派下放到湖北劳动，处境也十分艰难。

母亲陈倩颖是个聪明人，她将儿子送到门口，对童祥苓说：“你回家一次不容易，来一次也很累，只要你心里有父母就行了。”童祥苓一把抱住母亲，在她耳边说："儿子不孝，对不起父母！"眼睛潮红了。母亲抚摸着儿子的头说："要记住，咱童家人受冤气但不流泪！"童祥苓从母亲的神情中看到了老人家坚强的目光。

真是祸不单行！正当童祥苓紧张地忙于拍片之时，接到妻子张南云的来信，信中说大儿子预鸣在路上被红卫兵骑车撞断了腿，骨头也从肉里穿了出来。南云当天正在《龙江颂》剧组演出，多亏剧组里一位工宣队陆师傅背着孩子去华山医院接上腿。童祥苓接到家书，心急如焚，但他远隔千里，不可能请假回沪探望，只得写信叮嘱妻子，一定要带大儿子去医院再拍一张片子，看看骨头是否接好。童父汉侠先生就是因为腿骨没接好而致残的，童祥苓无法想象、更不愿看见不幸的医疗事故发生在自己的孩子身上。十几天过去了，童祥苓度日如年。

终于接到妻子来信，说片子拍了，预鸣的腿骨果然接得不好，幸亏有一位刚"解放"出来的骨科专家，说必须重新再接，但要先折断伤骨。医院没给孩子打麻药，就硬扭断原来的断骨，孩子痛得直冒汗。现在完全接准了，并打好石膏，在家养伤。妻子说，她仍要下农村搞创作，孩子只能交给保姆。童祥苓看完南云的信，心痛如绞，毕竟是自己的亲骨肉啊，哪有不疼自己儿子的父亲？他多么想立即飞往上海，赶到孩子身边去照顾他，哪怕给孩子一点精神安慰也好，尽一个做父亲的责任！然而，此时的童祥苓，作为"内控对象"没有人身自由，他被工宣队管制着，怎能远离北京？倒是军代表通情达理，休息日允许他去探望汉侠夫妇与童葆苓。童祥苓在剧组里与灯光师傅王念章相处较好，因为两人年龄相仿，处境类似，彼此产生了许多理解与同

童预鸣与童胜天兄弟合影

情，可谓“同病相怜”吧。所以，童祥苓每次回去，都邀请王念章一同前往。俩人惺惺相惜、相濡以沫，在只讲阶级感情、不讲人情的特殊年代，也得到了些许安慰。自此他俩结成了终身友谊。王念章到了童家，汉侠夫妇把他视作儿子，童葆苓也将她看作弟弟，这让王念章十分感动。

1970年张南云饰演《龙江颂》江水英

童祥苓从妻子的来信中得知，张南云起初在文化干校插秧劳动，后来调她到《龙江颂》剧组扮演江水英。她一边体验生活，一边还得到葛隆大队去劳动，在那里安排她睡在猪棚里。大队农民知道南云是来体验生活，为了演好江水英这一农村基层干部公而忘私的典型形象，便提出让她住到农民家里，她这才离开了猪棚。

童祥苓知道自己的妻子是个守本分的老实人，胆小谨慎，凡上级布置给她的任务，再苦再累，她都愿意去干。1970年，童祥苓奉命去人民大会堂开会，讨论《红灯记》拍片前的剧本压缩修改。江青在场，她突然问童祥苓：“祥苓，你爱人思想不好吧？”童祥苓被这突如其来的诘问弄得不知所措，也不知道该怎么回答。但他凭自己的直觉，知道江青点南云的名，绝非好兆头。他心里嘀咕：“若说张南云思想不好，整个文艺界就没好人啦！”童祥苓在《自传》中写道：

> 但我如果解释的话，肯定会惹恼江青，这不单把南云赶出《龙江颂》剧组那么简单了，但我又不能昧良心承认妻子思想不好，会场静得连掉根针都能听见。江青在等待我的回答，上百双眼睛望着

我，我低头沉默不语，在座的人都能看出我这是无声的反抗，都等着江青的反应，我不知这样做是能保护妻子，还是给她带来灾难。几分钟的僵持后，江青转移了话题，我却心乱如麻，什么也听不进去了。

会议散后，工宣队丁师傅对童祥苓说："你妻子在农村劳动，表现是好的。"那么他刚才为什么不站出来说句公道话呢？童祥苓心里明白，面对江青的淫威，一个普通的工宣队员怎敢随便插话？再者，即便说了也无济于事，因为这是于会泳向江青进的谗言，他要赶走谁必先给他扣上政治帽子，也是于会泳一贯使用的手段。童祥苓冷静下来，就给妻子写了一封信。他当然不会把江青说她的话原原本本告诉她，那样，胆小的妻子岂不被吓得失魂落魄？他只是委婉地告诉她做好思想准备，摆正位子，把自己当成一块为别人方便的铺路石。同时告诉妻子，剧组让她做什么，千万别立即答应，先写信告诉他。面对暗礁险滩，张南云如何应付，她的命运同样掌握在别人手中，像一叶飘荡在大江里的孤舟，随时有沉没的可能。祥苓为妻子揪着的心始终放不下来。

## 四十四　寻找"杨子荣"

生活中的原型恰是文艺创作必须寻觅的源泉。

——作者

1969年美国艺术代表团团长詹姆斯，在中南海观看样板戏《智取威虎山》后，詹姆斯深深地为童祥苓的表演与杨子荣的传奇故事所折服，他赞美说："太精彩了，杨子荣就是西方的英雄佐罗，他应受到所有人的敬仰与崇拜。"周恩来告诉他，这是根据解放军真人真事改编的故事，在解放军中的确有杨子荣这样一个机智、勇敢的战斗英雄。詹姆斯提出要见见杨子荣。周恩来说，他不幸牺牲了。于是，詹姆斯提出要见见杨子荣的家属。周总理把这件事记在心上，事后便马上指示解放军总政治部以及国家民政部务必在一个月内找到杨子荣的家乡和亲属。

对这位当时红极一时的英雄，山东胶东地区都指望把英雄的出生地置于自己的家乡为荣。于是一下子冒出三个杨子荣的家乡，且各执一词。调查组几经周折，在杨子荣原所在连队获得一张照片，一百多名战士的合照，人头只有火柴头那么大。对照片进行了翻拍放大处理后，交由村民识别。1969年6月，牟平县对城关公社军烈属抚恤金资料进行复查，一个民政干部从档案中见到一张照片，两下对照，觉得杨子荣的相貌与杨宗贵相似，进一步核实后，确定此人即是战斗英雄杨子荣。最终民政部确定牟平县宁海镇（今烟台市牟平区文化街）嵎岬河村是英雄的家乡，而英雄的原名叫杨宗贵。

对于突如其来的"英雄"认证，杨子荣的家人如拨云见日。十多年来，杨子荣一直被家乡人错认为在东北当了土匪，因为有人在牡丹江一带见过他，回来说他穿一身匪装，操一口黑话，当了土匪。于是杨子荣被当地政府误解，取消军属待遇。杨家人因为羞愧一直在家乡抬不起头来。

根据北京卫视与香港凤凰卫视《寻找杨子荣》专题节目介绍，经民政部多方调查，"杨子荣"原名叫杨宗贵，1917年1月28日出生于胶东牟平县宁海镇嵎岬河村，父亲杨世恩是个泥瓦匠，母亲宋学芝是个刚强的农村妇女，哥哥叫杨宗福。杨子荣4岁那年，父母曾带着一家老少去东北安东（今辽宁丹东）谋生。除了父亲和姐姐外，母亲又领着其他孩子回了老家。在老家，母亲省吃俭用地供杨子荣上了几年私塾。

1929年，胶东地区军阀混战，民不聊生，12岁的杨子荣在母亲的安排下，去安东找父亲。开始父亲让他去上学。两年后，杨子荣到姐姐做工的缫丝厂干活，以挣钱补贴家用。但是好景不长。杨子荣3年学徒期刚满，厂子裁人，把杨子荣裁掉了。后来杨子荣就到码头搬木头、扛大包，到鸭绿江边放木排、当船工。1938年底，他在鞍山千山采矿区当矿工。矿区不仅危险还要受日本监工的打骂，在一次看到日本监工打自己的工友时，他夺过监工的皮鞭，为自己的工友出了气，这样他就无法在矿山待下去了。1943年，在工友的帮助下，杨子荣逃离了矿山，回到了老家牟平，不久娶徐万秀为妻。

1945年8月，他参加八路军解放牟平城的战斗。同年秋，29岁的杨子荣报名参加八路军，编入胶东海军支队。10月下旬，胶东海军支队赴牡丹江地区剿匪，11月，杨子荣加入中国共产党。部队改编后，杨子荣编在牡丹江军区二团三营七连一排一班。首长见他是个“年龄不轻，军龄不长”的老兵，便分配他到伙房当炊事员。

当时牡丹江地区匪患严重。首长知道杨子荣熟悉当地的行话与黑话，便派已任排长的杨子荣带30多个战士，化装成便衣，先行到达海林镇。杨子荣进入有百余人枪的地主武装孙江司令部，敦促其放下武器，拒降者就地镇压。1946年2月2日，海林镇解放。

杏树底村是位于牡丹江北部的一个山村，这里集结了从各处逃窜来的土匪400多人，他们凭借村子的有利地形和村周围高大的土墙、坚固的工事，与我剿匪部队对峙，企图负隅顽抗。

1946年3月22日，攻打杏树底残匪的战斗打响，杨子荣带领尖刀班冲在最前面。但由于敌人火力太猛，组织了多次进攻，都没有成功。为了尽早结束战斗，减少部队伤亡，指挥部命令炮火支援。几炮打过去，敌方阵地和村子里立刻浓烟滚滚，也隐约听到村子里妇女小孩的哭喊。如果再打下去，虽然能把土匪消灭掉，但村里的老百姓也将遭受更大的损失。在炮击的间隙，杨子荣一个箭步从沟里跳出来，挥舞着白毛巾，直奔村里，去劝降土匪。

在杨子荣的宣传鼓动下，许多土匪开始动摇，村里的群众也纷纷劝说土匪赶快投降，别让乡亲们跟着遭殃。这时，几个土匪头目出来了。为首的分别是从青背村、北甸子逃来的残匪许大虎、王洪宾，和家住本村的郭春富、康祥斌。许、王二人色厉内荏，叫嚣着谁投降就枪毙谁；郭、康二人因家在本村，不能不顾村里乡亲们的死活，经杨子荣和乡亲们的一番劝说，有了投降的意思。双方为此发生争执，互不相让。最终，还是郭、康人多势众，占了上风。杨子荣乘机做工作，土匪们纷纷把枪扔到杨子荣身边。许、王看看大势已去，也把枪扔在地上。就这样，一场血战被杨子荣的勇敢举动化解了。

经过近一年的剿匪战斗，大股土匪已基本被消灭，但二三十人一伙的小股土匪仍有不少，外号叫“座山雕”的土匪就是其中之一。“座山雕”本名张乐山，原籍山东昌潍，2岁时随堂兄到牡丹江，15岁进山当土匪，18岁便当上了匪首，有50多年的土匪生涯，历经清末、北洋军阀、伪满三个时期，内部人称“三爷”。按照以往的经验，对这种小股土匪，用大部队围剿是行不通的。团里决定，由杨子荣带领5名侦察员，组成一支剿匪小分队，扮成土匪模样，进山搜寻“座山雕”的匪窝，并伺机剿灭。同时，派出部队跟踪配合。

1947年1月26日，农历正月初五，杨子荣一行6人接到命令后进山剿匪。在一个叫蛤蟆塘的地方，找到一座工棚，工棚里住着十几个人。杨子荣先是用土匪手势和黑话试探，意思是自己遇了难，走投无路，想请人帮忙牵线，投奔个山头。一个自称姓孟的工头搭了腔，答应领他们去一个地方，把他们带到了20里外的一个空木棚子，交待了几句后就走了。杨子荣他们在工棚里一连等了两三天，也不见孟工头的影儿。正在着急的时候，孟工头回来了，这回他把杨子荣一个人领到了附近的一个屯子，并在屯长家里见了两个人。两人先是一番土匪黑话试探，见杨子荣对答如流，才亮出了真实身份。一位自称姓刘，是“座山雕”的副官，另一位被称为连长，两人表示同意引荐杨子荣等人上山。两天后，两人如约来到杨子荣他们住的工棚。杨子荣让战士把两个土匪给绑了，并假意解释说：不知道是否是自己人，只好先委屈一下，到了山上再说。两个土匪觉得到了山上自会见分晓，也没太在意，就领着杨子荣他们直奔“威虎山”。

“座山雕”一路上设了三道哨卡，当初要是派大部队清剿，不论惊动了哪一道哨卡，土匪都能逃得无影无踪。1947年2月6日晚，杨子荣他们上山，每过一道哨卡，都有两个土匪上前搭话，然后，他们把岗哨也一块绑了，一同押上山。过了第三道哨卡不远，就到了“座山雕”的老巢——一座被当地人称做“马架房子”的木棚。杨子荣命令各自占据有利位置，枪口对准土匪。棚子里一共7个土匪，其中一个白头发、黑脸膛、长着一副鹰钩鼻子、留着一把山羊胡子的瘦小老头就是臭名昭著的“座山雕”。杨子荣命令战士把“座山雕”和其他几个土匪一起绑了，没费一枪一弹，端了土匪的老窝。由于杨子荣只身打入虎穴，里应外合，一举将国民党保安旅长、牡丹江一带匪首“座山雕”，及其联络部长刘兆成、秘书官李义堂等25个土匪全部活捉，创造了深入匪巢以少胜多的战斗范例，东北军区司令部给杨子荣记了三等功，授予他“特级侦察英雄”的光荣称号。1947年2月7日的《牡丹江日报》对此一战斗作了详细报道。杨子荣参军只有一年多时间，从1946年2月进驻海林剿匪，他参加大小战斗上百次，已多次立功受奖，被评为“侦察英雄”与“战斗模范”。

1947年2月23日，杨子荣在追歼顽匪郑三炮、丁焕章时，因严寒，手枪枪栓冻结，不能击发，中敌弹，不幸牺牲，时年31岁。《牡丹江日报》2月23日报道了这一噩耗。海林镇埋葬立碑，然后修墓以示纪念。2月25日，在军民追悼杨子荣烈士大会上，部队派人到牡丹江请来了殡仪馆的永合班（乐队）奏哀乐，军区首长宣布将杨子荣生前所在排命名为“杨子荣侦察排”。并在烈士墓前木制的纪念碑右上角写着：为建立独立民主而奋斗的烈士千古；正中书写：英名永在，浩气长存；下款是：中华民国三十六年二月二十五日。

1970年7月，为纪念在解放战争时期，剿匪战斗中牺牲的侦察英雄杨子荣等烈士，位于海林市区东山之巅约7万平方米的松林中建立了杨子荣烈士陵园。陵园内立纪念碑，高10米，基座阔15平方米，用花岗石筑成。碑背面刻有杨子荣等42位烈士的名字。杨子荣墓坐落在纪念碑东侧，墓前立有“杨子荣烈士之墓”石碑，高3.1米，象征英雄牺牲的年龄（31岁）。1978年扩建“杨子荣烈士纪念馆”，陈列杨子荣等烈士生前的事迹。

2009年9月10日，杨子荣被评为“100位为新中国成立作出突出贡献的英雄模范人物”。

出生于1923年的曲波比杨子荣小6岁，山东省蓬莱市人，1938年参加八路军，15岁就成了小八路。抗日战争时期，他在山东地区作战，曾任连、营指挥员。1943年进入胶东抗日军政大学学习，毕业后在胶东军区做报社记者，1945年抗战胜利，部队开赴东北作战，担任牡丹江军区二团副政委。1946年冬，他曾率领一支英勇善战的小分队，深入东北牡丹江一带大山密林与国民党的残匪周旋，进行了艰难的战斗，并将其消灭。这就是《林海雪原》的题材来源，杨子荣就是他的战友。

1952年，曲波根据杨子荣的英雄事迹与自己的亲身经历，在学者、教授出身的作家车承友的帮助指导下，创作长篇小说《林海雪原》。书稿原名《林海雪原荡匪记》，辗转到了人民文学出版社后，积压很久无人过问，被一名年轻编辑龙世辉发现，并亲自作了大量修改，最终定名《林海雪原》。龙世辉在情节结构、语言风格、人物设置方面都有较多改动，如：白茹这个女性的加入，“少剑波雪夜萌情心”等情节大大丰富了原著的内容和吸引力。从某种意义上说，没有龙世辉就没有《林海雪原》。后又经《人民文学》秦兆阳的润色，小说选段以《奇袭虎狼窝》为名发表在1957年《人民文学》第2期上。同年9月《林海雪原》由人民文学出版社正式出版。从1957年9月到1958年8月，《林海雪原》印刷7次，累计印数近百万。

《林海雪原》的改编就像一面镜子，折射出中国政治生态、审美趣味等方面的急遽变化。

《林海雪原》从创作到出版的5年时间，正是中国文学向“社会主义现实主义”过渡的阶段。这一时期，关于如何落实毛泽东的《在延安文艺座谈会上的讲话》精神，写出新时代的英雄人物，已演变为文艺界的切实焦虑。《林海雪原》的突兀而出可谓生逢其时。在20世纪80年代以前，《林海雪原》始终是被当作纪实文学看待，无论曲波谈论创作心得，还是编辑推介这部小说，都声称“作者根据亲身经历，小说中人物真实存在”。

尽管小说热销，印刷数量剧增，读者广泛传阅，然而，通篇洋溢的个人英雄主义，与其时提倡的社会主义现实主义的创作理念相悖，无产阶级英雄的特征——集体主义精神被遮蔽了，并招致左派文艺评论家的批评，指出小说本身与“时代需求”之间存在差距，关键在于作家的世界观和人生观落后于“时代精神”。这一来自权威人士的批评引起文艺界的警觉；此后，根据《林海雪原》改编的话剧、电影、戏曲，从故事结构到人物形象的塑造都发生很大变化。从温情脉脉的话剧《林海雪原》到样板中的样板《智取威虎山》，不难窥见这一变化路径上的左倾印记。

1963年1月，由上海京剧院改编的《智取威虎山》进入江青的视野，她认为这部戏具有用京剧表现现代生活的可能，从此便介入了该戏的整改。剧组对故事结构、唱词、音乐、动作等进行了大量的调整和再创作。本着“三突出”和“高大全”的创作观念，人物形象发生了很大变化：删除了杨子荣身上带“匪气”的地方，又删除了《深山庙堂》和《雪地侦察》这两场渲染反面人物的迷信、凶杀戏。对少剑波的人物形象也进行了修改，使他成了一个运筹帷幄、指挥若定的青年军官。同时塑造了李勇奇这个敢作敢为的劳动人民形象。

这种形象和剧情的设立与历史有很大差距，但在洋溢着革命热情的特殊年代，只有这种形象，这样的情节，才被认为是“真实的、客观的、正确的”。

尽管《智取威虎山》取材于《林海雪原》，江青却否认了这种联系。剧组曾邀请《林海雪原》中的原型人物孙大德作报告，江青获悉非常生气。她宣称《智取威虎山》和《林海雪原》没有任何关系，还一度想要给《智取威虎山》和剧中的人物改名字，因毛泽东不同意才作罢。但孙大德却成了“冤大头”，戴上了“盗名窃誉”的罪名频遭批斗。

《林海雪原》在诞生之初为主流意识形态提供了美学依据，因而受到欢迎。然而，随着政治形势的变化，当文本不足以承担为政治服务的重任时，改编就势在必行。样板戏确定下来后，在全国各地大小剧团中广泛推广，成为文化荒漠里不多的“精神食粮”。

# 四十五 无可替代的童祥苓

一个人成功与否的钥匙始终掌握在他自己手中。

——作者

《智》剧成为“样板中的样板”戏之后，剧组对外公演的次数并不多，但有两次演出却令童祥苓终身难忘。

第一次是1969年春，奉命去广州参加春季广交会的演出。

广交会从1957年开办以来，分春、秋两季：春季广交会自4月15日开始至5月5日结束，每季分3期，每期为5天；秋季广交会自10月15日开始至11月4日结束，也分3期，每期5天。一般情况如此，有时展期也会适当调整。前来的客商每季3万至5万人不等。

“文革”中样板戏已成为招待外宾的一种文艺形式。那一年，由于排戏、改戏、演戏的过度劳累，在广州友谊剧场最后一场演出的前夕，童祥苓的嗓子哑了，竟说不出一个字来。他心里明白，次日晚上招待外宾的演出有多么重要，所以焦急万分。军代表与剧组负责人得悉此事也着急起来，他们一面让随团医生诊治，一面立即向广交会的有关领导汇报，要求明天演出改期。谁知，毫无通融余地。负责广交会的领导回答说，广交会每天的日程都是事先安排好的，不能作任何变动，明天必须演出，不能改期，更不能取消。广交会与外商订有合同，一旦单方面改变日程安排，甚至取消合同，经济损失谁负责？这一下，全剧组的人都抓瞎了，第二天简直乱作一团。在无可奈何的情况下，只能把在红旗剧场演《海港》中马洪亮的朱文虎接来，因为他在童祥苓靠边检查的那一阶段，曾扮演杨子荣，演过几场《智》剧。好在两个剧组都隶属上海京剧院，容易协调。

《海港》剧组同意让朱文虎当天到友谊剧场救场，马洪亮一角由另一演员顶替。这下可让朱文虎为难了：自从他演马洪亮之后，早把《智》剧搁在一边了，此刻不经排练，即时让他晚上演出，岂不急死人！加之接他的一位同志，在汽车里告诉他，杨子荣的几处唱腔有些改动，朱文虎听了越发紧张起来，他一面默记杨子荣的唱腔身段，一面哼着那改动过的几处唱腔。到了友谊剧场，化妆师在化妆间正等着给他化妆，《海港》剧组打来数次电话催他返回红旗剧场，说那个替他出演马洪亮的演员，临时抱佛脚，心中没把握，怯场，不愿演出。对于这种胆怯心理，今天看来不难理解，其时一旦由于对戏生疏，把戏演砸，一顶破坏革命样板戏的帽子落在头上可不轻啊！

怎么办？此时，童祥苓经随团医生诊治，打了两针，嗓子开了一点，但皮皮拉拉。剧组领导决定，让朱文虎化好妆候场，由童祥苓先上——第一场戏中杨子荣只有一段唱，一段台词，亮亮相，露露面，尚可应付冲着童祥苓来看戏的观众；然后，向大家说明，主角因身体原因不能继续演出，由朱文虎代演杨子荣。

童祥苓第一场上去，嗓音皮皮拉拉，总算开了，对付下来。领导征求他的意见：是否换人？童祥苓说："人家来看我演戏，要为观众着想。我再拼一场，演完第三场《深山问苦》，如果拼下来不行了，朱文虎上。"第三场戏，嗓子倒是开了，他对领导说，我行，让朱文虎回去吧，那边催着要人了。朱文虎听了，一颗吊着的心放了下来，便拱手谢过，迅速赶回红旗剧场去演马洪亮了。

金勇勤先生谈到这件事，不无感叹地说，童祥苓确实是个好演员，有一股子拼劲，困难再大，他一上台，劲头上去，什么都忘了，越拼越好，越唱越棒。有的演员就不是这样：明明今天嗓子还可以，心里担心，嘴上犯嘀咕，就把嗓子憋回去了。

由冯绍霆整理、撰稿的《童祥苓口述历史》一书中写道：

> 1969年，《智取威虎山》在广州演出前一天晚上剧组排练全剧，第一场我刚唱到第三句，嗓子突然没声音了。粤剧老一辈艺术家红线女女士陪我去医院，找了一位老中医。看脉之后，他说不用吃药，是身体过于虚弱引起，建议不演出时吃朝鲜参，演出时吃西洋参。

听了这话，我只能苦笑。红线女女士看出我的苦衷，说她家里有参。我很感激，但不能接受。后来，是接待单位在广交会给我买了。

第一天演出的下午，我嗓子仍未恢复。军宣队研究后让《海港》剧组朱文虎同志到《智取威虎山》剧组做准备，让我化好妆看情况再决定。快开演时，我嗓子恢复了，而且特别好。演完了，工宣队丁恒竹却说我存心捣乱。太气人了，我这处境还敢吗？我一夜没睡着。

谁知第二天演到第八场《计送情报》最后一段流水时，不知什么缘故，唱到一半，我脑子一片空白，一句词也想不起来。胡琴不住地拉，我张不了嘴。这是从来没有过的事情。有点紧张，主要是心情不好，演戏的时候脑子全想别的，很混乱，就在想自己将来的路怎么走。幸亏观众寂静无声，上天保佑我想起唱词的最后三个字“凯歌扬”，总算下了台。可是第三天同一地方同样忘词，观众知道我忘了词，还是没有一点喧哗。我感谢观众的体贴关怀，可是从那时候开始，每逢演到这里，我都极为紧张。

广州演出快结束时，于会泳宣布《智取威虎山》剧组要到北京拍京剧样板电影，这是样板戏第一次拍电影……

从童祥苓的口述中，可以感受到他当时受到政治压力的巨大心理负担。在阶级斗争之弦紧绷的年代，童祥苓一如被硕大的政治鞭子拼命抽打而不得不高速旋转的陀螺；但抽打过分，陀螺终究要转得昏天黑地，倒在地上动弹不得，何苦呢！作为一个唱戏的演员精神上竟遭受如此折磨，心头压抑着，还要强打精神，强做大无畏的战斗英雄，这大约在中外表演史上绝无仅有！

而于会泳得悉这一情况，却完全是另一种态度，他认为抓住了童祥苓的软肋，结束童祥苓艺术生命的机会到了，于是再度寻觅演员，企图替换主演杨子荣的童祥苓。这一谋划从未在于会泳的头脑中打消，当《智取威虎山》拍摄任务完成后，他便以童祥苓嗓子有疾为由，征得江青同意，将童祥苓赶下舞台，弃之如敝帚，不亦悲乎！

彩色电影《智取威虎山》渗透了童祥苓5年的泪水与血汗。然而，1970年的《红旗》杂志在于会泳亲自指导下所写的《论塑造无产阶级英雄人物》一文中，仍写到一个主要演员犯了严重错误，经过抢救重新回到毛主席革命路线上来。张春桥在剧组对童祥苓也有过“此人不可入党”的指示。

一个演员为政治需要而拚命，一旦利用完了，就遭丢弃，完全成了政治工具而丧失仅存的艺术生命，但愿这样多舛的命运从此不再落在这些表演艺术家们的身上！

第二次令童祥苓难忘的是1976年5月11日至6月29日，应日本日中文化交流协会邀请，中国上海京剧团《智取威虎山》剧组100余人赴日本访问演出。

日本社会对于中国的国粹艺术京剧非常喜欢，著名京剧大师梅兰芳曾三次（1919年、1924年和1956年）率团到日本公演，掀起了京剧热与梅兰芳热。而相隔梅兰芳大师最后一次到日本的20年后的1976年，上海京剧团到达日本访问演出，又在日本岛国刮起了一股革命现代京剧的“强劲旋风”！

自1972年中日邦交正常化以来，上海京剧团是首个赴日演出的专业团体，该团先后到东京、大阪、广岛、横滨、福冈等9个大城市演出，受到日本各界人士的热情欢迎。广大的日本民众对于现代革命京剧《智取威虎山》怀有强烈的神秘感与新鲜感，自然引起极大的热情关注，许多人都为能一睹童祥苓的精湛演技兴奋不已。

其实，上海京剧团《智取威虎山》剧组这次到日本访问演出的原计划中与杨子荣的扮演者童祥苓并没有什么关系，他因受姐姐童芷苓的影响在拍完电影版《智取威虎山》后，便靠边站了，因而在赴日演员的名单中没有他。但是，童祥苓毕竟是著名的京剧表演艺术家，在全国范围内百拣千挑扮演杨子荣的主角，随着广泛宣传已深入人心，他若在演员名单中消失，整台大戏势必大大逊色。日方也注意到了这个问题，因而在双方沟通交涉中，日方坚决不同意我方的这种“抽条”的做法，要求《智取威虎山》必须是原汁原味，一号人物童祥苓绝对不能缺席！

就这样，童祥苓又重新被起用，参加了《智取威虎山》剧组的赴日访问演出。不过，中方也做了一点小调整，将杨子荣一角改由耿其昌与童祥苓俩人扮演，分前后半场，耿前童后，其余均为原班人马，未做变动。童祥苓在《自传》中写道：

> 1976年的一天，军代表贺剑跃同志来我家，私下告诉我《智取威虎山》剧组要去日本演出，让我做好出国演出准备。我知他是出于一片好意，但上边没有宣布我去，我自己就练功吊嗓，可能会给好心人惹下麻烦，同时自己也会被人取笑。我对老贺同志说，他最好先去问问于会泳，然后再说不迟。果然没两天他又来了，告诉我他请示过于会泳，于会泳说我既已不登台就不用去了，此事也就此了结了。
>
> 不曾想没几天老贺又来传信，说我可以去，但只作为艺术指导，不参加演出。过几天又来传话，我可以演一折戏。再过两天我则可以演半场了，等到临近去日本只有十来天时，却让我演全剧，而且在东京的首场演出就是由我演全剧。我多少日子未练功吊嗓了，出国演出怎能这么不慎重，于会泳真是犯病了，但淫威之下又奈何。我除了白天练功吊嗓之外，晚上团里同志还帮我打两小时羽毛球，以强化训练体力。

此时童祥苓尚不知道，让他出国是日方要求的。军代表贺剑跃来回穿梭传话很辛苦，从中却传递出一个信息：童祥苓由“不用去”到“可以去，只作为艺术指导”，从“不参加演出”到“可以演一折戏”，从“可以演半场”到允许“演全剧”——这10来天中的一变再变，说明于会泳作为带团出访的团长，他蓄意封杀童祥苓而恶意构作的壁垒，终难抵挡童祥苓艺术上的光辉而层层坍塌。与其说于会泳在日中文化交流协会的强烈要求下而妥协，不如说被童祥苓远播的艺术声誉所压倒。他无可奈何，只得被迫同意童祥苓赴日演出了。

赴日演出之前，童祥苓接到院里通知，说日本《朝日新闻》的记者要上门采访。此时，童祥苓已从五原路搬至上方花园，居处较以前有了改善，但家中连像样的家具都摆不出几件，客厅中只有一个方桌，四个圆凳，卧室中只有一张大床和一个衣柜，孩子们的房间也只有一个木板搭的床和一个小衣柜，整个房子空荡荡的，看上去十分简陋。童祥苓提出能否去院里接受日本记者采访，但日方记者执意要上门拜访；于是全家动手，打扫房间、擦净窗子，还从团里借来几把椅子。团里要他自掏腰包买两个小沙发和一个小茶几，末了，特别关照张南云，若日方记者问到她为什么不演戏，就说身体不好，在家休养，也不要说在教戏。这就明摆着要童祥苓夫妇在日方记者面前弄虚作假了。

此前，张南云在《龙江颂》剧组主演江水英，由于排练、演戏，又在祥苓去京拍片的情况下，独自挑起抚养两个孩子的家庭重担，劳累过度，得了宫颈糜烂症，治疗中又因烧灼的手术事故致使子宫出血不止。剧团根据江青所谓"张南云表现不好"的指示，趁机将她排挤出《龙江颂》剧组，安排她去戏校"五七京训班"教戏。当剧组一个领导来家中告诉这一消息时，不管童祥苓如何替妻子抗争也无济于事，那位领导说，这是"上面的决定"，一句话就成了不准违抗的"圣旨"。这看似轻飘飘的一句话，却剥夺了一个正值华年的演员的演戏权利，将一个极具才华的艺术生命给摧残了！

童祥苓在《自传》中写道：

> 采访那天来了三位日本记者，由剧组领导陪同着来到我家，日本记者在了解了我的家庭生活后，竟真的问起南云为何不演戏，南云照领导所教而答，他们看见墙上挂着的唯一的我和南云年轻时的合影，那是在天津时朋友拍的，算是"文化大革命"中的幸存之物了。日本记者问起拍此照片时我们的年纪，我们告诉他们20多岁。他们拍下了这张照片，并对我说童夫人非常漂亮，又给我全家拍了合影。日本记者参观了每个房间后对我说，童先生在舞台上艺术造

诣极高，在生活中却极为简朴，我一时找不到合适的话来回答，只说勤俭治家。我想他们未必满意这个答复。

临别时日本记者说日本人民很了解我，称我为巨星，对我出访日本演出期待已久，这次中国巨星终于将在日本舞台上闪亮登场，日本人民的愿望终于要实现了。

抵日演出时，团里对全体演员与工作成员要求很严格，小组行动不行，别说个人了，连房里的电视都不准看，担心受资本主义思想的影响。

扮演小土匪的贺宝贵与童祥苓住一个房间，一天童祥苓发觉贺宝贵不在室内，急欲寻找，他一拉房门，贺宝贵竟然扑了进来，嘴里还嘀咕着："怎么从外面向里什么都看不见呢？"原来他正站在门外扒在门上，从"猫眼"使劲往里看呢。童祥苓问他："你在研究什么呢？"贺宝贵看看周围无人，关上房门，悄声对童祥苓说："你不知道，上面让我看着你。"

童祥苓听了又好气又好笑，他心里想："在剧中我是杨子荣，你是小土匪，没想到我反被你看管了。幸好咱俩是一起工作多年的好朋友，否则同在一屋会很别扭。"

这个看似荒诞的可笑故事却真的发生在现实生活中。童祥苓虽说出国演出，却没了人身自由，恰似一个戴铐的囚徒，还得按指令去表演擒拿土匪的英雄，可以想见一个在日本人眼里的中国巨星内心遭受的不可言说的憋屈！

协助演出工作的中国大使馆领导似乎看出些端倪，认为剧团领导搞得太过分了，有时一等秘书陈志迈先生就让童祥苓到他房间去看电视，一次他拿出一把扇子请童祥苓在上面题词，童祥苓在盛情之下写了"为人民服务"几个字，因为这五个字最保险，不会出问题。

巡回演出结束，回到东京，住在新谷大饭店。最后一顿晚饭就在饭店最顶层的旋转餐厅吃自助餐，餐厅每半小时转一圈，可以边吃边欣赏东京夜景。童祥苓不住地眺望着窗外的夜景，陈志迈对他说，剧团的过分要求毫无道理，应该了解一下日本；童祥苓只是倾听，却无话可说。陈志迈先生突然问童祥苓想不想去看看饭店楼下的地下商场，并答应由他陪同。童祥苓思忖，由使馆人员保护，没问题，也就点头同意了。

就这样童祥苓跟随陈志迈先生在地下商场转了一圈，身边无钱，也只是看看而已，却十分快乐，感觉这是他在日本演出期间最自由、轻松、愉快的一夜。

几年后有位日籍华人臧玉华大姐，看戏后认识了童祥苓夫妇，她说童祥苓在日本演出时，好多华侨喜欢他，想与他交谈，但每次看见他，总是独自一人在一个角落里不断抽烟，看得出他心情不好，也就不好与他谈话了。童祥苓知道后，无奈地说："其实我何尝不愿与人交往，怎奈我是被监视之人，与人往来会惹麻烦，我是有口难言啊！"

在日本演出期间，童祥苓亲身感受到日本人民的热情，在生活中也得到日本朋友的照顾，与他们结下了深厚的友谊。

由于演出的高度紧张与体力的极大消耗，童祥苓食欲不好，跟随剧组人员的清水正夫先生发现了，通过翻译员告诉童祥苓，体力消耗大，吃不好饭，会伤及身体，有什么需要尽可以向他提出。次日，他就托剧组总务给童祥苓送来了一盒饼干，使童祥苓很受感动。

中岛健藏先生则高度肯定中国现代京剧采用民族与西洋乐结合的伴奏形式，称之为"了不起的尝试"。

与剧组舞美方面合作的日方老板原英一先生，每到一地，为剧组拍了许多照片，临别时还送给童祥苓一大册照相簿，里面记录了童祥苓在日本的活动。

出国演出，代表的是国家形象，自然马虎不得。从当时留下的录像资料看，演出效果与电影版相差无几，绝对是国家级的一流水平！

回忆半个世纪前的演出情景，童祥苓先生不无自豪地说："掐了花盆里的花扔上来，戏唱完盆里就剩土了！"

出国演出虽然是件荣耀之事，后来当童祥苓知道让他出国，是于会泳迫于压力不得已而为之时，他的心情是压抑的，并不愉快。别人是迫不及待，他却是心灰意懒。

# 四十六　命运的延续

最好把自己的生命看作前人生命的延续，
是现在共同生活的一部分，同时也是后人生命的开端。
——华罗庚

1970年春，《智》剧的拍片工作全部结束。从1968年11月进京拍片算起，剧组的全体成员在首都逗留了近两年半时间，当宣布返回上海时，大家都高兴得跳起来，童祥苓称自己是最疯狂的一个，他是多么想立即飞到妻子与一双儿子的身边啊，那是他在艰难的时光中最令他牵肠挂肚的亲人哪！

剧组的大巴车在东平路上海京剧院门口刚停下，童祥苓便立即打开车门，背起箱子，一溜小跑着回家，好似脚底生风。当看到五原路家时，他心头一阵狂跳，不知哪来的力气，连蹦带跳地跑上楼。他在大门外就听到熟悉而亲切的南云的声音："你们爸爸回来了！"

童祥苓一进门，大儿子预鸣冲过来抱住他，不停地喊"爸爸！"预鸣长高了，腿骨接好，能站起来了，就是很瘦。做父亲的心疼地摸摸儿子的头，预鸣显得有些愧疚，仿佛他做错什么会受到父亲的责怪。小儿子胜天（后改名顺天、孝天）却站在原地不动，手扶着房门，南云拉他过来，让他叫爸爸；他看了半天，才轻轻叫声爸爸。看来几年不见，小儿子已不认得爸爸了。祥苓一手抱着小儿子，一手携着大儿子，望着眼前的妻子——这个他钟爱一生的可怜女人，留着短发，穿着干部服，看上去浮肿得厉害，两年多来全靠她支撑着家，过度操劳与精神压力使她显得老了。童祥苓说：

我像陌生人一样巡视着家，只能用穷酸不堪来形容。我刚往孩子床上一坐，便觉得床铺挺硬，掀起单被褥子，发现下面铺的全是报纸。一阵心酸使我紧紧地抱住两个儿子，亲吻他们并喃喃地诉说父亲给他们的爱太少啦，给他们的不幸太多啦。

那天南云为我做了一顿红烧肉和卤鸡蛋，这是我最爱吃的菜，两年样板戏不如回家一顿豆腐饭。吃到妻子烧的饭菜非常满足。大儿子预鸣看上去好久没有吃过这样好的菜饭，狼吞虎咽大口吞食，而小儿子胜天却让我感到奇怪，他显得不特别积极，南云说孩子这几年就知道大饼油条，其他的都没尝过。我心里犹如打碎的五味瓶说不出什么滋味……

面对两年来家里发生的一切，我作为父亲关心不了儿子，作为丈夫保护不了妻子，我欠下亲人无数无法偿还的债，但究竟是谁造成的这些债呢？

1971年，童祥苓没有演出任务，在家待着，南云也松了一口气。他也借此机会养病，家里也稍许平静下来。

然而，令童祥苓夫妇不安的是，大儿子预鸣却终日无所事事，他看到父母的遭遇又不愿学戏，这可成了父母的心病，担心预鸣无事游荡，会学坏。在北京的小姑童葆苓知道这一情况也很着急，有一次她去一个区里作表演辅导，遇见一位部队领导，他关心地问起了童祥苓的境况，葆苓如实相告。这位领导甚感吃惊，他未料到出演英雄杨子荣的童祥苓，处境如此糟糕，便让葆苓传话，把童祥苓的大儿子交给部队培养，特批他参军。祥苓夫妇得知后，首先征求儿子意见，预鸣听了很高兴，表示愿意去部队，夫妇俩也商量了一番。妈妈心疼儿子，毕竟预鸣才14岁，人没枪高，去部队要打枪训练，孩子能否扛得下来。做父亲的认为部队是个大熔炉，可以让孩子去锻炼锻炼，再说，除此之外，也没有什么更好的出路。

预鸣去部队前，童祥苓全家一起去玩了两天，让孩子逛逛上海，吃点小吃。那天逛动物园，预鸣对小他10岁的弟弟胜天特别亲，他用自己的方式表达着离别之情。祥苓夫妇看在眼里，心头一阵酸楚，14岁的预鸣可从未离开过上海，离开这个既让他感到温暖又让他伤感的家呀！

送行那天，童祥苓尽量克制自己的离情别绪，当送预鸣上火车时，儿子紧紧地抱住父亲，流着泪不断地叫爸爸。童祥苓知道孩子舍不得离开父母，童祥苓夫妇一次又一次亲孩子的脸总觉亲不够。汽笛鸣响了，火车开始启动，车轮转动的每次回响都加剧了祥苓夫妇心底的痛！列车远去了，带走了宝贝儿子……

预鸣复员回沪后，急于工作自立，当了钳工，他工作踏实，吃苦耐劳，在"文革"中落下了胃痛、腿伤、腰伤的病根。工厂改制、转型之后，他也曾去宾馆当过保安。童祥苓夫妇每当看见大儿子弯着腰，他俩的心便会阵阵地疼。儿子不仅是童祥苓生命的延续，也是他坎坷命运的延续啊！

童祥苓于1970年《智》剧拍片后不久，曾受命主演《磐石湾》，他在排练时不慎受伤，住院治疗，此后就在家中养伤。一年多了，他自觉伤病痊愈，便打乒乓球锻炼。一次，他弯腰捡球，不知怎么的，一下疼得直不起腰来，剧组伤科医生安广林说他闪了腰，肌肉受损，上药后嘱咐他卧床休养。

恰逢此时，剧团来通知，叫童祥苓演出《智取威虎山》。张南云赶紧向剧团领导说明情况，剧团领导和安广林医生便上门探望童祥苓，说这是为阿尔巴尼亚军事代表团演出，是一项政治任务，非演不可。躺在床上的童祥苓懵了，说："那我怎么演？"领导没有正面回答，却对安医生说："一定要治疗，保证演出！"

剧团领导走后，安医生坐着沉思，童祥苓则在床上生气："枪毙了我也演不了。"安医生突然对童祥苓说："我能

1972年，童祥苓在北京首都剧场饰演《磐石湾》陆长海

使你演。”童祥苓认为安医生与他开玩笑，他都站不起来了，怎么能演出又跳又舞的杨子荣？安医生说：“这两天先给你推拿，用药治治，演出那一天，你提早两小时到剧场，我会想办法。”童祥苓听了暗暗叫苦，话虽那么说，但到底有多少把握？演出时伤病发作，演砸了可怎么办？他人在病榻，心里却愁死了！

演出那天，祥苓由南云、预鸣扶着提早三小时来到剧场，见后台搭了一张小床，安医生要祥苓趴上去，他一会儿按腰，一会儿按背，又扭胳膊又拉腿，又用他那重量级的身体压在童祥苓的腰上，弄得祥苓哇哇乱叫。如此翻来覆去折腾了两个小时，安医生也累得满头大汗，弄完了，他叫童祥苓下来试试。童祥苓下了床，走几步，竟奇迹般地好了，没有半点疼痛，他显得很高兴。安医生说：“你先别高兴，演出中不会有问题，但演出以后会更疼。”童祥苓不信：“你别逗了，现在都好了以后怎么还会痛？”

演出中，童祥苓没有丝毫不适的感觉，戏演完，他坐在化妆间里喘气，工宣队进来说：“不是很好嘛！”安医生说，一个月内不能让童祥苓有任何劳动。这时，童祥苓想站起来，不仅站不起来，而且越发疼痛。在一旁的保健医生要给他打止痛针。安医生说没用，演出前他用推拿手法使童祥苓全身的神经麻木，达到止痛效果，当时好似失却痛感，但大量运动会加重伤势，这是救场，没有办法的办法。

这是“文革”时期才发生的漠视演员健康的怪事！其时讲政治，一切生命活动必须服从政治任务的需要，一切工作必须为政治工作让路，政治挂帅的观念不仅渗透到经济领域，而且贯穿到文化、教育、科技等各个部门的各行各业，它统率着每个人的生命意志，决定着每个人的行为方式与活动路径，任何人在政治任务面前必须低头屈从，并盲目、不计后果地去执行。个体生命完全成了不由自主地完成政治使命的工具！

童祥苓为“政治任务”去演出，常常累得疲惫不堪，每当回到家中，活泼可爱的小儿子童胜天一跳一蹦地出现在他面前，不啻是最大的安慰。

胜天长到四岁都不会说话，祥苓夫妇为此发愁。一天，南云听到屋外谁在唱《沙家浜》，“朝霞映在阳澄湖上……”她忙跑去一看，是不会说话的儿子胜天在唱，真是喜出望外。童祥苓之后也听儿子唱《奇袭白虎团》，还真有点味儿。童祥苓想：这么点孩子无师自通，大概受我和南云的遗传吧？这孩子有希望接我俩的班，如果有一天他也能成为京剧演员，我也死而无憾了。

1974年胜天九岁，上海“五七京训班”招考学生，南云在那儿当老师，就给胜天报了名。他长得挺好又会唱，考试老师也很喜欢他，但得到的考试通知单上却写着“政治条件不够”。因为京剧班必须要按于会泳定下的红三代标准招生，即祖宗三代都是工农兵。而名演员算是知识分子，属于资产阶级范畴，所以不予录取。

显然这一招生标准荒唐透顶，这与清王朝取爵位者必须以八旗子弟为先的反动血统论又有何区别？童祥苓气愤地说：

> 那么等京剧班的学生毕了业，当了演员又属什么阶级呢？那不变成资产阶级，这岂不背叛了自己的阶级吗？但对这啼笑皆非的混蛋规定我们毫无办法。我这个属于资产阶级的父亲，使孩子失去了学戏机会。

1977年，“四人帮”垮台，童祥苓看到了希望。此时，南云已由“五七京训班”调至上海戏校教戏，她请杨老师给胜天说点基本功，就要求让胜天考插班生。那时许多演员的孩子均被录取，唯独胜天未被录取。听说文化局的一位领导放话，为什么演员的孩子非要当演员？其实，京剧演员的孩子当演员是个传统，现在多少名角儿，他们的祖辈不都是演员吗？祥苓思之再三，始终没有弄明白，小儿子未被戏校录取的真实原因。不管童祥苓如何猜测，但双料名演员的儿子被排斥在戏校大门之外，却是不争的事实。倒霉的命运在胜天幼小的心灵上却打上了抹不去的烙印，也成为深深地留在童祥苓热爱京剧艺术赤子之心上的伤痕。

而在此前的1974年，童祥苓接到母亲的加急电报，得知父亲已故，要他们姐弟仨回北京料理丧事。此时，童芷苓虽从“牛棚”中出来，但仍在检查交待中。倘童祥苓与二哥童寿苓贸然去四姐家，告知噩耗，被人看见，又说童家人在开黑会：于是祥苓让保姆去通知四姐当晚来他家商量。童芷苓晚上来到小弟家，姐弟仨就在楼上堆东西的小屋里商谈。童芷苓说，照例父亲病故，姐弟仨俱应前往北京；但是，她尚未解放，向上面请假绝不会准，若偷偷去，万一开她的批斗会，寻不到人，又会大祸临头。所以，商谈结果，由二哥寿苓与祥苓赴京料理父亲丧事，并代四姐向父亲告别，并替她谢女儿不孝之罪。

次日，童祥苓向单位请假，工宣队说这是你家私事，只准三天。那时，没有高铁，没有动车，路上来回就要两天，办丧事只有一天，怎么来得及！无奈之下，兄弟二人只得乘飞机去北京，两张机票对于只有百把元工资的童家兄弟是一笔不小的负担。

到了北京，见了母亲与葆苓，祥苓与寿苓告知芷苓不能前来，母亲对两个儿子说，"你父亲死得不是时候。他是半夜里突然去世的，第二天才发现，现在遗体放在火葬场，等待排队火葬。"

因为时间紧迫，童葆苓当即带寿苓与祥苓去火葬场。它在北京远郊，只有一个火化炉，一间20多平方米的停尸房，也只有一个老师傅管理值班。当祥苓向老师傅询问童汉侠先生时，那位师傅就问是不是扮杨子荣演员的爸爸？祥苓称是，他看看寿苓与祥苓，指着祥苓说，你就是扮杨子荣的演员吧？又指着寿苓说他是哥哥。老师傅的眼力不错，他说完就亲切地带他们去看汉侠先生的遗体。

汉侠先生排在第三个位置，遗容消瘦，神态却很安详。寿苓、葆苓、祥苓向父亲遗体鞠躬告别，因为老师傅在旁边，不好说童芷苓没解放，只道她因故不能来送他，他老人家在天之灵会明白的。他们同老师傅商量，因上海有任务，母亲年龄大不能前来，能否将汉侠先生的遗体早点火化，他们取了骨灰可以马上返回上海。老师傅对寿苓说，童祥苓扮演杨子荣家喻户晓，对京剧有贡献，照顾一下人家不会有意见，并让他们明日来取。

次日，老师傅把一切都办妥了。祥苓取骨灰时，向他敬了支香烟，感谢他帮他们尽了孝心。老师傅风趣地说，要不是汉侠先生，还无缘相见呢。老师傅的朴实敦厚给童祥苓留下难忘印象。

料理完父亲后事，寿苓、祥苓告别母亲与葆苓返回上海。

## 四十七　受委屈的人民代表

可以荐嘉客，奈何阻重深。

——（唐）张九龄《感遇·江南有丹橘》

1975年1月13日至1月17日，第四届全国人民代表大会在极端严格的保密措施下秘密举行。

从1975年1月至1978年2月的三年里，仅召开过一次为期5天的正式大会，这次会议创全国人大正式会议时间最短的纪录。但大会的筹备工作居然长达五年。

全国人民代表大会制度，是从1954年9月开始创建的。正常情况应五年一届，每年开大会一次，常委会会议次数没有固定。第一届全国人民代表大会从1954年9月至1959年4月，第二届从1959年4月至1964年12月。第三届全国人民代表大会第一次会议1964年12月召开。会议选举刘少奇连任国家主席，朱德连任全国人大常委会委员长。“四清运动”之后，爆发了史无前例的“文化大革命”。作为全国人民代表大会选举出来的国家主席刘少奇被“打倒”，从1966年8月起，全国人大及其常委会便没有开过一次会议。

20世纪70年代，斗争稍见缓和。中共“九大”既已开过，毛泽东便建议召开新的一届全国人民代表大会。然而，此间发生了“林彪事件”，使得四届人大的筹备工作一波三折，大会一再延期。

1975年元旦过后的一天，工宣队丁某找童祥苓谈话，说马天水、徐景贤等市委领导，在中苏友好大厦（今上海展览中心）召开上海文艺界领导成员会议，讨论选举全国人民代表大会事宜，马天水提议让童祥苓作为人民代表。也许在马天水看来，童祥苓毕竟是上海京剧院的演员，他演杨子荣在全国已家喻户晓，推荐他为代表名正言顺，也为上海争光。然而，徐景贤却犹豫不定，因为他深知张春桥对童家人与童祥苓有成见，不敢贸然表示赞同，便补充说，童祥苓现在不上班，不练功，革命意志衰退。当时一位军队代表站出来向市领导解释，童祥苓因排戏摔伤在家养病。对于市领导的意见，上海京剧院不能不讨论。在剧组会议上大家一致同意童祥苓当选人民代表，希望童祥苓养好伤继续为革命文艺作贡献。

童祥苓则对丁某说，感谢领导与剧组全体同志对他的关心，但自己属于改造对象，是有罪之身，怎敢有此奢望？他坚持让丁某转告市委领导取消对他的提名。

其时，上面定下的事情哪容童祥苓去改变，他仍然当上了人民代表。

1975年之前，虽然尼克松访华，中美共同签署了上海联合公报，两国承诺会为外交关系正常化而努力，但尚未正式建立外交关系；中苏关系十分紧张，勃列日涅夫扬言要对我国进行核威胁！所以，此间四届人大便在极为保密的情况下召开。

童祥苓随上海代表乘专机飞抵北京后，立即乘上挂了窗帘的大巴士送到隶属于中国人民解放军总参谋部的京西宾馆。京西宾馆饭堂和住宿的楼并不连在一起，吃饭得跑个二三百米。保安部门经常通知，说苏联和东欧“修正主义集团”使馆的车子在附近徘徊窥伺，要我们提高警惕。说去饭堂的时候，走路尽量要往边靠。

1975年，童祥苓赴日所用护照照片

1975年1月13日晚去人民大会堂开会。据港澳地区代表吴康民先生回忆，为保密起见，通知要走秘密通道。晚饭后，点好人数，乘坐大巴士出发。先去一家大宾馆，然后由宾馆的地窖走入地下通道。通道只有微弱的灯光，总之随着人流走，并拐了几个弯。走了40分钟左右，才到达人民大会堂。

周恩来抱病出席大会，大会开幕之前，大家都在猜，毛泽东主席会不会出席大会；大会开始后，没有见到他，大家都有点失望。

周恩来总理抱病出席了大会，并作了政府工作报告。这次政府工作报告是历届人代会中最短的一份政府工作报告，也是周恩来总理向大会作的最后一次政府工作报告。考虑到周恩来的身体状况，毛泽东特地指示邓小平："总理只讲半个钟头左右。"规定半个钟头，主要是保证周恩来总理能够站着读完报告。周恩来以前曾经一口气讲3个钟头不休息也没有问题，但现在无论如何不行了。

邓小平按照毛泽东主席的意见，把起草小组写出来的草稿进行综合，浓缩成了不到5 000字的报告。这一次的人大会议，只有开幕和闭幕的两次大会，剩下的是几次各省市代表团的会议，没有小组会，也没有讨论宪法草案和政府工作报告。在酝酿选举领导人的时候，只有一张名单，并无任何简历。因为，这些文件和人选都是"无产阶级司令部"决定的。所以，即使是有限的几次代表团的会议，实际上也变成了"表忠会"。

人大会议结束那一天的晚上，天安门、东西长安街的街灯大放光明。当晚广播中有第四届全国人民代表大会第一次会议闭幕的消息，这次会议才算是公开了。

谈及担任四届人大代表的体会时，童祥苓深有感触地说："我预感到我这个代表的日子不会好过。"果不其然，在他当代表的几年中，遇到几件事，让他感到委屈：

有一次开会，为了照顾老弱病残，在电梯里放了一把椅子，可当电梯门一开，我周围几位老先生用手一摆说，祥苓同志请坐，我说这是为照顾你们前辈的，他们回答不，这个座位应当我坐。面对鄙夷与讽刺，我只好苦笑地面对，我向他们鞠躬致意，请他们先进，然后跟着立在一边。由于《智取威虎山》的成功，我这个扮演一号人物的童祥苓理所当然地成为江青的"红人",必然会入党做官,但他们哪知,不吃黄连何知其苦啊。

童祥苓的分析是一个方面的原因,更大可能是这一批刚"解放"不久的老干部、老同志,对"四人帮"横行的愤怒与怨气,发泄在成为"红人"的童祥苓身上,但他们并不了解童祥苓在剧组内的处境,使他受到了不该有的伤害。

童祥苓开会住在京西宾馆,据他回忆:

> 午饭后我在走廊迎面碰上一个人,个子不高,皮肤黝黑,健壮的身躯,他以粗犷的声音对我说:"喂,祥苓,到我屋里去玩。"我定目相视,乃许世友将军,我应付他说,过一会儿。很快许将军的秘书到我屋里说许总喜欢我,问我怎么不去呀?对许将军的耿直为人,我早有耳闻,哪有不想结识之理,无奈我有难言之隐,因对我有禁令,与任何人来往都需向领导汇报,岂能因我而给许将军惹事,我只得托故有空去看许将军。真巧,晚饭后又在走廊同一地方看见许将军,他非常随和地问我怎么不到他那儿去玩,他喜欢听我唱一个段,他把我拉到走廊椅子旁,我们面对面而坐,他说唱一段,我问就在这儿?他看出我有点为难,就说小声哼几句也好。我就哼了《今日痛饮庆功酒》,不料还没哼完,上海市委的杨秀珍从屋里出来喊我过去,我赶快向许将军鞠躬道别,他拍拍我的腿鼓励我别怕。我进屋后,杨秀珍责问我为什么给他唱,我说我演的解放军,许将军是解放军,解放军喜欢听解放军,我哪能拒之不唱,在情理之下她总算没记这笔账。

童祥苓的记述十分真实,许世友将军耿直可爱的形象栩栩如生,仿佛如在眼前,但从中不难窥见,即便到了1975年,军队高层领导以及老干部们与"造反起家"的"四人帮"的同伙隔阂有多深!而作为一个普通的京剧演员却在这个政治漩涡中进退维艰，必须如同走钢丝般十分谨慎，注意平衡，稍不留意即会遭遇坠落的悲惨命运。



然而，令童祥苓万万没有想到的是，就在他作为四届人大代表在北京参加会议期间，却意外地被江青剥夺了演戏的权利。

有一天代表们去看《平原作战》，我请假回去看望母亲，把邻居电话留给会务组，以便联系方便。我在家与母亲刚吃过晚饭，邻居让我去接电话，原来江青在剧场，让我去见她。车子把我接到剧场，有人领我到首长休息室，当时在座的有几位老领导，其中一位我知道是乌兰夫同志。不一会儿，江青从里间出来，她说我嗓子坏了，声带上长了小结，不能再唱，我说我从无此病，但她还是对我说不要唱了，干点别的工作。然后就要我陪她看戏。她一会儿说这儿，一会儿提那儿。我根本无心看戏，因为现在是我看人家演戏，回去我就不能当演员了。

散场后我坐上海代表车一起回去，车上人们都以为我很风光，他们哪晓得这是一场多不容易看的令人心碎的戏呀？回到上海没多久，戏院办公室主任许俊同志让我接一个北京的电话，一位文化部副部长传达了江青三点指示：一是养养身体，二是不要演戏啦，三是干些技导工作。这是我预料到的，从此舞台上我的身影消失了。

当了人大代表后，我看到人们对我的恨，也感到人们对我的爱，恨与爱，是与非，谁能说得清呢？郑板桥说难得糊涂，而我这一生只能是难得明白。

一个全国妇孺皆知、扮演英雄杨子荣的著名京剧演员的艺术生命，就这样被江青貌似关心的三条指示扼杀了！其时童祥苓才40岁，从艺术表演的角度去衡量，他正处于艺术表演的黄金期与旺盛期，怎么江青的三言两语就要把他赶下舞台呢？这未免过于残酷，匪夷所思！

笔者反复思索，江青不让童祥苓演戏可能鉴于以下几种原因：一是凡在所谓的样板戏中担任主要角色的演员，均不在其他新的样板戏中领衔演出，以造成在革命文艺路线的指引与江青的培育下，革命文艺队伍中新人辈出的假象。童祥苓在《磐石湾》中扮演民兵连长陆长海，无论唱念做打都相当出色，但却坏了江青定下的“规矩”，最终还是让李崇善替代了他。二是童祥苓毕竟是童家班的一员，在“四人帮”看来，童祥苓一直未与“文化特务”的嫌疑分子童芷苓划清界限，不可信用。三是于会泳对童祥苓始终存有报复心理。童祥苓在广交会演出期间，因迭遭工宣队刁难，影响情绪与休息，以致嗓子失声，险些不能演出的事故发生之后，于会泳以此为由向江青“进言”，从而使江青下决心剥夺童祥苓的艺术生命。

上述纯属笔者的分析，其真实原因尚可作深入的研究与探讨。不过，江青一面召见童祥苓陪她看戏，一面虚情假意表示关心、其实挑明了让童祥苓离开舞台的恶劣表演，反而使人感觉到她用心的险恶与手段的狠毒！在舞台上为塑造好解放军的英雄形象、艺术上玩命的童祥苓，难道是一个可以任人弃用的工具？敝帚尚自珍，况人乎？然而，悲催的结局已清楚表明，在打造“样板中的样板”过程中立下“汗马功劳”的童祥苓，确实被“四人帮”利用之后成了弃之不用的敝帚。这是一个演员在特殊的年代里遇到的厄运！

童祥苓不明白，又有谁明白呢？

# 第十章 满江秋浪碧参差

1983年2月，上海京剧院开始进行经营体制改革，童祥苓与李炳淑等几个著名演员，根据院里领导的要求，勇挑重担，自负盈亏，承建了承包演出团。童祥苓率团赴外地演出过程中，“常求有利别人，不求有利自己”，事无巨细，必亲作亲为，累得口吐鲜血。承包期满，他带回了剧团管理的经验，与李炳淑、红线女等受到中央领导的接见。山高月小，水落石出。这一段承包的历史依然显示着值得总结的价值。

# 四十八　演与不演的尴尬

风力掀天浪打头，只须一笑不须愁。

——（南宋）杨万里《闷歌行》

1976年10月6日20时左右，华国锋、叶剑英、李先念等代表中共中央政治局，执行党和人民的意志，采取断然措施，先后果断地逮捕了江青、张春桥、姚文元、王洪文。1976年10月18日，中共中央发出《关于王洪文、张春桥、江青、姚文元反党集团事件的通知》。粉碎“四人帮”反革命集团的胜利，标志着历时10年的“文化大革命”从此结束。全国亿万军民，随即举行盛大的集会游行，热烈庆祝粉碎“四人帮”的历史性胜利。

“四人帮”倒台后，在邓小平复出之前，由于华国锋同志执行“两个凡事”的方针，平反冤假错案的工作尚未完全落实。此时，童祥苓的四姐童芷苓，虽未完全落实政策，但已获人身自由。

一日，童祥苓接到小姐姐童葆苓从北京发来的急电，得知母亲病重，他因院内排戏有任务，就由四姐童芷苓与二哥童寿苓先去北京探母。不久，他收到母亲病危的电报，便向上海京剧团请假。剧团只给了他三天假，回沪后要继续排戏。于是童祥苓便赶快买票赶往北京。

到了北京，童祥苓刚进家门，母亲陈氏就睁开了眼睛望着他。祥苓快步走到母亲床前，声音哽咽地说：“娘，不孝儿子来迟了！”说着一串热泪滚了下来。已躺在病榻不能动弹的陈氏，望着打小就疼爱的小儿子声音低低地说：“儿子，不要难过！人都是要走的！”病危中的母亲，反而握着祥苓的手，宽慰着久别重逢、心疼如绞的小儿子，祥苓的满脸泪水便止不住地滴落到母亲手上。他问母亲：“娘，您哪儿不舒服？”陈氏说：“娘肚子很痛！”祥苓就用手轻轻地给她揉肚子。陈氏说：“你给娘揉揉，感觉好多了。”祥苓心中明白，这已起不到任何作用，只是慈祥的母亲宽慰自己罢了，此间的一句平常话却蕴含着多少母子深情！

照顾陈氏的金阿姨对祥苓说："老太太一直盼您回来，一直不说话不睁眼，您一到就睁眼说话了。"是啊，童祥苓心中明白，他是母亲最小的儿子，母亲一直在等着看他最后一眼啊！

吃晚饭时，童家兄弟姐妹围桌而坐，童祥苓感慨万分，多少年了全家没有坐在一起吃过一顿团圆饭啊！他看着四姐童芷苓，她这些年明显衰老许多，眉眼间已隐隐显露皱纹，她过去保养得多好，是一个多么靓丽的北国女子，但"文革"的疾风骤雨却无情地摧毁了她的花容玉貌！

家人自然关心她那些年所遭受的非人待遇，童芷苓提起往事，仍心有余悸！对她来说十多年的"牛棚"生活，不如被关进监狱。在上海京剧院里，白天大家上班时，她尚有一些安全感，每当夜里院里无人时，她就心惊肉跳，不知会遭受什么折磨，犹如过鬼门关一样。一次，四个造反派每人手里拿着一根藤杆分站四角，让她站在当中，然后这边一棍打过来，那边一根打过去，似打网球。还让她趴在长凳上，用冷水泼在腿上，然后用棍子打。童芷苓常常被打得遍体鳞伤，血迹斑斑，打手们还不准她对外说出一个字，不然就加倍惩罚。最残忍的是，他们把童芷苓装在麻袋里，扎上口袋，从一楼拖到六楼，再往下拉，往返数次，每次童芷苓用双手保护着头，可腰部背部却受到很大损伤。打手们还把童芷苓的头按在抽水马桶里不断抽水，童芷苓被憋得昏死过去。

童芷苓声泪俱下地诉说着。童祥苓听了，怒目圆睁，气得紧握双拳，恨不能一拳砸向这几个暴徒，为四姐讨回公道！

据说，这几个打手都是来自京剧院学馆的造反青年，其时，他们彻底被"造反有理"的反动理论洗脑，不分黑白，不辨善恶，到了癫狂状态，他们以打人取乐，还自诩"革命"，完全沦落为暴徒。后来在拨乱反正的运动中，他们的劣行被群众检举揭发，由于其行为已构成刑事犯罪，受到了法律的严惩。

次日，童祥苓要赶回上海，临行前再次给母亲揉肚子，待母亲睡着了，让二哥来接替他，倘母亲醒来唤他就让二哥替他应着。身为人子，不能给老人家送终，祥苓心中怎不愧疚？但院里只给他三天假，他有什么办法呢？想到母亲临终尚有二哥、四姐守在身边，要比父亲幸运得多，也可瞑目了。

“四人帮”倒台后，童祥苓有了重登舞台的机会。

1976年10月13日，曾任南京市市长、江苏省委书记的彭冲，再次（前几天才进京听“粉碎四人帮”的“打招呼”会）奉命进京。这一次，中央交给他一项非同小可的任务——和苏振华、倪志福一起紧急接管上海。当晚，中央决定任命苏振华为上海市委第一书记、倪志福为第二书记、彭冲为第三书记。一周后，10月19日，苏、倪、彭一行抵达上海。彭冲担任上海市委第三书记期间，协助苏、倪迅速控制了上海的局面，坚决刹住“四人帮”余孽捣乱市场的妖风，发动干部群众深入揭批了“四人帮”在上海的罪行，并收集了大量“四人帮”的罪证，为后来审判“四人帮”提供了极大的支持。一干三年，1979年，彭冲担任上海革委会主任、上海市委第一书记。

据童祥苓回忆，他在“四人帮”倒台后的初次登台，就是由彭冲作为上海市委的领导率队去南京部队的那次慰问演出。

> 那时候，我不敢唱《智取威虎山》，唱的是传统段子。南京军区廖汉生政委召见我们时问我为什么不唱《智取威虎山》。我自己的作品怎么不想唱？可当时真是一言难尽，连我自己都不明白对与错、是与非了，一时我找不出合适的话来回答。廖政委看我不吱声，便说，就因为是江青领导的，就都成了江青搞的，她有那么大的本事，把她抬得那么高，难道不是你们演员辛勤劳动创造出来的嘛，给战士不唱杨子荣怎么行，从明天起唱《智取威虎山》。演出时，当战士们听到“共产党员时刻听从党召唤”时，情绪非常高涨，非常喜爱该剧。我每想起廖政委的话，便感到既实事求是又有道理，很可惜不是每个人都能这样理解。

尽管在部队首长的管辖范围，童祥苓唱了《智取威虎山》，但回上海演出，有关宣传部门对唱现代戏并不支持。童祥苓回忆道：



> 有一次在共舞台演出，院里原定每人一段老戏一段现代戏，等我到了后台，大家就都改唱传统戏了，我问电台同志为什么？一位女同志回答说，你愿意唱可以，但我们不予录音。
>
> 我想这也不是她的想法，我也不愿为这些事争论了，就改唱了传统戏，从此我就不唱现代戏了，因为不论唱什么，老让人家说长论短，评头论足。

1985年，李先念主席到上海，童祥苓与妻子演了《武家坡》。李先念上台与演员们握手，他问童祥苓《智取威虎山》还唱不唱，童祥苓十分尴尬，不知如何回答。李先念说有几段很好听，可以唱唱嘛。这让童祥苓对唱《智取威虎山》有了些许期待。

此前的1977年，上海京剧院一面清查“四人帮”余孽，一面进行创作，《智取威虎山》剧组排练《甲午海战》，童祥苓扮演邓世昌，以此纪念毛主席《在延安文艺座谈会上的讲话》。《甲午海战》刚排不久，中央有关部门让他们排练《智取威虎山》来纪念《讲话》发表35周年。大家听了院方的口头传达，你看我，我看你，不知所措，末了，全体一致建议必须有中央的红头文件他们才能演出。鉴此，中央有关部门让剧组详细谈了《智取威虎山》的创作始末，而且要具体到创作细节。通过编导、作曲、舞美、演员的讨论，童祥苓才知道这个戏，除了毛主席、周总理在修改中提出意见之外，将军们也提出了方案。如，中国人民解放军不会光听了土匪的口供就冒

1976年，童祥苓饰演《甲午海战》邓世昌

险上山，而是通过侦察员深入群众，掌握了一手情报后，才可能深入敌巢，还具体提出加一个女孩来丰富人物和音乐形象。《深山问苦》就是这样创作出来的。贺龙元帅提出杨子荣既改扮饲马副官为什么不骑马，许大马棒的青鬃马就是身份的证明，在京剧中骑了马就可以舞起来了，后来第四场就加了马舞。德国大使看完戏提出，一枪打不死老虎，要用德国造的连发枪才能把老虎打死，后来就改放排枪。

创作过程的报告呈上去后，中央红头文件下达，不用修改可以上演。于是剧组在人民大舞台演出7场，不敢多演，怕没人看。孰料售票仅3小时，票就抢购一空，使人大为意外。

演出结束后，剧组成员并不兴奋，因为此后剧组就要解散了，演员及舞美等工作人员将安排在上海京剧院下属的几个剧团中去。剧组的同志毕竟从剧组成立伊始，相处十来年，彼此深有感情；然而世上哪有不散的宴席，分手是必然的。

上述情况不难发现，当江青把现代京剧变成“革命样板戏”，成为她的政治资本之后，从中央到一般民众对它确实有个再认识的过程。如，《智取威虎山》的成功，是上至毛主席、周总理、贺龙元帅和将军们，下至广大文艺工作者以及广大观众共同的智慧结晶。虽然这些作品经过干预，存在政治口号化的弊端，但作为一个特定历史时期的产物，不应全部否定或排斥，在百花齐放的文艺舞台上仍应占一席之地。童祥苓在《自传》中对此有些悲观，他认为“我们剧组一百多人，花了五年半辛勤创作的《智取威虎山》，就此成了历史”。

但随着时光的推移，半个世纪过去了，《智取威虎山》并没有被历史所湮没，时至今日，由上海京剧院中青年演员李军、傅希如、蓝天以及北京京剧院杨少朋等，继承老艺术家的衣钵，在社会主义新时期的文艺舞台上数度上演《智取威虎山》，使这个经典的现代京剧焕发出璀璨的新气象，依然为观众们热捧，也许能给童祥苓以不少宽慰。

上海京剧院在清理冤假错案时，不少演员落实政策，从五七干校、五七京训班、上海戏校陆续回到京剧院，参加各种演出，唯有张南云与大嫂李多芬依然未调回京剧院。童家人在“文革”中被诬陷为“反动封建帮派”而遭受迫害，被赶出京剧院，现在为何不予平反？张南云曾多次要求将她的关系转回京剧院，但迟迟未予落实。童祥苓百思不解，实在忍无可忍，便找到文化局的有关领导，请教究竟是哪个部门不同意南云返回京剧院？这位领导便对童祥苓说，你问这个有什么相干？童祥苓便直话直说，张南云的关系是被工宣队强行转走的，我要去北京向有关部门申诉，如果败诉，回来后任凭处置。这位领导劝童祥苓不必去，了解一下情况可以解决。后来经上海戏校校长周继璋先生大力相助，南云终于回到京剧院，恢复了她的演员身份，夫妻俩又在上海共舞台共同演戏了。南云重登舞台时，观众们还以为上海京剧院调来了一位新演员。

粉碎“四人帮”不久，在落实政策方面尚有一定阻力，某种程度上人际关系起了一定作用。

那时候，为肃清“四人帮”余孽，上海京剧院与其他单位一样，有工作组进驻。1978年元月，上海统战协会通知童祥苓去开会，遇见著名歌唱艺术家朱逢博，两人都不清楚所来为何。当会上宣布童祥苓、朱逢博等人为全国政协委员时，童祥苓做梦也未想到，不知所措。回到京剧院，工作组的王某看着童祥苓说：“你是全国政协委员啦？”童祥苓不无自嘲地回答：“我这个‘四人帮’的小爬虫也没想到啊。”

党和政府、上海市政协推选童祥苓为第五届全国政协特邀委员，是对童祥苓献身京剧艺术，尤其在现代京剧《智取威虎山》中成功塑造解放军英雄形象杨子荣所作努力的充分肯定，也为他与“四人帮”划清了界限，替他卸下了一直纠结于心、说不清道不明的沉重负担，十多年来，这种精神压力如影随形，始终跟随着他，无论台上还是台下，压得他透不过气来，现在这一政治殊荣的倏忽而至，让他顿时产生一种云开日出、重见天日的感觉，似乎去掉了套在身上的无形枷锁，浑身说不出的轻松。对他来说不啻是心灵上的第二次解放。

中国人民政治协商会议第五届全国委员会第一次会议于1978年2

月24日至3月8日在北京举行。第五届全国政协委员共有1 988人，出席会议的委员有1 862人。他们当中有中国共产党的代表；有跟随毛主席南征北战几十年的老干部；有长期同中国共产党合作，对中国人民革命事业作出过贡献的各爱国民主党派和各界爱国人士的代表；有在社会主义建设中作出了贡献的科学技术、教育、文化、卫生、体育等各界人士；有全国各民族的代表；有工人、农民、妇女、青年的代表；有台湾省籍同胞的代表和港澳同胞、归国侨胞的代表和其他有代表性的人士。第五届全国政协委员的人数比上届增加了三分之二，人数之多和代表性的广泛，都是空前的。

会议期间，童祥苓与上海来自其他文艺团体的青年代表同在一组。祥苓其时43岁，与不少年龄较大的政协委员相比算是年轻的。这些年轻的政协委员在一起，大家充满活力，热情洋溢，讨论时结合本部门或本单位的情况，踊跃发言，献计献策，真诚地希望社会主义祖国各方面日益进步，也真心实意地愿意为繁荣社会主义文艺事业贡献自己的一份力量。

3月8日，五届政协第一次会议，一致通过中国人民政治协商会议章程和决议，一致选举邓小平同志为政协全国委员会主席。大会在全体代表热烈掌声中隆重闭幕。

童祥苓带着愉悦的心情返回上海。

## 四十九　筹建承包演出队

社会犹如一条船，每个人都要有掌舵的准备。

——［挪威］易卜生

1982年，上海京剧院领导曾通知童祥苓约谈，祥苓已有所闻，此间凡领导约谁谈话，谁就当团长。童祥苓只想演戏，压根儿没有想当干部，故未去院部。孰料，院部两位领导携一位两鬓苍白的老先生光临童家。

领导向他说明了上级决定要让一些主要演员担任团里领导工作，希望他接受二团第一副团长职务，这样可以开全院大会，宣布各团新领导班子。祥苓再三表明他是演员，不是当团长的料，又说院里有人认为他演杨子荣，是江青的人，不适合调到领导岗位，请领导重新考虑人选。

那位老先生开口了：“‘四人帮’倒台，经两年审查，你没有参与他们的任何活动，仅是一个演员，是工作关系，而且那时候你的日子并不好过，你不属于‘三类人’的问题。这次团领导人员的任命，充分征求了民意，你的票数居多，现在文艺部门正需要一些有较强业务能力的同志出来挑担子办好剧团，希望你能接受任务，不负大家对你的期望。”

祥苓是一个性情中人，听了老领导这番话，知道领导与组织上通过两年多的政审，还他一个清白，心中自然非常激动。他坦言，在接受任命之时，如果领导能按邓小平同志所说，能对他这个演员“肝胆相照，荣辱与共”，他也将以八字相告：“鞠躬尽瘁，死而后已”。

于是，童祥苓接受了院部的任命。

童祥苓满怀热情地参加了二团领导班子的第一次会议。会上争论不休，让童祥苓带队演出，却连行当都配不齐。他发现剧团主要问题是领导之间争权，为自己的小集体着想，缺少大局观，加之一些阿谀奉承之徒拍马溜须，使得有真才实学的人出不来，上不去。童祥苓认为：

> 剧团的改变首先就是干部的改变。作为艺术领导既要有高水平的业务专长，又要有大公无私的宽广胸怀，要有远见有魄力，善识才能爱才，这样的干部在群众中才能得到信任，有权威性。剧团还要注意道德素质，只有建立有事业心，能吃苦耐劳和有纪律的群体，才能形成各就各位，行当整齐，高质量、有艺术风格的剧团，京剧艺术才能繁荣不衰。这无疑要动一次大手术。

1983年，上海京剧院着手体制改革，考虑各团建立承包队。

粉碎“四人帮”之后，京剧各院团演出传统戏，可以说场场爆满，生

1982年赴香港演出《桑园会》，童祥苓饰演秋胡，张南云饰演罗敷女

1982年赴香港演出，张南云饰演《武则天》上官婉儿

1982年赴香港演出，童祥苓饰演《龙凤呈祥》乔玄

意红火；那是因为整整十年“八亿人民八出戏”，人民对所谓“样板戏”已产生了厌恶情绪。传统戏的恢复与上演，不啻吹来了一阵和煦的春风，在舞台上呈现了全新的绚丽色彩。

然而，不出两年，演出市场却出现了迅速下滑的趋势。

原因有二：一是很多青年演员，由于十年荒废，疏于基本功的训练，缺乏对京剧艺术的敬畏之心而导致艺术上的粗糙；二是各院团完全进入机关化，行政人员超编，人浮于事，剧团就在几个有限的大城市演出，不深入基层，不深入中小城市与乡镇，遂使演员演戏难，不要说几个名演员少有演出机会，青年演员更缺少舞台锻炼的实践。在本地舞台或去就近的大城市演出，观众看腻了，上座率也平平，几乎演一场亏一场，不演不亏，越演越亏。

就以北京京剧团为例，过去除解决演出服装、道具的添置与演员的工资之外，每年还能上缴国家几十万元。可是，这几年，机构大了，人员增至700人，反而每年要国家补贴100多万。

为了摆脱这种急剧下滑的困境，1981年春，北京京剧团率先对剧团的管理体制进行了试验性改革，京剧表演艺术家赵燕侠勇敢地站出来，表示她愿意拉出一拨人马，由京剧一团的70多人组建一个自负盈亏的承包演出队去外地巡回演出。这一举动打破了院内人人吃“大锅饭”、搞平均主义的僵局，真是一石激起千层浪，在全国京剧院团产生了广泛影响。

赵燕侠说干就干，雷厉风行，从当年4月带队出征，演遍了关外及大江南北的许多城市，所到之处场场爆满。1982年秋天，赵燕侠带队来到阔别16年的上海劳动剧场（今逸夫舞台）演出，海报刚贴出，剧场门口就排起了长队。票子三天后才开始预售，上海的观众已迫不及待地连夜排起“长龙”，有的还自带小板凳，准备等待30多小时，为的是买到一两张票，一睹老艺术家的舞台风采。演出那十多天，剧场内外人山人海，成了上海京剧爱好者的盛大节日。

截至1983年，赵燕侠的演出队在14个月的演出中，共演了340场戏，收入20多万，除演出开支外，上缴8万元，提取公积金4万元，大家分得现金6万元。须知其时团内平均月薪才50多元，演出中每人每月可分到50元至100元不等，几乎月工资增加了一倍多。

北京京剧院一团一队的大包干无疑在上海京剧院团引起了强烈反响。

其实，北京、上海两地的京剧院，情况颇为相似。上海京剧院共有演员673人，人虽多，但行当比例严重失调：旦角60人，生角60人，人称“一窝旦”，“一窝生”，摆不平，拖不动，长期窝在上海滩。人才积压，中、青年演员舞台实践机会少，许多人员甚至根本没有演出机会。整个剧院处在一个懒散、瘫痪的局面。有人形容演职人员的生活是“抱孩子，洗盘子，捅炉子，出乱子”。但国家每年却要为剧院补贴80多万元，1982年达到115万元。

1983年元旦，文化部部长朱穆之，了解并总结了赵燕侠演出队的承包经验之后，在《改革，才能开创文艺工作的新局面》的讲话中提出：“农业改革的基本精神与原则一般也适用于文化艺术事业，就是要实行责任制，联产承包。”

这一讲话明显地释放了一个信号：京剧作为各个剧种的龙头老大，已到了非改革不可的时候。同年1月29日，《人民日报》刊登了北京京剧院一团一队试行经营管理体制改革的报道。此事大大激励了上海京剧院改革的勇气，剧团内纷纷酝酿改革方案。

没过几天，剧院出台了“自愿结合，相互协商，组织安排，领导批准”的准则，声明三个团打破壁垒，自由组合。

童祥苓就是在这样的形势下，根据院领导的要求筹建承包队的。

童祥苓在《自传》中写道：

> 我和南云虽知有风险性，可这是我们尝试对剧团改革想法的机会，经院里同意我们请二团的项顺发、梁大成、王蕾、禹珠宝四位同志和我组成团委会进行筹备。大家夜以继日地在我家里开会，有时

直到天亮，研究名单、改革目的、规章制度、经济核算等每个细节草案。在向院里交草案之前，我曾亲往文化局某领导家中，向他汇报情况，询问他可否，他一口支持说应当改革，别说一年，你能顶住半年，我不但不向你要钱，我还要奖励你钱。得到他的承诺，我向院里交了完整的草案，经过三个月广泛的征询谈话，在单位与个人双方自愿结合下，我们75个人成立了上海京剧院第一个承包队。

团里实行一长制，童祥苓作为团长领导团里的业务工作。团里的党支书记是傅杰同志。

1983年第2期的《上海戏剧》在《上海戏剧战线体制改革正在积极推行》一文中作了报道：

2月4日，上海京剧二团实验演出一队、二队（一队、二队即后来通称的“童祥苓承包团”和“李炳淑、李长春承包团”）和院方签订承包合同，并为此举行了隆重的签字仪式。上海市委宣传部长陈沂、上海市文化局长李太成出席了签字仪式并讲了话，表示赞同与支持。这两个演出队分别由童祥苓和李炳淑、李长春为代表，试行期为一年。在一年的试行中国家发给童祥苓所在队百分之八十工资，其中百分之二十作为浮动；发给李炳淑、李长春所在的队百分之七十工资，其中百分之三十作为浮动。浮动工资由他们自行补足，各项开支均由他们自己负责。建队后，他们将根据本队的情况制定建队方针、管理制度与分配的方法。

签字的当天，上海电视台作了现场直播。

然而，当院领导把一份合同交到童祥苓手中时，他看了傻眼了：原先团里答应给百分之八十的工资，改成了百分之七十，国家给每人的粮食补贴、少数民族补贴等也均由承包团承担，还不同意分账立户。许多条款和当初协商的条件距离甚远。于是，童祥苓与几个团委紧急商量，决定把真相告诉大家。大伙儿说，改变了条件也要跟着他干半年。

童祥苓虽然为同事们顾全大局的热情所感动，却难以排解心中的困惑：为什么口头上支持并承诺的领导会改变条件？手中的合同只对承包团具有约束力，却对院部与上级领导毫无约束。须知他身上担起的是一个70多人家庭生活的重担啊！他拿着合同的手瑟瑟发抖，仿佛握着千斤重笔，久久不敢落下。全队的同志齐声高呼："童团长，你签吧，我们跟你走！"童祥苓心里无比激动，他感谢同志们对他的理解，因为大家将在未来的大风大浪里与他一起风雨同舟，肝胆相照，荣辱与共，经受考验！于是，他终于下了狠心，签了这份并不公平的合同。

客观地分析，当初领导口头上答应发给童祥苓所在的承包团的工资高于李炳淑、李长春承包团十个百分点，一种可能是给童祥苓配置的行当相对较弱，给予的演出设备还不够俱全，于是给了一定照顾。一俟讨论并研究具体方案时，遭到了来自其他承包团的非议，为了一碗水端平，院领导只能采取一视同仁的办法。这也是国营单位常会遇到的共性问题，通常也只好用平均主义的简单办法加以解决。然而，这对承包团的责任人童祥苓来说无疑增大了压力。

事后，童祥苓也据理力争过。他曾去院里谈一些具体问题，一旁的一位文化局的联络员却半开玩笑地说："现在你已上马，不好好干我就用鞭子抽你。"童祥苓当即用嘲讽的语气回敬道："你手里一直拿着鞭子就会抽人干活，除此你还会什么！"另一位院领导却令人啼笑皆非、半真半假地说："犯了错误要把你抓进去。"童祥苓反唇相讥："体制改革是党中央提出的大事，我深信绝不会错，如果犯了错也是你们负责，这事是你们让我干的，咱们是一条绳子上拴住的蚂蚱，跑不了我，也蹦不了你。"

上述情况说明，除了当时文化局有关领导承诺的条件不能兑现，说话缺少诚信之外，由于因循势力的顽固与保守，来自京剧界管理层的阻力不小，体制内的改革步履维艰。

# 五十 浪里行舟的三泰演出

人生不是享乐，而是一桩十分沉重的工作。

——［俄］列夫·托尔斯泰

承包伊始，项顺发同志几经努力，在江苏泰县（今姜堰市）、泰州市、泰兴县三地定了三个月的演出合同，王雷同志准备了所有的宣传工作，梁大成、禹珠宝领导大家投入了三台戏的排练。正当大家紧锣密鼓地准备演出之际，院里却迟迟不发给服装以及灯光音响等设备，虽多次请求均无果。在走投无路的情况下，童祥苓与几个团委只得求助于市委胡立教书记，他很快在康平路接见了童祥苓与梁大成。胡立教书记听完二人的汇报立即打电话给江南同志，让他转告京剧院马上发给服装与设备。

童祥苓见胡书记为这一小事亲自打电话交涉，无比激动，顿生感慨：如果主管部门的领导，都能像胡书记那样给予热情支持该有多好！

告别时，童祥苓拿出与京剧院签订的承包合同，对胡书记说："合同的意义是约束双方。这份合同对院里毫无约束力，是一份不平等的合同，我把它暂存您处，一年之后让他们到您处来取，我相信您可作证。感谢您胡书记，在我们最困难的关键时刻给我们解了围。"

经过5个月的日夜辛劳，总算万事俱备，即将去外地演出。童祥苓拖着疲惫的身躯回到家中，一见小儿子胜天正在播放他教唱的录音带认真细听，不由得心头升起一阵酸楚。此前为了圆孩子唱戏的梦，已让胜天保留学籍在家跟父亲学了一年多，如今他要带团去外地巡回演出，孩子怎么办？童祥苓曾为此找过戏校给予特殊照顾，让孩子入校学戏，却遭到拒绝，只好让他重新学习文化课，这对孩子是个不小的打击，压力之大可以想见。祥苓为了缓解孩子的心理压力，只得耐心地给胜天做工作，与他交心。

做父亲的抚摸着胜天的小脸蛋说："孩子呀，你知道爸妈就要去外地演出，管不了你，更不可能教你学戏了；爸妈又不能带你去团里，你该怎么办呢？”

胜天低头无语，泪水已在眼眶里打转。

父亲沉默了一会儿继续说：“爸爸和你妈商量了，让你回学校插班学习，你脱了一年多的课程，要跟上确有困难，不如先请先生给你补课，你能不能跟上靠你自己了。”

小胜天半晌一声不吭，末了只说了一句：“一切听爸妈吧。”

祥苓见儿子消沉不语的痛苦模样，心如刀绞，顿觉内心纷乱，倍感内疚！近5个月来，他日思夜想，头脑中一直萦绕着剧团承包演出的一系列事情，考虑的是70多口人的家庭生计，而忽略了自己的孩子。有道是“养不教，父之过”，他深感对不起孩子！

童祥苓承包团首场演出在泰州人民剧场拉开了帷幕。仅有几天时间，所有票子便告售罄，这使大伙儿情绪高涨。当晚，一到泰州就立即去剧场装台、排戏，直至深夜，无一人缺席。

童祥苓回忆道：

> 演出前演员认真化妆，无一人留长发和鬓角，女同志一律穿上白袜子，服装达到了护领白、水袖白、靴子白，烫得平整，道具盔头摆放得井井有条，一进后台使人感到整洁、安静，这是我向往的剧团。大家像管理自己家一样，节省每一分钱，过去化妆棉花、卷纸，被大把大把地浪费扔掉，而现在每人都责任承包，用得很省，化妆间也非常干净，特别是大花脸、小丑演员一律不准留头，每人发一把剃刀自己剃。看见大家这么自觉，我也不由松了口气。

可是，第二天演出结束后，童祥苓与大家一起吃夜宵，觉得胃里不舒服，一下跑到院子里蹲下呕吐起来。团里同志见状不放心，跟着走了出来，黑夜里看不清，有人拿了手电筒照明，突然对张南云尖叫起来：“张老师，童团长吐血了！”急忙赶来的南云一看，地上一大摊鲜血，夹杂着刚吃下去的食物，便慌乱起来，一面为祥苓揉背，一面问道："祥苓，你怎么啦？"南云急忙扶丈夫进屋，团委们也一个个紧张起来，有人赶快请来医生给他打止血针。童祥苓这时虽然头脑清醒，人却疲软无力，昏沉沉睡去了。显然这是他接受筹建承包演出团之后精神与体力上的极大疲惫所致。

面对这突如其来的情况，团委与剧场经理研究后决定停演，并商量如何向观众作出妥善的解释。团里的同志也都在院子里，大家十分关心童祥苓的身体，担忧承包刚开始团长兼主演便病倒了，下面该怎么办？

童祥苓知道了这一决定，便把团委们叫来说："泰州剧场与观众对于我们的体改给予很大支持，这对我们承包起步极为重要。而且观众那么热情，不能让他们失望，所以一定要演出！"

祥苓病倒的消息被泰州市领导得知，演出当晚市领导都到剧场探望，并派了值班医生随时观察。剧场经理夫妇在后台，用小炉子煨着粥。祥苓每场下来，都休息两分钟，经理亲手喂他几口粥，观众很安静地等着。演毕，观众一次又一次报以雷鸣般的掌声，到了后台医生立即检查打针，该市领导也前来问候。泰州市领导、剧场经理以及观众们的关心和爱护，使童祥苓感受到亲人般的温暖，这份温暖支撑着童祥苓带病坚持演出。

三泰最后一程演出在泰兴。其间，笔者尚在该地工作，半年后便调回上海了，所以有机会目睹了童祥苓承包团演出的盛况。

泰兴那时尚未建市，还是属于扬州市管辖的一个拥有百万人口的大县。县政府东首有一个礼堂，当地人称它为人民大礼堂，既是县委与县政府召开各级会议的场所，也是全县中心区域最大的剧场。童祥苓承包团就在这里演出。剧团未到来的前几天，剧场的海报早已挂出，售票处门口已排起长龙。在县城，其时虽无手机等现代化的通信设备，但口口相传，上海京剧团来县城演出的消息早就不胫而走，传遍四乡八里，有门路的就通过乡里干部去县里弄票，没后门的就骑着自行车直接到大礼堂排队买票。

对于一个县城来说，上海京剧团的到来是件大事，何况领衔主演的是家喻户晓的京剧艺术家童祥苓呢，票子的分配成了一件令剧场经理头疼的事，处理不好会焦头烂额，弄僵人际关系。于是县领导提出了首演几场票子的发售方案，按机关部局各单位的名额统一发售戏票。经这一安排，头几场演出实际上被行政部门包掉了。

尽管如此，单是县城找剧场经理索票的人依然多得数不清，有些熟人则跑到剧场经理家里要票，他老婆说门槛都要被人踏平了；无奈之下，经理只好一躲了之，不再露面。有人去了，却找不到人。

此后近二十多场演出，观众如潮，近则从河失、溪桥、张桥、曲霞、根思、宣堡、马甸、姚王、黄桥、焦荡（今西荡），远则从横垛、元竹、广陵、七圩、过船、蒋华、大生各乡镇赶来。有乘班车的，有骑自行车的，有的甚至推着独轮小车，带了老奶奶来看戏的，十分感人。

可惜，笔者观看的那场戏，未见童祥苓演出，听人说，他劳累过度，正在县人民医院挂水。县领导已前去慰问。倘若此说属实，说明童祥苓坚持带病演出，身体状况尚未完全好转。

童祥苓承包团在与上海京剧院签订的一年承包合同中有三个月的整修期，其目的是为了积累、排练剧目，加强青年演员基础训练，整修服装、盔头、道具、音响等。在此期间，留下的公积金用于补足百分之三十的工资，以及国家规定的各项补贴。他们新排了两台大戏，一台小戏，并为武生演员排了《雁荡山》，调动了武戏演员的积极性。鲜花还须绿叶扶疏，唯有剧目丰富了，整体水平提高了，才会被观众所接受，从而提高演出场次，确保上座率。

正当剧团在外面风风火火演出时，接到了院部下达的文件，指示公积金不能补足工资。因为没有分账立户，钱都卡在院里，没有一点办法。大伙儿知道这一情况，都涌到童祥苓房间里来，问怎么办？童祥苓自然了解大家的心情，团里的每一个人都要靠工资养家糊口呀，怎么能少去三个月的工资呢？他只好实话实说，告诉大家目前面临的困难，接着马上与团委们一起商量解决办法。因为先前是根据核算场次才签约的，现在去哪里弄这笔钱？真是逼上了绝路。团委们商议结果，只有加场演出，靠自己的力量来解决。于是，由项顺发和王蕾去临时寻找加场的演出地方。项、王二人经过一番奔波，终于带来了好消息：兴化县有几十万民工在修河，很想看戏，剧场愿意安排演出，基本上每日两场，也可三场。虽说是一场拼搏，但终于绝处逢生了。

每天日夜二三场的演出，让大伙儿的体力都到了极限，有时一边端着饭碗一边化妆，累得都不愿意说话；有人怕自己疲劳中出错，还用笔记下了戏单中扮演的角色。童祥苓见了自然心疼，他恨不得让领导过来看看因不能兑现合同给大伙儿造成的后果。

然而，笔者分析，其时院领导也许确实遇到了财务上不可逾越的障碍。那时的财务制度定得很死，公积金只能专列账户，不能作为工资分发。签订承包合同时，承包人与院里的行政领导也许不了解或疏忽了是项规定，导致兑现不了的矛盾。

童祥苓为承包二团的体改昼夜操劳，身体日渐虚弱。返沪整修期间，院领导前往童祥苓家中探望，欲说服他来年继续承包。说话之间，童祥苓只觉得胸口一阵难受，急忙奔至卫生间，一连吐出几大口鲜血，院领导见状，不再言语了。然后南云就扶着丈夫去医院看急诊，一位医生望着童祥苓说："一个人身上能有多少血，怎么会弄成这样？"童祥苓沉默不语，妻子却心里明白，那是心力交瘁所致！她的眼泪扑簌簌地淌了下来……

原上海市副市长宋日昌先生得悉童祥苓因累吐血，亲自写信给瑞金医院，嘱咐医院多加关照。在医院领导的关心下，肺科专家邓维吾医生亲自为童祥苓治疗。此时，承包团的一年期限将近尾声，童祥苓只得把挑担的任务交给了妻子张南云。承蒙原温州市市委领导胡万里的支持，承包团在温州进行了最后一次演出，圆满完成任务。

一年下来，一些中青年演员舞台实践多了，艺术水平有所提高，剧团的作风也有显著变化。经济上除了补足75人30%的工资、米贴、少数民族补贴以及一切演出开支外，每人还得到1 000多元分红，留了8万多元公积金。然而，大伙儿在总结了这一年的成绩之后，都认为不宜继续承包了。童祥苓在《自传》中解释了不能继续承包的理由，认为：

> 院领导与我们志不同道不合。剧团不整齐，艺术质量不高，没有独特风格，就不可能有知名度，就不能得到观众信任，就不会有人看你的戏，因此我们中止了承包。

从表象看，童祥苓与剧团同仁分析的原因不无道理，但只是浅表性的；在笔者看来，无论童祥苓、李炳淑，还是赵燕侠，他们带领的承包团都是轰轰烈烈而去，满载而归回院，但最终都未能继续承包下去，以解散收场。其原因大致有三：一是承包团受京剧院领导与制约，无人事权、财务权，甚至连演出的剧目还须院部审查批准——尽管这些剧目早就几经宣传部门审查，属于准许上演的剧目，这就让承包人束住手脚，无法做到令行禁止，只得靠人情关系去处理业务，自然不能长久。二是文艺团体是宣传主流意识形态与社会主义核心价值观的重要阵地，必须加强党的领导，它与经济部门的承包生产任务是不能相提并论的。三是随着时代与多媒体的发展，人们的娱乐方式日趋多元化，作为国粹的京剧已渐渐淡出它在文艺领域的主导地位，成了我国非物质文化遗产的重要组成部分，属于事业单位，在政策上必须倾斜，予以适当补贴，不能光以盈利为目的。

## 五十一　回首有情风万里

如烟往事俱忘却，心底无私天地宽。

——陶铸赠曾志诗一首《如烟往事俱忘却》

承包结束返回上海京剧院的童祥苓，起初心情是愉悦的，与同事们一起开会总结了团队在经营管理上的经验与教训；然而，不久却为一件在平常人看来并非重要的事情，竟然弄得心情大坏，情绪一度极其压抑、低落、灰暗。

那个阶段，院里各团都按上级部门的指示开展“评先进”活动。童祥苓因在承包演出期间，一直拼尽全力，忙里忙外，为承包团的工作日夜操劳，大伙儿都看在眼里，便一致推选他为先进工作者。

院内遵照上级的指示，明确规定：“文革”中积极参与“造反”活动的“三种人”，不能评选。童祥苓的名字上报院部之后，一直没有批下来，这让童祥苓甚为不解：难道他是通知中提到的“三种人”吗？这涉及政治面貌的大问题，先进工作者的奖金可以不拿，但这个由群众推选出来的先进工作者的荣誉必须要争，至少要问个清楚，不然叫他如何在同事面前立足？于是他找到了当时的两位院领导论理，他说：“我在舞台上演的是解放军，歌颂的是共产党，难道我有那么大的罪吗？我本人不是共产党员怎么能篡党夺权呢？”尽管童祥苓据理力争，两位领导却始终未予答复。

笔者分析，其时在院领导的眼中，童祥苓曾当过上海市的九大代表，可能被江青所青睐，虽然邓小平同志反复强调一切工作必须实事求是，但要批准他为先进工作者，也许会犯政治上的错误，这个风险谁敢承担？于是，此事便搁浅了。

因为久久得不到一个明确的答复，童祥苓开始反复琢磨，终于怀疑：也许院领导还是将他视为另类，评先进事小，肯定他事大，想到此，童祥苓心灰意懒，倘若自己在政治上被定性，那么家属岂不是要受一辈子牵连？

童祥苓又回想起，“四人帮”倒台后，留在戏校的所谓“郭家班”、“李家班”的大部分演员都调回上海京剧院，唯“童家班”的童芷苓、李多芬、张南云却迟迟不见调回。后来张南云几经努力回到京剧院，却没有她的地位了：评级定高级职称，说她没有作品；出国演出，说她不够档次。这就奇了怪：若不够档次，当初周信芳院长为什么给她定300元工资？若不够档次，为什么当年周院长去西北巡演，要张南云陪他一起演出8个月？而四姐童芷苓与大嫂李多芬至今还留在戏校，失去了重登氍毹的机会……

童祥苓越想越觉得自己前途黯然，没希望了，竟然想带着为他苦了大半辈子的妻子，躲到一处深山老林与世隔绝的地方去过平静生活。他把自己的想法与南云说了，妻子见丈夫为抑郁的心情与疾病所折磨，日益消瘦，心疼如绞。她对丈夫说，只要他身体好，心情愉快，无论天涯海角、粗茶淡饭，她都愿意与他终身厮守。

得到妻子的同意，童祥苓联系了鞍山京剧团，对方热情欢迎童祥苓夫妇落脚鞍山。

此事被时任上海宣传部长的王元化知道了，他亲自上门做童祥苓夫妇的工作。王部长说："我知道上海对你冰冷，鞍山对你火热。但我还要用你，让你带一个团，由你当团长怎么样？"王元化告诉他，李长春、李炳淑、张学津、王梦云都在这个团里，可以说实力强劲，是上海最棒的一个京剧团。童祥苓听了头就晕了，俗话说"角儿难侍候"，这么多角儿聚在一起，他这样一个不擅长做行政工作的演员如何侍候得了？再说那两位院领导，他也合不来。尽管王元化不肯放人，童祥苓权衡再三，于

1985年5月23日，童祥苓（后排左4）、张南云（前排左3）与鞍山京剧团全体乐队人员合影

1984年早春，携妻子不辞而别，去了鞍山。

那时的鞍山京剧团一大半演员是半业余的，要搞好剧团，只有脱胎换骨，其难度之大可想而知。

当童祥苓夫妇踏上他们的结婚之地鞍山时，受到鞍山市委副书记张廷玉、宣传部副部长王廷风的热情接待，从市委到各部门都给予他们非常优越的生活条件。童祥苓回忆道：

> 我刚工作不久，张廷玉书记就因重病做手术，朋友告诉我张书记手术后醒来，第一句话就问我工作有什么困难。我吐血生病，王廷风副部长连袜子都未来得及穿便在冰天雪地的天气里来看我，还在床边守了我一天。这是我一生中头一次遇到这么爱护我的领导。这种深情厚谊使我只能再度“打虎上山”。
>
> 在一年的整顿中，特别是鞍钢附属企业公司书记高银堂以及鞍钢工会、剧场都给予我大力经济支持，我也凭着良心尽责尽力，但遗憾的是剧团已是积重难返，争权夺势之风愈演愈烈，这是我最厌恶的。此时上海京剧院领导已换人，几次希望我回到上海，孩子也需要我回家，我已年过半百，历尽沧桑，此刻我才感到家对我有生之年的重要性。
>
> 我与鞍山协商后，在高银堂先生全力帮助下，我离鞍返沪。对于鞍山京剧团我没有负心，只是对不起张廷玉、王廷风两位知己，我没有完成他们的重托，但与他们的友谊我将永存心间。

1984年8月下旬，中央人民广播电台举办地方剧种名家演唱会，特邀童祥苓、李炳淑代表上海京剧院去北京参加录音。活动间隙，童祥苓、李炳淑与著名越剧演员徐玉兰、著名粤剧演员红线女谈起了承包的事情，红线女就对童祥苓、李炳淑说：“你们二位明天有空吗？胡耀邦同志来电，说明天想见见我们。”

第二天上午，童祥苓、红线女、李炳淑在中南海总书记的住所见到了

1985年生日时，童祥苓于家中留影

胡耀邦同志。总书记开门见山地问道："听说不久前你们搞了承包？情况怎么样？"

童祥苓与李炳淑相互补充着汇报了有关承包的情况。总书记听罢，既不像预想中那么惊喜激动，也并不失望，他的表情有些耐人寻味，甚至讲到"童李齐下马"（指童祥苓、李炳淑、齐淑芳、夏慧华、马博敏率领的五支承包队——作者注）的窘境，他也不觉得有什么奇怪。只是，在听到承包过程中的艰难困苦时，他的眉头蹙了起来："这样搞，太苦了！国家养得起你们，何必出去受这个罪？票价不过一元钱，能挣多少呢？"他缓和了一下情绪，对童祥苓说："我替你们算了一笔账，你一年只创收1 000多元。你们戏剧演员不富裕，从你们身上要钱好比从叫花子嘴里要口粮，应该给你们的钱还得给。就算你搞一个戏给你一万元奖金，你一生能搞十个戏吗？也就不过十万元。"童祥苓按捺不住说："我这辈子还从未拿到一分排戏的奖金。"总书记最后说："你们作为演员应当搞好剧团，出好戏，多为人民群众演出，靠多演戏增加收入。——你们同意不同意？"

总书记说话坦率诚恳，他的眼里毫无矫饰，说的也都是实话，童祥苓等人都点头表示同意。

临别时，童祥苓向胡耀邦总书记索求墨宝，总书记爽快答应，他问童祥苓写什么？祥苓说，就写"繁荣文艺"吧，总书记潇洒挥毫写了这四个字。

童祥苓夫妇在演艺生涯中曾多次受过中央首长的接见，但大部分是演出结束后，首长上台与演员们握手致谢。近距离与首长接触，除了那次受胡耀邦总书记召见向他汇报工作之外，让这对夫妻终生难忘的有两次。

第一次是在1988年早春。

那一年上海市甲型肝炎流行，1至2月中旬发病形成高峰，3月病情得以控制，计有29万人患病。医院爆满，不得不在各单位开办临时病床。上海这次甲型肝炎流行并非是由于甲肝病毒变异所致，上海市人群在对甲型肝炎免疫力下降的基础上，居民习惯生食已被甲肝病毒污染的毛蚶是造成流行的主要因素。

1986年，童祥苓、张南云饰演《坐宫》杨延辉、铁镜公主

童祥苓夫妇所在的上海京剧团，原定去西安演出，剧团的全体演职成员按照西安方面的要求均作了血液化验，并各人附带了由上海医院开出的体检合格的证明。但火车到了西安，有关人员仍未允许他们进城演出，只得悻悻然直奔第二站——成都，然后便去云、贵、川巡演，系童祥苓、李丽芳挂双头牌，每到一地，轮流打炮。张南云因当时院里正接洽一出访任务，她在沪待命，故未随祥苓同行。

恰巧此时邓小平同志来到上海，张南云应邀为小平同志演出《红娘》一折戏。演出前，文化部有关领导宣布，演员不可与邓老握手，大家都能理解这是为了邓老的健康着想。当演出结束后，邓老上台和演员们见面，谁也没想到，邓老非常热情地伸出手来，主动和演职成员握手，这一举动让演员们非常激动，紧张的气氛顿时活跃起来。据张南云说，当邓老来到她面前向她伸出手时，她尚犹豫，但邓老那份随和亲切，使她勇敢地和邓老握了手。

“难道邓小平同志就不怕传染上肝炎吗？”张南云激动的心久久不

能平静。祥苓对妻子说："这就是伟人的风范与魅力所在。"

第二次是1988年秋。在上海锦江小礼堂，童祥苓为国家主席李先念演出《武家坡》。演出结束后，演员们与中央首长热情交谈。童祥苓独自站在一边，恰巧一位身穿中山装的先生，主动走过来与他交谈。谈话间，童祥苓发觉这位先生对京剧很内行。他对祥苓说："你是老演员，高腔还能唱上去很不容易。"童祥苓开玩笑说："我在上海一直被当作'文化大革命的产物'，今天头一次听您说我是老演员，不胜荣幸。"两人谈话十分投机，童祥苓便问他贵姓。"我叫朱镕基。"祥苓顿时不知所措，虽然没见过朱市长，但早已听说朱市长十分严格，他竟当面与市长开玩笑；但朱市长的朴实谦和确实令祥苓没想到，幸而话题是他本人，才免于尴尬。

1990年1月，童祥苓夫妇去山西煤矿慰问演出之后，童祥苓又去外地演出。回到上海，南云告诉祥苓，慰问团在上海开总结会，她迟到了，进剧场时，正逢朱市长出门，在大厅里碰上，南云觉得不好意思，没敢与他打招呼，没想到朱市长却主动走来，亲切地与她打招呼。祥苓夫妇感觉，朱市长毫无官架子还富有人情味，平等待人，和他一起没有一点拘束。

1986年，童祥苓、张南云在《武家坡》中饰演薛平贵、王宝钏

童祥苓因为演出次数渐次增多，为防止支气管扩张吐血，常用螺旋霉素，但当时这种药比较紧张，需要高知证明才能配给。所以每次去外地演出，都由副团长施雪怀去医院想办法弄药。

这一年的2月，国家主席杨尚昆来到上海，童祥苓夫妇应邀参加晚会，在中苏友谊剧场彩唱《坐宫》。演出结束，朱镕基与童祥苓握手时说："你有什么事可去我家谈。"祥苓当时听了未解其意。回家后，妻子告诉他，她与朱市长谈了他的医疗问题。童祥苓知道后不好意思直接去市长家中，便给他写了一封信，除了写上他个人的简历，也写了自己听到的话，有人说童祥苓要是希尔顿经理，医疗证早就解决了。末了他写道："我的生命都得不到保证，又怎能为弘扬京剧工作呢？"

孰料，一周后上海京剧院就给童祥苓办了医疗证，多年未予解决的问题终于解决了。这对于年过半百、疾病缠身的童祥苓是多么重要，多么及时啊！他亲身体会到朱市长关心老演员并非虚言，遗憾的是不能当面向朱市长致谢，但这件事却深深铭刻在祥苓的心中。

## 五十二　可怜天下父母心

世间爹妈情最真，泪血融入儿女身。
殚竭心力终为子，可怜天下父母心。
——慈禧祝母富察氏六十四华诞诗

童祥苓的小儿子童胜天在七重天找到了一份开电梯的工作，但终非长远之计，因为开电梯的工作很快就会被自动化所淘汰。胜天的梦想还是要继承童家的衣钵，当一名京剧演员。

做父亲的看在眼里，急在心头，他告诉儿子当一个京剧演员有多辛苦，但胜天却不为所动。他个头、长相都不错，嗓子也行，祥苓与妻子商量，不如让他学声乐唱歌，这样学得快些又能挣钱。但胜天认为京剧更有品位。童祥苓思忖，儿子的话也有些道理，毕竟年轻人愿吃苦学戏的不多，儿子学戏也能继承父业，便同意他辞去工作，父子俩一起拼搏起来。胜天年龄大了点，祥苓就请院里的老同事张金根和齐英才每天教儿子练腿、打把子等基本功，他自己则为他吊嗓说戏。

胜天在父母的严格督促下苦学了一年多。

有一次，祥苓夫妇在湖北演出，他们想让儿子登台实践一下，便叫他扮演杨延辉，与母亲合演《坐宫》。胜天从未上过戏台，难免有些紧张。做父亲的为儿子化好妆后就把他推了上去。其实祥苓比儿子还紧张，他不敢坐在观众席上，只是站在院子里透过剧场的窗户朝里看。胜天在台上毫无怯意，不像初次登台，还挺老练，很顺利地演了下来。做父亲的心里自然高兴，他向团领导提出能否把胜天收入团里，工资不论，只要给他实践机会；团领导答应有机会试一下。于是童祥苓便加紧让儿子苦练。

那一年山东潍坊风筝会邀请童祥苓与张南云去演出，胜天也跟着前往。剧团在那儿演出《智取威虎山》，原定演6场，后来改为3场。这突然的变化让剧团猝不及防，因为预订回程的集体火车票不好换，这就意味着整个剧团要在潍坊待三天，开支大，必须找一个单位来解难。有一个厂子愿意承担，但提出一个要求，必须由童祥苓夫妇演一场《坐宫》，童祥苓见团里有困难，义不容辞，便爽快答应了。但第二天中午又来说，日场也演一场《坐宫》，这就让团领导为难了：因为童祥苓晚上要演唱做并重的杨子荣，白天再演出显然不可能了。随团的一位青年主演嗓子有病不能演出，那该怎么办？团里有人便提出让胜天替演。那是临时救场，胜天能否顶得下来，做父亲的非常犹豫，不敢立即表态。胜天在一旁却勇敢地站出来说："我能演。"祥苓忐忑不安地看着化了妆的儿子走上台去。胜天在台上从容不迫地将戏完整地演了下来，团里人也很高兴。童祥苓在《自传》中写道：

> 后来团里就让我教胜天唱《智取威虎山》剧中的少剑波唱段，如果行就可以演全剧。我父子极为高兴，苦练了一个夏天后，团长却来说，局长说与其找个什么都不会的，不如找个好的。[①] 收不收是领导的权利，但说胜天什么都不会未免过分，什么都不会怎么能主

---

① 笔者从"上京"获悉：其时剧院人浮于事，若从戏校毕业生中招进演员，也慎之又慎，必须选择幼功扎实的尖子学生。胜天其时年岁已大，未受戏校系统训练，故未考虑。

演《坐宫》? 当我告诉胜天失去了最后机会时，他没说一句话，默默走进房里，大声播放着歌曲。我明白孩子发泄内心的痛苦，以此宣布我家已和京剧绝缘了。

前途渺茫，胜天变得沉默寡言起来，既不与外界交往，见了父母也无话可说，除了吃饭之外整天把自己关在屋子里。孩子这种变化使祥苓夫妇极为担忧，儿子挣扎在痛苦之中，做父母的岂能不知？然而，此时身为京剧演员的父母却不能帮助有资质的儿子实现当一名京剧演员的理想，他们的心何尝不苦呢？胜天不能如愿，原因何在？为了培养一个京剧演员，戏校每年都要从市内市郊，甚至去外省一些中学或小学找寻学生，并斥资聘请老演员为他们授课，进行基本功训练，末了，能胜任角色走上舞台的没有几人，多数学生还得改行从事其他工作。而胜天从小在京剧的氛围中耳濡目染，且有一定的修炼，加之有艺术造诣深厚的双亲的悉心教授与督促，可谓“家学渊源”，其条件得天独厚，怎么就反而被排斥在京剧圈之外呢？这是令笔者百思不解的问题。

就在此时，长子预鸣由于工厂濒临倒闭，也失去了工作。真所谓“屋漏偏逢连夜雨，船迟又遇打头风”。张南云性格内向，情绪从不外露，但从她日益衰老消瘦的容颜中，童祥苓深知妻子除了每日操持家务之外，孩子的出路问题成了她心头的块垒，压得她透不过气来。作为一家之主的童祥苓，面对家里发生的一切，愁绪万千，却无能为力。夜阑人静，他一人独坐房中，一根接一根地抽着烟，头脑中走马灯似地回顾着自己走过的风雨路程，全家大小随着他走南闯北，饱经风霜。令他倍感内疚的是，作为父亲，他只关心孩子们的温饱，很少为他们的未来操心，孩子们如今的不幸却是由他的不幸造成的，自觉有着一份不可推卸的责任。年过半百的童祥苓开始意识到，他的一生献给了京剧，却愧对了孩子。该到关心孩子的时候了，应从自己生活的圈子里走出来，走到孩子们的生活中去，让他们抬起头，直起腰去创造属于他们自己的美好未来。

祥苓与妻子谈了提早退休的想法。南云问他，是否舍得他钟爱的京剧？祥苓呻吟良久，不无酸楚地说："我这一生已过去了，到头来一无所有，只剩下一个家，孩子们是我生命的延续，他们幸福了才有我的快乐，不管别人怎么说，怎么看，我不后悔，也不会回头，我该为孩子们奋斗了。"

离开剧团之后，童祥苓夫妇与孩子们认真地谈了一次，一起谋划他们的出路。孩子们认为根据自己的条件，找工作较难，即使找到也未必长久。他们只想开一爿小店，与世无争地过日子就满足了。做父母的以为孩子们的想法不高也符合实际，但不管开什么店首先要有资金。家里的一点积蓄买房时用掉了，没钱可办不成事啊。唱戏的除了演出还能去哪里挣钱？只能靠演出了。然而，在演出中京剧演员的出场费是最低的，必须节约着每一分钱。

有一次，童祥苓应上海歌舞团之邀去外地演出，头天晚上演出结束，吃完夜宵休息已是深夜两点多钟了。次日清晨赶往苏州，抵达时已是下午，明星大腕们被安排去住宾馆，童祥苓和琴师则被领到一个小招待所的破烂房间，望着那脏得已成黑色的被褥，难闻的汗臭味，祥苓难以睡下。时值盛夏，祥苓浑身被汗水浸透，也没处洗澡，只好搬把椅子坐在晒台上，让风吹干，直到晚上演出。祥苓不禁想起解放前随童家班四处演出的经历，想起作为新文艺工作者的那份自豪，对照今日的尴尬处境，一个大牌演员的落寞感悄然而生，带着淡淡的悲凉与孤寂。"不忍又如何？

1992年，上海京剧院创排《伍子胥复仇》，童祥苓饰伍子胥

孩子们等着钱开店呢！”祥苓自我排解着，他只希望孩子们开店时，不要忘记他这个做父亲的为他们付出的不仅是汗水还有屈辱。

经过一年多的努力，总算小有积蓄，接着便四处寻找店面，托朋友，找关系，全家终日东遛西逛，有时见到一个出租的门面，对方开价每月租金在八千至一万元，只好扭头就走。祥苓感叹：“偌大的上海竟难寻童家小店。”皇天不负苦心人！最后还是新华街道的领导出面，才找到了张家宅居委会盖的一间20平方米的机动房。居委会的同志特别关照，改建后只收500元的月租金。

童祥苓摄于1986年

童祥苓说：

改建装修时想把厨房扩大一点，但因不懂手续程序，给街道添了麻烦，又拆了重改，不想这期间又被施工队偷工减料，一场大雨房子便漏水，像个淋浴间，只得再换人搞，反复折腾一番竟花去7万多元。在别人不算什么，对我来说却是巨大的代价，此时我手中的钱已所剩无几，若再出意外我真是走投无路了。

在整个装修过程中，老友黄雪根和我全家一起动手，登梯爬高风吹日晒，店旁的邻里街坊你送水，他送砖，在四面八方的帮助支援下，“小童餐饮部”终于开张了。望着这块小天地，看着孩子们的笑脸，我和南云所付出的一切都值得了。我家从此由艺到商，虽非大腕下海，也是小民跳河，到底跳下去了。

小店开张了，童祥苓夫妇和孩子们也不知道怎么经营，就仿照酒家模式，请了一个三级厨师，一个配菜师傅，两个打工女孩，就干起来了。

孰料，一个月竟赔了几千元，该怎么办下去呢？一位热心的顾客道，这种小店只能自己动手赚些人工钱。人家说在点子上，祥苓夫妇商量后知道只有自己亲自上手了。然而，要做出这个决定并非容易，童祥苓思想上经历了激烈的斗争，举棋不定，十分痛苦。须知，他毕竟是因为扮演英雄杨子荣在全国家喻户晓的著名京剧演员啊，尤其在上海本地谁人不晓，谁人不知？倘若被人认出亲自掌勺上菜的竟是上海京剧院的大牌演员童祥苓，叫他的脸面往哪儿搁？京剧院的领导、同事知道了，他们又会怎么想？名声与生存两者之间该作出怎样的抉择？但现实摆在面前，小店的开张花了九牛二虎之力，又几乎花掉了前一年他“走穴”得来的全部积蓄，如今到了骑虎难下的地步，他可没有退路了，只有丢掉束缚自己的名声，硬着头皮走下去或许能找到出路。名声毕竟是虚无的，帮助孩子谋条生路才是真实的。童祥苓最终作出了一生中最难的决定。他想，万事开头难，开始会拉不下脸，但之后也就无所谓了。

祥苓把自己的决定告诉了厨师。那位厨师说，“我走了，谁上灶？”“我们全家上灶啊。”祥苓回答。厨师疑惑地看着他说：“这不可能。”祥苓说：“你走后，我童祥苓如果不亲自打工，你就给我两个耳光。”后来，厨师来小店看他，见祥苓全家确实自己在干，便感叹道：“不容易啊！”

起初，为了不让顾客认出来，惹出不必要的麻烦，祥苓和南云都身穿工作服，头戴小白帽，再戴上一个大口罩，只露出两只小眼睛，自己看了都觉得滑稽可笑。

童家小店分工明确：小儿胜天负责前堂，招呼顾客，上菜、收钱；大儿预鸣上灶主厨；祥苓打杂，洗菜、洗碗、洗大肠，什么都干。那时全家都刚入门，一会儿找不着油，一会儿急着用醋，你要下面，他要炒菜，撞来撞去，弄得手忙脚乱，汗流浃背。

尽管祥苓夫妇乔装改扮，南云还是被一位老观众认出来了。不久，有线电台打电话给童祥苓，说开小店的事已传出去了，许多观众要与他对话。主持人把听众的问题概括了问童祥苓：一问为何开店？童祥苓告诉听众，开店只为儿子谋生。二问是否考虑影响？祥苓说，只考虑儿子的生存，没想别的。接着，观众们谈了他们的看法，祥苓越听越激动，他没想到有那么多观众关心他，不由得老泪纵横。

通过新闻媒介，光顾童家小店的客人渐多。有时光顾着上灶、端菜，来不及算账，一些顾客就自己算好账，把钱放在桌上了结。有时急忙里把账算错了，人来问，就退给人家，顾客也不责怪。有些熟客见店小人多，就端走到单位去吃，把位子让给别人，之后再把碗送回来。

一次刮台风，店里的塑料顶棚被掀起，童祥苓和大儿子预鸣爬上屋顶抢修，风大站不住，有滑下去的危险，童祥苓就用绳子拴着脚腕，让小儿子胜天在下面用力拉住，他扒在屋顶上压着被吹起的顶棚，预鸣用木条钉，此时几位外地顾客也站在梯子上帮忙拿东西，有人帮着按住屋顶，在狂风中一阵苦战，终于保住了小店。当童祥苓与预鸣走下梯子给他们做饭时，他们却关切地说："童老师，别急，您累了先歇会儿。"并倒了一杯水给他，"您先喝口水，我们什么时候用餐都可以。"祥苓捧着这碗热乎乎的水，口口温暖入心，久久说不出话来。

有几位八旬老人，特地从松江赶来，至童家小店已是下午一点多钟了，见门上挂着休息牌便坐在花坛边等候。童祥苓见这几位老人始终看着他，便上前询问有什么需要。其中一位老人说，他们就是想他了，特地一起过来看看。有的顾客一边吃饭，一边帮着接待其他顾客。有一个年轻人吃了一碗面却付了几十元，童祥苓上前要退钱，年轻人把钱放在他手中说："我本来想买一束花送您的。"

回首往事，童祥苓动情地说：

过去我在舞台上时，观众对我的感情是通过他们的掌声来表达的。然而，现在通过二十几平方米的小店，我才知道他们对我的关心爱护无时不在，无所不在，他们的深情厚谊使我和南云从此摘下了口罩，有时与他们聊得高兴，竟忘了给人家做饭，看见顾客吃得好我们开心，当他们离去时我们心里难舍，他们的关爱给我们全家注入了新的生活动力。

# 第十一章 侍轩辕，遨游青天中

随着童芷苓的仙逝，童祥苓也早已退休赋闲。但国内外的童迷粉丝并未忘却这样一位德艺双馨、将传统与现代京剧艺术熔于一炉的表演艺术家。他曾应亲属与老同事的邀请去美演出，实现了将国粹艺术与自己的艺术成就展现在异国他乡舞台上的夙愿。他回国后一直受到京剧界与戏迷朋友的关心与爱护，愉快地生活在社会主义新时期的太平盛世。晚年童祥苓先生最大的心愿是：希望国粹艺术后继有人，开出更加艳丽的花朵，结出更加丰硕的果实。

# 五十三　四姐的最后日子

伟大的热情与天才一样少。

——［英］萧伯纳

1994年2月，已移居美国的四姐童芷苓，最后一次台湾之行，居然唱了《尤三姐》中“殉情”一折，消息传来，令人怏怏。此时，童芷苓已患上癌症，体质每况愈下，《殉情》成了她的谢幕戏。

她暂时先回上海，在华东医院住下作进一步检查。住院期间，她的情绪不比往常，显出少见的焦躁和沉默，一天她竟擅自离开医院，说医院方面太拖沓，不抓紧，等不及了决定另谋医路。她听人说秦皇岛有个名医，便独自一人抱病长途跋涉去了山东。没隔几天却失望而归，也许“神医”徒有虚名，没给答案。她返沪时挤上火车，一直站到济南，但即便全程硬座票，一个患了癌症的老人又怎能受得了？在成功与挫折面前都不肯划上句号的童芷苓为何如此折腾？莫非她心中还想尽量延续自己的生命，把《蝴蝶梦·大劈棺》改编成全新的《庄子弃妻》，以此告别舞台，争取多留下一份“遗产”，为荀派艺术的传承与发展作一份贡献？

1994年，童祥苓饰演《武家坡》薛平贵

童芷苓自知病重，回到美国，放下手中的一切，无奈地住进当初为她手术的那家医院——那是纽约最好的治疗癌症的医院。诊断结果：癌细胞已经扩散，化疗药物已无反应，她不得不转至一家著名的癌症康复医院，接受精心护理。

儿子陈吉、女儿童小苓（陈工）轮流陪伴在母亲身边，不离左右。陈力先生长芷苓9岁，9年前已仙逝。一双儿女怎能再度失去亲爱的慈母？西医既然再无良方，他们便寄望于中医，只要从报上看到名中医，就必定邀来诊治。

童芷苓刚强得令人难以置信，癌症的折磨痛得她死去活来，却仍在儿女与前来探视的客人面前谈笑风生，明明痛得她额头上汗珠直掉，她却依然神定气闲，语意轻松，连最贴身的女儿小苓都觉察不出母亲到底什么时候熬着剧痛。

童芷苓自知来日无多，她静以待日，安详地度过人生的最后日子，面对家人与朋友，始终保持着一贯的笑容，显示了对即将来临的死神的无所畏惧。

此间，由朱彭继教授撰写的《童芷苓》已提前付梓出版，并通过国际特快专道送达纽约。童芷苓终于等到了自己的传记，不啻是精神上一大安慰。陈吉与小苓轮流在病榻前为母亲读传，每日一章，两个月光景全书读完。童芷苓神志清醒，精神高度集中，听完了最后一章，没几天便进入弥留状态。

世界诺贝尔文学奖得主梭罗说过这样一句话："人，当诗意地栖居。"作者所说的诗意栖居着，那是一种生活的境界，也是人类锲而不舍的追求。它告诉我们人应该是生活着的，而不仅是活着的，而有了这份诗意，生存才变成了生活，才会更优雅。童芷苓便是一个内心深处有着对优雅生活的向往，直至生命的终点依然保持着诗意的优雅生活状态、令人肃然起敬的大写的女强人。

童芷苓于1987年5月抵美定居，童葆苓也于1990年赴美。童芷苓重病期间，妹妹童葆苓专程前往纽约探视。姐妹相见，葆苓握着姐姐被病魔折腾得瘦骨嶙峋的手，强忍着眼泪，说不出话来。望着妹妹难过的模样，还是姐姐先开了口。芷苓问道："现在小弟在做什么？"她知道弟弟童祥苓曾受她牵连，遭到不公正的对待，虽然《智取威虎山》剧组后来解散，演职员工重组到新的剧团去了，但在她看来，凭小弟的技艺在剧团里一定会继续发挥他的潜能，为京剧事业，为童家人争光。

可是，葆苓嗫嚅着，呻吟半晌，没有作声。

芷苓是个极敏感的人，已从妹妹异样的神情中觉察了什么。她声音略显嘶哑地轻轻地重复了自己的问话，葆苓只得直言相告："祥苓已离开京剧院，在帮助儿子开一家小饭馆。"她的眼睛看着摆放在床头柜上的那束鲜花，不敢对着姐姐。

芷苓先是一怔，一阵巨大的哀痛袭上心来。小弟祥苓毕竟是童家人的希望，为了培养他成才，父母与她花了多少心血，指望他在京剧舞台上成为一棵不倒的常青树啊！然而……能替代她在红氍毹上延续童家班艺术生命的最后一丝希望竟然断裂了！这一阵刀绞般的隐痛让芷苓伤心不已，可是已走到生命尽头的她还能为自己的亲弟弟做些什么呢？除了悲哀，只剩下无奈，于是她发出了一声长长的近乎绝望的叹息："可惜！"低低的叹喟就像在她心中游荡而不能脱口的喃喃自语。

那年童芷苓回国探亲，祥苓曾去看过她，她却只字未提自己的病，还送给弟弟一大包西洋参，要弟弟保重身体。这包西洋参包含着多少姐弟深情，以及芷苓对弟弟的厚望！谁知这一别却成了永诀！

1995年7月6日，中国京剧大师级人物童芷苓溘然长辞，享年73岁，她带走了中国京剧花衫的一片天空。芷苓离世的噩耗通过不同渠道传入国内，南北戏迷闻讯为之悲恸不已！

童芷苓的早逝不无原因，《坤伶皇座：童芷苓》一书的作者朱继彭先生曾作了如下分析：

> 她自恃体质过人，医院大夫俱都属顶尖水平太过自信了，以致经常透支自己的健康和生命；她全然活在艺术里，唯知事业，不顾其他，即使绝症加身、兀自置之度外，以致健康状况迅速滑落；她经"文革"十年摧残，伤及身心根本，正如俞振飞先生所言"'文革'中芷苓遭遇之惨烈，在我们这一行中是属于顶尖的"。就以她腿骨骨

折而言，明明钻心的痛，因她的强自咬牙旁人居然不能察知，见她无甚痛苦表示，连大夫都不免误诊了。她虽能强自扛住身上多种伤病，毕竟还是被“文革”折了阳寿。

童过早离世还有心累之故，童曾对人言及心中烦恼：“我累呀，我是心累。”她又不止一次地说过，不把戏和人琢磨透了，决不拿出手去，好多戏都割爱了，因为加工后还是没能过自己这一关。“我心思全用在上面了，天天都这样过的，你们说累不累？”

她把关的标准过高，自我要求过于苛刻，老在同自己较劲，长此以往，成了自我折磨。要让童氏风格成为她每一出戏的基调，这需激发出多大的创造性，需投入多大的心力，正是长年心累过度要了她的命。

由此可见童芷苓是京剧界一个天才式的花衫演员，也是一个用伟大的热情献身于京剧艺术的杰出的表演艺术家！她为京剧而生，为戏剧表演艺术甘愿鞠躬尽瘁，死而后已！

了解童芷苓的朋友都知道一件事，那是“文革”结束之后，她被最后“解放”出来不久，芷苓一心想演戏，要把损失的“艺术青春”补回来。20世纪80年代初，上海人民艺术剧院复排《清宫外史》。当童芷苓得知这一消息，她演话剧的强烈欲望便从心底升腾起来，便去大导演、上海人民艺术剧院院长杨村彬寓所造访。

此时的杨村彬不仅执导话剧，而且执导了《垂帘听政》、《火烧圆明园》等清宫电影。童芷苓与杨村彬解放前就认识，杨村彬看过她上演的《夜店》等多部话剧，对她的演技极为欣赏。而童芷苓早年便是集京剧、话剧、电影于一身的三栖明星，有着演话剧的丰富经验，此时她若能扮演《清宫外史》中的慈禧，不仅符合自己60多岁的年龄，而且十分贴近自己的戏路。她对这个角色太向往了。

那一天，童芷苓按响了门铃，开门的是杨村彬的太太。得悉杨导去院里开会了，芷苓便直率地向杨太太说明了来意，杨太太答应转告。杨村彬回来，太太转达了芷苓的意思。杨院长便问妻子："你应允了吗？"太太摇摇头。丈夫说："好在你没答应啊。""为什么？"妻子不解地问道，"芷苓演过话剧，你又不是不了解，她这个年龄演晚年的慈禧太合适了！"杨村彬摆摆手："不是这个意思。""难道她的演技不对路吗？"杨太太追问，有点替芷苓鸣不平了。杨村彬看出了妻子的偏向，便说："正因为芷苓演技太好，年龄又相符，叫别人怎么演呢？"杨太太一下愣住了，她琢磨丈夫最后一句话的含义，不说什么了，心里却为芷苓可惜。

其时，经过"文革"之后，不少才华出众的名演员年龄都趋向老化，领导部门要求各院团尽快培养扶植中青年演员，让他们接班；芷苓若重登话剧舞台演慈禧，她的艺术光彩将会使后继者望而却步，会产生沉重的心理负担。为了培养上海人民艺术剧院的中青年才俊，杨院长无法顺从芷苓的心愿，最终把慈禧这个角色给了陈奇和王频，光绪皇帝则由严翔与俞洛生扮演。

把演戏视作生命的童芷苓，经历"文革"磨难之后，她多么想重登舞台，与熟悉她的观众再次相聚啊，怎么愿轻易放弃舞台？她在那些被严重污辱与伤害的暗无天日的岁月里，没了裤带，缚上一条草绳系上；没钱就买一包最劣质、便宜的七毛钱一包的"生产牌"香烟抽了提精神；在"牛棚"里，除了写检查，便默默地背唱词、念唱腔；挨打受罚，她咬牙挺住，不就是为了等到复出重登舞台的这一天吗？她回顾自己这大半生，除了唱戏还是唱戏，虽然在旧社会为唱戏无可奈何地接触了一些国民党要人，并与他们应酬周旋，但她与她的童家班没有一人卷入政治漩涡。她相信自己是无辜蒙冤受屈的，终究有一天组织上会澄清冤案，还她一个清白。

如今，十年苦熬算是熬出了头，光明已经战胜黑暗，她要勇敢地站起来，用加倍的努力去弥补艺术上的损失！

在她看来让台不合戏曲常规，也不是培养扶植中青年演员的好办法。演员可以不分老中青，唯有在舞台实践中亮相、竞争，才能让老演员不失艺术的光华，使中青年在激烈的竞争中激发自己的活力与创造力，不断去主动吸纳并丰富传统艺术的精华，从而成为舞台新秀。至于缺少舞台场所，这不是理由！“文革”以来，一度各地大造楼堂馆所，几乎每个乡镇都有可容纳上千人的会场，中青年演员为什么就不能深入二三线或三四线城市，甚至去乡镇各地跑码头演出经受锻炼，非要窝在大城市呢？“我童芷苓成名前还不是搭过草台班，去青岛东镇、九江、南昌、赣州等城镇，以及沪宁线上跑过码头么？”

也许童芷苓就是这样想的，所以她不放弃任何登台的机会，渴望演出！

“文革”结束，为了恢复演戏，她每天早起刻苦地吊嗓子，终于一点一点地发出声来，半年后重又登台唱戏，复活了舞台生命。她学演荀派，并不是一意模仿，而是发挥自己所长，有所改进，《金玉奴》“推江”一折，她就加强了唱腔和表演。“洞房”棒打一折，也加重了唱、念。以往这出戏不为观众和演员所重视，自她演出后就成了热门戏。劫后复出，她的表演艺术突飞猛进。童芷苓迎来了艺术生命的第二春！为了给剧院中青年演员让台，她带着自己的班子去全国巡演，闯出一番新天地，这在她们这一代的名旦中，能成功复出唯有她和赵燕侠二人而已，若非怀一身绝技与绝对的自信，是不可能做到的。

童芷苓晚年随女儿移居国外，她的“童派国剧研究社”活跃于美国东西部，并将有关中国京剧艺术的演讲带进联合国大厦。她给在上海京剧院演当家小生的侄儿童强写信，让侄儿为她在国内联系演出事宜，购置演出行头……她对于京剧艺术的弘扬与传承，以及创新方面有多少美好的计划与设想，可惜壮志未酬却香消玉殒了……

葆苓回国后曾把探视四姐的情况转告过小弟童祥苓。祥苓听了难受至极，他有些埋怨小姐姐，不该把他当下的窘境告诉芷苓，让病重中的四姐心中留下抹不去的阴影，加重她的病情。但他自己的落魄终归是事实，纸焉能包得了火？有关他的消息终究会传到四姐那边去的。

童芷苓的儿子陈吉把母亲的骨灰从美国送回上海，与陈力合葬。童祥苓问外甥，四姐的单位对其后事的态度怎样？陈吉对舅舅说，戏校的领导回答，童芷苓的问题，单位做不了主。[①] 不少朋友来电询问此事，童祥苓也只好以不知情来回答。

祥苓与南云带着花篮去四姐家拜祭时，见芷苓灵前冷落，无限凄凉。承蒙一些新闻媒体、电视台为童芷苓做了一些追悼性的节目，让观众还能记得一代名伶童芷苓。芷苓九泉有知，也该瞑目了！

## 五十四　有朋自远方来

穷且益坚，不坠青云之志。

——（唐）王勃《滕王阁序》

童家小店开张之后，童祥苓一家付出了几年辛苦，虽没发财，却得到了家庭的安宁与和谐。

1997年，市政部门要在延安西路实施建立高架工程的计划。一天，童祥苓接到了“小童餐饮部”必须拆除的通知，全家陷入紧张之中。扩路建桥是发展上海总体规划的重要部分，自然必须全力配合。于是，他们一面托人寻找门面，一面四处奔波。后来终于在番禺路找到了一间20多平方米的小店面，虽然灶间很小，条件很差，但为了争取第一个搬迁，他们就爽快地租赁下来，又经过半个多月的张罗总算开张了。适

开店时的全家福。前排左起：童祥苓、童乐、张南云，后排左起童预鸣、童胜天

① 在当时的情况，戏校对童芷苓访台持有异议。

逢此时电视台拍了童祥苓一家的纪实录像，有人不了解情况，说童祥苓开小店，花大本钱搞电视广告。对于此类流言蜚语，童祥苓一笑了之。稍有常识的人都会明白，如果他做得起那么大的广告，也不会开小店了。

童祥苓说：

> 由于厨房只有三个平方米，一人上灶都转不过身来，排烟又差，预鸣从早到晚在灶炉旁被闷呛得透不过气来，特别是天热时更为难受。我进去试过几次，也难以忍受，看到孩子一会儿烧菜，一会儿就跑出来用冷水冲头，浑身被汗水浸透，每天工作下来又咳嗽又吃不下饭，望着年已四十多岁的儿子，跟我受了几十年的罪，到现在还要受罪，我这做父亲的心痛啊！两个孩子每月每人只挣千百元钱，实在可怜，但又有什么法子呢？

1997年12月，《周恩来最后的十年》一书由笔者所在的上海人民出版社出版，发行量达10万册。责任编辑是笔者所在编辑组的陈莉莉女士。是年3月，作者张佐良先生应我社邀请，前来上海参加签名售书活动。张佐良先生是周恩来总理生前的保健医生，他此次来沪，除了在本地签名售书与演讲之外，还将由笔者陪同前往无锡、镇江、南京、扬州、泰兴等地的各高等院校和单位与广大读者见面，并作关于周恩来最后十年生活情况的演讲。

作者当年在童家小店与童祥苓、张南云夫妇合影

张佐良先生在沪期间，向我们提出要面见童祥苓。陈莉莉女士恰是祥苓居住上方花园时的邻居，于是便直接让她与童祥苓联系。陈莉莉告

诉编辑组同仁，童老师正在番禺路与儿子一起经营一家小饭店，于是当即决定编辑同人陪同张佐良先生一起去童家小店聚餐，面晤童祥苓先生。

童先生长笔者7岁，见面时，他已谢顶，身材不高，一米六七左右，见了我们十分高兴。他身上套着厨师穿的工作服走来，与我们一一握手，态度谦和，一点没有名演员的架子。张南云老师起初也在厨房操持，开饭时，我们让她与童祥苓老师一起就座。席间，张佐良先生便与童祥苓随意地闲聊起来。

童祥苓在《自传》中回忆道：

> 1998年3月，我在上方花园居住时的邻居陈莉莉，给我打电话，说北京来的一位张佐良医生，现正在上海演讲，执意要到我的小店里来吃饭。有客从远方来，不亦乐乎，只是我的店太小了，但盛情难却，只得停止对外营业，把三张小桌凑拼起来迎接来客。随着张医生一起来了七八位，店小人挤，我实在不好意思。张佐良先生却说就要这份随便自然。
>
> 原来张先生到上海后，指明哪儿都不去，就是要到我的小店。张先生很健谈也很随和爽朗。我们谈得极为投机，谈话中张先生问我记不记得他给我看过病，我突然被他问愣住了，怎么也想不起来周总理的保健医生，什么时候给我看过病。张先生说那是在人民大会堂，演出时我病倒了，他到休息室为我看病。这使我想起了1969年，《智取威虎山》拍摄电影前的改戏阶段。那时为改戏我脑子都晕了，因为第二天江青和姚文元要审看修改过的戏，急得睡不着觉，连吃两粒速可眠都未入睡。第二天吃过午饭我就去人民大会堂剧场，于会咏检查修改部分之后，离开演尚有两小时，我想稍事休息一会儿，但我满脑子都是戏，就是睡不着，可我实在疲累至极，就又吃两粒速可眠，这下可坏了，非但睡不着，整个人就似腾云驾雾一般，并不住地呕吐。只能让B组演员演出，我则在领导休息室沙发上躺着，此时来了一位医生，看了之后知我安眠药吃多了，让管理人员给我

冲了一大杯浓咖啡，过了一会儿，我精神好起来，止了吐，张医生当时还建议我去医院治疗。

原来当时为我看病的就是今日的张先生，真是人生何处不相逢。张医生说他就是为了此事今天非要来看我，且叙叙旧。同时张医生还告诉我，不是江青而是周恩来总理让他来为我看病的。周总理告诉张医生有一个演员病了，让他去看看，这才有了我们今日的相逢。

这场意外的相逢，才使我得知二十八年前周总理对我的关心，我一人独自坐在花坛前，周总理那和蔼可亲的音容笑貌历历在目，难以抹去。

上述回忆不难看出，《智取威虎山》由舞台演出本压缩改编成电影剧本的过程中，童祥苓确实花费不少心血，是有很大贡献的。

笔者采访童老师，谈及在童家小店晤面时的情景。童祥苓告诉我，他所以后来有勇气拿起笔来撰写自传《"杨子荣"与童祥苓》，完全因了那次约会时受张佐良先生的启发。张医生对他说："你的经历很丰富，可以自己动笔写自传。"闲居在家时，无所事事，便试着写开了。

这本字数不多，但文字简朴、内容确凿的自传，几经周折，终于由中国文联出版社于2000年10月出版了简装本，附有几十张照片，以及《智取威虎山》中杨子荣的四个主要选段的唱词与简谱，共15万字，印数一万册。这是童老师晚年所做的一件极为重要的工作，它为京剧现代史的研究提供了一部分很有价值的资料，也给笔者为童老师立传夯实了坚实根基。

1993年，已在美国与颜木彬先生结为伉俪的童葆苓，邀请弟弟童祥苓夫妇去美国探亲，并为他们的探亲旅游作了担保。其时，齐淑芳女士与丈夫丁梅魁先生已在美国定居，他们在美国成立了齐淑芳京剧团，童祥苓赴美之际，恰逢该团举办纪念演出，齐淑芳得知后便盛邀童祥苓夫妇一起参加演出。

真是天作之美，既可探亲又能如愿以偿地登上美国舞台，宣传国粹，让美国人民与中国侨胞了解京剧的魅力，两全其美啊！

剧团安排的节目是：张南云演《百花赠剑》，彩唱现代戏《沙家浜》，童祥苓和齐淑芳演出《智取威虎山》第三场《深山问苦》，最后清唱第六场《打进匪窟》片段。

由于多年没扮装演出了，祥苓与南云有些顾虑，担心年纪大，身体发福了，扮成青年军人能行吗？倘若演砸了，岂不是一生的名声要毁于异国的舞台上？但想到此行不仅可以了解美国的文化与风土人情，又能与相隔多年的齐淑芳、丁梅魁重温三十多年的友情，便打消顾虑，决然赴美。

祥苓在申办出国手续期间，一方面准备一些演出的化妆用品，另一方面也开始跑步和练功。孰料没几天他就腰痛并呕吐，经急诊治疗，诊断为肾结石。童祥苓的心凉了半截，连忙与齐淑芳、丁梅魁商量，齐丁二人不肯作罢，愿意把演出日期向后推迟，也一定邀祥苓夫妇赴美。祥苓心里也不想放弃此次赴美演出的机会，只是担心若在美国发病岂不给邀请人添了麻烦？

于是，祥苓向瑞金医院的医生说明情况，希望短期内取出肾结石。医生表示尽可能使治疗一次性成功。那天南云怀着忐忑不安的心情陪丈夫去医院治疗，能否去美演出就此一举了。经过20多分钟的震荡治疗，一次成功，回家后不几天石头全部排出。就这样有惊无险，同年10月，童祥苓夫妇双双登上了赴美的旅程。

## 五十五　身在异乡为异客

逢人渐觉乡音远，却恨莺声似故山。

——（唐）司空图《漫书五首》

童祥苓夫妇从上海出发，在日本东京转机，在那里住了一夜。为了去美国演出，童祥苓带了一个青年演员同往。出检查口时，日方检查员见那个青年演员肩背演戏的大锤，手里握着刀枪把子，就要求他把随身携带的东西都打开检查。祥苓夫妇在一边着急，此时，另外一个检查员过来问童祥苓，那小青年是否与他一同来的。童祥苓点点头，他就跑去跟那个正欲检查箱子的同事打了招呼，便放行了。

在宾馆吃完夜点，南云对祥苓说，我们没有日元看不了电视。祥苓便穿起日式睡衣，哼着日本歌的调子，又做了几个表演动作，对南云说，我就是电视，逗得妻子笑得前俯后仰。在完全松弛的状态下，童祥苓不经意地显示了天性中调皮的一面。祥苓也多年没见过妻子这么高兴了。这是老两口属于自己的难得的轻松一刻。

次日上午，童祥苓夫妇从东京起飞，经过一天一夜飞抵纽约。出关时，一位身穿蓝西装的肤色黝黑的工作人员，领着旅客走到关口，他见黄皮肤的祥苓夫妇似乎不会外语，便很有礼貌地用手势告诉他俩应在哪里排队。过关时检查护照，一个官员对童祥苓大声说了一通，祥苓不知其意，便说了一句："English, no."（不会英语。）检查官笑了笑，不再问话，给他俩盖了半年有效期的印章。

出了机场，祥苓夫妇看见齐淑芳、丁梅魁、韩奎喜三位已在门口前来迎接。老友相见，分外激动，他们紧紧地拥抱在一起。岁月荏苒，大家都年过半百，发福了。丁梅魁、韩奎喜熟练地开着自己的汽车，会操一口流利的英语，但他们饱经风霜的脸上显示了在美创业的艰难。

不一会儿，汽车驶入一新区，马路两旁大树林立，汽车进入了一个居民楼群，在一幢白色的楼前停下。这就是齐淑芳的家。韩奎喜跟大家打了招呼就赶去厂里上班了，在美国工作是按时计算的。

童祥苓说：

淑芳家里是中西结合，墙上挂满了戏照，这说明房子的主人是热爱京剧艺术的。淑芳、梅魁告诉我们，他们初到美国时无依无靠，并且受到别人的控制与摆布，后来得到一位美籍华人周先生的帮助，才摆脱了困境。历尽了千辛万苦，美国人对他们的艺术才逐渐有了认识。现在他们有经纪人，每年的演出安排基本上有保证，观众大多是各州的中、小学生，如此一来，凭借演出，他们的生活既有了基本保障，也能使美国孩子们从小就接触中国京剧，为此美国政府发给他们免税证书。

淑芳家的三楼租出去了，二楼他们夫妇居住，一楼也有卧室和卫生间。淑芳和梅魁要搬到一楼住，让我们住二楼，我们不肯，因为电话在二楼，他们从早到晚都不停地打电话忙于工作，所以我们住下面更合适些。

祥苓夫妇是10月3日上午抵达纽约淑芳家里的。当天，齐淑芳夫妇就告诉祥苓，说他们认识一个中国的气功大师，他有不少学生来自世界各地，今天要举行一次大型集会，邀请齐淑芳与祥苓夫妇前去表演。因刚到美国，时差未倒过来，人还迷糊，加之也没带伴奏带，童祥苓便婉言谢绝了。但丁梅魁说，他们很热情，一定要见见刚从中国抵美的祥苓夫妇。盛情难却，童祥苓只好答应。梅魁为祥苓准备了一盘伴奏带，但与祥苓的唱段区别较大。午饭后，童祥苓只得跟着"录老师"学了，一直学到演唱的地方——纽约华道夫宾馆。

齐淑芳、童祥苓一行走进高大、华丽、古雅的大厅，几十张圆桌已摆好，约有几百人之多。齐、童二人先在大厅两侧休息，晚餐后即到化妆间。淑芳、梅魁他们开始化妆，一切都自己动手，且十分快速熟练，不像在国内，团里的主角什么都有人伺候。在国外生活，什么都得亲作亲为，祥苓夫妇看在眼里，佩服不已。

齐淑芳演的节目，以传统戏《盘丝洞》孙悟空向铁扇公主"借扇"为样本，精简为一折小武戏。她年过五十，人胖了，但踢枪、开打、出手等动作依然灵活、快捷、稳健；梅魁也是，看得出这是他们平时苦练与经常演出的结果。接着是钢琴演奏，结束后又是淑芳清唱。

童祥苓在一旁思忖：美国人与华侨对我了解多少？他们对现代京剧能接受吗？他心里没底。但不管怎样，就尽量发挥吧。

当主持人介绍到刚从中国来探亲的中国著名京剧艺术家童祥苓时，台下响起热烈掌声，听到主持人报出《打虎上山》时又响起一片掌声。

童祥苓从出场开唱导板，观众掌声一直不断。特别让他吃惊的是，当他把“愿红旗五洲四海齐招展”改为“愿人民幸福生活能美满”时，台下突然爆发出雷鸣般的掌声，观众竟连唱词都记得那么清楚，这让他深深感觉到艺术是不分国界的。在观众持续不断的掌声下童祥苓又加唱了《今日痛饮庆功酒》，才依依不舍地离开了舞台。

演出结束，演员们走上舞台谢幕，观众的掌声经久不息。

集会散后，门口有不少观众要求合影。加拿大的一位华侨对童祥苓说：“在加拿大有许多人想听你唱戏呢。”童祥苓听了一股暖流涌上心田，国内外还有那么些观众记得他，对他一个京剧演员来说不啻是莫大安慰！

在纽约，童祥苓联系了小姐姐童葆苓。她让芷苓的儿子陈吉开车来接祥苓夫妇去她所在的曼哈顿。姐弟相见，异常激动，相拥而泣。童葆苓虽已68岁，但不显老，只是消瘦了。外甥女小捷在学英语、电脑，和葆苓一般消瘦。姐夫颜木彬开朗随和，85岁，却精神抖擞，很健谈。祥苓夫妇的美国之行就是葆姐与姐夫作了担保。颜木彬是个戏迷，他告诉祥苓，南云的《诓妻嫁妹》唱片，祥苓的《华容道》、《借东风》、《群英会》录像带在美国都能买到，他都买来看了。颜木彬本人还每周一次去票房玩呢。

童葆苓建议祥苓夫妇既然来美国就旅游一番，好好地玩玩。在美国10月份气候最适宜旅游，到了11月，天就冷了，玩起来就不方便，还为他俩安排了景点。然而，童祥苓却有自己的想法，此时他已获悉自己与南云将被邀请参加一次代表京剧一流水平的大型演出，机会难得，一定要成功，不然会抱憾终生。所以旅游之事只能往后延宕，必须集中精力训练与排戏，把演出放在首位。作为一名京剧演员，为弘扬国粹艺术，应当作出一些牺牲。

童葆苓十分理解弟弟与弟媳的心意，她亲自陪祥苓夫妇去医院打感冒预防针，又备好水果与果汁，说纽约天气干燥，多喝果汁不上火。外甥陈吉怕舅舅、舅妈孤单寂寞，还向公司请假，开车陪他们去就近的景点参观。

陈吉陪祥苓夫妇首先参观的是自由女神像，他们欣赏着美丽的海滨景色，开阔的草坪上一群鸽子自由自在地飞来走去，南云想与飞翔的鸽子合影，便追逐着几只鸽子，可鸽子就是不飞；祥苓瞧着妻子跑着哄飞鸽子的那股劲儿，犹如活泼的少女，也激发了兴致，跟着妻子跑了起来。这时，一个军人抱着一个妇女的雕像落入他的视线，便下意识地把南云也抱起来了，完全忘掉了自己所处的环境与年龄。南云被丈夫这突如其来的举动惊吓了，尖叫起来。这喜剧性绝版镜头正好被外甥陈吉抓拍了。南云笑着嗔怪祥苓："这么大年纪还像疯子一样，多难看呐！"祥苓却感慨万分："这迟到的激情难再续啊。人的一生中该有多少激情？而年过半百的我这一次激情却是迸发在异国他乡。"

为了迎接童祥苓夫妇的到来，齐淑芳安排了一次家宴，被邀请的客人有：李维汉夫妇、李金鸿、张秋伟夫妇、韩奎喜全家、黄世荣全家、黄承琳、黄正勤等人，他们都是上海京剧院的演员，童祥苓夫妇的老同事，分别多年，聚在一起，重温昔日的友情，倍感亲切。聚会中，大家非让童祥苓说几句。祥苓觉得此时此景，纵有千言万语也难以言表，他简单地说了几句："今天咱们不仅仅是一起吃饭热闹一下，而是情谊又让我们聚在了一起，又使我们回到了青年时代，我衷心感谢大家，在我63岁之际，给我和妻子南云的生活留下了一段难忘的快乐时光。平时大家为了生计东奔西跑，难得有个休息时间还得忙家务。今天淑芳、梅魁夫妇一下子能把大家聚在一起，靠的就是那么多年斩不断的情分。"

不久，在齐淑芳夫妻的引荐下，童祥苓拜会了周荣章先生。周先生是一位文化人，京剧票友，也是一个挚爱国粹艺术的爱国华侨。他家里摆放的全是演戏的服装和道具，在美国的京剧演员演出时缺什么，就到他家里去拿，借什么给什么，总是竭尽所能地予以帮助，鼎力支持。他为人随和亲切，与美国新闻界的关系也挺不错。在组织这次大型演出前，周先生安排了记者招待会，以便通过新闻媒介让美国的观众与侨胞进一步了解中国的国粹艺术。

不日，记者招待会便在周荣章先生的办公大厅举行，在那里童祥苓结识了第一位成功地进入美国百老汇担纲主演的王乐勇先生。他个儿高挑、清瘦、留着小胡子,谈吐斯文高雅,是这次演出的总监。

记者到齐,招待会开始,先由王乐勇先生和齐淑芳女士介绍这次演出的目的,接着周荣章先生提出由童祥苓先生向诸位记者说几句。此时全场一片寂静,显得格外肃穆。童祥苓款步走上讲台。为了准备这次讲话,他反复斟酌,思考一夜,几乎通宵未眠。他明白,自己讲话的要旨,就是阐述京剧现代戏的发展历程,只要实事求是,他是能解释清楚有关问题的。为了打破这种气氛,童祥苓以拉家常的方式首先从他小时候立志要学梅兰芳先生到美国演出的愿望说起,讲着讲着,当他提到淑芳和梅魁时,竟把淑芳说成先生,把梅魁说成女士了,这下引起哄堂大笑。没想到这称谓上的失误,反倒活跃了现场气氛。

童祥苓说:

许多人把现代戏的出现,说成是"文化大革命"的产物,这既不全面也不够公正。现代戏早在1958年就在中国舞台上出现了,当时的京剧工作者,都想把新中国的成立,以及社会主义建设进程用京剧形式在舞台上表现出来,在更新内容的同时,还创造新的表演艺术程式。上海京剧院在那时就涌现了大批现代戏,李仲林、纪玉良先生就是《智取威虎山》的创始人,我姐姐童芷苓很早就与我们排练了《赵一曼》,青年团创排了《红色风暴》。在1959年我和夫人及其他青年演员排了《战海浪》,在参加上海青年汇演中,获得了集体创作优秀一等奖。以后又有《送肥记》、《社长的女儿》等新剧目问世,这些现代戏虽各方面尚不完美,但已得到了观众的认可。如1958年我们在沈阳演出《赵一曼》时,许多观众看完戏后,到后台握住我姐姐芷苓的手,流着泪说,你们把我们的抗日英雄赵一曼重现在舞台上,谢谢你们。在天津演出《红色风暴》,谢幕时观众把水果送到演员手里,感谢我们把工人形象塑造到舞台上,他们久久不肯离去,演员就下台去送观众出场,这使我们真正感受到京剧应为人民服务的宗旨,也增强了我们艺术改革的决心。

由于《智取威虎山》的故事情节和人物更适合京剧艺术的唱、念、做、打形式，通过不断修改，1964年参加全国汇演时得到了好评，此后又经过剧本修改及演员更换，于1970年终于较完美地搬上舞台，并拍成电影。

我又列举了京剧在艺术上的改革，如以民族乐器为主，又加上西洋乐配器，不像过去传统戏，胡琴只为给演员的唱腔垫过门，而是在演员唱腔完后，延续深化人物的内心情感。

童祥苓在叙述《打虎上山》的马舞以及小分队滑雪的舞蹈时，还辅以动作表演，以此来证明京剧艺术的发展形式，博得记者们的阵阵掌声。童祥苓最后自豪地说：

这些都表明了中国京剧工作者一代又一代付出的艰辛劳动，大胆创举，勇敢实践所产生的成果。至今我尚未听到和见到其他国家把滑雪舞蹈形象地呈现在舞台上，这是中国京剧发展史上的骄傲……

童祥苓一口气讲了一个多小时，当他问记者还有什么问题时，一致回答没有了。招待会结束，周荣章先生满意地说，这是一次精彩的招待会。南云对祥苓说："你当时越说越激动，都手舞足蹈了，记者们不断地给你抓拍呢。"

# 五十六　甘苦自知终不悔

充满着欢乐与斗争精神的人们，
永远带着欢乐，欢迎雷霆与阳光。

——［英］赫胥黎

一个京剧演员要在远离本土的异国他乡生存下来，传播中国戏剧文化的种子，却非易事，童祥苓住在齐淑芳、丁梅魁家里，亲眼所见、所闻，深切地体会到了他们生存的甘苦。

按照约定，他们将于是年11月18日在佩斯大学剧场进行一场大型演出。为此，淑芳、梅魁紧锣密鼓地提前做了大量的准备工作：不仅制作了舞台背景使用的特大天幕，还制作了《智取威虎山》的三场幕景及舞台立体布景，可想而知他们为这次演出投资之大！凡演出的一切事务都由他俩亲自动手。淑芳管理售票，她用了三种办法：一是在商店设售票店，二是家里电话售票，三是定好票付了款在开演前到前台按姓名取票。童祥苓大哥童遐苓的女儿童莹也来买票。由于要买不同日期、不同票价的票，童莹又活泼好动，一会儿要这个座位一会儿要换那个，把淑芳的票都弄乱了，急得她直冒汗，祥苓与南云看着她因着急瞪着一双大大的圆眼睛，像卡通片里的洋娃娃，便禁不住咯咯笑起来。

梅魁更是一人兼几个身份：既是秘书，又管服装道具，又是采购又当翻译，又是录音，忙得满头大汗，还要挤时间在院子里踢腿练功。没时间做饭，午饭就吃面包夹肉肠或青菜做的汉堡包，喝点水果汁或牛奶；晚上出去工作，回来买点熟菜就是晚饭了。赴外地演出时他们早晨5点多起床，吃点早饭就开车上路，几个小时后到达就化妆演出；演完一场，吃过午饭略作休息就演第二场，返程中买点热菜就当晚餐了。

张南云见他们夫妻俩实在辛苦，就与祥苓商量，每日做点家常菜，让他们吃了高兴。淑芳动情地说："你们就像我的哥哥嫂嫂！"

与国外为京剧艺术而拼搏的演员相比，国内演员演出的条件要好得多，没有生活与精神上的沉重压力，一切由国家养着，演出的一切业务由院团或演出公司办理，显然要轻松得多。

在美的京剧从艺人员，多数人都有一份固定的工作，所以排戏都安排在周六或周日，还必须利用假期；遇到特殊情况还得暂时告假，放弃工作。但大部分排练时间安排在晚上，便于有些演员下班时赶来。排练场是借租华人的老人俱乐部。

去佩斯大学演出前作了最后一次彩排，人到齐了，两天的戏均要一次性排完，从上午9点一直排练到下午5点，要连续工作八九个小时。祥苓与南云都累得快站不住了，但还有武戏要排，乐队也一直坚持着。在排练中大家极为认真，大概是在国外生活惯了，知道时间的金贵。

经过一个多月的准备，演出如期举行。佩斯大学剧场很华丽，后台条件也相当好，灯光均由电脑控制，演出前，美国的前后台人员全准时到位。

祥苓与南云都难以平静，因为他俩已好几年没化妆登台了，如今在美国重新粉墨登场，也许是今生最后一次演出了，能否为自己的艺术生涯画上圆满的句号，在此一举。在后台的演职人员也都各司其职，负责化妆的杨桂英、凌佩芝和她丈夫也都忙着化妆，但对祥苓夫妇特别关心，琴师黄承琳还为祥苓买了点心。

《智取威虎山》的主题音乐开始响起，童祥苓的心跳加速，浑身热血沸腾。童祥苓一句导板唱完出场，观众的掌声掩盖了他的演唱，观众的鼓励使他进入最佳状态……

两天的演出结束了，当大幕落下时，演员们在台上互相握手、拥抱。在雷鸣般的掌声中，大幕重新开启，演员们向观众挥手致谢，鲜花一把一把送到演员手中，原计划演完后演员们到前台集体留影，结果被拥上台来的观众亲友冲散了，留下了遗憾。

演出圆满结束，外甥陈吉就把舅舅、舅妈接到自己家里去住。侄女童莹夫妇陪叔叔、婶子参观了纽约联合大厦、帝国大厦、博物馆、中央公园等名胜，童葆苓与小捷则陪他们购物。

一天，王乐勇先生请童祥苓夫妇去百老汇观看他主演的《西贡小姐》。为了拉近与观众的距离，演员都不化妆，但服装极其讲究，王先生在舞台上穿的一件红色的西装上衣就要两万多美元。那里的音响效果极好，当时有一位国内歌星想买一套他们演出的音响，一问要90万美元，只得作罢。这里的音响、灯光、舞台换景均由电脑控制，这些先进设备令童祥苓羡慕不已。

童祥苓回忆上述情况的时间是在1998年年底。时过境迁，相隔20年的今天，随着我国经济形势的迅猛发展，文化事业的状况已有了彻底的改观，今日无论是上海大剧院、上海音乐厅，还是北京的国家大剧院，舞台音响、灯光、换景设备已步入世界一流水平，与昔日不可同日而语了。

然而，百老汇的剧目总在不断更新，他们演出的水平也是一流的，这一让百老汇长盛不衰的经验，倒应该为我国各演艺中心及演出院团好好借鉴，唯有高质量的剧目与演出水平才能保证剧场与艺术团体永葆艺术的活力，提升票房价值；光靠虚假广告或空壳包装，终将失去观众。

祥苓夫妇在外甥、侄女夫妇的陪同下，逛了许多商店，令他最感兴趣的是长岛的厂家直销市场，这里商铺林立，来自世界各地的品牌商品都能买到，明码标价，注明产地厂家及生产日期，且价廉物美。你若发现商品的瑕疵，商家会立即给你打折，不会有与顾客争执的事情发生。诚信是美国商界必须遵守的原则。

那一天正遇上美国的“鬼节”，家家门窗装扮成“鬼府”的样式，街上还有庆祝“鬼节”的游行，祥苓萌生了好奇心，意欲一睹为快，却被外甥陈吉劝阻了，因为有许多小孩会往人身上扔鸡蛋。果不其然，当陈吉的汽车开回家时，只听“砰”的一声，汽车受到了鸡蛋的袭击。

不几天，又赶上了在童芷苓的小女儿陈工（童小苓）家里过“火鸡节”。童祥苓夫妇虽与外国女婿语言不通，但他很热情，喜欢中国京剧。他说看了童祥苓的演出，说舅舅一出场，就像磁铁一样马上吸引了他，逗得祥苓夫妇乐不可支。

陈工有个儿子叫安丘，会说中国话，一见祥苓就拉开架势，祥苓问小外孙，这是干什么？他说是杨子荣。他又把弓背在身上，告诉祥苓，他是花木兰；接着把弓、宝剑、马鞭递给祥苓，让他扮花木兰。祥苓笑得前俯后仰，说：“外公不像花木兰，倒像个卖货的啦。”陈工特地为舅舅、舅妈做了火鸡，里面塞了香菇、糯米、火腿，像中国的八珍鸡，很好吃。

圣诞节快到了，纽约大街两旁高大的圣诞树都挂上了彩灯，晚上火树银花，五彩缤纷，十分壮观；加之大楼上高大的霓虹灯广告，各家商店装饰精美的橱窗，咖啡店里冒着热气的香味，以及啤酒的醇香，营造了令人陶醉的节日气氛。外甥陈吉还驾车带着祥苓夫妇去大西洋海滨观光。

一路上那红、黄、绿各种树木构成的绚丽色彩，让祥苓夫妇目不暇接、心旷神怡。这儿古典与现代建筑完美和谐地交错着，屹立在海滨，一艘艘白色的游艇在蓝色的海面上游弋。他们下了车，南云看着一群群鸽子走来走去，她刚蹲下，一只鸽子便展翅飞到她手上，张着飞翔的翅膀。大家都说鸽子会给她带来好运。

亲戚朋友们都希望祥苓夫妇能多住一些日子，姐夫颜木彬先生给他们预订了去别的城市旅游的机票，大侄女童莹订了圣诞节最为精彩的歌舞票，外甥陈吉还非要陪舅舅去华盛顿。祥苓夫妇十分感谢侄儿、侄女、外甥、外甥女对他们的一片诚意与孝心，但二老商量后还是决定在圣诞节之前回国。他们不愿意小辈们再为他们破费，给亲戚和朋友们增添麻烦；另一个重要原因是心里一直牵挂着在上海的两个孩子预鸣、孝天与那只爱犬妮妮，以及倾注了他俩心血的“童家小店”。于是，祥苓夫妇再三谢绝了亲朋好友的挽留，于当年12月上旬返回上海，结束了不到三个月的美国之行。

# 五十七　堂前繁花几度红

桃李不言，下自成蹊。

——（西汉）司马迁《史记·李将军列传》

童祥苓夫妇回到国内把一份好心情带给了孩子，又回到了必须面对的现实生活状态中。

番禺路“小童面饭馆”由于厨房太小而运作不便，经营一年多收不回成本。预鸣、孝天在厨房里操作也苦不堪言。经多方寻找，最后找到了定西路法华镇路口的店面；这是一个现成的店，有200多平方米。该要多少投资，童家实在没有底。有人建议把饭店装潢得高档一点，苦于缺少资金，全家商量下来还是搞大众化饭店。承蒙普联房地产有限公司李家东的关照，以及朋友们给予的经济支持，以童祥苓的名字命名的饭店总算开业了。

祥苓回顾自己大半生走过的道路，在艺术上，他与妻子南云对京剧事业可谓鞠躬尽瘁，应该画上圆满句号了。这些年来，他衷心感谢带他来到这个世界的父母，抚育、培养他的哥哥和姐姐，给他传艺授业的老师，关怀爱护他的观众和一切帮助过他家的人们。

然而，京剧界与广大京剧爱好者并未忘记这位卓越的表演艺术家，凡遇到大的节日，演出团体都会邀请他和南云参加演唱。每次接到演出任务，二老都会认真准备，互相切磋，力求向观众们奉献最好的佳作。童老师还有许多崇拜他的粉丝呢，上百的粉丝建了一个群聊圈，互相转发童老师的演出视频，互相学习现代戏，尤其是交流《智取威虎山》唱段的学习体会。每逢童老师生日，众多粉丝就聚会为老先生祝寿。

有人说童祥苓没有收过徒弟，这也许与事实稍有出入。当今师生关系不在形式，例如，“上京”的傅希如为上演《智取威虎山》中的杨子荣，在“上京”领导的支持与安排下，经常登门请教童老师，童祥苓也毫无保留地悉心相授。傅希如从内心尊敬童祥苓先生，经常去探望童老师与张老师，这样的亲密关系不是师徒，胜似师徒。

笔者采访时，童祥苓老师曾说，他很喜欢结交一些知识分子的戏迷朋友，愿意教他们唱戏，传艺，说知识分子有文化，他们可以影响一大批热爱京剧、弘扬京剧的朋友。从上海画院出来如今创建属于自己书画工作室的沈护林先生，便是童祥苓老师的忠实粉丝，他嗓音条件好，中气足，也愿下功夫学，童祥苓为他的一片“程门立雪”的赤诚之心所感动，同意收他为徒。此后拜祥苓为师的还有一位金融界的票友。有的拜师不成，就干脆拜祥苓老师为义父，有空就常来看望老先生。

2018年3月3日，“童家班”在上海举办家庭式的小型聚会，庆祝童祥苓先生83岁华诞。童先生的一些弟子、义子、义女和新闻界、书画界、金融界的一些朋友以及其他社会各界的朋友30多人参加了聚会，参加者有童孝天（童祥苓次子）、孔晓瑜、秦来来、翁思再、周笑雷、谢润昌、高龙海、俞志勇、崔鸣骏、崔华、陈赛珍、童小辉、李斌、胡滋华、慧茹、赵乐、张成国、张宁江、刘童、徐连根、徐锦、殷俊峰、沈沪林、潘幽燕、赵志诚等。

祝寿会办得简朴而热烈，既有传统礼仪又饱含深情。大家向童祥苓先生和夫人张南云女士敬献鲜花，祝二老的生命及艺术永远像鲜花一样艳丽夺目。弟子晚辈们行传统礼节，由衷地感谢童老师在艺术上对他们的悉心栽培与倾情关爱。

童祥苓先生和夫人张南云不仅是患难与共的生活伴侣，还是舞台生涯中的绝佳搭档，共同在舞台上塑造了众多令人难忘的艺术形象。二老都是属猪的，所以酷爱憨厚的猪猪形象，家中摆满了各种造型和材质的“二师兄”玩偶和摆件，有些是自己出差时选购的，有些则是朋友们送的纪念品。

面对众人的祝福，二老非常开心！

赵志诚先生赋诗一首赠二老：

梨园伉俪吉祥云，
声震菊坛德艺芬。
耄耋情深恩爱厚，
一腔热血写人文。

谢润昌先生和诗一首：

鸳鸯谐好赞南云，
甲子菩提展蕊芬。
德艺双馨人敬仰，
扬鞭跃马唱佳文。

有人手书一个“旺”字，这幅书法作品不仅表示“狗年旺运”，而且寓意“童家班”德艺双馨的精神薪火相传，长盛不衰。

喜欢绘画的演员佟会军专门为童老83岁华诞创作了一幅画作相赠。

童老先生去年9月做了腰椎手术，一位83岁高龄的老人大病初愈，便开始练唱，他竟然在短时期内将一段高难度的唱段《打虎上山》完整地按伴奏带原腔原调地唱了下来，着实使人钦佩。儿子把父亲这段唱用手机视频记录下来，并在朋友圈内转发，引起轰动。朋友粉丝们为童老迅速恢复健康而高兴！

一位网名叫“木头”的北大校友在微信群里转发了这段视频并配发了一段文字，转录在此：“风靡全国的杨子荣扮演者童祥苓，今年八十三岁，现居上海。他的儿子通过微信把父亲在家里的即兴表演传出，气场十足。俺从小听着杨子荣学会唱京剧，童派回肠荡气的唱法已经融入俺的血液中，至今仍是京剧艺术一座巅峰，向老爷子致敬，祝他长寿！”这位网名叫“木头”的朋友，道出了广大童迷和朋友们的心声。

在这次祝寿聚会上，童老一时兴起，挥毫写了“吉祥如意”四字。

张南云老师是童先生的福星，不仅相夫教子，艺事共进，而且在童先生因遭受心灵打击而失去生活信心将行绝路时，是她温婉的呼唤，挽救了童先生的生命。童祥苓先生为此终生感恩！

童祥苓先生曾把艺术传承的希望寄托于次子童孝天，孝天当年经过艰苦训练和学习，已经显现出一位京剧演员的潜质，但由于种种原因，终究没能实现童家的夙愿！

丁酉新春，童祥苓曾与张南云老师在上海逸夫舞台参加了上海京剧院新春贺岁演出。是日名家荟萃，好戏连台，祥苓夫妇压轴，可谓精彩绝伦。一位挚爱童祥苓的徒弟曾赋诗二首记之：

金鸡报晓“借东风”，师父登台气势雄。
喜见“草船”人不老，仍如“威虎”雪山松。
（外一首）
唱来京韵亮丰姿，贺岁新春伴玉词。
师母登台仍“挂帅”，流传名曲众生知。

且在诗后作了小注：是日师父演唱会曲目：1.《借东风》、2.《草船借箭》；师母唱：1.《勘玉钏》、2.《穆桂英挂帅》。

沈沪林代表大家恭贺国粹艺坛名家伉俪：永远的杨子荣与穆桂英艺术之树常青……

京剧电影《红灯记》中李玉和的扮演者浩亮（原名钱浩梁），与童祥苓先生共同向观众答谢致意！

一位原来与童祥苓素昧平生的“追星族”，后来竟成了“忘年交”，这位朋友在微博里著文，深情地回忆道：

当年，童祥苓先生由于生活所迫，“下海”开餐馆，引起了国内外的关注。2000年深秋，我到上海出差，特意请同学找到了“小童餐饮部”，请十多位朋友到那里吃饭，并希望能见到童祥苓先生。但那时候童先生平常不在店里，店面由儿子负责打理，童先生听说有北京来的朋友想见他，专程从家里赶来，并且不只是寒暄客套几句而是扎扎实实地坐在我旁边聊起了天，过了一小会儿他就像老熟人一样，激动时就自然地拍着我的大腿说话，让我“追星”追得好惬意。从此，我们成了好朋友，建立起了忘年之交。童先生曾把两次出版的不同版本的自传赠送给我，两个版本的书出版间隔有十几年，每次都认真地为我题写赠语。

“梨园春秋几十年，久经风霜更耐寒。忠贞舞台不阿谀，驰骋中华可对天。莫道人间无功过，待到百年后人谈。”童先生把自己写的这首自勉诗工工整整地抄录在赠给我的书中，我非常喜欢。

我还为改动先生的诗做过“狗尾续貂”的事，特此把记叙翻出来转录于此，供大家笑评。

童祥苓先生将其自勉诗示我，原诗为六句，我建议先生增为八句，先生命我捉笔，诚惶诚恐，不敢怠慢。随搜典查籍，取“德艺双馨”意而补替第五、六两句，将原后两句“莫道人间无功过，待到百年后人谈”润改为现第七、八句。其中“赋铗闲”和第八句的“自有后人识鸮鸾"句皆系借唐人刘过《弓剑出榆塞》之词句。余以拙补雅，谨表对先生之敬意。特此记叙。

童祥苓先生自勉诗：

梨园春秋几十年，久经风霜更耐寒。

忠贞舞台不阿谀，驰骋中华可对天。

精艺刻求为民悦，重德淡泊赋铗闲。

莫道世间无功过，自有后人识鸮鸾。

没想到童先生很喜欢，我又请书法家朋友抄录装裱后送给先生，先生对书法大为点赞。开始一直挂在客厅，去年秋天我去童先生家拜访时，此诗的书法作品已经移到了卧室墙上。

童祥苓先生德艺双馨，社会各界关爱他的朋友、学生、义子通过聚会、赋诗献画、微信、微博等多种形式对他老人家表示由衷的尊敬与爱戴。他的晚年是充实而幸福的，这是他一生致力于京剧艺术获得的最佳回报，社会与广大观众的认可和赞誉胜过一切的嘉奖与荣耀！他有福了！尽管在从艺路上曾经遭遇坎坷与磨难，辛酸与委屈，但随着具有中国特色的社会主义新时期的到来，心中的阴霾已经散去。他老而益壮，努力向上，一颗赤诚之心坦然对天，他心中的"天"就是人民大众。童祥苓先生就像刘海粟笔下的苍松翠柏，又如朱自清笔下的荷塘莲花，向世人展示的不仅是阳刚之气，还带来了纯净、馥郁的馨香与艳丽的光泽，这一刚柔相济的氤氲灵秀将永远滋润着人们的心田，使生活洋溢着诗意的艺术之美！

衷心祝愿童祥苓先生和张南云女士健康长寿！艺术之花永不凋零！

# 后记

写《童祥苓传》，对我本人是一个极大的挑战。

童祥苓先生是著名的京剧艺术家，因为在“文革”期间出演“样板中的样板”《智取威虎山》，并成功地扮演了深入虎穴、活捉土匪座山雕的解放军某连侦察排长杨子荣孤胆英雄的形象而名声大噪，家喻户晓。

童祥苓的艺术之路与童家班，尤其与童芷苓的兴起密切相关，他艺术上的鼎盛时期又与现代戏《智取威虎山》有关。所以写《童祥苓传》，一定程度上就是写童家班的历史，以及童芷苓对童祥苓的影响。童芷苓唱红后将童祥苓调至上海，童祥苓的成功与“文革”中的不幸是与童芷苓的遭际纠结在一起的。

童祥苓因他得天独厚的艺术天赋，被选入京剧《智取威虎山》剧组，他主演解放军英雄人物杨子荣，亲历了《智取威虎山》创作、形成的全过程，并在创作与表演艺术上倾注全部心血，力求精益求精，把京剧传统的表演程式与现代京剧的表演手段结合起来，融会贯通，作出了自己的贡献。此后，因姐姐的问题受牵连，几度被排斥在主演之外，三起三落。所以写《童祥苓传》，一定程度上又是写京剧现代戏《智取威虎山》形成至成熟的创作历史。这是本传不可避免的两个不可或缺的内容，也是童祥苓艺术生涯的两个重要节点。

童祥苓毕竟是个京剧演员而非政治人物。然而，围绕《智取威虎山》剧的创作与演出，必然涉及对一些盖棺论定的政治人物的叙述与评说，这就成了一个十分敏感的话题。

本书是文学传记，自然按文学传记的体例、规范与要求去写，着重写人，写出书中人物个性的方方面面。样板戏涉及的一些政治人物，至今已有定评，但落实到写活生生的人，应该还原他们盖棺论定前的所作所为，及其思想、性格、情感的复杂性与衍变过程。在特定的历史时期，他们有为人不齿、良知泯灭的一面，也有人性隐秘不显露的一面；有公开场合所表现的政治上道貌岸然的峥嵘与张扬，也有个人生活中不显山露水的自然欲望、情绪和心理状态。人的个性就像一面多棱镜，从不同角度看，大小镜面会表现出不同的形状与色泽，大镜面自然彰显他们心智、思想、情感、道德及其政治态度的主要品质，但小镜面呈现的奇谲、诡异色彩，会使人目迷心眩，一时五色难辨，就须冷静分析，仔细梳理，找出正确的叙事路径。

还原敏感人物的个性及精神状态，绝非易事，我们可以拿今天的定评去剖析他们过去的为人走向，但将他们脸谱化与妖魔化的叙事方式，往往会导致写作上的粗鄙化与简单化倾向，反而掩盖了人物真实的性格生成与发展的历史逻辑。

上述文字表明了笔者写作本书所取的态度、方式与立场，智者见智，仁者见仁吧。

样板戏是京剧艺术史上一个十分奇特且另类的现象，“文革”十年不仅霸占整个戏曲舞台，其话语权几乎成了文艺专制的代名词。“文革”的结束虽然终止了它的霸权地位，但它并未消失，近半个世纪以来，在文艺舞台上仍占有一席之地。对于这种现象，我们应该加以研究，要分析它生成的原因、条件与机制，政治权力、政治意志对它的作用、影响与支配。它不应该成为戏曲史上的盲区、雷区。任何鸵鸟式的视而不见，或不屑一顾，都不是唯物主义的科学态度。只有还其历史的真相，理清它发生、发展、定型的脉络与全过程，我们才能得出实事求是的正确结论，从而填补戏曲史上这段空白。

本传在采访、写作过程中，得到了童祥苓、张南云、童孝天、黄钧、金勇勤、余雍和、孙正阳、沈利群、孙耀生、忻鼎亮、王念章、贡献国、费三金、张弘、沈路平、沈护林、江妙春、许鹤龄、庄乐群、郁德明等先生、女士们的鼎力相助，尤其得到了上海京剧院单跃进院长、上海人民出版社领导与编辑部同仁的热心关切与支持，在此一并致谢！

拙作在写作过程中自觉有不少未尽人意之处，诚望专家与广大爱好京剧的观众、读者，以及童迷们指点迷津，批评指正。

笔者　2019年1月31日识于沪上

# 参考书目

1. 童祥苓著:《“杨子荣”与童祥苓》，中国文联出版社2000年10月第1版。

2. 黄克保著:《戏曲表演研究》，文化艺术出版社2014年1月第1版。

3. 杨非、杨冰著:《中国戏曲演剧美学导论》，文化艺术出版社2013年10月第1版。

4. 戴嘉枋著:《走向毁灭——样板戏主将于会泳沉浮录》，时代国际出版有限公司2008年6月第1版。

5. 戴嘉枋著:《走向毁灭——“文革”文化部长于会泳沉浮录》，光明日报出版社1994年1月第1版。

6. 杨根禄著:《庭院深深钓鱼台——我给江青当秘书》，当代中国出版社2014年1月第1版。

7. 戴嘉枋著:《样板戏的风风雨雨——江青·样板戏及内幕》，知识出版社1995年4月第1版。

8.［英］大卫·埃德蒙兹、约翰·艾丁诺著:《卢梭与休谟：他们的时代恩怨》，周保巍、杨杰译，上海人民出版社2016年10月第1版。

9. 章力挥、高义龙著:《袁雪芬的艺术道路》，上海文艺出版社1984年1月第1版。

10. 李晓天著:《中国当代京剧音乐家传略》(作曲家部分)，文化艺术出版社2014年10月第1版。

11. 唐燕能著:《皓月涌泉——蒋月泉传》(典藏本)，上海人民出版社2017年7月第1版。

12. 忻鼎亮著:《武旦奇葩——张美娟》,上海人民出版社2012年9月第1版。

13. 和宝堂著:《自成一派——赵燕侠》,上海人民出版社2015年7月第1版。

14. 张泓著:《青衣翘楚——李炳淑》,上海人民出版社2015年5月第1版。

15. 朱继彭著:《坤伶皇座——童芷苓》,上海人民出版社2010年1月第1版。

16. 叶永烈著:《江青传》,时代文艺出版社1996年3月第1版。

17. 黄钧、徐希博主编:《京剧文化词典》,汉语大词典出版社2001年12月第1版。

18. 中国戏曲音乐集成编辑委员会:《中国戏曲音乐集成·上海卷》(黄钧主编),中国ISBN出版中心2001年9月第1版。

19.《胡乔木谈中共党史》,人民出版社1999年版。

20. 曾志著:《百战归来认此身:曾志回忆录》,人民文学出版社2011年版。

21. 黎舟:《忆一九六四年全国京剧现代戏观摩演出大会中的几件事》,《新文化史料》1999年第5期。

22. 李松编著:《"样板戏"编年与史实》,中央编译出版社2012年版。

23.《邓小平文选》第3卷,人民出版社1993年10月版。

**图书在版编目(CIP)数据**

气冲霄汉：童祥苓传/唐燕能著. —上海：上海
人民出版社,2019
（菊坛名家丛书.海上京剧名家系列）

Ⅰ.①气… Ⅱ.①唐… Ⅲ.①童祥苓–传记 Ⅳ.
①K825.78

中国版本图书馆CIP数据核字（2019）第061723号

**责任编辑** 高笑红
**封面设计** 傅惟本

菊坛名家丛书·海上京剧名家系列
气冲霄汉——童祥苓传
唐燕能 著

出　　版 上海人民出版社
（200001 上海福建中路193号）
发　　行 上海人民出版社发行中心
印　　刷 上海商务联西印刷有限公司
开　　本 720×1000 1/16
印　　张 25.5
插　　页 9
字　　数 336,000
版　　次 2019年6月第1版
印　　次 2019年6月第1次印刷
ISBN 978-7-208-15803-0/K·2848
定　　价 98.00元